아동정신건강

채 경 선

창지사

서문

우리 모두는 아동기의 시간들을 지나왔습니다. 또 지금 아동기를 지나는 그들이 있습니다. 아동기의 시간이 얼마나 소중하고 중요한 시기인 줄도 모르고 세상이 우리에게 들려주는 이야기에 세상은 그런 곳으로, 거기에 살고 있는 나는 이런 사람이라고 나름의 틀을 가지고 열심히 살아가며 때론 아파하고 극복하며 그날을 그리고 오늘을 지내고 있습니다. 성장 과정에서의 상처, 가족관계의 불화와 갈등, 학업에서의 실패와 좌절, 관계에서의 갈등 등은 우리의 삶을 혼란스럽게 하고 우리의 정신건강을 허물어뜨리기도 합니다. 특별히 오늘날의 세상은 바쁨과 빠름이 가속화되어 정신없이 지낸다고들 합니다. 정신이 주는 중요성을 다 알아차릴 수 없을 만큼 세상은 바쁘게 움직입니다. 그러다 보니 마음의 건강에 이상이 생기고 정신건강이 화두가 되었습니다. 이런 가운데 아직 외부의 압력에 대처할 준비가 되어 있지 않은 아동들은 신체적, 정신적 건강의 문제를 일으키기도 하여 아동정신건강에 대한 점검과 진단 그리고 예방에 대한 다양한 모색이 절실히 필요하게 되었습니다.

이 책은 아동의 정신건강을 종합적으로 이해하고 기존에 발달적 측면에서의 아동정신건강 문제를 다루면서도 예방, 치료적인 측면에도 관심을 가지려고 하였습니다. 이 책의 구성은 전체 4부, 14장으로 이루어져 있습니다. 1부는 아동정신건강의 기초적인 개념들을 살펴보았고, 2부는 발달단계에 따른 아동의 정신건강, 제3부는 심리장애 유형에 대해 다루었습니다. 특히 3부는 아동기에 발견되는 정신적 장애를 DSM-5 기준에 맞추어 살펴보았습니다. 대표적인 정신장애 분류체계인 DSM-4가 1994년에 출간되고 거의 20년 만에 DSM-5가 출간되어 아동 정신건강에 대한 이해의 과정도 개정이 필요했습니다. DSM-5 는 DSM-4 에서의 아동기 및 청소년기 장애가 삭제되고 '신경발달장애와 기타의 정신장애'라는 새로운 장으로 대체되었습니다. 이에 따라 이 책에서는 DSM-5 전반적 분류내에서 아동기에 나타날 수 있는 정신 장애들만을 설명하고 있습니다. 제 4부에서는 아동 정신 건강을 유지하고 예방할 수 있는 예방 교육 차원에서의 방법에 대한 설명과 함께 아동기 심리적 상처와 장애에 대하여 치료할 수 있는 치료 방법들을 다루었습니다.

기존의 정신건강이나 정신위생 교재들이 주로 성인을 중심으로 이루어졌다면 본서는 아동의 정신건강에 대한 이해와 실천적인 방안을 살펴보고자 집필을 시도하였으나 막상 엮다 보니 여러 가지로 부족한 점이 많음을 새삼 느끼게 됩니다. 아동의 마음과 정신에 대한 문제들이 상처와 아픔으로 다가오면서 이러한 부분들을 되짚어 보고자 하는 단순한 용기로 시작되었지만 이 책을 쓰는 동안 이러한 부분들을 다루고 집중하는 노력이 더 필요함을 절실히 느낍니다. 아무쪼록 이 책을 계기로 아동의 정신건강에 관심을 가지며 시대 속에서 자라가고 있는 아동들이 다음 세대를 건강하게 밝힐 수 있도록 긍정적인 방안들이 계속적으로 모색되어지기를 기대합니다.

끝으로 우리와 늘 함께 하시고 우리가 건강하기를 그 누구보다 바라시는 하나님 아버지께 감사를 드리며 이 책이 나오기까지 집필과 편집과정을 도와주시고 격려해 주신 창지사 가족들에게 감사의 뜻을 전합니다.

2020년 8월

평안과 건강을 전하며

채 경 선

목차

제1부 아동정신건강의 이해

제2부
발달과 아동정신건강

제3부
심리장애 유형과 아동정신건강

아동 정신 건강

제1부

아동정신건강의 이해

제1장

아동정신건강의 기초

새로운 정보와 해결해야 할 문제가 끊임없이 쏟아지는 초고속 정보화 사회에서 건강하게 생존한다는 것은 우리 모두에게 그리 쉬운 일은 아니다. 더욱이 과거보다 더 많은 스트레스를 받기 쉬운 현대사회의 구조와 다기능적 변화 속에서 경험하는 인간관계의 어려움과 가치관의 혼란 등은 정신건강의 문제를 부추기는 중요한 요인으로 작용하고 있다. 이러한 사회적·심리적 환경에 끊임없는 적응을 요구하는 현대사회에서는 성인의 정신건강뿐만 아니라 아동의 정신건강 역시 심각한 위협을 받고 있다. 이 장에서는 아동의 정신건강에 대한 기초로서 정신건강에 대한 전반적인 이해와 함께 아동의 정신건강에 대한 개념과 중요성을 살펴보고자 한다.

1 정신건강의 개념

정신건강이란 용어는 본래 정신질환의 유무를 지칭하기 위한 정신 병리학적인 개념에서 출발하였으나, 현재는 정상적인 개인의 정신 상태를 나타내기 위해 보편적인 용어로 사용되고 있다. 사전적 의미의 정신(情神)이란 '사고, 정서, 언어 및 행동과 관련된 현상들로서 사고나 감정의 작용을 다스리는 인간의 마음'이다. 그리고 세계보건기구(WHO, 2000)에서는 '건강이란 단순히 질병이 없거나 허약하지 않은 상태만이 아니라 신체적, 정신적, 사회적, 영적으로 만족한 안녕(well-bing)의 상태가 유지되는 것이다'라고 정의하고 있다.

그렇다면 안녕한 상태란 무엇일까? 현대에는 어떻게 사는 것이 '잘 사는 것인가'에 대한 관심이 많다. 과거 사회에서는 경제적으로 부유한 것이 소위 '잘 사는 것'을 대표했다. 하지만 오늘날은 경제적으로 부유한 것만 가지고 '잘 산다'라고 표현하지 않는다. 현대는 과거와 달리 경제적 부와 함께 삶의 질을 추구하는 시대라고 할 수 있다. 우리나라에 '웰빙'이라는 말이 나오기 시작한 것은 대략 2002년 말부터로 파악된다(심영진, 2005). 웰빙은 말 그대로 건강하고, 안락하고, 만족스럽게 살자는 의미, 즉 삶의 질을 강조하는 단어이다. 즉, 웰빙이란 물질적 가치보다는 신체와 정신이 건강한 삶을 중시하는 생활패턴을 의미하는 것으로 인간의 삶의 질 향상을 추구하는 정신건강의 또 다른 개념이라고 할 수 있다. 따라서 정신건강이란 정신의 건강과 유지 및 증진을 의미한다.

정신건강이라는 용어는 정신위생이라는 용어와 유사하게 사용되었다. 미국 정신의학회에서는 '정신위생은 정신적 질환을 예방하고 초기에 치료를 통하여 정신질환을 감소시키며, 정신의 건강을 유지하고 증진시키는 방법'으로 정의하고 있다. 정신위생은 정신건강의 유지와 증진 도모, 정신질환의 예방치료를 위해 여러 가지 수단을 동원하는 실천적 성격을 띤 용어이다. 반면, 미국교육협회(NEA)의 보고에 의하면 '정신건강이란 스스로 만족과 성공, 그리고 능률감을 가지고 행복한 생활을 할 수 있는가를 의미한다'고 하였고, 미국의 제3회 '아동건강 및 보호'를 위한 백악관 회의보고(1929)에서는 건강한 정신을 정신장애가 없는 상태 그 이상의 것으로 보아 최대한 능률적으로 일하고, 만족감을 갖고 현실을 용납하며, 사회적으로 행동이 신중하고, 자기 자신이나 환경에 잘 적응하는 것으로 정의하였다. 또한 Johoda(1950)는 '정신건강이란 개인이 자신의 환경을 적극적으로 극복하고 성격의 통합성과 일관성을 나타내 보이며 자기 자신뿐만 아니라 주위 세계를 현실적으로 지각할 수 있는 것을 지칭한다. 그러므로 '정신이 건강한 사람'은 타인에게 과중한 요구를 하지 않고 효율적으로 기능할 수 있는 사람이다'라고 설명하였으며, Kilander(1962)는 '정신건강이란 사람이 환경을 바람직하게 조성하고 잘 적응하며 만족과 성공과 능률과 행복을 누릴 수 있는 능력'이라고 보았다. 따라서 정신건강은 앞서 살펴본 정신질환의 의미를 내포하고 있다. 정신건강의 여러 정의를 살펴본 바에 의하면, 정신이 건강한 사람은 자신이 처한 환경에 잘 적응하고 관계된 사람들과 잘 지내며 위기에 닥쳤을 때 자신의 능력을 최대로 발휘하여 긍정적인 생각을 가지고 적극적으로 해결하려는 사람이라고 할 수 있겠다.

2 아동정신건강의 개념

아동의 정신건강 또한 기본적으로 성인과 같은 개념이 적용되기는 하지만, 아동의 경우 성인과 달리 정신적으로 건강한가 아니면 정신적 장애가 있는가를 결정하는 데에는 그 아동의 연령에 합당한 발달단계에 준하여 아동의 생각과 행동, 감정이 연령의 발달단계에 맞는지 또한 그 발달단계에 맞는 발달과제를 성취하고 있는지에 의하여 결정된다고 할 수 있다(Achenpach, 1982). 다시 말하면 아동의 정신장애는 정신적으로 건강한 상태와 질적인 차이를 보이기보다는 양적인 차이를 보인다고 할 수 있다(이정균, 1990). 즉, 한두 가지의 특정한 증상은 아동이 성장하는 과정에서 일시적으로 일어날 수 있고 임상적으로 별 의미가 없는 경우가 많기 때문에 아동의 정신건강과 정신장애를 구분할 때에는 아동의 나이, 발달단계, 아동의 환경 등을 고려해야 한다.

이에 아동에게 있어서 정신건강이란 신체적으로나 정신적 혹은 행동적으로 자기가 처한 발달단계에 맞는 발달과제를 성취하고 있으며 그것이 잘 이루어진다는 보장이 되면 그 아동은 건강하다고 할 수 있다. 즉, 자기가 처한 발달단계에 신체적으로나 행동적으로 혹은 정서적으로 맞는 행동을 보이고, 또 계속적인 발전을 방해할 다른 요소가 없으며 발전할 능력을 가지고 있다면 이는 정신으로 건강한 아동이라고 할 수 있다. 또한 정신적으로 건강하지 않은 아동이란 그 나이와 성, 발달단계에 맞지 않는 생각, 행동, 감정을 보이고 그 단계에 적합한 발달과제를 이루지 못하여 발달이 정지 또는 지연되거나 왜곡되는 경우를 말한다(홍강의, 1987).

따라서 아동기의 정신건강은 성과 연령에 맞는 생각과 행동, 감정을 보이고, 정신적 발달의 지연이나 왜곡이 없는 건강한 정신적 발달을 의미하며, 아동기 정신건강에 관한 이해를 갖기 위해서는 아동의 정상발달에 대한 정확한 정보, 즉 발달현상과 과정, 발달에 필요한 요소들, 그리고 비정상발달의 원인을 알아야 한다.

3 정상과 이상행동 및 정신장애

신체적으로나 정신적으로 건강하고 건강하지 못하다는 것은 과연 어떻게 구분하며 어떤 상태일까? 정신적으로 잘 조화를 이루어 안정되어 있으며 그 기능 수준이 높고 또한 지속적이고 항상성이 있을 때는 건강한 상태로 간주한다. 그러나 그렇지 못할 때는 건강하지 않거나 병이 든 상태라 할 수 있다. 즉, 신체적인 면에서 그리고 정신적 측면에서 그 기능이 조화롭게 활동하고 그 상태가 지속적이고 항상적인 상태의 사람을 우리는 건강한 사람이라고 할 수 있다.

그런데 건강하지 않은 상태는 정상적이지 않다고 말할 수 있을까? 정신건강을 말함에 있어서 정신장애를 말할지 않을 수 없다. 정신장애(mental disorders)는 특정한 이상행동의 집합체를 의미하며, 일반적으로 이상행동(abnomal behavior)은 객관적인 관찰과 측정이 가능한 개인의 부적응적인 심리적 특성을 의미한다(권석만, 2014). 이러한 이상행동에는 인간의 다양한 심리적 측면, 즉 인지, 정서, 동기,

행동, 생리의 측면에서 개인의 부적응을 초래하는 특성이 포함된다. 하나의 유기체로서 인간이 태어나 성장하고 발달해 나가는 동안 신체적으로나 정신적으로 적응상의 어려움을 겪게 됨에 따라 인간은 환경과 상호작용함으로써 건강한 상태를 유지하고자 한다. 그런데 심각한 정신장애에 있거나 심리적 기능장애가 있어야만 건강하지 않다고 말할 수는 없다. 정신건강에 대한 치료적 관점에서 개인이 정신질환에 걸리지 않고 개인의 능력을 최대한 실현시킬 수 있는 상태를 건강이라고 보며, 적응적 관점에서 환경에 단순히 순응하는 것이 아니라 그 환경을 주도적으로 개선할 수 있는 사람을 건강한 사람이라 보았다. 따라서 정신적으로 건강한 사람은 자기 능력을 최대한 발휘하고 환경에 적응하며 자기 생활을 독립적, 건설적, 자주적으로 처리해 나갈 수 있는 건전한 성격을 가진 사람을 의미한다.

그렇다면 이상행동과 정신장애를 정의하는 기준은 무엇일까? 정상과 이상을 구별하는 기준은 여러 가지 있으나 대부분 다음과 같은 규준에 따라 분류된다.

첫째는 통계적 규준이다(Davison & Neale, 2001). 인간의 어떤 특성을 측정하여 그 빈도분포를 그래프로 그리게 되면 종을 거꾸로 엎어 놓은 것과 같은 모양의 정상분포를 나타내는 경향이 있다. 즉, 평균값에 해당되는 사람의 수는 많은 반면 평균으로부터 멀어질수록 그 수는 감소하는 추세가 나타난다. 이러한 통계적 속성에 따라서 평균으로부터 멀리 일탈된 특성이 나타날 경우 비정상적이라고 보는 것이 통계적 기준이다. 보통 평균으로부터 두 배의 표준편차 이상 일탈된 경우에 이상행동으로 규정하는 것이 일반적이다. 예를 들어, 한 사람의 키가 다른 많은 사람들의 평균치보다 너무 작거나 너무 클 경우에 비정상적인 것으로 평가한다. 이러한 통계적 기준이 적용되는 대표적인 경우는 지적장애이다. 지적장애는 지능검사의 경과에 의해 판정되는데, 대부분의 지능검사는 평균이 100점이고 표준편차가 15점으로 되어 있다. 즉, 지능지수가 100인 사람은 같은 나이 또래의 평균에 해당하는 지능을 지닌 사람이다. 반면 평균 100으로부터 2배의 표준편차 즉 30점 이상 낮은 70점 미만의 지능 점수를 나타낼 경우에 지적장애로 판정한다.

그러나 이러한 통계적 기준은 이상행동을 판별하는 데에 몇 가지 한계를 지니고 있다.

첫째, 평균으로부터 일탈된 행동 중에는 바람직한 방향으로 일탈한 경우가 있다. 예를 들면, 지능지수가 130 이상인 사람은 통계적 기준으로 보면 비정상적이지만 이들의 특성을 이상행동으로 볼 수 없다.

둘째, 통계적 기능을 적용하려면 인간의 심리적 특성을 측정하여 그 평균과 표준편차를 확인해야 하는데, 인간의 모든 행동을 측정하여 이러한 통계적 기준을 적용하는 것은 현실적으로 불가능하다. 그러나 이러한 한계에도 불구하고 통계적 기준은 심리검사를 통하여 평균과 표준편차를 측정할 수 있는 일부 심리적 특성의 경우에 한하여 이상행동의 판별기준으로 사용되고 있다. 아동의 신체적 발달이나 기능 혹은 지능 등을 통계 조사하여 평균치를 내어 그 평균에 준거하여 특정 아동의 발달 정도를 비교할 수 있다. DSM-5[1]에서는 지적장애와 학습장애를 비롯한 일부 정신장애의 경우에 이러한 통계적 기준을 적용하여 진단하고 있다.

셋째, 적응적 기능의 저하 및 손상이다(Davison & Neale, 2001). 이상행동과 정신장애에 있어서 가장 중요한 적응(adaptation)이다. 인간의 삶은 개인이 환경과 상호작용하며 적응하는 과정이다. 이러한 관점에서 볼 때 이상행동은 개인의 적응을 저해하는 심리적 기능의 손상을 반영하는 것이다. 즉, 개인의 인지적, 정서적, 행동적, 신체 생리적 기능이 저하되거나 손상되어 원활한 적응에 지장을 초래할 때 부적응적인 이상행동으로 간주할 수 있다(Wakefield, 1999). 예컨대, 주의집중력과 기억력 저하, 과도한 불안과 우울, 무책임하거나 폭력적인 행동, 식욕 감퇴 등은 일상적 생활에서뿐만 아니라 사회적, 직업적 생활에서 부적응을 초래하게 되어 부적응적인 이상행동으로 간주한다. 아동의 분리불안은 학교생활이나 또래관계 적응에 어려움을 초래한다.

그러나 이상행동을 적응적 기능의 손상으로 판단하려는 관점에는 몇 가지 문제점이 있는데, 먼저 적응과 부적응의 경계가 모호하다는 것이며 적응과 부적응

1) DSM-5는 미국 정신의학회에서 발간하는 「정신장애의 진단 및 통계 편람(*Dianostic and statistical Manual of mental Disorders*)」의 5번째 개정판으로서 2013년에 출간되었다. DSM은 세계적으로 가장 많은 임상가와 연구자가 아용하는 편람으로 심리적 증상과 증후군 위주로 정신장애의 분류체계와 진단 기준을 제시하고 있다.

을 누가 무엇에 근거하여 평가하느냐는 점으로 개인의 적응 여부는 평가자의 관점에 따라 다를 수 있기 때문이다. 또한 개인의 부적응이 어떤 심리적 기능의 손상에 의해 초래되었는지를 판단하기 어렵다는 문제점이 있다. 예컨대, 아동의 학업수행이 매우 부진한 아동의 경우, 이러한 학업 부진이 인지적 기능의 손상 때문인지, 동기의 부족 때문인지, 아니면 정서적 불안 때문인지를 평가하기 어렵다는 것이다. 즉, 특정한 심리적 기능과 적응적 결과 간의 인과관계가 충분히 밝혀져 있지 않은 상황에서는 이러한 기준을 적용하는 데에 한계가 있다.

넷째, 이상행동과 정신장애를 판단하는 또 하나의 기준은 주관적 불편감과 개인적 고통이다(Davison & Neale, 2001). 즉, 주관적인 감정의 측면에서 지나치게 개인적인 고통을 심하게 느낄 때 이상으로 간주한다. 이상행동을 보이는 아동은 쉽게 불안해하고 안절부절못하며 매사에 자신이 없고 우울감, 피로감을 호소한다. 주관적 고통과 부적응은 매우 밀접한 관계를 맺고 있다. 주관적 고통은 부적응 상태로 인해 유발될 수도 있고, 주관적 고통으로 인해 부적응 상태가 유발될 수도 있다. 예컨대 외현적으로 우수한 학업 성적이나 친구관계를 보이는 아동도 그러한 적응 과정에서 심한 스트레스를 느끼거나 학업성적을 유지하기 위해서 심한 불안감을 지니는 경우가 있다.

그러나 주관적 고통의 기준으로 이상행동을 정의하는 데 문제가 있다. 왜냐하면 심리적인 고통을 경험한다고 해서 비정상적이라고 할 수는 없기 때문이다. 가족의 질병으로 고통을 받거나 친구와의 이별을 경험할 때 심리적 고통을 느끼는 것은 매우 정상적인 것이다. 또한 어느 정도 심한 주관적 고통과 불편감을 초래할 경우에 비정상적이라고 판단하느냐 하는 문제점이 있다. 물론 개인이 견디기 어려울 정도로 심하게 느끼는 주관적인 고통이 중요한 기준이지만 사람마다 고통을 느끼고 참고 표현하는 정도가 다르기 때문에 일관성 있는 적용에 어려움이 있다.

다섯째, 발달적 규준이다. 정신의학상의 기능장애를 이상으로 보는 규준이다. 유아는 한 개의 수정란에서부터 출발하여 세포분열을 거쳐 태아가 되고, 어머니의 태내에서 일정한 기간 동안 계속적인 발달을 거치며 출생 후에도 형태나 기능면에서 점차 분열되며 발달한다. 발달은 유전과 환경, 성숙과 학습의 요인이 상호작용하여 일어난다. 각 발달단계마다 발달적 특징이 있으며 이들의 획득이 발달과업이다. 따라서 각 연령의 발달 특징을 기준으로 하여 볼 때 유아의 행동이 너무 동떨어져 있으면 이상이라고 판단한다. 예를 들어, 감각기관의 결함과 뇌장애의 진단이 가능하며 난청은 언어발달과 직접적인 관계가 있으므로 조기에 발견해서 치료한다면 치료의 가능성을 발견할 수 있을 것이다. 따라서 발달적 규준에 의해 이상과 정상을 판단하기 위해서는 몇 가지의 검사를 조기에 실시하여 발견하는 것이 중요하다.

마지막으로 문화적 규범의 일탈이다(Davison & Neale, 2001). 모든 사회에는 그 사회에 속한 사람들이 따라야 하는 문화적 규범이 있다. 우리 사회에는 부모자녀 관계, 친구 관계, 학교생활 등 다양한 사회적 활동에서 자신의 역할에 따라 취해야 할 행동규범이 있다. 따라서 이러한 문화적 규범에 어긋나거나 일탈된 행동을 할 경우 이상행동으로 규정할 수 있다. 예를 들면, 학생은 교사에게 존댓말을 해야 하는 문화적 규범을 지닌 사회에서 학생이 교사에게 반말을 한다면 이는 이상행동으로 간주될 수 있다.

그러나 문화적 기준 역시 몇 가지 문제점을 지니고 있는데, 바로 문화적 상대성의 문제이다. 문화적 규범은 시대에 따라 변화하고 문화에 따라 다르다. 한 시대 또는 한 문화에서 정상적인 행동이 다른 시대와 문화에서는 이상행동으로 여겨질 수도 있다.

이 밖에도 이상행동의 주된 특징으로 주관적 불편감, 행동의 기괴함, 비효율성을 제시하는 학자(Kazdin, 1980)도 있으나 이상에서 살펴본 바와 같이 이상행동과 정신장애를 규정하는 절대적인 단일한 기준은 없다. 모든 기준마다 장단점을 지니고 있어서 실제적으로는 여러 가지 기준을 복합적으로 고려하여 이상성을 검토하는 것이 중요하다.

한편, 과거에 정상적인 성격특성을 언제 어디에서나 타인과 함께 잘 지내고 사회에서 문제없이 행동하는 것으로 여겼다. 즉, 타인과 동조행동을 적응의 중요 지표로 생각하였다. 그러나 최근에는 이것만으로 긍정적인 성격이라 하지 않고,

개성, 창의성, 잠재력 같은 속성이 더해져야 자율적이고 건강한 적응상태로 간주한다. 이렇게 볼 때 건강하게 생활한다는 것은 성장 과정의 각 발달단계에서 적절한 경험을 하고 자기를 느끼고 이를 자연스럽게 표현하는 기술을 습득하는 등 다양한 경험의 기회를 가지는 것을 요구한다(최정윤 외, 2015). 그러므로 우리가 일상에서 비교적 건강하게 생활을 영위하고 있다는 것은 정서적인 측면, 능력적인 측면, 대인관계 측면 등 제반 측면에서 적절한 경험을 하며 자기를 효율적으로 기능하게 하는 능력을 가지고 있음을 시사하는 것이다.

4 아동정신건강의 중요성

아동의 정신건강의 중요성이 현대에 와서 증가하게 된 이유는 다음과 같이 요약할 수 있다.

첫째, 아동에 대한 가치관의 변화이다. 얼마 전까지만 해도 아동은 자발적으로 환경을 탐색하고 문제를 해결할 수 있는 능력을 가지고 있지 못한 무기력한 존재로 여겨 왔었다. 그러나 최근에는 아동도 어른과 마찬가지로 자기 나름대로의 능력과 소질을 가지고 있으며, 자신의 관심과 욕구를 충족시키기 위해 부단한 노력을 하고 있음이 증명되었다. 즉, 어린이는 적극적이고 자발적인 존재로서, 자신의 환경과 상호작용하며 문제의 해결방안을 탐색해 나가는 인격체라는 인식이 차츰 고조되고 있다.

둘째, 급격한 사회 변화이다. 현재 우리나라는 과거 어느 때보다도 극심한 사회 변화를 경험하고 있다. 경제 발전에 따른 산업과 취업구조의 변화는 도시의 인구 집중화, 핵가족화, 여성 취업의 증가, 그리고 빈부의 격차를 가속화하고 있다. 이와 같은 물질문명의 발달은 편리한 생활을 제공하는 반면, 전통문화와 가치관에 큰 혼란을 일으켜 세대 간의 갈등을 심화시키고 있다. 그러므로 가정과 학교와 지역사회에서는 사회에서의 새로운 사상과 가치관, 개인에게 부과된 사회의 기대 등에 아동들이 적응해 나갈 수 있도록 도와줄 필요가 있게 된 것이다.

셋째, 다양한 개인차이다. 현대 민주주의 사회에서는 개인의 독특한 개성을 인정하며, 잠재 능력과 가능성을 최대한으로 이용하고 개발하는 것에 매우 큰 가치를 둔다. 따라서 교육도 각자의 개인차를 존중하고 인정하는 방향으로 기울게 되었다. 아동은 같은 연령이라고 해도 각자의 능력이 다르고, 신체의 발달 속도, 성격 등도 각각 다르다. 그러므로 이들의 능력과 특징을 조기에 발견하여 성장과 발달에 도움이 되도록 지도할 필요가 있다.

아동이 자라면서 신체에 위생이 필요하듯이 마음도 위생이 필요하다. 마음이 평안하여 기쁜 생활을 할 때 정신이 건강한 상태에 있다고 할 수 있다. 이를 위해서는 무엇보다 인간관계가 중요하다.

아동은 엄마의 체내에서 어머니가 먹는 영양분을 섭취하고, 정신적인 영향을 받으며 태어나고 또 엄마의 품에서 양육된다. 이러한 상황을 볼 때 모자 관계가 중요시되는 것은 당연하다. 그러므로 엄마의 심리적 안정은 아동의 인성 발달에 중요한 영향을 미친다.

이후, 3살을 전후해서 아동은 같은 또래와 놀기 시작하며 집단생활을 하기 시작하므로 또래 관계를 원만하게 하며 또래들로부터 인정받고 서로 사랑하며 잘 지내는 것이 정신건강에 도움이 된다. 어린이집이나 유치원 같은 집단교육을 하는 곳에서는 교사와 아동 관계의 영향이 아동의 인성 발달에 원동력이 된다. 교사의 마음가짐이 아동의 정신건강을 좌우하게 되는 것이다. 아동의 정신건강에 있어서 중요한 과제는 원만한 인간관계를 맺음으로써 건강한 성격을 형성하는 일이다. 아동이 정신적으로 건강한가 건강하지 않은가의 문제는 그 아동의 주위에 살고 있는 성인이 얼마나 그 아동을 이해하고 수용하느냐에 달려 있다. 아동의 심리적 상태는 신체적 발달과 마찬가지로 개인차가 있게 마련이다. 그러므로 이러한 차이를 잘 이해하고 파악하여 아동 개개인의 요구에 알맞게 양육·지도해야 한다.

5 아동정신건강을 저해하는 요인

아동의 정신건강을 저해하는 요인을 살펴보면 다음과 같다.

첫째, 개인적인 변화의 경험이다. 개인의 발달 단계상에서 변화는 불가피한 것이지만 그 변화는 일정한 형태의 위기를 수반한다. 그런데 그 위기는 잘 활동하고 극복하면 발전을 위한 기회가 되지만 그렇지 못할 경우에는 적응장애, 스트레스, 문제를 초래하게 된다. 특히, 청소년기에 경험하는 변화의 경험은 중요하다. 신체적 변화와 함께 심리적 변화 또는 자아정체감을 형성하게 하는 계기로 작용하지만 아울러 정체감 위기를 불러일으키기도 한다. 생활환경상에서의 변화도 중요한 요인이 된다. 특히 새로운 곳으로의 이사, 부모님의 새로운 직장으로의 취직이나 전직, 새로운 학교로의 입학이나 전학과 같은 것을 들 수 있다. 그리고 이혼, 새로운 가족의 출생이나 사망과 같은 경우도 개인의 삶에서 중요한 변화가 될 수 있다. 어느 경우든 다소의 스트레스와 적응장애를 수반하며 정신건강의 문제를 유발할 수 있다.

둘째, 성격적인 문제이다. 앞에서 언급한 변화의 경험도 성격에 따라서 정신건강을 저해하는 요인이 되기도 하지만 전혀 문제가 되지 않을 수도 있다. 평소에 불안을 많이 느끼는 사람은 생활상의 작은 변화에 대해서도 스트레스를 느끼지만 오히려 그것을 새로운 도전으로 받아들이고 즐기는 사람도 있다. 또한, 내향적인 사람은 새로운 사람과 만나서 인간관계를 형성하는 일에 대해서 부담을 느끼지만 외향적인 사람은 반대로 그것을 좋아할 수 있다. 이처럼 개인적인 성격은 정신건강의 저해요인으로 작용한다.

셋째, 능력의 문제이다. 개인의 능력에 따라서 생활 적응상에서 장애를 겪을 수 있으며 그러한 장애는 곧 정신건강의 저해요인이 된다. 능력에는 지적 능력, 신체 능력, 경제 능력, 사회 능력 등 다양한 것이 포함된다. 지적 능력이 부족하면 학교생활이 원만하지 못하며 그것은 곧 정신건강을 해치는 결과를 초래한다. 사회 능력이 없으면 원만한 대인관계를 통해 사회적 상황에서 제대로 대처할 수 없으며 그러한 모든 것은 결국 정신건강을 해치는 요인이 된다.

넷째, 가정적인 요인이다. 현대의 가정환경은 과거에 비해서 엄청나게 변화하였다. 우선 가족제도가 과거의 대가족 제도에서 부부 중심으로 핵가족화되었다. 그래서 부부간의 갈등은 자연히 가족 전체 환경에 절대적인 영향을 미친다. 원만하지 못한 부부관계하의 자녀들은 부부 자신들 못지않게 정신적으로 많은 어려움을 경험한다. 그리고 부모의 복잡한 사회생활과 자녀의 학교생활 및 TV와 같은 매체 등의 영향에 따른 가족 간의 대화 단절 현상 또한 정신건강의 장애요인이 된다. 부모의 자녀에 대한 지나친 기대 또한 자녀의 정신건강을 해칠 수 있다.

다섯째, 사회적인 요인이다. 사회의 각종 범죄적 요소나 부조리 현상, 유해환경 등은 스트레스를 유발하며 정신건강을 저해하는 주된 요인이다. 사회의 각종 불합리한 제도나 관습도 개인의 정신건강을 해친다. 그것은 전근대적인 관행이나 권위적인 사회문화도 마찬가지이다.

여섯째, 환경의 문제이다. 오염된 자연환경이나 도시의 공해는 이미 일정한 수준을 넘어서 심각할 정도로 국민 건강을 위협하고 있다. 그뿐만 아니라 그것은 정신적인 차원에서도 부정적인 영향을 미치면서 정신건강을 저해하는 요인으로 자리 잡았다. 도시의 복잡한 교통 환경도 마찬가지이다. 보행자나 운전자, 그리고 대중교통 이용자 모두 복잡한 교통 환경 속에서 많은 스트레스를 경험한다. 이러한 스트레스는 정신건강 문제를 유발한다.

아동의 정신건강은 나이와 성, 그가 처한 발달단계에 따라서 달리 이해하여야 한다. 이러한 결정적 시기에 순조롭게 발달하지 못하고 실수나 편파적 태도를 취하게 되면 아동은 부적절감과 열등감을 갖게 된다. 또한 이 시기는 아동의 관심이 부모에게서 가정 밖으로 나아가 동성의 친구나 단체에서 안정감을 추구한다. 또한 또래 집단이나 패거리를 만들어 거기에서 그들 나름대로 만든 규칙에 절대적으로 따르고 충성하며, 학업에 관심을 쏟고 동성의 친구들이나 교사, 직계가족 이외의 다른 사람들에게 깊은 인간적 관심을 갖기 시작하며 인생에 필요한 기술을 익히고 적응 능력을 기른다. 이 시기에 있어서 교우 관계의 실패는 아동의 정신건강을 저해하는 가장 일차적인 요인이 될 수 있으므로 가정이나 학교에서의 세심한 배려와 지도가 필요하다. 교우관계는 주로 학교생활을 중심으로 전개되므로 학교생활은 이 시기의 아동의 성격 발달에 결정적인 역할을 하게 된다. 학교에서의 계속적인 성공이나 실패 경험은 아동의 정신건강에도 중요한 영향을 미치게 되므로 아동에게 바람직한 지도가 요구된다. 아동의 이러한 심리적 갈등이나 부적응 현상은 다시 실패를 가져오는 부메랑 현상을 가져오므로 성격발달에 있어서 부정적인 태도와 흥미 그리고 부정적 자아개념이 형성된다. 그러므로 아동기의 정신건강을 유지하기 위한 환경이 필요하다.

생각해 봅시다

최근 미국 내 자폐증과 주의력결핍 과잉행동장애(ADHD)를 앓는 어린이들이 증가 추세에 있다는 연구결과가 나왔다. 우리나라에서도 ADHD로 진단받는 어린이나 청소년들이 점차 증가 추세에 있기 때문에 이런 연구결과는 우리나라에서도 상당히 주의를 끌고 있다.

이 연구를 수행한 코린 보일 박사는 정신적인 문제를 가진 어린이들이 늘어나는 것은 정서적 욕구의 불충족 등 사회적 요인의 영향이 있음을 밝혔다. 가정의 변화, 부모 역할의 변화, 학교 환경의 변화, 사회에서의 미디어 혹은 여러 문화의 변화 등은 아동의 정신적 문제를 더욱 심화시키는 요인이 되는 것이다. 즉, 아동의 정신장애의 증가는 한 가지 원인이 아니라 다양한 원인의 복합적인 작용으로 발생한다고 볼 수 있는 것이다. 더욱이 정신장애를 겪는 아동의 수가 늘어나고 있지만 그만큼의 사회적인 대처와 제대로 된 치료를 받지 못하는 아동의 수가 더욱 많아서 사회적인 관심이 요구되고 있는 것이 사실이다. 때문에 아동의 정신건강에 대한 효과적인 치료를 위해서는 아동 관계기관들 간의 상호협조는 물론 지역사회 모두의 관심이 필요하다는 데에 모두가 의견을 일치하는 추세이다.

무엇보다 중요한 것은 아동정신건강의 문제를 조기에 진단하고 치료할 수 있도록 가정 안에서의 부모의 역할뿐만 아니라 관련 기관과 지역사회 차원에서 프로그램을 지속적으로 운영해 아동이 신체적·정신적으로 건강한 사회 구성원으로서 성장할 수 있도록 노력을 기울여야 할 것이다.

참고자료: 브레인월드 미디어, 2011년 5월 25일자 뉴스, '어린이 자폐증, ADHD환자 증가세'

❶ 아동의 정신건강 문제를 더욱 심화시키고 있는 가정과 사회의 구체적인 요소에는 어떤 것들이 있는지 생각해 보자.

❷ 아동의 정신건강은 왜 중요한지 다양한 측면에서 알아 보자.

❸ 아동의 정신건강을 다룬 영화 혹은 대중매체에서의 주제를 찾아 나누어 보자.

제2장

성격과 아동정신건강

인간의 성격에 대한 관심은 인류의 역사가 시작된 이래 꾸준히 이어져 왔다. 그 이유는 인간이 자신의 환경에 적응해 나아가는 데 영향을 미치는 요인이 많지만, 그중에서도 특히 성격은 환경에 대한 개인의 독특한 적응 방식을 결정짓는 하나의 신체적, 심리적, 물리적 역동체로서 지대한 영향을 미치기 때문이다. 성격은 가지고 태어나는 것인가? 아니면 후천적으로 형성되는 것인가? 성격은 행동에 얼마나 많은 영향을 미치는가? 형제간(심지어는 쌍둥이들 간에도)에도 성격이 서로 다른 것은 무슨 이유인가? 출생 순위에 따른 성격에는 차이가 있는가?, 만약 존재한다면 그 이유는 무엇인가? 성격은 변화하는가? 바람직한 성격이란 어떤 성격인가? 등의 질문에 성격심리학자들은 나름대로의 견해를 피력하고 있다. 따라서 아동정신건강을 이해하는 데 성격에 대한 이해는 아동에 대해 보다 깊이 있게 알아 가는 데 중요한 기초를 제공해 준다. 이 장에서는 성격의 정의, 성격이론, 건강한 성격에 관하여 살펴보고자 한다.

1 성격의 개념

학자와 사람에 따라 서로 다른 성격의 정의를 가지고 있고 각자의 관점에서 성격을 정의하고 있기 때문에 보편적으로 받아들여질 수 있는 정의를 찾기 어렵다. 성격과 관련된 용어를 풀이하면 다음과 같다.

- 개성: 사람의 됨됨이 중에서도 남과 구별지어주는 개인만의 독특한 성징의 정도를 가리킨다.
- 기질: 체질에 바탕을 둔 정서 발동의 경향을 일컫는 것으로, 유전적 요소가 강하고 따라서 성장 후에도 별로 변함이 없는 개인적 특징을 일컫는다.
- 인격: 개인의 사람 됨됨이나 그의 행동을 평가할 때 쓰이는 부분적이기보다는 총괄적인 의미를 갖는다. 평가는 가치 판단에 따른 것이므로 성격과 인격과의 관계는 인격=성격+가치, 성격=인격–가치의 관계라 할 수 있다.

한편 인간의 성격 연구에 일생을 바친 Allport(1961)는 성격을 정말로 그 사람인 것(What a man really is)으로 보고, 개인의 독특한 행동, 사고, 감정 양식을 결정하는 개인 내부의 정신 생리적 체제로 정의하였다. 성격에 대한 Allport의 정정의 이후 Pervin(1996)는 "성격이란 개인의 생활에 방향과 자기 방식(응집성)을 부여하는 인지, 정서 및 행동의 복합체이다. 신체 조직과 마찬가지로 성격은 구조와 과정으로 구성되어 있으며 천성(유전)과 양육(환경) 모두에 의해 영향을 받는다. 이에 더하여 성격에는 현재와 미래에 대한 해석뿐 아니라, 과거에 대한 기억까지 포함하는 과거의 영향이 포함된다."라고 보다 포괄적이고 구체적으로 정의하였다. 이 정의에서 Pervin은 성격이 개개인의 행동의 방향과 자기 나름대로의 방식을 갖고 생활조건에 맞추어 상호작용을 한다는 점, 성격이 구조와 과정을 지닌 역동적 조직이라는 점, 그리고 성격의 형성은 유전과 환경의 영향을 받을 뿐 아니라 과거의 경험과 미래에 대한 기대가 동시에 영향을 미친다는 점을 지적하고 있다.

여러 성격의 연구자들이 성격을 정의하는 데 있어 공통적으로 강조하는 성격의 특성은 두 가지가 있다.

첫째는 행동의 독특성이다. 성격은 한 개인이 다른 사람과는 구별되는 점을 일컫는 말이다. 만약 어떤 상황에서 모든 사람이 동일하게 행동한다면, 우리는 그러한 외현적 행동을 성격에 기초해 나타나는 행동이라고 생각하지 않으며 또한, 그러한 행동을 기초로 타인의 성격을 추론하지 않는다.

둘째는 안정성과 일관성이다. 성격은 시간과 공간의 변화에 따라 매 순간 바뀌는 것이 아니고, 어느 정도 안정적으로 일관되게 나타나야 한다. 평소 조용하던 친구가 어느 날 술을 먹고 길을 가다가 지나가는 행인과 사소한 시비로 인해 싸움을 하게 되었다고 가정해 보자. 우리는 이러한 단편적인 사건만을 가지고 친구가 공격적인 성향을 가졌다고는 말하지 않으며, 친구의 공격적 행동이 성격에 의해서 유발되었다고 생각하기보다는 상황적인 요인에 의해 발생되었다고 생각하게 된다.

이처럼 시간과 공간의 변화에도 불구하고 어느 정도 안정적이고 일관되게 나타나야 하는 특성 때문에 우리가 타인의 성격을 파악하기 위해서는 어느 정도의 시간이 요구된다. 그러나 성격이 안정성과 일관성이 있어야 한다는 말의 의미가 결코 성격이 변화되지 않는다는 것을 의미하는 것은 아니다. 우리는 의식적으로 때로는 무의식적으로 성격의 변화를 시도하기도 한다. 이러한 변화가 결코 쉽게 이루어지지는 않지만 한번 변화된 성격은 또 일정 기간 안정적으로 그리고 일관되게 우리의 행동에 영향을 미치게 된다.

이에 성격이란, 개인이 환경에 따라 반응하는 특징적인 양식으로서, 타인과 구별되게 하는 독특하고, 일관성이 있으며, 안정적인 사고, 감정 및 행동방식의 총체이다."라고 정의할 수 있다.

2 성격이론

1) 성격이론의 분류

성격이론(personality theory)은 개인들이 보이는 행동방식의 차이를 묘사, 설명하려는 체계적인 시도로서 성격이론은 크게 두 종류로 나눌 수 있다. 그중 하나는 성격을 단편적인 상태로 이해하려는 연구이다. 이러한 연구는 성격이 어떻게 형성되고 발달하는가보다는 현재 어떤 종류의 성격 유형이 있는지와 같은 상태에 관심이 더 많다. 대표적인 이론으로는 특성이론(character theory)이 있는데, 이는 다시 유형론과 특질론으로 나눈다.

또 다른 하나는 성격이 어떻게 형성되고 어떻게 발달하며, 그러한 성격이 생활하는 데 어떤 기능을 하는지를 이해하고자 하는 과정이론(processing theory)이다. 과정이론에는 무의식과 어린 시절의 경험을 강조하는 정신분석, 개인과 환경의 상호작용을 강조하는 행동주의적 관점의 이론, 개인의 주관적 경험과 자기실현을 강조하는 인본주의이론 등이 있다.

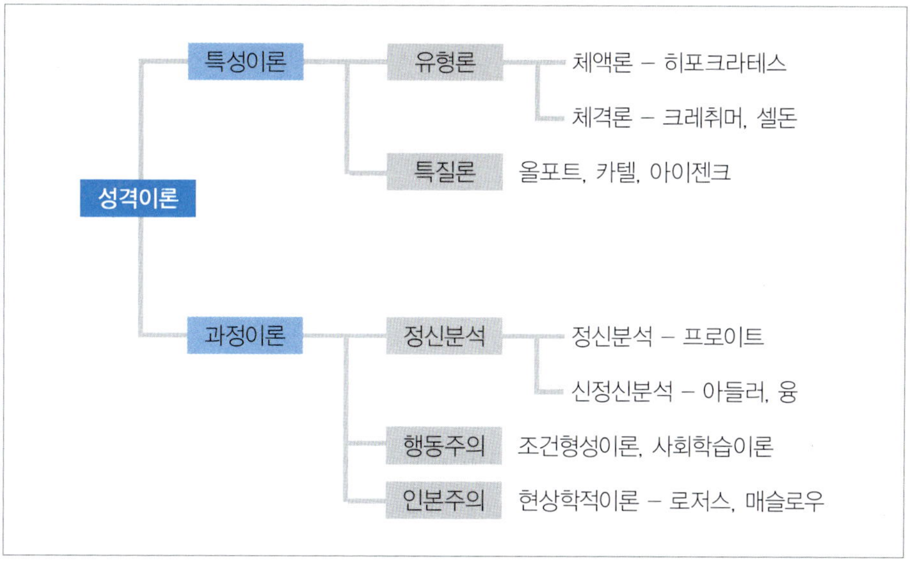

성격이론의 분류

2) 특성이론

(1) 유형이론(typology)

최초의 유형이론은 Hippocrates의 체액론이다. Hippocrates는 사람의 체액을 혈액, 점액, 흑담즙, 담즙으로 구분하고, 그중 어느 체액이 신체 내에서 우세한가에 따라 성격이 결정된다고 주장하였다.

Kretschemer는 사람을 체형에 따라 쇠약형, 비만형, 투사형, 이상발육형의 네 범주로 나누고 각 체형에 따라 성격이 결정된다고 보았다. 그는 쇠약형은 가냘프고 마른 사람들로 정신분열증에 걸릴 성향이 많은 것으로, 비만형은 둥글고 땅딸한 사람들로 조울증에 걸릴 성향이 많은 것으로, 투사형은 강하고 근육이 발달된 사람으로 조울증보다 정신분열증의 경향이 다소 많은 것으로, 이상발육형은 신체 발달이 균형이 잡히지 않은 사람들로서 투사형과 유사한 성향을 보인다고 주장하였다.

Sheldon은 Kretschmer의 연구를 더욱 발전시켜 개인은 내배엽형, 중배엽형, 외배엽형의 세 가지 차원에서 개인의 점수를 평정하여 유형화시킬 수 있다고 주장하였다.

- 내배엽형: 내장 구조들이 고도로 발달된 사람들로 수줍어하고 내성적인 기질을 가지고 있다.
- 중배엽형: 근육이 우세한 사람들로 활동적, 자기주장적, 정력적인 기질을 가진다.
- 외배엽형: 근육이 섬세하고 약한 사람들로 편안함을 즐기며, 사교적인 기질을 가진다.

(2) 특질이론(trait theory)

특질이론은 어느 두 사람도 완전히 동일한 성격을 가질 수 없다는 가정에 기초한다. 한 개인은 시간과 장소에 따라 비교적 일관되지만, 타인과는 서로 다른 성격 특징을 갖는다고 본다. 특질이론가들은 한 개인이 타인과 지속적으로 어떻게 서로 다른지가 성격의 본질이라고 주장하고, 성격의 연구는 안정된 성격 특질들을 알아내는 것이며, 성격이론은 이러한 특질(trait)을 체계적으로 분류하는 것이라고 주장한다. 대표적인 특질이론가들은 Allport, Cattell, Eysenk 등이 있다.

① Allport

Allport는 특질은 개인에게 여러 가지 다른 자극이나 상황에 대해 유사한 방식으로 반응하도록 조작하는 실체로서, 개인의 사고, 정서 및 행동을 결정하는 중요한 역할을 한다고 주장한다. 그는 행동 상에 미치는 정도에 따라 주(기본)특질(cardinal trait), 중심특질(central trait), 이차적 특질(secondary disposition)로 구분하였다.

주특질은 영향력이 매우 커서 한 개인의 행동 전반에 영향을 미친다. 이러한 주특질의 지배를 받는 사람은 마치 주특질의 노예가 되어 있는 것처럼 여겨지는데, 예를 들어, 눈만 뜨면 재산을 모으려고 한다든지, 권력을 잡으려고 애쓰는 사람들은 주특질을 소유한 사람들인데, 다행스럽게 이러한 열정적인 주특질은 소수의 사람들만이 가지고 있다.

중심특질은 주특질보다 행동에 미치는 영향력은 적지만 비교적 보편적이고 일관된 영향을 끼치는 것으로 우리가 한 개인을 기술할 때 사용하는 특성이 바로 중심특질에 해당한다. 예를 들어, 어떤 사람은 시간을 잘 지키고, 사리가 분명하며 믿을 수 있다고 우리가 한 개인의 특성을 기술하였다면, 이는 중심특질을 기술한 것이다.

이차적 특질은 중심특질보다 덜 보편적이고 덜 일관적인 영향을 미치는 것으로, 예를 들어 한 개인이 학교에서는 깔끔하지만 집에서는 깔끔하지 않다면 이는 바로 이차적 특질에 해당한다.

② Cattell

Cattell은 개인의 특징적 행동을 설명할 수 있는지의 여부에 따라 특질을 표면특질과 근원특질로 분류하였다.

표면특질은 인간이 보이는 다양한 행동 중에서 각기 서로 관련되어 있다고 여겨지는 일련의 행동을 묶어 놓은 것이다. 예를 들어, 미소를 짓는 행동, 인사를 하는 행동, 타인을 돕는 행동 등은 서로 함께 나타나는 경향이 있는데 이는 친절성 특질을 나타내며, 타인을 비방하거나, 얼굴을 찌푸리거나, 타인을 괴롭히는 일련의 행동은 공격성 특질을 나타낸다. 표면특질은 환경의 영향을 받아 실제 자신의 의도와는 다른 행동 패턴을 보여야 하는 경우에 발생한다. 따라서 이러한 표면특질은 행동들 간의 상관 즉, 친절성 특질에 해당하는 일련의 행동은 같이 일어날 가능성이 매우 높은 반면, 공격성 특질에 해당하는 행동은 친절성 특질에 해당하는 행동과 함께 일어날 가능성이 매우 낮다는 것을 나타낼 뿐 한 개인의 행동이 어떠한 이유로 일어났는지에 대한 명확한 설명은 제시하지 못한다.

이에 반하여, 근원특질은 성격의 핵심을 이루는 것으로 개인의 행동, 생각 및 정서에 영향을 주어, 행동의 일관성을 결정짓는 역할을 한다. 근원특질은 표면특질에 해당하는 행동의 진정한 원인이 무엇인지에 대한 설명을 제공하게 되는데, 예를 들어, 친절성과 공격성의 특질에 속하는 일련의 행동을 나타내는 사람의 저변에는 정서적 불안이라는 근원특질이 존재할 수 있다. 한 개인은 타인에게 소외받을지도 모른다는 정서적 불안감 때문에 타인에게 친절하게 대하기도 하고, 때로는 공격적으로 행동하기도 한다.

③ Eysenk

Eysenk는 소수의 성격 차원만이 존재하며, 개인은 이러한 차원에서 정도의 차이에 의해 독특한 특질을 소유하게 된다고 주장한다. 그는 요인분석을 통하여 세 가지 성격 차원을 발견하였는데 초기에는 외향성-내향성(extroversion-introversion) 차원과 안정성-불안정성(stability-instability) 차원 또는 신경증적 경향성(neuroticism) 차원이라고 불리는 두 개의 차원을 발견하였고, 그 후에 정신병적 경향성(psychoticism) 차원을 첨가하였다.

외향성-내향성은 뇌의 각성 수준과 관련되어 있는데, 외향성인 사람의 성격은 충동적이고 혈기왕성하고 사교적인 특성이 나타나는 반면, 내향성인 사람들은 수줍어하고 관심이 한정되어 있으며 내성적이고 과묵한 성격특성을 보인다.

신경증적 경향성은 정서적인 안정성과 관련이 있는 차원으로 신경증적인 경향성이 높을수록 정서적으로 불안정하고 예민하여 사소한 일에도 지나치게 근심을 하는 경향이 있다.

정신병적 경향성은 정신질환자가 될 정도를 반영하는 차원으로 정신병적 경향성이 높을수록 타인을 배려하지 않고, 이기적으로 행동하며 공격적이고, 냉정하고, 충동적으로 행동하고 자제할 줄 모르는 행동 경향성을 보인다.

3) 과정이론

앞에서 살펴본 특성이론은 사람의 성격을 묘사하고 분류하는 데는 유용하지만, 성격이 어떻게 형성되고 형성된 성격이 어떤 의미를 갖는지는 제대로 설명하지 못한다. 이러한 측면에 초점을 맞춰 이루어지는 연구들이 성격의 과정이론이다. 과정이론에는 크게 정신분석이론, 행동주의이론, 인본주의이론 등이 있다.

(1) 정신분석이론

Freud의 심리성적 이론은 인간을 성욕과 과거의 경험에 지배되는 수동적이고 소극적인 존재로 보았으며 인간의 정신은 5세 이전에 경험한 사건에 의해 결정된다고 하였다. 인간의 욕망 특히 성적 욕구를 강조하고 있다.

① 의식의 구조

Freud는 인간의 의식 수준을 전의식, 의식, 무의식으로 나누었다(Freud, 1920).

- 전의식: 자각 상태는 아니지만 쉽게 의식으로 끌어올릴 수 있는 상태로서 억압되어 있지만 주의를 집중하면 의식으로 회상될 수 있는 정신세계이다. 의식과 무의식 사이에 존재하고 있다. 생각이 날 듯 말 듯 한 기억도 포함된다.
- 의식: 인간의 감각기관을 통해서 인식하는 모든 것을 말하는데, Freud는 의식은 마음 전체에서 보면 엷은 한 조각에 지나지 않으며, 마치 마음의 대부분은

빙산 모양으로 의식의 아래에 존재하고 있다고 느꼈다.

- 무의식: 감각기관으로는 인식할 수 없는 마음 깊은 곳에 감추어져 있는 정신세계로 본능, 열정, 억압된 관념과 감정 등이 잠재해 있다. 언어와 아무런 연결이 없기에 의식적으로 될 수 없는 기억이다.

② 성격의 기본 가정

Freud는 인간의 성격발달에 대해 세 가지 기본 원칙을 제시하였다(Freud, 1923). 즉, 정신적 결정론, 무의식적 동기, 그리고 리비도이다.

- 정신적 결정론: 인간의 모든 정신적 활동은 그 이전의 행동이나 사건에 의해 결정된다. 즉, 한 인간의 사고나 감정의 원인을 잘 파악하기는 힘들다 하더라도 현재의 행동은 반드시 과거에 그 원인이 있다는 것이다.
- 무의식적 동기: 우리가 일상생활에서 생각하고 느낄 때는 우리가 인식할 수 없는 무의식에 의해 동기유발이 된다는 것이다. 무의식이 인간의 심적 내용의 대부분을 차지하지만 일부분은 자각 상태의 의식과 전의식도 있다. 전의식은 자각 상태는 아니지만 쉽게 의식으로 끌어올릴 수 있다.
- 리비도(libido): 리비도란, 성적인 차원에서의 인간의 본능적인 에너지를 말하는데, Freud의 이론에서 사용되는 '정신'은 이를 뜻한다. 이 리비도가 집중적으로 모이는 곳을 성감대라고 하며, 성적 에너지가 사고와 행동의 동기가 된다고 보았다. 배고픔, 목마름, 성에 대한 원초적인 욕망을 충족시키면서 정신적 흥분을 하거나 긴장을 해소해 나가는 것이 성격발달의 기본이 된다고 간주하였다. Freud에 의한 성의 개념은 감정, 애정, 사랑 등을 모두 포함하는 넓은 의미를 가지고 있다.

③ 성격의 구조

Freud에 의하면 의식 세계는 성격의 형성과 관련이 깊다. 이러한 성격의 기능적 구조를 원초아(id), 자아(ego), 초자아(super ego) 세 가지로 나누었으며, 학령 전기에 형성된 원초아와 자아 그리고 초자아의 상호 관계가 개인의 기본 인성을 결정한다고 보았다(Freud, 1923).

- 원초아(id): 본능에 의해 움직이는 인성의 타고난 요소로서 원욕이라고도 한다. 인성의 가장 큰 부분으로 출생 시 선천적으로 갖고 태어나는 본능은 비이성적이고, 무의식적이며 이기적인 본능을 의미한다. 예를 들어, 유아기의 아동은 현실에 대한 감각이 없고, 현실적으로 가능한 것과 불가능한 것에 대한 판단이 불가능하므로 강력한 충동적 본능, 즉 욕구를 즉각 충족시키려 하는 쾌락원리에 따라 움직인다. 정신 에너지의 근원이 되며 일차적 원시 과정이다.
- 자아(ego): 생후 2년째가 되면 아동의 기본적 본능은 현실과 충돌하게 된다는 것을 인식하게 된다. 예를 들어, 배고픔에 대한 본능이 어머니의 존재 유무에 따라 항상 즉각적으로 만족될 수는 없다는 것을 경험한다. 따라서 계속적인 본능과 현실과의 갈등이 생기게 되고, 이러한 갈등의 과정을 거쳐 성격의 제2단계인 자아가 발달하게 된다. 자아는 현실원리를 따르며 현실과 타협하기 위한 이성적 사고나 인식, 그리고 계획 등이 포함되는 2차적 과정의 사고이다. 자아란 현실적으로 가능하지 않은 것을 깨달을 수 있게 되면서 생기게 되고, 만족의 지연이 때로는 바람직하다는 생각을 포함하는 이성적 수준의 성격이다. 원초아가 즉각적인 만족을 원하는 데 비해 자아는 현실 판단을 통해 가장 적절한 해결책을 찾고, 이를 통해 본능적 욕구를 충족시키려 한다. 자아는 원초아의 욕구를 충족시키거나 통제하기 위해 발달한 것으로 인간 의식의 일부가 된다. 그래서 현실적 원리에 따르는 이차적 과정인 것이다. 원초아와 자아는 정반대의 성격 수준이 아니라 같은 목표를 향해 역동적으로 작용하는 성격의 두 가지 수준이다. 따라서 자아는 원초아의 욕구와 충동이 현실과 조화를 이루면서 충족하도록 하는 역할을 한다. 즉, 욕구가 적절한

시간과 장소, 대상을 통해 충족되도록 조절하는 것이다.

- 초자아(super ego): 3~6세 사이에 나타나며 사회·문화적인 규범이 내면화된 것으로 외부의 영향을 많이 받는다. 초자아는 본능과는 달리 출생 시 갖고 태어나는 것이 아니라 학습에 의해 획득된다. 초자아는 자아와 같이 현실과의 접촉을 통해 발달하나, 물리적 현실보다는 사회적 현실이 바탕이 된다. 초자아는 양심과 이성적 자아의 두 요소를 포함하는데, 양심은 잘못된 행위에 대해 생기는 죄의식과 관련되며, 이는 아동이 부모 또는 타인과의 동일시를 통해 사회적 가치나 문화적 규범을 얻게 되면서 내면화된 표상으로, 처벌적이고 비판적이다. 이상적 자아는 자아에 대한 이상적인 열망으로 구성되며, 이상적인 열망은 부모로부터 보상받은 경험이 기초가 된다. 초자아가 형성된 후에 자아는 원욕의 욕구, 외부세계 및 양심의 상호 관계를 조정하는 복잡한 역할에 직면하게 된다. 예를 들면, 친구 집에 놀러 간 한 아이가 친구의 장난감을 보게 되었다. 그것을 갖고 싶다는 충동은 원초아의 욕구이다. 그러나 그것을 갖기 위해서는 친구와 싸워서 내가 그것을 빼앗아야 한다는 생각에 대해 초자아는 '안 돼! 나쁜 짓이야'라고 저지한다. 이때 자아는 원초아와 초자아 간에 갈등을 해결해야만 한다.

④ 방어기제

방어기제는 불안, 죄책감, 갈등, 고민, 드러낼 수 없는 욕구 등 자기에 대한 여러 위협으로부터 자신을 보호하기 위해 사용하는 마음의 반응 양식을 말한다(Freud, 1920). 방어기제는 병적 행동이 아니고 정상적인 행동이다. 우리들 대부분은 스스로 의식하지 못하는 사이에 어느 정도의 자아방어기제들을 사용하고 있다. 개인이 사용하는 방어는 개인의 발달 수준과 불안의 정도에 따라 다르다. 따라서 방어기제를 적절히 이용하는 것은 현실 세계에 있어서 괴로운 문제를 해결하는 데 도움을 준다. 단지 문제가 되는 경우는 문제에 대한 지배적 반응양식이 될 경우에만 성격적인 부적응을 나타낸다. 신경증적인 사람은 일반적인 사람보다 훨씬 더 빈번히 사용하고, 때로는 어느 하나에만 초점을 두기도 한다. 그렇지만 단 하나만의 방어기제를 사용하는 일은 드물다. 방어기제에는 두 가지 공통점이 있는데, 현실을 왜곡시키며 무의식의 수준에서 일어난다는 것이다.

몇 가지 주요한 방어기제의 내용 및 예를 표로 제시하면 다음과 같다.

표 2-1 방어기제의 종류 및 내용

종류	내용	예
억압	억압(repression)은 Freud가 '정신분석의 전체적 구조가 의존하는 주춧돌'이라고 부를 정도로 가장 중요한 방어기제이다. 억압은 자아가 위협적인 내용을 의식 밖으로 밀어내거나 혹은 그러한 자료를 의식하지 않으려는 적극적 노력이다. 본질적으로 억압은 우리에게 불편함이나 고통을 가져다주는 존재에 대한 무의식적 부정이다.	자신을 학대하는 부모에 대한 뿌리 깊은 적대감을 알아차리지 못하는 것
부정	부정(denial)은 현실에서 일어났던 위협적이거나 외상적인 사건을 받아들이지 않고 거절하는 것이다.	부모가 사랑하는 자녀의 죽음을 계속해서 믿지 않으려 하는 것
반동형성	반동형성(reaction formation)은 개인의 내면에서 수용할 수 없는 충동을 정반대로 적극적으로 표현하는 것이다.	위협적인 성적 충동에 사로잡혀 있던 사람이 정반대로 포르노그래피를 맹렬하게 비판하는 것
투사	투사(projection)는 자신이 갖고 있는 좋지 않은 충동을 다른 사람이 가지고 있다고 원인을 돌리는 것이다.	내가 그를 미워하는 것이 아니라, 그가 나를 미워한다고 표현하는 것
퇴행	퇴행(regression)은 위협적인 현실에 직면하여 불안을 덜 느꼈던 그리고 책임감이 적었던 이전의 발달단계의 행동을 하는 것이다.	아이가 학교에 가야 한다는 위협에 직면하여 잠자리에 오줌을 싸는 것
전위	전위(displacement)는 어떤 대상에게 원초아의 충동을 표현하기가 부적절하면, 그러한 충동을 다른 대상으로 대체하는 것이다.	아빠에게 꾸중 들은 아이가 적대감을 아빠에게 표현하지 못하고 동생을 때리거나 개를 발로 차는 것
승화	승화(sublimation)는 전위의 한 형태로서 수용될 수 없는 충동이 사회적으로 받아들여질 수 있는 충동으로 대체되는 것이다.	타인에 대한 공격성이 권투선수가 되어 훌륭한 시합을 하는 것으로 대체되는 것
합리화	합리화(rationalization)는 자신의 행동을 그럴듯한 그리나 부정확한 핑계를 사용하여 받아들여질 수 있게끔 행동을 재해석하는 것이다.	이솝우화에서 포도를 딸 수 없었던 여우가 포도가 실 것이라고 결론 내렸던 것

출처: 노안영 외(2003).

사람들은 불안을 느끼면 자존감을 유지하고 정상을 유지하고자 하는 무의식적인 노력으로 방어기제를 많이 사용하게 된다. 그러나 방어기제는 왜곡, 비현실성, 자기 기만을 그 특성으로 하기 때문에, 습관적인 사용은 성숙한 문제 해결 능력을 기르는 것을 방해하고 자기 성장을 저해하기 때문에 주의 깊게 사용해야 한다. 이러한 견해에서 Freud는 정신적으로 건강한 사람이란 원초아, 자아, 초자아가 잘 통합되어 있어 어느 한편에 치우치지 않으며 본능과 현실을 교섭하고 조화와 적응을 이룰 수 있을 만큼 강하여 욕구 간의 갈등을 적절히 해결할 수 있는 사람이다.

(2) 분석심리학

① 정신의 구조

융은 전체적 성격을 정신으로 보았으며 인간은 정신을 갖고 태어나고 일생을 통해 이러한 타고난 전체성(정신)을 분화하고 통합해 간다고 보았다. 정신의 수준을 크게 의식/무의식을 구분하고 무의식을 개인무의식/집단 무의식으로 세분화하였다(이부영, 2006).

- 의식: 우리가 직접 알고 있는 정신의 부분은 의식이며 이는 자아에 의해 지배된다. 자아는 정신 전체 속에서는 작은 부분을 차지하고 있지만 의식에 이르는 문지기로 인간은 자아를 통해 자신을 외부에 표현하고 외부현실을 인식한다.
- 개인 무의식: 의식에 인접해 있는 부분으로 쉽게 의식화될 수 있는 망각된 경험이나 감각 경험으로 구성되어 있다. 개인의 과거 경험으로 비롯된 내용으로 되어 있고 프로이트의 전의식과 유사한 개념이지만 무의식까지 포함한 개념이다. 의식되었지만 그 내용이 중요하지 않거나 고통스러운 것이기 때문에 망각되거나 억제된 자료의 저장소이다.
- 집단 무의식: 융의 독창적인 개념으로 개인적 경험이 아닌 사람들이 역사와 문화를 통해 공유해 온 모든 정신적 자료의 저장소이다. 인간의 정신적 소인이 유전된 것으로 생각하고 있고, 인류 역사를 통해 선조로부터 물려받은 우리의 행동에 영향을 주는 정신적 요인이 수없이 많은 원형으로 구성되어 있다.

직접적으로 의식화되지는 않지만 인류 역사의 산물인 신화, 민속, 예술 등이 지니고 있는 영원한 주제의 현시를 통해 간접적으로 관찰할 수 있다.

② 원형

융은 무의식을 개인 무의식과 집단 무의식으로 나누었는데 융이 중점을 두었던 관점은 집단 무의식이다. 집단 무의식이라고 하는 것은 원형이라는 개념으로 구성되어 있는데, 원형이라고 하면 우리가 우리도 모르게 그렇게 행동하도록 하는, 느끼도록 하는 것으로 선험적이고 유전적인 성격이 강하다.

융이 원형의 예로 든 개념에는 페르소나, 아니마, 아니무스, 그림자, 자아가 있다(이부영, 2006). 의식이라고 하는 것은 이 그림자를 밝혀내는 과정을 통해서 의식과 그림자의 합일을 추구하게 되는 것이다.

■ 페르소나(persona)

가면을 뜻하는 말로 개인이 사회적 요구들에 대한 반응으로서 사회적 계층, 직업, 문화, 국적 등에 의하여 결정되는데, 우리는 상황마다 각기 다른 페르소나를 사용하고 외부 세계와의 관계에서 필요한 것인 만큼 그 개체의 "외적 인격"이라 부른다. 페르소나와 내면의 자기가 너무 불일치하면 이중적인 성격으로 사회적 적응에 곤란을 겪거나 너무 동일시하면 개인은 자신이 연기하는 역할에 갇혀 버릴 위험에 빠질 수 있다.

페르소나가 있기 때문에 개인은 생활 속에서의 자신의 역할을 반영할 수 있으며, 따라서 개인이 공개적으로 보여주는 가면이나 외관이므로 사회적 인정을 받기 위해 가면을 바꾸어 쓰려고 한다. 페르소나에 의해 개인은 못마땅한 사람과도 친교를 맺음으로써 이익을 획득할 수도 있다.

우리의 페르소나는 역할에 따라 달라진다. 예를 들면, 한 남자가 사업가로서 동료에게 주는 이미지와 아버지로서 자식에게 주는 이미지는 다르다. 성격의 보다 깊은 부분은 도외시한 채 페르소나를 발달시키는 사람이 있는데, 어느 시점에 가서, 겉으로 드러난 표면적 모습 밑에 본격적인 것이라곤 거의 없음을 느끼게 된다.

또한 자신의 본성이 갈등을 일으킴으로써 긴장 속에 살게 된다. 자아가 페르소나와 동일화되는 것을 팽창이라고 한다. 페르소나의 팽창은 수준 높은 삶을 영위하지 못하는 사람에게 열등감이나 자신감을 느끼게 함으로써 스스로 고독과 소외의 늪에 빠진다. 하지만, 다른 사람들을 효과적으로 다루기 위해서는 사실 성격의 이러한 부분도 필요하다. 예를 들어, 다른 사람들로 하여금 자신의 말에 귀를 기울이도록 하려면, 자신감과 결단력이 있다는 이미지를 보여주는 것이 종종 필요하다. 성격이 균형 잡혀 있을수록 페르소나가 발달하지만 그렇다고 해서 성격의 다른 부분들이 도외시되지는 않는다.

■ 아니마와 아니무스(anima, animus)

아니마는 남성의 내부에 있는 여성적인 면으로 남성이 이성과의 상호작용을 하도록 인도해 주는 여성적인 특성으로 여성 속에 있는 공허하고 무력하며 변덕스럽고 무심한 모든 것에 대해 선입관적 호감을 가지고 있다. 아니무스는 여성 내부에 있는 남성적인 면으로 여성 성격에서 대응하는 남성 역할을 한다. 영웅적, 지적 예술적 스포츠맨적인 명성이 있는 남성과 동일시하려고 한다.

인간은 누구나 양성성을 갖고 태어나며 성숙된 인간이 되기 위해서 남자는 내부에 잠재해 있는 여성성을, 여자는 남성성을 개발해야 한다. 만일 그렇지 못하면, 중요한 이성적 성격은 잠복되어 발달하지 못할 것이며, 성격의 일부가 억제되고 한쪽으로 치우치게 되어 심리적 건강을 손상시킬 수 있는 이 편중성은 성격 전체의 충분한 발달과 표현을 저해한다.

■ 그림자(shadow)

그림자는 인간의 어둡거나 사악한 측면을 나타내는 원형이다. 인류 역사를 통해 억압되어 어두운 무의식에 있는 자료 및 인간의 원초적인 동물적 욕망에 기여한다. 사회가 나쁘다고 생각하는 측면이 있지만 생명력, 자발성, 창조성의 원천이 되기도 한다. 인간의 양면성을 반영한 원형으로 자아의 어두운 면, 즉 무의식적인 측면에 있는 나의 분신과 같은 부분이라고 설명한다. 예를 들면, 지킬 박사와 하이드의 양면성으로 사회에서 부정되거나 부도덕하고 악하다고 생각되는 부분이다.

■ 자기(self)

자기는 의식과 무의식을 통합한 성격의 중심으로 의식과 무의식의 주인이다. 인간이 실현하기 위해 타고난 청사진과 같은 것으로 전체로서 인간 성격의 조화와 통합을 위해 노력하는 원형이다. 성격의 모든 부분을 한데 묶어 균형 있게 하는 것으로 통일, 평형, 안정을 가져오게 한다.

이상에서 설명한 원형은 자각되지 못하면, 의식에 파괴적인 영향을 끼칠 수 있다. 그러나 원형이 의식화될 때, 우리는 그것에서 벗어나 독립된 자유로운 의식, 즉 개성을 획득하며 살아갈 수 있는 것이다.

이러한 집합적 무의식의 지배에서 분화하는 것을 융은 개성화, 자기실현이라고 불렀다. 개성화는 인간이 인격의 발달을 얻기 위해 매우 중요한 조건이다. 우리는 보통 페르소나와 동일화되어 생활하지만, 어떤 계기로 페르소나에서 분화할 때, 비로소 자신의 그림자가 보이게 된다. 이때, 이 그림자 또한 자신의 일부란 것을 인정해야 하는 것이다.

그림자 앞에서는 내재된 이성상이 보인다. 그것이 아니마와 아니무스이다. 비뚤어진 반복된 연애의 수렁에서 벗어나기 위해서는 아니마/아니무스라는 이성상에서 해방될 필요가 있다. 이 내재된 이성상 저편에는 그레이트 마더와 노현자라는 영원한 이미지가 있는데, 이는 자기의 인격과 매우 가까운 내적 이미지이지만, 동일화해 버리면 자신을 끝없이 신과 가까운 존재로 과신해 버릴 위험성도 있으니 주의해야 한다.

그리고 마지막에 나타나는 것이 자기이다. 그러나 자아가 자기와 동일화되는 것이 자기실현은 아니다. 자기실현은 자아가 자기라는 나이면서도, 내가 아닌 내적 이미지와 대화하며 화합해 나가는 과정이다. 그러므로 자기와 자아의 관계성을 풍부하게 해 나가는 것이 매우 중요하다.

③ 개성화

융에 의하면 개성화 과정은 무의식을 의식화함으로써 의식과 무의식을 통합하여 인간의 정신의 전체성을 이루도록 하는 것으로 자기실현이라고도 한다. 개성화의 과정을 위한 의식과 무의식의 통합은 자아와 그림자의 통합, 페르소나와 아니마 아니무스의 통합, 개인적인 삶의 통합이라고 볼 수 있다.

융은 완전한 자기의 실현을 이루기보다는 자기를 인식하기에 중점을 두어야 한다고 강조한다. 자기의 원형은 외적인 의식적 자아와는 전혀 다른 내적인 길잡이다. 자기는 인격을 규정하며 조절하고 좌우하는 힘을 가지고 있는 동시에 성격을 성숙시키고 그 지각 능력을 높일 수 있다. 자기발달을 통해 인간은 자기의 일생을 한층 더 자각하며 파악하고 이해하며 지배하는 힘을 얻는다. 이러한 자기(self)에 이르는 과정을 개별화 과정이라 하고 개별화 과정이 제대로 이루어지기 위해서는 무의식적 요소와 의식에로의 통합이 중요하다고 강조하였으며 이러한 과정이 성격의 성숙을 이루게 한다.

(3) 개인심리학

Adler의 성격에 대한 접근을 뒷받침하고 있는 기본 개념으로는 열등감과 보상, 우월에의 추구, 사회적 관심, 생활양식 및 창조적 자기를 들 수 있다. Jung과 마찬가지로 Adler도 Freud가 지나치게 성을 강조한다고 비난하였다. 그는 열등감이 중요한 역할을 한다고 보았다. 신체적, 심리적, 사회적 열등감을 느끼는 사람들은 자신의 약점을 보상하기 위하여 노력하며, 이것이 우월성 추구라고 하였다. 우월성 추구란 누구를 지배하거나 높은 지위를 추구하는 것이 아니라 자기 자신을 향상시키며 도전을 극복하기 위한 보편적인 욕구이다. 그리고 어린 아동은 나이 많은 아동이나 성인에 비해 나약하고 무력하기 때문에 열등감을 경험하게 마련이고 이런 초기의 열등감 때문에 새로운 기술을 익히고 재능을 개발하도록 동기화된다고 한다. 따라서 우월성 추구는 성적인 만족보다 더 중요한 생의 목표이다.

Adler도 성격형성에서 자기 인식이 가장 중요한 역할을 한다고 보았다. 인간은 의식을 지닌 존재로 자기 행동의 이유를 다른 누구보다 자신이 가장 잘 안다. 인간은 자신의 열등감과 자신이 추구하는 목표를 잘 알고 있다. 그리하여 인간은 자아실현에 필요한 행동의 의미를 충분히 인식한 후 자신의 행동을 계획하고 이끌어 나갈 수 있을 만큼 자기를 의식하고 있다고 봄으로써 무의식의 지배적 역할을 강조하는 Freud의 이론과는 반대되는 입장을 취하고 있다.

Adler는 모든 사람은 보상(compensation)을 통해 열등감을 극복하기 위해 노력한다고 하였다. 보상이란 자신의 능력을 계발하여 실제적이거나 상상적인 열등감을 극복하려는 노력을 말한다. 그는 이러한 보상을 정상적인 것이라고 보았다. 그러나 어떤 사람들의 경우 열등감이 지나치면 열등 콤플렉스에 빠질 수도 있다. 그는 부모의 과보호나 무시가 열등 콤플렉스를 유발할 수 있다고 보고 아동기에 부모와 자녀의 관계를 중요시하였다.

Adler는 열등감이 지나치면 우월성 추구를 향한 정상적인 과정에서 빗나가기 때문에 성격장애를 일으킬 수 있다고 보았다. 어떤 사람들은 열등감을 숨기기 위해 과잉보상한다. 열등 콤플렉스를 가지고 있는 사람들은 인생의 도전을 극복하기 위해 노력하지 않고 다른 사람보다 높은 지위나 권력을 차지하기 위해 노력하거나 열등감을 감추기 위해 화려한 옷을 입고, 값비싼 차를 타는 등의 행동으로 성공을 과시하려고 한다.

생활양식은 Adler의 성격이론의 핵심 개념으로 인간은 각자의 생활양식을 지니고 있기 때문에 이를 통해 다른 사람과 구별되는 고유한 성격을 형성하게 된다. 생활양식은 4~5세경에 형성되며 인간은 자신의 독특한 생활양식을 표현하는 새로운 방법을 습득하지만 이때 형성된 생활양식이 일생의 성격의 기본적인 양식이 된다. Adler는 열등감에 대한 보상이 생활양식을 결정한다고 보았다. 즉 신체적으로 약한 사람은 신체를 강하게 하는 생활양식을 발달시키고 우둔한 사람은 지적 우월감을 추구하는 생활양식을 취하게 된다는 것이다.

Adler는 성격발달에 미치는 사회적 맥락을 강조하였다. 그는 출생 순위가 성격발달에 미치는 영향을 처음으로 강조하였다. 독자, 첫째 아이, 두 번째 아이의 가정환경은 서로 다르고 이것이 성격 형성에 미치는 영향 또한 다르다고 하였다.

형제가 없는 아동은 부모의 지나친 관심을 받기 때문에 버릇이 없기 쉽고, 첫째 아이는 두 번째 아이의 출생과 더불어 왕위를 찬탈당한 왕과 같은 문제를 야기할 수 있고, 두 번째 아이는 형과 경쟁하기 때문에 경쟁적인 경향이 강할 수 있다. 이러한 주장 이후로 출생 순위에 대한 많은 연구가 진행되었는데, 아주 흥미 있는 연구결과도 있다(Schooler, 1972).

이러한 개념을 토대로 Adler는 출생 순위와 아동기의 경험, 어린 시절의 기억이 개인의 독특한 성격을 결정짓는 생활양식의 형성에 미치는 영향을 밝히는 연구를 수행하였으며 어린 시절에 잘못 취급된 아동은 성인이 되어서도 사회에서 병적인 생활양식을 발달시키게 된다고 말하고 있다.

인간생활의 궁극적인 목적은 '우월에 대한 추구'로 이는 전생애를 통해 개인의 환경에 대한 적응 능력을 좌우한다고 하였다. 이 우월에의 추구는 부정적 경향과 건설적 경향을 취하는데, 부정적 경향은 신경증 환자에게서 나타나며 긍정적 경향은 심리적으로 건강한 사람에게서 나타난다.

(4) 행동주의이론

행동주의이론에서는 성격을 직접적으로 관찰되는 것이 아니라 관찰 가능한 행동으로부터 추정되는 것으로 본다. 즉, 성격은 개인의 행동으로부터 추상적으로 생각할 수 있는 가설적인 구성 개념이라는 것이다.

① Skinner의 조건형성

Skinner는 지극히 개인적이며 관찰할 수 없는 인지과정을 고려하지 않는 반면에 외적 환경이 행동을 어떻게 조성하는가에 초점을 맞추었다. 실제로 Skinner의 이론에서 행동이란 전적으로 환경 자극에 의해 결정된다고 본다. "과학적 입장에서 볼 때 자기(self)를 행동 유발자나 원천으로 볼 수 없다"고 말하면서 자유의지란 착각에 불과하다고 주장하였다.

Skinner는 행동의 일관성을 반응경향성으로 설명하였다. 즉, 사람들은 경험을 통해 안정된 반응경향성을 획득하기 때문에 일관성 있게 행동한다는 것이다.

이러한 반응경향성은 새로운 경험에 따라 변할 수 있으나 행동의 일관성을 유지할 정도로 지속적이다. 이러한 입장에서 Skinner는 성격을 여러 자극 상황과 관련 있는 반응경향의 총체라고 정의하였다. 어떤 구체적인 자극 상황은 조건 형성된 경험에 따라 강도가 다른 몇 가지 반응경향과 연합될 수 있다.

Skinner는 반응경향성이 학습을 통해 습득되는 과정을 규명함으로써 성격발달을 설명하였다. 대부분의 인간행동은 조작적 조건 형성된 결과로 보상이나 처벌 및 소거와 같은 환경적인 결과가 인간의 반응유형을 결정한다. 즉, 바람직한 결과(강화)가 수반되면 그 반응이 증가하지만 부적인 결과(처벌)가 수반되면 그 반응경향은 감소한다. 예컨대, 어떤 모임에서 재미있는 농담을 하여 다른 사람의 호감을 샀다면 다른 모임에서도 그런 농담을 할 가능성이 증가할 것이다. 그러나 심사숙고하지 않은 충동적 결정이 항상 실패한다면 충동경향은 감소할 것이다.

Freud와는 대조적으로 Skinner는 성격발달 단계를 가정하지 않았고 초기 아동기 경험의 중요성도 강조하지 않았다. 왜냐하면 성격이란 일종의 조건형성 과정을 통해 획득되는 것이고, 반응경향성은 새로운 경험에 따라 증가하거나 감소하기 때문이다. 즉, 인간도 실험실에서 쥐나 비둘기의 행동이 조건 형성되는 것과 동일한 원리에 따라 조건 형성된다는 것이다. 조건 형성되는 과정은 반응경향성을 기계적으로 증가시키거나 감소시키는 과정이고 의식이 개입되지 않는다고 가정하였다. 따라서 개인의 인지과정을 고려하지 않아도 행동이나 성격의 일관성을 설명할 수 있다는 입장이다. 그러나 이런 주장은 인간행동에 대한 기계적이고 결정론적 입장이므로 인지과정을 무시했다는 측면에서 많은 비판을 받았다.

② 사회학습이론

Bandura는 기본적으로 성격이 학습을 통해 형성된다는 전통적인 행동주의적 관점을 지지하면서도 인간은 수동적, 기계적 존재가 아니라 바람직한 결과를 최대화하기 위해서 환경에 대한 정보를 추구하고 처리하는 능동적 존재라는 입장이다. 그래서 Bandura의 이론을 상호결정론이라고 한다. 상호결정론이란 환경이 행동을 결정하지만 행동도 역시 환경을 결정한다는 것이다. 그리고 신념이나 기대와 같은 개인적 요인이 행동과 환경을 결정하기도 하지만 행동과 환경이 영향을 주기도 한다. 따라서 상호결정론이란 내적인 심리적 요인과 외적즉인 환경요인 및 외현적 행동이 서로 영향을 주고받는다는 입장이다.

Bandura의 가장 중요한 공헌은 관찰학습의 이론화이다. 관찰학습이란 모델이 되는 사람을 관찰함으로써 새로운 행동을 습득하는 것을 말한다. Bandura에 따르면 다른 사람의 조건형성 과정을 관찰하기만 하여도 대리적으로 조건 형성될 수 있다. 즉, 직접 실행해 볼 기회를 갖지 않더라도 또 보상이나 강화를 받지 않더라도 모델의 행동을 관찰함으로써 새로운 행동을 획득할 수 있다는 것이다. 특히 Bandura는 인간이 정서장애 같은 문제를 갖는 것은 상황을 성공적으로 다루지 못한다는 신념에서 비롯된다고 보고, 행동 수정이 불안을 감소시키는 데 효과적이라고 주장하였다. 행동 수정을 통하여 자신의 노력에 의하여 상황을 효율적으로 통제하고 바람직한 결과를 일 수 있다는 기대, 즉 자기 효능감을 증진시켜 문제를 해결한다는 것이다.

(5) 인본주의이론

① Rogers의 인간중심이론

Rogers는 인간의 성장잠재력을 강조한 선구자 중 한 사람이다. Rogers는 성격 구조의 구성개념을 자기(self)라고 하였다. 자기 개념(self-concept)이란 자기 자신의 독특하고 고유한 성질 및 전형적인 행동에 대한 신념의 총체를 말한다. 자기 개념은 자기 자신에 대한 하나의 정ㅌ신적 사진이다. 예컨대, 자기 개념은 "나는 게으르다", "나는 솔직하지 못하고 교활하다", "나는 아름답다", "나는 근면하다"와 같은 신념을 포함하고 있다. Rogers에 따르면 자기 개념은 무의식 속에 잠재되어 있는 것이 아니라 스스로 자기 개념을 인식한다고 하였다.

Rogers는 자기 개념의 주관적 성질을 강조했다. 그러나 자기 개념은 자신의 주관적 경험과 완전히 일치하지 않을 수도 있다. 대부분의 사람들은 긍정적인 자기 개념을 가지기 위해 자신의 경험을 왜곡시키는 경향이 있다. 예컨대, 자신은 똑똑하고 영리하다고 생각하지만 학교 성적은 나쁠 수 있다. 이처럼 자기 개념과 현실이 괴리되는 것을 부조화(incongruence)라 한다. 즉, 부조화란 자기 개념과 실제 경험이 일치하지 않는 정도를 말한다. 반대로 개인의 자기 개념이 아주 정확하여 현실과 일치하는 것들을 조화(congruence)라 한다. 모든 사람이 어느 정도의 부조화를 경험하므로 문제가 되는 것은 그 "정도"이다.

성격발달의 측면에서 Rogers는 아동기 경험이 자기 개념과 경험의 일치 또는 불일치에 미치는 영향을 연구하였다. 모든 사람은 사랑받고 수용 받으려는 욕구를 가지고 있는데, 생의 초기에 부모가 대부분의 애정욕구를 충족시켜 주지만 어떤 부모는 애정을 조건적으로 표현한다. 즉, 아동이 부모의 기대에 맞게 행동할 때에만 애정을 표현한다. 이처럼 부모의 사랑이 조건적일 때 아동은 자신이 무가치하다는 것을 경험하여 부정적인 자기 개념이 싹틀 수 있다. 이렇게 되면 부모가 자신을 수용할지 않을지 걱정하게 되고 불안해한다. 반면에 부모가 무조건적으로 애정을 표현하면 자신이 사랑받을 가치가 있다고 생각하여 긍정적인 자기 개념이 싹틀 것이다. 특히, 자신에 대한 다른 사람의 사랑이 조건적이라고 생각하면 수용받기 위해서 점점 더 자신의 경험을 왜곡시킬 수 있다.

자기 개념은 아동기와 성인기를 통해 발달한다. 자기 개념이 안정될수록 개인은 편안해지고 그러한 자기 개념에 충실해진다. 자기 개념에 충실(loyalty)하게 되면 두 가지 효과가 있다. 첫째, 사람들은 자기 개념과 일치하는 방향으로 행동하려고 한다는 측면에서 자기 개념은 일종의 자기 충족적 예언이다. 예컨대, 자기 자신을 냉정하고 사려 깊은 사람이라고 생각한다면 의식적으로 그렇게 행동하겠지만 어쩌다 충동적으로 행동하게 되면 불편을 경험할 것이다. 둘째, 사람들은 자기 개념과 일치하지 않는 정보에 대해서는 저항적이다. 정보가 일치하지 않으면 심리적 균형이 파괴될 수 있다. 자신이 생각했던 것보다 냉정하지 않다는 증거를 발견하게 되면 그러한 증거를 반박할 방법을 모색할 것이다.

Rogers는 자기 개념이 위협받으면 불안을 경험한다고 하였다. 자기 개념이 부정확할수록 자기 지각과 상충되는 경험이 많아질 것이다. 따라서 현실과 일치하지 않는 자기 개념을 가지고 있는 사람일수록 반복해서 불안을 경험하기 쉽다. 이러한 불안을 방어하기 위해서 사람들은 자기 개념과 일치하는 방향으로 자신의 경험을 재해석하려고 한다. 자기 개념을 보호하고 유지하기 위해서 현실을 무시하거나 부인하거나 왜곡시킬 수 있다. 예컨대, 어떤 사람이 자신을 아주 좋은 사람으로 생각한다고 가정해 보자. 그런데 친구들이 자신을 너무 이기적이고 자기중심적이라고 말하는 것을 들었다면 어떻게 반응할까? 아마도 자기 개념을 보호하기 위해 자신의 이기적으로 행동했던 예들을 생각하지 않거나 무시하려고 할 것이다. 또는 친구들이 자신을 질투해서 그렇게 말했다고 해석하거나 자신이 실제로 좋은 사람이라는 것을 나타내 보이기 위해 자선을 베풀 수도 있을 것이다. 여하튼 사람들은 자기 개념을 방어하기 위해 모든 노력을 동원한다.

② Maslow의 자기실현이론

Maslow는 인간을 이해하는 데 단지 신체적인 기반 또는 동물적인 면으로만 설명하려는 입장을 반대하면서 인간 행동을 단순히 환경의 자극에 대한 단순한 반응으로만 보아 인간 행동을 단순화시킨 행동주의 입장과 Freud 이론을 거부하였다. 인간주의 심리학의 모델로서 인간을 적극적이고 목적적이며 행동적으로 삶의 경험과 관련된 존재로 본다. Maslow는 인간의 욕구 단계설을 설명하고 있고 인간은 자신의 잠재력을 최대로 발휘하려는 자기실현을 추구한다고 가정하였다.

■ 인간의 욕구단계설

욕구는 위계적으로 조직화되어 있고 하위 욕구가 먼저 충족되어야 상위 욕구가 활성화될 수 있다고 주장하였다. 욕구란 인간이 살아가는 데 필요한 것이며 이를 충족시킴으로써 만족을 얻는 일종의 본능과 같은 것이다. Maslow는 인간의 욕구를 생리적 욕구, 안전에 대한 욕구, 소속감의 욕구, 자기존중의 욕구, 그리고 자아실현의 욕구로 구분한다. 하위 욕구가 충족되면 다음 단계인 욕구에 의해 동기유발이 되며 상위 욕구가 강하게 일어나려면 하위 욕구가 어느 정도 충족되어야 한다. 그리고 극히 일부의 사람만이 자아실현의 욕구까지 도달하게 된다.

- 1단계: 생리적 욕구
  의식주에 대한 욕구, 성(性)적 욕구, 수면 욕구 등 생리적 균형을 유지하는 데 요구되는 기본적 욕구이며 생명을 유지하는 데 없어서는 안 될 중요한 욕구이다.

- 2단계: 안전에 대한 욕구
  자기 자신을 외부의 위협으로부터 안전하게 보호하고자 하는 욕구로서 육체적 욕구와 심리적 욕구를 말한다.

- 3단계: 애정과 소속의 욕구
  다른 사람으로부터 사랑을 받고 다른 사람을 사랑하고자 하며 어떤 집단에 소속하여 집단의 구성원으로서의 역할을 수행하고자 하는 것이며 대인관계를 통해 서로 정을 교환하고 소속되기를 바라는 사회적 욕구이다.

- 4단계: 자기존중의 욕구
  어떤 중요한 책임을 맡아 이를 잘 수행함으로써 자신의 가치를 스스로 인정하고자 하며 다른 사람으로부터도 존경을 받고자 원하는 것을 말하며 자존심을 유지하고 다른 사람으로부터 인정을 받고자 하는 욕구이다.

- 5단계: 자아실현의 욕구
  자신의 모든 잠재적 능력을 최대한 발휘하여 가치 있는 삶을 누리고자 하는 욕구로, 이를 위해서 아름다움을 추구하고 그 아름다움을 감상하는 심미적 욕구가 충족되어야 하며 또 이 우주에 대해 더 많은 것을 배워서 알고자 하는 지식과 이해의 욕구도 동시에 충족되어야 한다.

Maslow는 이들 다섯 가지 욕구들이 유기적으로 연관성을 맺으면서 욕구발로의 우선순위에 따라 계층을 이루고 있다고 본다. 일단 하급의 욕구가 어느 정도 충족되면 충족된 욕구의 동기 유발력은 현저히 약화되거나 잠재화되고 차상급의 욕구가 지배적인 동기요인으로 부각된다. 즉, 가장 기본적인 생리적 욕구가 어느 정도 충족되면 안전의 욕구, 그 다음 소속감의 욕구, 다음 자아존중의 욕구, 마지막으로 최상의 욕구인 자아실현의 욕구가 발현된다는 것이다.

표 2-2 Maslow 욕구와 그 예들

욕구 범주	욕구의 예들
자아실현 욕구	• 자신의 잠재력을 살리는 것 • 자신의 장점과 제한점을 수용하는 것 • 타인의 있는 그대로를 수용하는 것 • 자발성을 가지는 것 • 창조적으로 행동하는 것 • 타인의 의견에 대하여 독립적으로 행동하는 것
자존감 욕구	• 자존감(타인으로부터의 자존감 포함) • 성취감(인정) • 확신 • 능력 • 강함(지위와 명예)
소속과 사랑의 욕구	• 사랑 • 애정 • 소속감(가족, 집단) • 우정 • 사람들과 시간을 함께 보내는 것
안전 욕구	• 신체적 안전 • 의존 • 안정감, 질서, 구조 • 공포나 불안, 위험으로부터의 자유
생리적 욕구	• 음식과 물 • 산소 • 배설 • 휴식과 수면 • 운동 • 건강

Maslow는 본능적인 욕구를 결핍 욕구(deficiency needs)와 자아실현 욕구(self actualizing needs), 이 두 가지의 인간 동기를 주요 형태로 설명하였다. 인간은 자기의 결핍 욕구가 충족되면 성장 욕구를 가지게 되고 따라서 성장으로 동기 유발되어 간다. 성장 동기는 정신적으로 건강하다는 한 표적이다. 그러므로 성장으로 동기 유발된 인간은 그들의 결핍 욕구를 만족시키며 그들은 안정된다. 결핍 동기는 결핍(예컨대, 굶주림, 공포, 고독 자폐감 등)으로 인한 극도의 긴장감을 유발하기 때문에 동기의 부정적 형태인 반면, 성장동기는 적극적이며 성장, 발전, 진보로 표현되다. 예를 들면, 성에 대한 만족을 얻으면 긴장완화, 즉 성욕 또는 그 욕망을 제거하게 되지만 자아실현 충족은 욕망의 감퇴로 획득되는 것이 아니라 인생 그 목표의 실현으로 성취되는 것이다.

■ 자아실현

Maslow는 자아실현이란 개념을 "재능과 가능성과 잠재 능력의 완전한 이용과 개발"이라고 광범위하게 정의했다. 자아실현은 충분히, 생생하게, 무아의 경지에서, 완전히 집중하고 완전히 흡수하는 상태로 경험하는 것을 의미한다. 우리는 대체로 우리의 주위에서 또는 우리의 내부에서 무슨 일이 일어나고 있는지를 잘 알지 못하고 있다. 그러나 우리는 모두 우리의 의식이나 관심이 최고조에 달했었던 순간의 경험을 가지고 있다. 이것을 Maslow는 자아실현의 한 측면이라고 생각했다.

만약 우리가 우리의 생을 선택의 과정이라고 생각한다면, 자아실현은 각각의 선택은 성장을 위해서 하는 것이라고 말할 수 있다. 우리는 때때로 성장과 안전 또는 진보와 안전 둘 중에서 하나를 선택해야만 할 때가 있다. 어떠한 선택이든지 긍정적인 면과 부정적인 면이 있다. 안전을 택하는 것은 우리가 이미 익숙하게 알고 있는 것에 정착하는 일이기는 하지만 어리석고 신선미가 없다. 성장을 택하는 것은 새롭고 도전적인 경험에 자신을 공개하는 일이기는 하지만 새롭고 미지의 세계를 탐험하는 어려움이 있다.

실현된다는 것은 진실로, 사실로 존재하는 것이지 잠재 능력 속에 그대로 있는 것을 말하는 것은 아니다. 자아에 대한 Maslow의 생각은 자아가 개인의 본성의 핵심이며 필요 불가결의 요소를 의미하는 것이다. 그것은 개인이 가지고 있는 성격과 그 개인만이 지니고 있는 독특한 취미와 가치를 포함한다. 그러므로 자아실현이 이루어진다는 것은 한 개인이 그가 가지고 있는 내적인 본성을 충실히 안다는 것이다. 그것은 곧 자기가 좋아하는 일, 예를 들면, 어떤 음식이나 어떤 영화 따위를 누가 뭐라고 하든 자기가 좋아하는 대로 스스로 결정하는 것과 같음을 의미한다.

자신의 행동에 대해 정직하고, 책임지는 일은 자아실현에 있어서 필요 불가결한 요소이다. 다른 사람을 기쁘게 하기 위해서나 자기 자신을 좋게 보이기 위해서 계산된 대답을 하거나 어떤 포즈를 취하기보다는, 자신의 내부에서 스스로 그 해답을 탐구해 보라고 Maslow는 권한다. 그렇게 할 때마다 우리는 자신의 내부를 좀 더 잘 알게 되는 것이다.

자아실현은 또한 개인의 잠재 능력을 개발시키는 계속적인 과정이라고 할 수 있다. 이것은 자기가 하고 싶은 일을 아주 잘 해내기 위해서 그가 가지고 있는 능력이나 지능을 충분히 이용하는 것을 의미한다. 위대한 재능이나 지능 그 자체가 자아실현을 의미하지는 않는다. 재주를 타고난 많은 사람들이 그들의 재주를 충분히 이용하지 못하는 반면에 보통 정도의 재능을 가진 사람이 놀라운 업적을 쌓기도 한다. 자아실현이란 누가 소유하지 못하는 어떤 '물건'이 아니다. 이것은 끝이 없는 과정이다. 이것은 단 하나의 업적이라기보다는 계속적인 삶과 일이며, 세계와 관계를 맺는 일이라고 할 수 있다.

자아실현에 대한 더 높은 차원은 자신의 방어기제를 인식하고 그것을 없애려고 노력하는 것이다. 우리는 자신의 형상을 파괴하기도 하고 억압이나 투사 등과 같은 방어기제 때문에 외부의 세계를 제대로 인식하지 못하다가 자아실현을 통해 이들을 더 잘 인식하게 되는 것이다.

Maslow에 따르면 자기실현을 달성한 사람이란 꾸준히 개인적 성장을 추구하는 건전한 성격의 소유자를 말한다. 자기실현을 달성한 사람들은 현실이나 자기 자신을 잘 조화시키고 있는 사람이다. 이들은 개방적이고 자발적이고 주위의 사상을 있는 그대로 받아들이고 평가한다. 타인의 욕구에 민감하고 가치 있는 인간관계를 발전시킨다. 뿐만 아니라 타인에 의존하지 않고 일을 추구하며 유머를 즐긴다. 그리고 이들은 다른 사람에 비해 절정경험(peak experience)을 더 많이 경험한다. 마지막으로 이들은 여러 가지 극단적인 성격 특질을 조화시키고 있다. 예컨대, 어린애 같으면서도 성숙하고, 합리적이면서도 직관적이고 순종적이면서도 반항적인 기질이 있다.

3 건강한 성격

1) 건강한 성격의 의미

건강의 개념은 일상적으로 단지 질병이 없고 신체에 이상이 없으며 적응상의 문제가 없다는 과거 협의의 개념을 넘어서 개인의 전인적 능력을 주위 환경에 잘 적응시키면서 자신의 잠재 가능성을 충분히 발휘하는 목적지향성을 고려한 적극적인 의미의 건강과 적합한 성격에 대한 관심이 최근 고조되고 있다. 인간 성격의 부정적이고 병든 면 대신에 건강하고 잠재력 발휘의 측면에 관심을 집중시키고 있다.

성격심리학자들은 건강한 성격 모형 제시를 위하여 노력하여 왔는데, 각 심리학자들이 제안하는 건강한 성격의 모습은 다음과 같다(이상우·정종진, 1984)

- Allport: 성숙한 인간
- Rogers: 완전하게 기능을 발휘하는 인간
- Fromm: 생산적인 인간
- Maslow: 자아실현하는 인간
- Jung: 개성화된 인간
- Frankle: 자기를 초월한 인간
- Perls: 지금, 여기에 살아가는 인간

이와 같이 여러 심리학자들이 건강한 성격의 모습을 다양하게 제시하고 있지만, 이들은 건강한 성격을 지닌 사람은 다음과 같은 특성이 있다는 데 동의하고 있다.

첫째, 건강한 성격을 지닌 사람들은 자신의 강점과 약점, 덕과 악을 인식하고 관대하게 수용한다. 자신이 아닌 다른 사람이 되려고 하지도 않으며, 사회적 역할을 훌륭하게 수행하면서도 진정한 자아의 역할을 혼동하지 않는다.

둘째, 건강한 성격의 소유자는 현재에 확실하게 정착하고 있다. 대부분의 심리학자들은 인간이 과거(특히 아동기)의 경험에 지대한 영향을 받는다고 보는데, 건강한 사람은 과거 속에 살지 않는다. 이들은 어린 시절의 거부나 갈등의 계속적인 희생자로 남지 않고 이를 극복하고, 자신의 성장 가능성을 실현하기 위해 노력한다.

2) 건강한 성격의 특성

각 성격이론에서 제시하는 건강한 성격의 특성을 살펴보면 다음과 같다(Rathus & Neid, 1995).

(1) 정신역동이론

① 일하고 사랑하는 능력

Freud는 사랑할 줄 알고 일하는 능력을 지닌 사람을 건강한 성격의 소유자로 보았다. 건강한 사람은 타인을 세심하게 보살피며, 타인과 밀접한 관계를 맺고 생산적인 일을 한다. 이를 위해서는 타인과의 관계에서 성적 충동을 표현할 수 있어야 하며, 사회적으로 생산적인 방향으로 나아갈 수 있어야 한다.

② 자아 강도

건강한 사람의 자아는 원초아의 본능을 조절하고, 초자아의 비난을 견딜 수 있을 만큼 강하다. 또 다양한 욕구들 간의 갈등과 충동과 도덕 간의 갈등을 원만하게 해결할 수 있는 강한 자아를 지니고 있다. 따라서 건강한 사람은 불필요한 죄책감이나 합리적이지 못한 사회적 요구에 구애받지 않고 욕구를 적절히 만족시킬 수 있다.

③ 창조적 자기

건강한 성격의 소유자는 자신의 행동에 방향을 부여하고, 잠재 가능성을 실현하도록 돕는 하나의 통일된 힘을 의미하는 창조적 자기를 지니고 있다.

④ 열등감의 보상

인간은 누구나 열등감을 지니고 있는데, 인간과의 상호작용에서 우월을 추구하여 열등감을 보상하려고 한다. 건강한 성격의 소유자는 보다 선해지고, 자신의 재능을 발휘할 수 있는 생산적인 인간관계의 장을 선택한다.

⑤ 긍정적 결과

심리사회적 발달의 각 단계에서 긍정적인 결과를 성취한 사람이 건강한 성격을 갖게 된다. 즉, 영아기에는 기본적인 신뢰감을 발달시키고, 아동기에 근면성을 발달시키며, 청소년기에는 자아 정체감을 형성하고, 성인기에는 생산적이 되는 단계를 거치면서 건강한 성격을 형성하게 된다.

(2) 행동주의이론

행동주의자들은 성격을 직접 관찰되거나 측정될 수 없는 이론적 구성 개념으로 보기 때문에 건강한 성격이라는 용어보다 적응적 행동 또는 생산적 행동에 관하여 언급한다. 인간은 긍정적 사건에는 즐겁게 참여하고, 해로운 결과를 가져올 가능성이 있는 사건에는 두려움을 가지고 참여하도록 학습되었다. 즉, 바람직한 자극에는 접근하고, 바람직하지 못한 자극은 회피하도록 동기화되었다. 건강한 성격을 지닌 사람은 자신의 욕구를 만족시키면서 부정적인 결과를 가져올 수 있는 자극은 피할 수 있는 조작적으로 습득된 기술을 가지고 있다.

행동주의이론을 토대로 사회학습 이론을 발전시킨 Bandura는 건강한 성격을 관찰학습의 기회와 개인 변인의 측면에서 기술하고 있다.

① 풍부한 관찰학습 기회

학습은 주로 관찰을 통하여 이루어지기 때문에 다양한 모델이 제공되는 것이 바람직하다. 이러한 방식으로 인간은 종합적인 사회적·물리적 세계관을 형성할 수 있다.

② 유능성의 학습

인간은 필요한 지식과 기술을 습득해야 하는데, 이러한 유능성은 관찰 학습과 조작적 조건화의 연합에 의해 형성된다. 이러한 기술을 실행해보고 향상시키기 위한 정확하고 효율적인 모델과 기회가 제공되어야 한다.

③ 정확한 사건의 입력

사건을 정확하고 생산적으로 인식할 필요가 있다. 실패를 전체적인 무능력으로 확대하여 보면 안 되며, 사회적 분노 자극을 갚아야만 하는 상처로 보기보다는 해결해야 할 문제로 입력해야만 한다.

④ 정확한 기대와 긍정적인 자기 효능감 기대

정확한 기대는 인간의 노력에 대한 성취 가능성을 높인다. 긍정적인 자기 효능감에 대한 기대는 노력 성취에 대한 도전과 지속성에 대한 동기를 높인다.

⑤ 주관적 가치

자신의 욕구와 조화될 수 있는 대상에게 주관적인 가치를 부여하는 것이 유용하다. 그리하여 자신이 필요로 하는 것을 추구하고, 그렇지 않은 것에는 노력을 낭비하지 말아야 한다.

⑥ 효율적인 자기 조절 체계

효율적인 자기 조절 체계가 있으므로 수행을 촉진시키고, 어려움에 대처할 수 있다.

(3) 인본주의이론

① 지금, 여기를 경험

건강한 성격의 소유자는 과거에 지나치게 얽매이거나 미래의 행복 추구에 과도하게 집착하지 않는다.

② 새로운 경험에 대한 개방성

건강한 성격을 지닌 사람은 자신의 세계와 가치에 대한 지각에 도전하려는 아이디어와 생활방식을 적극적으로 수용한다.

③ 감정과 생각 표현

대인관계에서 자기주장을 할 줄 알고, 자신의 감정에 솔직한 사람이 건강한 사람이다. 이들의 생각, 감정, 행동은 일치한다.

④ 자신의 직관 신뢰

강한 성격의 소유자는 자신의 내적 선을 신뢰하고, 자신의 충동을 두려워하지 않는다.

⑤ 의미 있는 활동에의 참여

자아 이상을 설정하고, 만족하게 자신의 역할을 수행하려고 노력하는 건강한 사람은 이러한 노력 중에 절정 경험을 갖는다.

⑥ 인생에서 중대한 변화를 시도하는 능력 소유

건강한 성격을 지닌 사람은 경험을 해석하고, 새로운 목적 설정을 하며, 자유롭게 행동하기 위한 보다 효율적인 방법을 알고 있다.

⑦ 자신만의 독특성

건강한 성격을 지닌 사람은 자신만의 가치와 사건을 구성하는 방법을 발달시킨다. 그리하여 위기에 처했을 때 그 사건에 참여하여 통제할 수 있게 된다.

이상과 같이 각 이론은 건강한 성격을 지닌 사람의 특성을 나름대로 제시하고 있다. 건강한 성격에 대한 정의는 다양하지만 여러 학자들이 제시한 내용을 종합하여 요약하면 첫째, 건강한 성격의 사람들은 자신의 감정과 욕구를 지나치게 억압하기보다는 비교적 솔직하게 표현한다. 둘째, 자기 자신에 대해 아는 것이 필요하다. 내가 원하고 바라는 이상적인 나의 모습이 아닌 있는 그대로의 나의 모습에 대해 이해하고 나의 장점과 단점, 독특한 점을 있는 그대로 수용하는 것이 필요하다. 특히 누구도 완벽한 사람은 없고 모두가 다르기 때문에 건강한 성격을 가진 사람들은 자신의 욕구와 환상에 맞추어 현실을 파악하거나 왜곡하지 않고 좀 더 객관적으로 있는 그대로 지각하고 수용한다. 셋째, 스스로에게 동기를 부여하는 것이 필요하다. 동기화된 사람은 자신이 스스로 설정한 목표를 인식하고 이를 달성하기 위해 노력한다. 목표는 실현 가능하게 설정하며 이를 성취할 수 있다는 낙관적인 태도를 가지고 있다. 넷째, 긍정적인 시각을 가지고 있다. 자신의 삶에서 작은 것이지만 즐거움을 느끼고 경험할 수 있는 행복을 알고 다른 사람에 대해서 긍정적인 시각으로 바라볼 수 있는 태도를 가지고 있다. 다섯째, 자신을 존중하고 사랑할 수 있어야 한다. 건강한 성격을 가진 사람은 자신을 아끼고 존중하는 사람으로 자신감이 있고 그 자신감과 높은 자존감을 바탕으로 다른 사람을 존중하고 수용한다.

생각해 봅시다

아이가 좋은 성격을 가지고 자라게 하려면?

아이들은 태어날 때부터 거울뉴런이라는 놀라운 능력을 가지고 있습니다. 거울 세포란 상대방의 행동을 비추고 반응하는 뇌 속의 세포들로, 1990년대 이탈리아의 자코모 리촐라티가 동물실험을 통해 밝혀냈습니다. 아이들은 거울 세포를 통해 모든 것을 배우게 됩니다. 이 놀라운 거울놀이를 위해 아이들에게는 다른 사람이 필요합니다. 무조건 사람만 있으면 되는 것이 아니라 함께 놀이를 할 수 있는 사람이 필요합니다. 아이에게 가장 좋은 거울놀이 친구는 당연히 부모입니다. 많은 사람들은 아이들이 자라고 성장하는 것은 유전자의 영향이라고 믿고 있습니다. 하지만 이 유전자가 제대로 작동하려면 적합한 관계를 맺고 이 거울 시스템을 작동시킬 수 있는 거울놀이 상대가 반드시 필요합니다. 아이들에게 왜 친구와 놀이가 필요한지 그리고 아이들에게 꿈을 키워주는 선생님과 부모의 관심과 사랑이 왜 필요한지 거울 반응이 잘 설명해 주고 있습니다. 도날드 위니캇(Donald W. Winnicott, 1896~1971)은 아기의 생후 첫 놀이에 생동적인 감정으로 반응해 주는 엄마의 '거울 역할'을 강조했습니다. 모든 점을 충족시키고 완벽하게 엄마의 태도를 유지하는 것은 불가능한 일일지도 모르겠습니다. 하지만 우리 아이가 자라서 원만한 성격의 소유자가 되기를 바란다면 엄마의 태도가 중요합니다.

[정신의학신문: 김영화 정신건강의학과 전문의 2018. 11. 09]

❶ 성격과 관련된 뜨거운 논쟁들 중의 하나는 성격이 형성되는 데 영향을 미치는 요인이 무엇인가 하는 것과 관련된 문제이다. 개인들 간에 존재하는 성격의 차이는 유전에 의한 것인가? 아니면, 환경의 차이 즉, 개인에게 주어지는 환경 자극의 차이에 기인하는 것인가? 이에 대한 자신의 의견을 제시하고 어떤 의견이든지 그에 대한 근거의 이유들을 제시하시오.

❷ 출생 순위에 따른 성격에는 차이가 있는가? 출생 순위에 따른 성격이 특징을 조사해 보자.

❸ 개인적으로 생각하는 건강한 성격이란 어떤 특성이 있는지 토론해 보자.

제3장

스트레스와 아동정신건강

아동기는 성장과 발달의 속도가 빠르고 교육 환경에 영향을 많이 받으며 특히 환경과의 끊임없는 상호작용을 통해 발달이 이루어지는 시기이다. 더욱이 현대의 아동들은 산업화와 도시화에 따른 급격한 사회적, 환경적 변화로 인해 과거의 아동들과는 다른 여러 가지 발달 특성을 지니고 있으며 이에 따라 아동기 스트레스의 종류도 증가하고 있다. 빙산의 대부분이 물속에 잠겨 있어 보이지 않는 것처럼 아동기의 스트레스 역시 일상 속에 잠겨 있어 그 구체적인 모습들이 드러나지 않으나 이러한 스트레스는 결정적인 시점과 맞물려 아동들의 정신건강을 위협하게 된다. 이 장에서는 아동기 스트레스에 대한 개념과 아동의 스트레스에 대한 교사와 부모의 대처 방법에 대해 살펴보고자 한다.

1 스트레스의 개념

1) 스트레스의 정의

스트레스라는 용어는 라틴어에서 유래된 말로 17세기에는 어려움, 곤란, 역경 또는 고생을 의미했었다. 물리학과 공학 분야에서는 다른 분야보다 먼저 스트레스라는 용어를 사용하였는데, 이 분야에서는 물리적인 힘의 당김과 저항하는 능력과 관계있는 말이었다. 이후 의학자들이 스트레스라는 용어를 사람에게 적용하여 인간에게 작용하는 힘인 압력, 강한 영향력을 가리키는 뜻으로 사용된다. 1920년대 후반기에는 사람들에게 나타나는 특별한 신체적인 반응을 일으키는 생리적인 상태를 설명하기 위하여 정신건강 분야에서 스트레스 개념을 도입하였다(Kuczen, 1997).

스트레스는 특정한 생물학적 작용에 의하여 환경과 개인 간 상호작용의 균형이 깨어진 상태이다. 스트레스가 된다는 것은 심리적, 신체적으로 긴장 상태에 있다고 할 수 있다. 이 긴장 상태는 그 사건을 대처하기 위하여 우리 몸에서 일어나는 일련의 방어적 신체 및 심리 반응이다. 스트레스는 한 개인에게 있어 자신의 적응능력으로 감당하기 어려운 외부 또는 내부로부터의 자극에 의해서 야기된 정신적 신체적 긴장 상태를 말한다. 일부 학자들은 스트레스를 우리 삶에 일어나는 생활변화와 이에 필요한 적응하는 양이라고 한다. 이는 천재지변, 교통사고, 부모의 죽음, 동생의 출생, 부모의 이혼 등 외적인 사건에 의할 수 있고, 아동이 성장하면서 내적인 심리적 구조와 이에 따른 정서 상태, 즉 불안, 창피, 죄책감, 자존심, 경쟁심 등의 심리적인 요소에 의할 수 있다.

모든 스트레스가 다 유해한 것은 아니다. 스트레스에는 유익한 스트레스와 해로운 스트레스가 있다. 해로운 스트레스를 distress라 하고 유익한 스트레스를 eustress라 한다. distress는 어떠한 사건이 신체기관을 해치고 약화시켰을 때 발생하는 반면, eustress는 상대적으로 신체기관에는 별다른 영향을 주지 않는다는 것이다. 즉, distress는 부정적인 데 반하여 eustress는 긍정적이다. 스트레스는 유익한 것에서부터 해로운 것까지를 모두 포함한다(Kuczen, 1997).

인간에게 있어 적당한 양의 스트레스, 즉 적절한 발달 시기에 적절한 종류의 환경 변화는 발달의 촉진제가 되는 반면, 새로운 사건, 위협적인 사건 또는 갑작스러운 사건에 직면한 개체는 이를 대처하기 위하여 근육의 긴장 등 적을 대하는 싸움의 상태가 되거나 빨리 포기하고 도망가 버리는 방어적 신체 정신 상태를 취한다. 일반적인 스트레스는 개인의 채워지지 않는 내적 욕구 또는 환경적 요구나 위험으로 인해 발생한다. 따라서 스트레스는 부적응을 초래할 수 있는 원인이 된다.

2) 아동기 스트레스의 개념

아동기 스트레스는 쉽게 말해 아이가 욕구불만 상태에 이른 것을 뜻한다. 즉, 엄마와 상호작용하는 과정에서 아이의 본능대로 일이 진행되고 있지 않다는 것을 의미한다. 보통 엄마들은 '내 아이는 잘 먹이고, 잘 입히기 때문에 스트레스 받는 일 따위는 없어'라고 생각하지만 그것은 큰 오산이다. 요즘은 엄마가 가사와 양육을 도맡아 하던 시대와 달리 엄마의 역할에 대한 정체성이 흔들리게 되었고, 이에 영향을 받은 아이도 다양한 스트레스를 경험할 수밖에 없게 되었다.

예를 들어, 가사를 전담하고 있는 엄마들은 자신의 모든 목표를 양육에 두기 때문에 아이를 과잉보호하는 경향이 있다. 이런 경우 양육에 굉장히 적극적이기 때문에 아이가 하는 모든 일에 지배적이기 쉽다. 이런 엄마로 인해 자신의 의견을 제대로 피력하지 못하는 아이는 그에 대한 욕구불만으로 위축되기 쉽고, 모든 일에 수동적이며 주눅이 들거나 사람들을 기피하며 두려움과 공포를 자주 느낀다. 한편, 사회활동을 하는 관계로 아이와 있는 시간이 적은 엄마는 물질적으로 아이를 충족시키는 것으로 엄마의 역할을 대신할 때가 많다. 이렇게 엄마의 사랑을 충분히 느끼지 못하는 아이는 그에 대한 욕구불만으로 수동적이거나 공격적이 되기 쉽다. 이런 아이들은 짜증이 많고 충동적이며 욕을 많이 하거나 산만하다.

정상적인 발달단계에 있는 아이들은 누구나 스트레스를 경험하게 된다. 이때 엄마와 아이가 서로 이 문제를 어떻게 해결하느냐에 따라 정상적으로 성장하기도 하고, 스트레스로 인한 여러 가지 심리적 어려움을 겪기도 하며, 더 심하면 정신장애를 유발하기도 한다.

2 아동기 스트레스의 원인

아동기 스트레스 원인은 스트레스 반응을 일으키게 하는 상황과 사건, 또는 사람 등의 자극원을 말한다(Selye, 1956).

아동기는 빠른 신체적, 정신적 성숙으로 인한 많은 심리적 갈등과 적용상의 문제점을 안고 있는 시기이다. 아동기는 청소년기, 성인기와는 다른 독특한 요인들이 작용한다. 그 요인들 중 가장 중요한 점이 아동기는 생존을 위하여 성인에게 의존해야 한다는 점이다.

과거의 아동들이 신체적인 스트레스, 즉 육체적 노동이나 질병에 걸릴 위험이 높았다면, 오늘날의 아동들은 더 많은 것을 배워야 하고, 경쟁해야 하고, 정보를 이해해야 하는 정신적인 스트레스 요인이 많다. 즉, 아동은 과거뿐만 아니라 오늘날까지 누구나 스트레스의 일들을 겪게 된다. 질병, 동생의 출생, 형제와의 경쟁, 좌절, 일시적인 부모 부재는 아동기의 보편적인 경험들이다. 현대 가정은 친구가 자주 바뀌게 되고 이전 시대의 아동들보다 기술, 문명이나 성, 폭력에 대해 더 많이 영향을 받는다. 게다가 한부모 가정과 부모의 직장 시간 때문에 많은 아동들이 성인이 해야 할 일을 책임지기도 한다. 아동들에게서 자주 발견되는 스트레스 원인은 다음과 같다.

1) 친구관계(peer relation, friendship)

아동들 중에는 또래 친구들과 잘 어울리지 못하는 아동들이 있다. 4~6세 취학 전 아동의 또래 관계는 발달과업상 중요한 의미를 포함하고 있다. 이 시기는 대인관계에 대한 경험을 하게 되는 시기이며 가족과 노는 것보다는 또래와 함께 노는 것을 더 좋아하는 시기이다.

최근 교육현장에서 일어나고 있는 '집단 괴롭힘'은 친구 관계의 상호 부적응 행동과 관련된 스트레스의 복합적인 결과로 이해된다.

2) 공포(fear)와 불안(anxiety), 질투

아동들이 흔히 무섭다고 표현하는 일련의 증상이 공포증이다. 공포증이란 우리에게 닥칠지도 모르는 위험을 피하여 자신을 안전하게 하려는 경고다. 불안은 심리적, 생리적인 반응이기 때문에 긴장이 증가함에 따라 신체의 거의 모든 부분에 영향을 준다(Kellerman, 1981). 불안은 두통과 복통을 일으키며 잠잘 때 이를 가는 행동과 천식, 그리고 말더듬기 및 공격적인 행동을 하게 한다.

아동들은 불안을 완전하게 억압하지 못할 때 일정한 대상이나 사람 또는 사물을 향하여 강력한 공포를 느끼게 된다. 외부의 환경적인 대상도 그 자체가 무섭다기보다는 상징적인 경우가 많다. 즉, 아동이 외부적인 대상물이나 상황으로 인한 내적인 갈등을 아동에게 '상징적인 중요성을 주는 대상'으로 바꾸어 놓게 되는 경우가 많다. 예를 들면, 엄마와의 갈등에 기인된 공포는 엄마를 상징할 수 있는 다른 대상물을 두려워하게 한다는 것이다.

공포에 걸리는 아동들은 불안해하고 안절부절못하며 정서적으로 불안정한 특성을 보인다. 공포의 대상은 주로 동물, 유치원, 먼지, 높은 장소, 엘리베이터, 죽음 등이 있다. 공포증은 그 대상에 따라 명칭을 다르게 부르게 된다. 예를 들면, 어두운 곳에 대한 공포증, 특정한 동물에 대한 공포증, 전설 속의 마녀나 요정, 괴물 등에 대한 공포도 있으며, 유치원에 가기를 두려워하는 유치원 공포증도 있다. 이는 두통과 현기증, 피로감을 갖거나 땀을 많이 흘리고 구토를 하기도 하며 가슴이 뛰고 떨기도 한다.

질투라는 것은 심리학적으로 애정의 대상이 되는 어떤 특정한 인물이나 권력, 또는 소유물이나 지위, 이런 것들을 획득하는 노력을 방해받을 때 생기는 것으로 불쾌한 감정을 총칭하는 것이다. 이런 감정은 성인이 되었을 때에도 장기간 마음 속에 남아 있을 수 있다. 이러한 질투의 원인을 정신분석학적인 관점에서 설명할 수 있다. 즉, 아동이 지니는 질투의 본질은 이성의 부모로부터 사랑받고자 하는 것과 동성의 부모를 질투하게 되는 오이디푸스적인 것의 복합으로 설명되고 있다. 또 다른 질투의 원천은 형제간의 갈등에서 볼 수 있다. 동생을 본 아동의 경우 부모의 관심과 애정이 동생에게로 돌려질 때 새로 태어난 아기가 동생이라기보다는 질투의 대상으로 자리하게 된다. 질투는 미움과 공격적인 행동 등으로 남을 괴롭히는 것으로 표현하기도 하지만 스스로를 괴롭히는 행동과 퇴행적인 행동으로도 나타난다. 따라서 아동 속에 내재된 미움과 적대감 및 소외된 느낌 등 질투의 밑바탕이 되는 감정을 방출할 수 있어야 한다.

질투는 아동이 신체적으로 불편한 요소가 있을 때도 나타나지만 주로 정서적인 안정감이 없을 경우에도 잘 일어난다. 또 아동이 하고 싶은 일을 하지 못할 때, 원하는 것을 갖지 못하고 이룰 수 없을 때, 질투를 표현하는 한 행동으로 자신의 공격적이고 적대적인 갈등을 억누르려고 할 때 많이 일어난다.

3) 질병(illness)과 입원(hospitalization), 분노

병원에 입원한 아동은 스트레스에 대한 높은 취약성을 갖게 된다. 병원에 입원한 4~6세 된 아동은 근심과 공황(phobic)과 강박적인 공포 반응과 같은 상당한 정서적인 방해를 경험한다고 한다. 엄마로부터의 격리불안이나 외로움, 자아존중감 상실, 무관심 등과 같은 두려운 경험을 하기도 한다. 특히 병원에서의 밤 시간은 아동에게 특별히 놀라게 되는 경험을 갖게 하며 병원과 관련된 근심은 어린 아동의 경우 혼란스러운 꿈을 많이 꾸게 만들기도 한다.

병원에 입원한 것에 대한 긴장과 정서적인 스트레스를 가진 아동을 다루기 위해 놀이도구가 도움이 된다는 주장이 있으나, 동화의 스토리를 사용하는 경우는 비교적 덜 추천되고 있다. 그러나 아동에게 책은 질병으로 입원한 아동과의 의사소통을 도와주는 데 유익하다.

자극의 성질에 비하여 터무니없는 강한 반응을 보이는 것은 병적인 것으로 볼 수 있으며 아동이 분노를 격하게 보이는 것은 정서적인 안정과 평형을 잃은 반응이라고 보아야 한다. 원인은 욕구불만에 대한 폭발적인 반응일 경우가 많다. 일반적으로 2~3세경에 많이 나타나고 나이가 들면서 감소하게 된다.

분노는 강한 흥분과 울면서 팔다리를 버둥대거나 주위의 물건을 집어던지거나 부수는 행동으로 나타내기도 한다. 때로 자신의 신체를 해치기도 하며, 심한 경우 경련발작을 일으키기도 한다. 이러한 현상은 부모가 심한 억압이나 과보호적인 태도로 양육한 아동에게서 나타난다.

대체로 부모나 형제, 친구로부터 자신의 희망을 인정받지 못하고 벌이나 조롱을 받게 될지 모른다는 불안한 마음이 폭발을 통해 나타난다. 자연스럽고 단순한 해결만을 제시함으로써 아동의 진짜 감정이 과소평가되기도 한다. 그러나 어떤 그림 이야기책들은 아동의 권리와 느낌을 인정하는 내용이 포함되어 있다.

4) 함묵증(mutism)과 짜증내기

아동이 말을 하지 않는다는 것은 말을 통하여 서로 의사소통하는 관계를 포기하는 행동이다. 초기에는 가벼운 이유로 입을 다물기 시작하지만, 이런 정서가 오래 지속되면 문제가 심각해진다. 원인은 다음과 같다.

첫째, 화가 나서 말하지 않지만 욕구가 충족되면 해소된다.

둘째, 주위의 관심을 얻기 위해 무의식적으로 말을 하지 않는다.

셋째, 말을 함으로써 꾸지람을 받게 된다고 생각하게 될 경우이다.

넷째, 정서가 우울한 상태에 있을 경우, 주로 행동이 느려지고 사물에 관심이나 흥미를 느끼지 않는 등의 복합적인 원인에 의한 경우가 많기 때문에 심각한 원인이 있는지 발견해야 한다.

다섯째, 아동의 마음속에 적개심을 표현하는 경우이며, 말을 하지 않음으로써 복수의 성격을 담고 있다. 즉, 말을 하지 않았을 때 주위 사람들이 안절부절못하는 모습과 괴로워하는 모습을 보이면 이러한 행동은 아동에게 통쾌함을 주게 되며 이러한 행동은 더 오래 지속될 수 있다.

아동이 짜증을 내는 경우는 신체적으로 불편한 요소가 있을 경우에도 나타나지만 주로 정서적인 안정감이 없을 때 일어난다. 아동은 무엇이든지 욕구가 생기면 바로 충족하고자 한다. 그러나 이러한 욕구가 바로 충족되지 못하면 짜증을 내게 된다. 짜증이 심해지면 화를 내고 뒹굴거나 고함을 치면서 불만을 나타내기도 한다. 어떤 아동의 경우, 만성적인 스트레스는 특정한 대상에 대한 공포나 두려움이 없는 막연한 불안의 상태를 만든다. 막연한 불안은 아동을 짜증나게 하며 집중을 방해한다. 예를 들면, 하루를 바쁘게 어머니에게서 유아교육기관, 다시 학원이나 다른 보호자에게로 오락가락하게 되는 아동의 경우 주의 집중을 못 하고 짜증을 낸다. 짜증에 대한 예방을 하려면 아동의 짜증을 모두 충족시키기보다는 현실적으로 충족시켜 주어야 할 것과 아닌 것을 일관성 있게 지도할 필요가 있다(Elkind, 1981).

5) 동생이 생김, 부모의 이혼, 이별, 이사

출산 전부터 엄마의 태도가 변하고 자신에 대한 관심이 떨어지게 되며 동생이 출생하면 모든 관심을 빼앗기게 된다. 이 경우 아동은 부모를 잃은 것과 같은 분리불안과 유기 공포가 생긴다. 부모가 동생만을 귀여워할 때 스트레스를 받게 되며 퇴행 현상을 보이게 된다. 시기와 질투, 경쟁심이 비정상적으로 높아지고 동생에게 난폭하게 대하거나 심한 정서적 불안정이 나타난다.

부모의 이혼은 아동에게 가장 큰 비극이고 스트레스의 원인이 되고 있다. 이혼의 경우 부모 자신이 안정된 인격적 기능을 제대로 수행하지 못하기 때문에 아동의 사회화를 바르게 지도할 수 없다. 아동의 사회화에는 부모의 사별보다 이혼이 더 큰 장애를 준다. 또한 아동은 부모의 이혼을 자기중심적으로 해석하기 때문에 자신의 문제라 생각하고 낮은 자존감을 형성하거나 피해의식을 갖기도 한다.

격리불안과 공포는 어린 아동에게는 보편적인 경험이다. 공포 중에서 아동들이 갖게 되는 가장 강한 공포는 격리되는 두려움이다. Bowlby는 모든 근심은 엄마로부터의 분리에 대한 실질적인 두려움이라고 하였다. 그는 아동의 왜곡된 인성과 병리학의 많은 부분은 상실과 격리에 대한 방어 욕구로 설명될 수 있다고 확신하고 있다. 한쪽 부모 또는 부모의 가출, 증발 및 장기 부재는 아동에게 부모에 대한 기본적인 신뢰감의 상실과 정서불안을 일으키기 쉽고, 부모에의 동일시의 결여로 인격 형성, 발달에 문제를 일으키게 된다.

격리불안은 부모가 아동의 곁을 떠났을 때 걸음마기 아동이 경험하게 되는 두려움이다. 잠자리 시간은 또 다른 형태의 격리를 의미한다(Klein, 1992). 따라서 많은 아동은 잠잘 때 부모를 잠시 떠나 있게 되는 것에 대한 격리불안을 경험하여 잠자는 시간을 싫어한다. 잠자는 시간에 대한 것은 아동을 위한 이야기책 속에서 친숙하게 만나는 주제이다. 만일 잠자는 일에 대한 절차가 유머러스하게 묘사되면 잠자리에 대한 경험을 덜 위협적으로 받아들일 것이다. 예를 들면, 잠자리를 준비하기 위한 단계로서 목욕을 한다거나 이불을 정리하는 등의 이야기가 포함되는 경우이다.

한 가족이 새로운 집으로 이사를 하는 일은 아동에게 자신과 환경 세계에 대한 긴장을 줄 수 있다. 특히, 아동은 이사 그 자체로 인한 것보다 부모가 새로운 공동체에 적응하기 위해 시간을 들이는 동안 부모의 관심과 시간을 잃게 되는 이유로 상심하게 된다고 한다. 그러나 이사가 항상 스트레스를 만드는 경험만을 의미하는 것은 아니다. 온 가족이 변화된 환경에 적응하려고 함께 노력할 경우에는 좀 더 강하게 성장할지도 모른다. 부모는 새로운 환경에 대해 질문을 하거나 감정을 표현하도록 아동을 격려해 주며 이사에 관한 친숙한 책을 읽어 주는 것은 이사와 관련된 느낌을 표현할 수 있도록 도와준다.

6) 죽음(death), 경제적 문제, 상실감

아동은 나이와 발달 수준에 따라 죽음에 대해 다르게 지각한다. 3세에서 5세의 아동은 시간과 영속성에 대한 개념이 별로 없어 죽음을 일시적인 것으로 생각한다. 혹은 죽음을 잠자는 것과 관련지어 생각함으로써 잠드는 것을 두려워하기도 한다.

어린 아동은 죽음을 의도적으로 계획된 것으로 간주하여 누군가가 죽음에 대해 책임이 있다고 생각하며, 심지어 그 죽음에 대해 자신에게 책임이 있다고도 생각한다. 그리고 누군가 곧 죽게 되지는 않을까라는 생각으로 근심하고 이러한 걱정이 심한 공포감을 일으키기도 한다. 부모, 특히 엄마가 아동기에 사망하게 되면 큰 충격이 되는데, 그것은 아동 자신의 생존이 달려 있기 때문이다. 저소득, 가난한 가정은 경제적인 어려움뿐 아니라 교육이 저조하고 사회적인 고립과 양육의 문제 및 부부 불화와 같은 문제가 복합적으로 일어남으로써 다양한 스트레스를 만들어 낸다(홍강의, 1998).

Ward(1993)는 슬픔이 4단계로 발전된다고 하였다.

1단계에서 아동은 아무것도 느끼지 못하거나 무감동하며 다른 사람들을 회피하거나 조용하게 반응한다.

2단계에서는 죽음에 대한 경험 후 약 2주경에 나타나는데, 몇 분, 혹은 며칠이나 몇 개월간 지속될 수도 있다. 아동은 무슨 일이 일어났는지에 대해 이해하지 못하는 것처럼 보이거나 마치 아무 일도 없었던 것처럼 행동할 수 있다. 누군가를 상실했다는 것을 인정하지 않거나 공상으로 도망갈 수도 있다.

3단계에서 아동은 극심한 분노, 죄의식, 우울, 원망, 불안에 시달리기도 한다.

4단계는 죽음을 경험한 후 2년경에 일어나는데, 아동은 변화된 세상과 새로운 상황에 대해 다시 배워나가고 적응하기 시작한다.

7) 죄책감, 당황감, 재촉

아동은 발달상 자기중심적 사고를 하는 시기이므로 아동 주변에서 일어나는 불안하거나 잘못된 결과를 자신의 잘못으로 일어난 것이라고 생각하여 죄책감을 느끼게 된다. 예를 들면, 부모가 불화한 것이나 이혼 등도 자신 때문이라고 생각하기도 한다.

특히, 여러 가지 이유(이혼, 투옥, 가출, 죽음, 이별 등)로 인해 부모와 살지 못하고 조부모와 지내는 아동의 경우는 다른 아동과 다른 환경으로 인해 민감하다. 또래들과의 일상적인 행사나 만남 등에 참석하지 못하거나 최근의 유행에 맞지 않는 옷을 입는 일 등 일반 아동들과의 차이점은 아동으로 하여금 당황감을 느끼게 만든다.

아동기 어린이들에게 가장 큰 스트레스는 재촉받는 일이다. 재촉의 요구가 많을수록 아동들은 스트레스를 과다하게 받게 된다. 특히 과중한 학습 부담은 스트레스의 원인이 되고 있다(Elkind, 1987).

8) 아동의 스트레스와 유아교육기관

아동은 유아교육기관에 들어가면서 가정과 부모로부터 분리되어 새로운 장소와 새로운 사람들에게 적응하게 된다. 즉, 유아교육기관은 아동이 가족과 떨어져 지내는 곳으로, 교사나 또래에게 개인적 평판과 승인을 얻는 과정에서 정서적인 많은 부담감과 함께 심각한 긴장을 유발한다. 이 과정에서 차이는 있지만 대부분의 아동은 스트레스를 받는다. 특히, 아동이 유아교육기관에서 받는 스트레스의 요인으로는 처음 유아교육기관에 가는 날, 새로운 친구나 선생님 등 새로운 환경에 의해서이다.

Burts(1990)에 의하면, 유아교육기관에서 스트레스를 받는 아동은 손톱을 물어뜯거나 신체적 적대행위, 신경증적 웃음을 보인다. 한편 Warm은 유아교육기관에서 나타나는 아동의 스트레스 행동을 신체적 공격성, 언어적 공격성, 반사회적 행동, 미숙한 행동, 의기소침, 방해가 심한 행동으로 범주화하였다.

Belsky는 집단 크기가 적절하고 교사 대 아동의 비율이 낮으며, 교사 교육 수준의 질이 높은 우수한 기관에 있는 아동은 그렇지 못한 기관의 아동보다 기관에의 순응성이 더 높고 덜 충동적이며 자아 조절을 잘하였다. 또한 질적으로 우수한 유아교육기관의 아동은 질적으로 낮은 기관의 아동보다 적은 스트레스를 받고 있는 것으로 나타났다(안라리, 1995).

3 아동기 스트레스에 대한 반응

스트레스 상황에 대응하는 어떤 유형의 반응은 선택이나 의지적 노력과 관계없이 거의 자동적으로 이루어져 있다. 비록 그러한 반응에 학습의 결과가 영향을 미친다고 하더라도 의도적 노력과 아무런 관계없이 저절로 그러한 반응을 보이게 되는 것이 있다.

1) 스트레스 반응의 개념

Selye(1984)는 스트레스 반응을 환경적인 자극이나 요구로 인해 신체적, 생리적, 감정적 또는 행정적 평형 상태가 붕괴되었을 때 항상성을 유지하려는 반응으로 정의한다. 즉, 개인의 생활사건에 따른 개인의 생리적 반응의 정도(예: 혈압, 맥박 수 등)가 곧 스트레스의 양이 되는 것이다. 그러나 이러한 양을 스트레스 반응으로 정의하는 것은 개인의 신체기능 변화가 일정하지 않고 복잡하기 때문에 매우 어려운 것이다. 아주 심각한 경우를 제외하고는 일상생활의 반응과 스트레스 반응을 구분하기 어려우며, 똑같은 스트레스 반응이라 하더라도 서로 다른 요인에 의해 유발될 수 있어 그 요인을 구별하기 어렵다(이미진, 2004).

2) 아동의 스트레스 반응의 다양한 측면

아동기의 스트레스 반응은 개인차가 많으며 다양하게 나타난다. 부모나 교사 및 아동의 사회관계 속 대상들이 아동의 스트레스 반응을 빨리 눈치채고 그러한 반응에 대응하는 것이 가장 중요하다. 아동의 스트레스 반응에 대한 다양한 연구가 이루어졌으므로 학자별 스트레스 반응 연구를 살펴보고자 한다.

(1) Kuczen의 스트레스 반응

Kuczen은 스트레스에 대한 반응을 신체적 증상과 행동적 증상으로 나누었다.

신체적 증상은 다음과 같다.

첫째, 심장박동이 빨라지고 숨이 가빠진다. 고통이 가장 보편적으로 나타나는 곳은 목과 허리로, 근육이 스트레스 상태에서 긴장한다.

둘째, 긴장이나 우울로 인해 두통이 나타난다. 긴장으로 인한 두통은 둔한 지끈거림이 특징이며, 어깨 통증, 두통을 수반하는 구역질, 구토가 생길 수 있다. 두통을 호소하는 경우는 학교에서 압박을 느끼기 때문이라고 여겨진다.

셋째, 소화기관에 문제가 나타난다. 소화기관 중 위장은 스트레스에 민감한 곳으로, 정서적 스트레스는 소화 체계의 위산 분비를 자극하여 시간이 지남에 따라 궤양의 원인이 될 수 있다.

넷째, 열과 알레르기 반응이 나타난다. 낯선 물질과 알레르기를 일으키는 물질에 민감하여 이러한 물질에 대한 반응은 스트레스를 받는 동안에 자주 나타난다.

다섯째, 치아와 관련된 문제를 일으킨다. 어떤 경우 이갈이(잘 때 이를 가는 현상)를 나타내는데, 이것은 이를 마모시키고 악화시켜 턱과 얼굴에 고통을 주고 두통까지 수반하게 된다.

여섯째, 피부에 변화를 가져온다. 혈액의 양이 감소하면 호르몬은 피부에 작용하지 않아 피부의 혈류가 감소되어 얼굴이 창백해지고 안색이 나빠지고 손이 차가워지고 끈적해진다.

아동의 행동적 증상을 살펴보면 다음과 같다.

첫째, 스트레스로 신체반응이 나타난다. 여드름, 뾰루지 등의 피부 문제, 소화불량, 이갈기, 표정의 변화, 가슴의 통증, 차고 축축한 손, 현기증, 기절, 두통, 딸꾹질, 잔병의 증가, 잦은 천식, 맥박수 증가, 알레르기 반응 증가, 배탈, 구역질, 구토, 근육 경련, 턱, 목, 어깨 등의 통증, 긴장, 안면신경통, 창백함, 심장의 두근거림, 짧은 호흡이나 잦은 한숨, 눈물흘림 등이 있다.

둘째, 스트레스로 투쟁 반응이 나타난다. 사납거나 파괴적인 행동, 공격적 행위, 반항, 우월감, 거만함, 범죄행위, 무례함, 자해나 자위, 훔치기, 짜증내기, 불량한 언어 사용, 무모한 행동, 싸움, 성급함, 부정하기, 친구에 대한 불평, 친구나 형제, 자매에 대한 질투, 동물 혹은 다른 사람들에 대한 적대적 행동이 있다.

셋째, 스트레스로 도피반응이 나타난다. 의존성, 학교에 대한 혐오, 자기 파괴적 행동, 현실도피, 지나친 공상, 지나친 수면, 어린아이 같은 퇴행적 행동, 무관심, 거짓말, 과식, 꾸물거림, 변명, 침묵, 단독 행동, 역할 규범에 얽매임, 희생, 성적 행동, 손가락 빨기, 음주, 학교, 사회 행동으로의 일탈행동을 보인다.

넷째, 스트레스로 과잉반응이 나타난다. 야뇨, 가위눌림, 손톱으로 찌르거나 파내기, 목소리 크기의 변화, 뜻하지 않는 불면증의 증가, 신경질적 웃음, 신경질적 손놀림, 밤에 대한 공포, 불충분한 수면, 졸음, 부주의, 불분명한 것에 대한 집착, 잦은 자리 이동, 과도한 행동, 말을 더듬거나 흉내 내기, 빠른 말 등이 나타난다.

아동의 스트레스 반응은 신체적, 행동적 증상들이 각각 나타나기도 하지만 주로 이러한 증상들이 동시 다발적으로 나타나기 때문에 이러한 증상들을 관찰하고 아동의 스트레스에 대한 근본적인 원인을 찾는 것이 중요하다.

(2) Elkind의 스트레스 반응

Elkind는 스트레스 반응을 다음과 같이 기술하고 있다.

첫째, 안정감이 없는 증세를 보인다. 이러한 아동은 성미가 급하며 주의 집중을 할 수가 없는데, 아직까지 그 요인이 무엇인지 밝혀져 있지 않다.

둘째, 교육기관에 대하여 도피증을 보인다. 아동은 교육기관에 다닌다는 것 그 자체가 일, 혹은 직업이라고 말할 수 있다. 학습이나 기타 요인 때문에 생긴 스트레스에 견디지 못한 아동은 심리적인 좌절감을 느끼게 된다.

셋째, 학습에 대하여 무기력감을 나타낸다. 대부분의 아동은 그들의 능력 수준에 맞지 않는 어려운 문제에 직면하게 될 때 학습에 대하여 무기력함을 느낀다. 예컨대, 어떤 아동들은 읽기나 쓰기를 잘 배우지 못하는 경우가 종종 있다. 이는 이 아동은 이해할 수 없고, 그 과제를 다룰 수 없는 방법으로 가르치는 교사의 교수방법 때문이다. 이러한 경우 아동은 학습에 대하여 무기력함의 반응을 나타내고 읽기나 쓰기, 셈하기 등을 위한 과제를 회피하게 된다.

넷째, 조숙한 성장을 한다. 아동의 조숙한 성장은 흔히 어린 시기에 한두 가지의 스포츠나 예술 방면에서 훈련받았던 아동들 중에서 나타난다. 가끔 눈에 띄는 특징은 이러한 아동은 너무나 일찍 전문화되어 그들의 인성 중 다른 부분들은 다소 덜 발달되었다는 점이다. 어린 시절부터 챔피언이 되기까지 훈련을 받은 몇몇 테니스 선수들은 코트장을 떠난 그 이상의 얘기는 별로 하지 못한다. 그러나 스포츠나 예술을 하라고 재촉 받은 아동이라고 해서 모두가 조숙한 성장과 인성 결핍의 결과를 나타내는 것은 아니라는 것을 기억해 두어야 한다.

이상과 같이 아동들은 더 빨리 성장·발달시키려고 재촉하는 주변 상황에 의해서 많은 스트레스를 경험하고 있다. 아동의 스트레스에 대한 반응으로는 악몽, 죄의식, 불면, 우울, 불안, 초조감, 그리고 공포심 등과 같은 부정적인 정서 나타나거나, 공격성과 퇴행, 주의 끌기 행동, 사회적 위축 등과 같은 다양한 문제행동이 나타난다(박순이, 2004).

(3) Brenner의 스트레스 반응

Brenner(1984)는 아동은 항상 스트레스 상태에 놓여 있으며, 탄생에서부터 사춘기에 이르기까지 무수한 긴장에 직면한다고 지적하였다. 그는 12년간 아동기 스트레스의 종류가 증가하고 있으며 그에 대한 대처도 더 어려워졌다고 지적하고 있다. 아동이 갖는 스트레스 대처방안을 회피하는 기제와 성숙된 기제로 나누었는데, 회피하는 기제에는 부정, 퇴행, 도피, 충동적 행동이 있고, 성숙된 기제로는 이타주의, 유머, 억제, 기대감, 승화 등을 들었다. 그 내용을 살펴보면 다음과 같다.

① 아동의 스트레스 반응 회피 기제

- 부정: 스트레스가 존재하지 않는 것처럼 행동하는 것으로 이것은 고통을 감소시켜 주고 평형을 유지하는 데 도움이 된다.
- 퇴행: 아동이 자신의 연령보다 더 어리게 행동하는 것으로서 어른에게 더욱 의존적이 되며, 그 결과 보통 때보다 애정과 신체적 접촉을 더 많이 요구하

게 된다.

- 도피: 애완 동물이나 사물에 관심을 집중시킴으로써 한동안 긴장 상태를 연장시킨다.
- 충동적 행동: 자신의 감정을 충동적 행위에 감추어 버리는 것이다.

② 아동의 스트레스 반응 성숙기제

- 이타주의: 타인을 도와줌으로써 자신의 문제를 잊어버리는 것으로 유용한 일을 하였다는 만족감을 갖게 된다. 이 경우의 어린이는 또래보다는 좀 더 나이 든 어른과 친하고자 하며, 이때 어린이는 자신도 친구들과 마찬가지로 돌봄을 받을 수 있다는 생각은 좀처럼 하지 않는다.
- 유머: 유쾌하고 재미있는 말을 하여서 얼마간 적응의 시간을 연장시키는 방어기제이다.
- 억제: 잠시 동안 어려운 상황을 미루어 두는 것으로 고통을 무시함으로써 심리적 균형을 취한다.
- 기대감: 강력한 대처방안으로 피함이 없이 그대로 받아들이는 것이며 천천히 그 해결방안을 찾아내고자 한다.
- 승화: 슬픔, 분노, 공포 등을 게임이나 스포츠 등에 몰두함으로써 발산, 극복하는 방법으로 만족과 보상을 받는다. 이러한 방어기제를 한 번에 한 가지만 사용하지 않고 여러 전략을 복합적으로 사용한다고 한다(고영미, 1996).

4 아동기 스트레스 상황과 대처 방식

스트레스는 그 자극의 강도에 따라 '중대한 삶의 사건'(major events)과 '일상적 스트레스'(everyday stress)로 나뉘게 된다. '중대한 삶의 사건'은 장기간의 스트레스 대처 양식 과정이 소요되는 것으로, 부모의 사망, 부모의 이혼, 부모와의 분리, 아동의 장기간의 병원생활을 말한다.

'일상적 스트레스'란 아동의 경우, 일상생활 속에서 경험하게 되는 기분 나쁜 일, 속상한 일, 놀랐던 일로서, 어느 아동에게나 흔히 있을 수 있는 일 등을 말한다. Band와 Weisz에 따르면 아동에게 흔히 일어나고 있는 '일상적 스트레스'로서는 친구와 헤어지는 일, 병원에서 주사 맞는 일, 선생님께 꾸중 듣는 일, 학교에서 나쁜 성적을 받는 일, 친구가 놀리는 일, 사고를 당하거나 몸을 다치는 일들로 보고 있다.

이러한 스트레스 대처 방식은 '개인이 받는 피해를 최소화하기 위해 행하는 노력'이다(Pearlin & Schooler, 1978). 여기에서 말하는 '노력'은 자동적인 적응행동과는 반대의 개념으로, 스트레스에 대한 대처 과정에서 일어나는 사고와 행동의 역동을 말한다. 따라서 이것은 스트레스에 대한 반응이 성격특징, 동기, 또는 개인의 과거 사건 같은 매개변인에 따라 차이가 있는가에 대한 관심보다는 실제로 스트레스를 당면하는 그 당시의 어떤 생각, 어떤 행동을 하는가에 초점이 맞춰진다. 그러므로 이것은 적응과는 다른 개념이다. 적응은 스트레스에 효과적으로 대처하는 결과임을 감안할 때 스트레스 대처 방식은 적응의 최소 단위라고 할 수 있다.

스트레스 대처 방식에 있어서 아동기는 청소년기, 성인기와는 다른 독특한 요인들의 반응에 작용된다. 요인들 중 하나는 아동기는 생존을 위하여 성인에 의존하여야 한다는 것이다. 이러한 의존성은 아동기의 스트레스 대처 방식에 중요한 특징이라고 할 수 있으므로 아동의 스트레스 대처 방식은 그들의 환경과의 상호작용 입장에서 설명되어야 한다(Compas, 1987). 또한 아동의 스트레스에 대한 대처 방식은 아동의 생물학적, 심리학적 준비도에 의해 결정되는 것으로, 신체적인 성숙이나 성격특성 등은 환경에 대한 반응의 범위를 결정하게 된다. 그 외에 아동의 스트레스 대처 방식은 지적발달에 의해서도 영향을 받는다. 아동과 같은 초기 발달 단계에서는 연령이 증가함에 따라 스트레스에 대처할 때, 문제 지향 대응책과 정서 지향 대응책을 점차 배우게 되는데, 이것은 발달의 초기부터 시작하여 이미 계획된 것에 의해 나타난다고 한다(Murphy & Mariaty, 1976).

아동이 일상적 스트레스에 대처하는 방식의 유형을 Band와 Weisz의 분류 방식에 따라 크게 1차 대처(primary coping), 2차 대처(secondary coping), 무대처(relingui-shed coping)로 나누었다.

- 1차 대처는 스트레스를 주는 상황을 회피하거나 바꾸려 하는 것이며, 다른 사람, 상황, 사건에 영향을 주려 하거나 수정을 가하려는 노력이 포함된 것이다. 1차 대처에서는 직접적 문제 해결, 문제 중심적 울음, 문제 중심적 공격, 문제 중심적 회피 등 4가지가 속한다.
  ① 직접적 문제 해결: 이는 직접적인 방법을 이용하여 자신의 스트레스 상황을 바꾸려고 노력하는 것이다(예: 친구가 놀릴 때 자신을 놀리지 말라고 말한다거나, 자신의 성적을 올리기 위해서 열심히 공부한다).
  ② 문제 중심적 울음: 다른 사람으로부터 자신의 스트레스에 대처할 수 있는 유용한 도움을 얻고자 우는 것이다(예: 친구가 자신을 놀릴 때 우는 행위를 함으로써 부모나 선생님이 개입하여 아동 자신의 편이 되어 주기를 바라는 것이다).
  ③ 문제 중심적 공격: 신체적, 언어적 공격을 통해서 그 스트레스를 해결하려는 것이다(예: 친구가 놀릴 때 그 친구를 때려 주거나 말다툼을 함으로써 그 문제를 해결하고자 하는 것이다).
  ④ 문제 중심적 회피: 스트레스 상황을 직접적으로 피하려는 노력이다(예: 놀리거나 싸우게 되는 아이를 피함으로써 문제를 해결하고자 하는 것이다).
- 2차 대처는 개인이 처한 스트레스 상황에 적응하려고 하는 것으로 미래의 실망을 최소화하려는 것이 목적이다. 즉, 자신의 기대를 저하시키거나 사건의 의미, 목적을 발견하기 위해 불행한 사건을 재해석하려는 것이다. 2차 대처는

사회적 · 정신적 지지, 감정 중심적 울음, 감정 중심적 공격, 인지적 회피, 순수 인지 등 5가지로 나누어 볼 수 있다.

첫째, 사회적 · 정신적 지지: 사회적, 정신적 지지를 통해 스트레스를 완화하려는 노력이다(예: 자신의 문제를 친구나 부모에게 이야기하거나 기도함으로써 누군가가 나를 지원해 주고 격려해 주리라는 희망을 가지는 것을 말한다).

둘째, 감정 중심적 울음: 다른 사람으로부터 위안 받거나 울적한 느낌을 해소하기 위해 우는 것이다.

셋째, 감정 중심적 공격: 기분 나쁜 것을 발산하기 위해 신체와 언어적인 공격을 하는 것이다(예: 스트레스를 지각했을 때 그에 대한 자신의 감정으로 벽을 차는 공격을 함으로써 감정을 누그러뜨리려는 것이다).

넷째, 인지적 회피: 스트레스를 주는 상황을 피하기 위해 의도적으로 다른 일을 한다(예: 자신에게 닥친 스트레스를 잊어버리기 위해 텔레비전을 보는 것을 말한다).

다섯째, 순수 인지: 자신의 사고를 바꾸거나 환상, 공상 등을 통해 스트레스를 감소시키고자 하는 것이다(예: 성적이 나쁜 것에 대해 '그 정도면 괜찮은 거야'라고 자신의 생각의 기준을 바꾸거나 스트레스를 벗어난 평정한 상태를 꿈꾸는 것을 말한다).

- 무대처는 처벌을 줄이거나 자신의 감정을 고양시키려는 명백한 노력이나 목적 지향적 행동이 없는 경우로, 이것은 스트레스에 대처하는 데 실패한 것이라고 할 수 있다.

5 아동기 스트레스 해소를 위한 효과적인 전략

아이의 신체와 두뇌발달에 영향을 미치는 스트레스 자체도 문제지만 아이가 스스로 스트레스를 극복할 수 있도록 도와주지 못하는 환경도 문제이다. 교사와 부모는 근본 원인을 찾아 아이가 스트레스를 받지 않거나 이겨 낼 수 있도록 조절해 주어야 한다.

1) 교사의 역할

아동에게 있어서 교육 환경이나 교육과정이 중요하나 가장 중요한 인적 요소가 바로 교사이다. 교사는 아동의 행동을 잘 관찰하여 스트레스를 줄일 수 있는 방안을 연구하고, 스트레스를 적절히 조절할 수 있도록 아동을 도와줄 수 있다.

다음은 아동이 스트레스를 대처할 수 있도록 돕기 위해 교사가 할 수 있는 전략들이다.

- 효과적인 스트레스 인지기술이 필요하다.
- 아동에게 교사의 스트레스 대처기술과 자아 통제를 보여 준다.
- 개인적 관심을 통하여 아동의 자긍심을 높인다.
- 각 아동의 특별한 흥미나 기술을 발달시키도록 격려한다.
- 아동의 스트레스를 감소시킬 수 있는 전문가적인 개입 행동을 이용한다.
- 행동의 결과를 생각할 수 있도록 유도하여 문제를 해결하도록 격려한다.
- 아동의 감정을 인식하고 적절한 언어적 개입을 이용한다.
- 아동이 환상과 실제를 구분하도록 돕는다.
- 일상적인 상호작용에서 부드러운 유머를 사용한다.
- 스트레스 요인의 해결을 위한 직접적인 대처를 한다.
- 긍정적 사고를 하도록 유도한다.
- 경쟁보다 협력적 활동을 제시한다.

- 스트레스의 원인이 될 수 있는 교실 상황과 규칙을 변경한다.
- 아동과 개인적 대화 시간을 갖는다.
- 다른 아동과 함께 스트레스 요인을 해결하도록 돕는다.
- 전문서적을 이용한다.
- 차분한 교실 분위기를 조성한다.
- 미술 및 음률 활동 등 다양한 예술 활동을 계획한다.
- 아동이 스스로 대처기술을 찾고 시행하도록 격려한다.
- 부모와 함께 스트레스를 대처하도록 돕는다.

유아교육기관에서의 적절한 경험은 다른 스트레스 요인을 완화시킬 수 있으며, 바람직한 교육환경의 제공이나 또래 간의 원만한 관계 형성, 교사의 적절한 교육과정 계획, 다정한 감정표현 등으로 아동의 스트레스의 정도를 줄일 수 있다(김동환, 1998).

2) 부모의 역할

아동은 부모의 영향을 많이 받기 때문에 부모는 가정에서 아동들을 편안하게 대해 주며 이러한 분위기 속에서 아동과 대화하고 감정에 대해 표현해 주고 스트레스의 원인을 찾아 해결하도록 해 준다.

첫째, 빠르게 많이 가르치려고 하지 말아야 한다. 아이가 할 수 있는 능력보다 더 많은 것을 바라거나 욕심내지 않도록 한다. 아이가 하고 싶어 하는 일을 못 하게 하고 엄마가 원하는 일을 우선하여 시키다 보면 아이는 뭐든 하고자 하는 의욕을 상실하게 된다.

둘째, 화날 때 소리부터 지르면 안 된다. 엄마의 개인적인 일로 아이에게 짜증을 내거나 아이가 말을 좀 안 듣는다고 해서 자신의 감정을 이기지 못한 채 버럭 화를 내고 소리를 지르게 되면 아이는 엄마가 자신을 미워한다고 생각한다.

셋째, 체벌은 가능한 피해야 한다. 차근차근한 말로 해도 될 일에 자주 매로 때리거나 벌을 주는 것은 좋지 않다. 잘못한 일은 아이의 눈높이에 맞춰 이야기해 주고, 그래도 잘못하면 따끔하게 혼을 내서 하면 안 되는 일이라는 것을 깨닫게 한다.

넷째, 외출하기 전에는 안아 줘야 한다. 아이를 떼어 놓고 외출해야 할 때는 엄마가 약속한 시간에 돌아온다는 믿음을 주고, 꼭 안아 준다. 늦은 시간 귀가하게 되더라도 아이와 눈이라도 한번 맞춰 주는 애정표현이 아이의 스트레스를 예방하는 지름길이다.

다섯째, 억지로 먹이지 말아야 한다. 먹기 싫다는 아이에게 억지로 먹이기를 시도하기보다는 아이가 배가 고플 때를 기다려 본다. 시간이 지나 배가 고프다고 해도 먹을 것을 바로 주지 말고 정해진 시간에 먹게 해서 식사시간을 기대하게 만든다.

여섯째, 과잉보호를 하지 말아야 한다. 언제나 아이 뒤를 졸졸 쫓아다니면서 혼자서는 아무것도 하지 못하게 하는 것은 아이의 호기심을 꺾어 버린다. 엄마에게는 말썽 피우지 않는 착한 아이가 될 수 있겠지만, 아이는 능동적인 생활태도를 가질 수 없다.

일곱째, 급격한 변화는 피해야 한다. 아동의 주변 환경의 급격한 변화는 가급적 피하는 것이 좋다. 불가피할 경우 부모나 교사가 변화의 정도를 조절해 환경적으로 안정된 분위기를 제공하는 것이 중요하다. 또 환경의 변화 원인에 대해 아이가 알아듣든 그렇지 못하든 간에 아이에게 자세히 설명해 주는 것이 바람직하다.

여덟째, 아이의 개성과 능력을 인정해야 한다. 부모는 아이의 개성과 능력을 인정해 주어야 한다. 한글이나 영어 같은 교육을 할 때도 할 수 있는 만큼의 과제를 주고, 성공했을 때 칭찬해 주는 것이 필요하다. 교육으로 인해 지나친 스트레스를 받는 아이는 '공부한다'는 것에 거부감을 일으키기 쉽다는 점을 명심해야 한다.

생각해 봅시다

부모의 지나친 조기교육 열풍으로 스트레스를 받는 아이들

'애들이 무슨 스트레스-' 하지만 부모의 사랑 속에 마냥 즐거운 듯 보이는 아이들도 어른과 마찬가지로 스트레스를 받고 산다고 한다. 어린이에게 작용하는 스트레스도 두 얼굴을 가진다. 적절한 스트레스는 생활의 활력소가 되지만 정도가 지나치면 심각한 질병을 초래한다. 건강하고 행복한 어린 시절을 보내게 하려면 부모는 아이의 스트레스 관리에 신경을 써야 하는데 요즘은 태어난 지 몇 달 되지도 않아 학원을 다니게 하는 경우가 많다.

'남들 다 하는데 안 시킬 수 있나요' 이제 겨우 몸을 뒤집는 아이에게 영어와 한글을 가르치고, 서너살만 해도 수학, 미술 등 4~5개 학원에 보내고… 거의 극단으로 치닫고 있는 조기교육. 교육 전문가들은 발단단계를 무시한 조기교육이 아동을 망치고 있다고 하며, 조기교육을 하면 아이가 달라지고 똑똑해질 것이라는 부모의 환상을 버려야 한다고 한다. 아울러 국가적으로 지나친 과잉 교육열에 대한 대책 마련이 필요하다는 목소리도 높아지고 있다.

❶ 현대의 아동이 경험할 수 있는 스트레스의 원인으로 어떤 것들이 있는지 다양하게 조사해 보자.

❷ 주변에 지나친 조기교육으로 부작용을 초래한 사례를 이야기 나누어 보자.

❸ 만약 내가 부모라면 아이들을 어떻게 교육시킬 것인지 육아계획서를 적어 보도록 하자.

제4장

환경과 아동정신건강

인간의 정신건강은 신체 건강도 그렇듯이 주변 환경에 크나큰 영향을 받는다. 특히 아동은 성인의 정신건강 문제와는 달리 환경의 영향을 심각하게 받는다고 볼 수 있으며 아동의 정신건강 문제들은 기질적 요인 이외에도 주변 환경과의 상호작용의 결과로 간주된다. 인간의 발달적 측면에서 볼 때 아동기는 급격한 발달을 가져오는 시기로 아동기의 조기 환경은 중요한 의미를 갖는다. 따라서 아동의 정신건강 문제는 환경과 밀접한 관계 안에서 다루어져야 한다. 이 장에서는 일차적인 환경의 장이라 할 수 있는 가정, 또래, 교육기관, 그리고 매체 등으로 나누어 살펴보고자 한다.

1 가정

가정이란 인간이 태어나서 접하게 되는 최초의 사회이자 삶의 장이며, 최초로 인간관계를 맺기 시작하는 원초적인 생활공동체의 장이다. 즉, 인간의 삶이 시작되고, 이루어지고, 끝을 맺게 되는 인간의 전 생애에 걸친 기본적 삶의 구심체인 것이다. 인간이 태어나서 처음으로 다른 사람들과 어울려 살아가면서, 언어와 생활습관, 문화를 배우고 사랑을 체험하면서 하나의 완숙한 인간으로 성장해 가는 삶의 모태이기도 하다.

1) 가정의 중요성 및 기능

가정환경은 인간 교육이 실시되는 최초의 장으로서 평생 동안 이곳에서 가장 많은 시간을 보내게 된다. 이에 따라 기본적인 생활양식, 행동양식, 가치관 등이 형성되고, 가족구성원 간의 인간관계 특히 부모, 형제와의 상호관계를 통해 성격 및 행동발달에 직접적인 영향을 미치게 된다. 가정에서 인간으로서의 성장과 발달을 위한 가장 기초적인 양육과 교육이 시작된다. 가정에서의 교육은 어린이가 학교교육을 받는 기간에도, 학교교육이 끝나 성인이 되었을 때에도 지속된다. 그러므로 한 사람이 어떤 인간으로 성장하느냐는 학교교육에 따라 좌우되기도 하나 가정교육이 더 큰 작용을 한다고 할 수 있다.

가정양육환경은 아동에게 가장 강력하게 오랜 기간 동안 영향을 미친다. 즉, 가정은 그들이 다양한 능력과 흥미를 가질 수 있는 기초와 동기유발을 제공하는 중요한 환경이 되고, 아동의 지적-신체적 발달, 아동의 자아형성, 인간관계 발달에 결정적인 영향을 미친다. 이러한 아동의 가정양육환경은 부모가 자녀를 양육하는 태도와 지원하는 자원이 큰 부분을 차지하게 된다.

가정은 구성원을 위해, 그리고 가족이 포함되어 있는 더 큰 사회를 위해 고유한 기능을 수행한다. 학자들에 따라 조금씩 다른 기능을 제시하고 있기는 하지만, 가정이 담당하는 기능은 다음과 같이 네 가지로 요약할 수 있다.

첫째, 친밀한 관계의 근원을 제공한다. 친밀성의 추구는 일차적인 인간의 욕구이다. 우리는 우리의 가족구성원들과 친밀성을 유지함으로써 정서적 안정과 지원을 얻는다. 선행연구들은 일관성 있게 결혼생활을 하고 있는 사람들이 이혼했거나 별거 상태에 있는 사람들 혹은 결혼하지 않은 사람들보다 더 건강하고 더 낮은 사망률을 나타낸다고 보고한다.

둘째, 경제적 협조의 단위로서 기능한다. 전통적으로 가정은 성별에 따라 일을 나누어 맡는 경제적 협조의 단위이다. 가정 내에서 이루어지는 성별에 따른 역할 분담은 어느 문화에서나 이루어지고 있는 공통적 특성이다. 다시 말하면 생물학적으로 고정된 것은 단지 여성의 출산능력뿐이라는 것이다. 가족은 보통 하나의 소비단위로 생각되기 쉬우나 그것은 또한 중요한 생산 단위이다. 가정 내에서 이루어지는 가족 구성원의 역할수행은 임금이 지불되지 않으므로 생산 단위로서의 기능이 무시되기 쉽다. 그러나 아내의 자녀양육이나 가사노동은 말할 것도 없고 때때로 이루어지는 남편의 목공일이나 아내를 돕는 일, 자녀의 요리활동이나 동생 돌보기, 그리고 청소하기 등은 모두 생산적 활동이다.

셋째, 자녀를 출산하고 사회화시킨다. 전통적으로 자녀출산은 가정의 주된 기능이었다. 가정은 그 사회를 구성하는 노인세대들이 사망할 때 그들을 대치할 아동을 출산하고 양육하여 사회가 계속적으로 유지될 수 있도록 하는 기능을 수행한다.

넷째, 가족 구성원에게 지위와 사회적 역할을 할당한다. 우리는 일생 동안 두 개의 가족 속에서 생활한다. 하나는 우리가 자식으로서 성장한 부모의 가족이고, 또 다른 하나는 우리가 결혼을 통하여 형성한 가족이다. 우리는 부모의 가족 내에서 아들이나 딸, 형제나 자매의 역할을 수행하고, 이 역할은 우리의 일생을 통하여 계속된다. 결혼에 의해 새로운 가족이 형성되면 남편이나 아내의 새로운 가족역할이 부과되고, 그것은 사회로부터 진정한 성인의 지위를 획득하도록 돕는다. 부모나 형제자매에 대한 일차적 헌신이나 애정은 배우자에게로 이동되고, 자녀출산은 아버지와 어머니로서의 새로운 역할을 개인에게 부여한다. 또한 가족은 개인의 인종과 사회경제적 수준 및 종교를 결정하기 때문에 우리가 사회 내에서 특정한 지위와 위치를 획득하도록 한다. 우리는 가정 속에서 동일시를 통하여 우리가 소속한 계층의 생활방식을 학습하고, 문화적 가치와 기대를 형성한다. 가정의 한 구성원으로서의 다양한 역할수행을 통하여 우리의 개인적 및 사회적 정체감의 많은 부분이 형성된다.

2) 오늘날 가정의 변화

(1) 가족의 형태적 변화

① 핵가족화

산업화가 진행됨에 따라 가족의 규모에도 커다란 변화가 있었다. 농경사회에서의 가족은 사회생활의 구심점이자 행동의 중심지였지만, 산업화 및 도시화로 인한 취업과 잦은 거주지의 이동으로 대가족 형태를 유지하기가 쉽지 않게 되었고 사회의 변화에 따라 가족 형태에도 변화의 필요성이 대두되었다. 그 결과 전통적인 가족 형태인 대가족에서 소규모의 핵가족으로 변화가 촉진되었다(이소희 외, 2004). 또한 후기 산업사회에서 지식·정보사회로 변화됨에 따라 핵가족 형태에서 분화되거나 수정된 가족의 형태가 매우 다양화되었다. 즉, 가족 형태의 탈대중화 현상이 도래하고, 가족 형태의 선택이라는 현상으로 변모한 것이다.

그러므로 최근 한국 가족의 형태는 직계가족으로부터 핵가족화의 추세를 보이고 있다. 부부 중심의 핵가족적 구성은 혈연에 바탕을 둔 가족의 정서적 기능을 강화하는 대신 결혼에 대한 가치관을 가계전승으로부터 개인의 선택적 차원으로 바뀌게 하고, 혼인 상대자의 선택도 중매에서 연애로 바뀌게 하는 등 낭만적 사랑의 '마이 홈'의 구축을 개인의 중요한 생활기반으로 인식하게 하였다(이연성 외, 2001).

② 취업 여성의 증가

현대사회에서의 경제구조의 변화는 여성의 노동시장 참여를 요구하게 되었고, 이에 따라 여성 자신의 자아실현 욕구 충족이나 가정의 경제적인 이유로 여성의 사회 참여는 날로 증가하게 되었다. 그러므로 최근 여성들의 취업 증가는 세계적인 추세이자 우리나라에서도 보편적인 하나의 생활양식으로 자리 잡아가고 있다.

단순히 가족의 생계를 돕기 위한 경제적 이유 외에도 일을 통한 자아실현의 기회를 찾고자 취업을 하는 경향이 점차 증가하고 있다. 이와 같이 가족생활주기와 상관없이 일생 동안 취업을 계속하고자 하는 여성들의 욕구가 증대됨에 따라 기혼여성들은 대부분 남편을 위한 아내 역할, 자녀를 위한 어머니 역할, 또한 개인적 존재로서의 자신을 돌보는 역할 등 직업과 가정의 다중역할을 수행하게 되었다. Thomas와 Ganster(1995)는 맞벌이 부부의 문제가 전형적으로 직업과 가정생활을 병행하는 여성의 문제로서 과중한 역할부담과 역할 긴장감을 안고 있다고 지적하고 있다.

③ 가족 구성원의 해체 및 변형

산업사회에서는 노동의 상품화로 어느 정도 경제적 부는 증가했지만, 그로 인한 가정해체 요인도 증가하여 많은 가정이 깨어졌다. 가족 형태의 또 다른 변화는 한 부모 가족의 등장이다. 한 부모 가족은 부 또는 모의 사망이나 실종, 또는 부모의 이혼에 의해 어느 한쪽 부모와 그 자녀가 살게 되는 경우인데, 그 결합 형태에 따라 부자가족과 모자가족으로 구분된다. 아직까지는 모자가족이 부자가족에 비해 많지만, 그 증가율은 모자가족에 비해 부자가족이 더 높게 나타나고 있다(이소희 외, 2004).

또한 부모의 이혼과 재혼의 결과로 영유아들은 새롭게 구성된 가족 체제하에 생활하게 된다. 이와 같은 이혼의 증가는 부부간의 감정적인 유대가 중요해지면서 부부간의 애정이 결혼 유지의 중요한 요소가 되었다는 사실과 더불어 여성의 경제적 독립의 증대, 이혼에 대한 사회적 낙인의 저하 등이 이혼율 증가의 주원인으로 지적되고 있다.

(2) 가족의 기능적 변화

① 상부상조의 기능 저하

가족의 형태적 변화는 가정의 고유한 기능까지 변질시켰다. 대가족 제도하에서 가능했던 상부상조의 기능도 축소되어 대가족 제도가 담당해 왔던 모든 기능을 부모 스스로 수행하게 되었다(이소희 외, 2004). 도시화와 산업화의 결과로 출현한 핵가족 제도하에서는 자녀가 더 이상 부모의 노후 보장처가 되지 못하며, 양육부담 등으로 자녀를 적게 두는 경향이 증가하고 있다. 이러한 가족의 소수화, 부부 중심화는 주로 도시에서 이루어지는 현상으로서 이웃 관계뿐만 아니라 친족 관계도 약화시켰다.

② 양육기능 저하

영유아는 주로 부모와 그 가족에 의해 기본적인 생활이 영유된다. 그러나 사회 및 가족의 구조 변화로 인해 부모나 가족이 전적으로 영유아의 양육을 책임지기가 어렵게 되었다. 더욱이 어머니가 취업을 하게 될 경우 가정에서의 전통적인 자녀 양육 기능이 제대로 이루어질 수 없어 가장 민감한 발달 시기에 영유아에게 정서적으로 나쁜 영향을 미칠 수 있다.

③ 가족관리의 변화

예전에는 가족 내의 모든 일이 가족 자체적 기능으로 해결되어 왔다. 영유아의 경우 취학 전까지는 전적으로 가족의 보호 아래 있을 뿐 아니라 가정의 영향을 가장 많이 받았다. 그러나 급변하는 사회 속에서 사회가 가정의 역할을 대신하는 가족관리의 외부화 현상이 나타나고 있다. 이혼의 경우 자녀 양육에 대한 권리와 책임을 정하는 일들이 법정에서 결정되고 그 외에도 가정 내의 문제들을 스스로 해결하지 못할 경우 외부의 도움이 필요하게 되었다.

그 결과 부모의 권한은 제한되고, 가정 내의 자체적 결정권은 더 이상 신성하게 지켜지지 않게 되었다. 아이들도 부모 대신 사회가 자신을 보호하는 책임이 있음을 주시하기 시작했다.

3) 부모–자녀관계

(1) 부모–자녀관계의 특성

인간은 나이가 들면 당연히, 자연스럽게 부모가 되는 것으로 생각하지만, 부모와 자녀 간의 혈연적 연결은 생물학적 관계를 뜻할 뿐이고 부모됨의 의미, 부모–자녀관계의 내용이나 역할은 시대적 배경이나 사회구조, 문화적 요인에 따라 크게 다르다. 또, 부모·자녀관계를 올바르게 이해하기 위해서는 현대사회에서 부모됨의 의미, 부모가 되는 동기를 파악하는 일이 중요하다. 부모에 대한 사회의 기대나 요구, 자녀에 대한 관념, 부모가 되는 동기가 어떤 것이냐에 따라 부모의 신념이나 역할, 그리고 그 수행 방식이 크게 달라질 수 있기 때문이다.

오늘날 가족관계에서 부부간의 애정이 점점 더 강조되어 가고 있지만, 자녀 출산과 양육을 통한 부모의 역할은 여전히 가정생활에서 중요한 의미를 지니며 부모–자녀관계는 가족관계, 나아가 모든 인간관계의 기본이 된다.

부모는 완벽하고 자녀는 미숙하다는 신화에 바탕을 두어 부모–자녀관계는 일방적이고 운명적이며 생물학적 유대관계라는 관점이 있었지만, 1900년대 후반에 들어서 부모–자녀관계는 일방적이 아닌 쌍방적 관계이며, 운명적 관계가 아닌 선택적 관계이고, 생물학적 유대관계만이 아닌 애정관계라는 새로운 관점이 정립되었다(Bigner, 1979).

부모–자녀관계는 다른 인간관계에 비해 다음과 같은 특성을 지닌다.

첫째, 부모–자녀관계는 자녀의 태내에서부터 시작되며, 모든 인간관계의 바탕이 된다는 점에서 기초적이라는 특성을 갖는다.

둘째, 부모–자녀관계는 혈연관계든 선택관계든 상대에게 영향을 주고, 부모와 자녀가 공생공존하며 공동경험을 쌓아 간다는 점에서 공동운명체적인 특성을 지닌다.

셋째, 부모–자녀관계는 자녀의 임신으로부터 시작해 부모가 사망한 이후에도 제사와 같은 의식을 통해 그 자녀가 사망할 때까지 계속되는 영속적인 특성을 지닌다.

넷째, 부모-자녀관계는 생물학적, 혈연적, 심리적, 사회적, 정서적 등 여러 면에서 다양한 접촉과 많은 영향을 주고받는다는 점에서 다면적인 특성을 지닌다.

다섯째, 부모-자녀관계는 다른 인간관계에 비하여 일체감이 특히 강하고 감정융합이 잘 이루어지며, 상호의존적이면서 비합리적이고 비타산적이라는 특징이 나타나는 정서 애정관계이다.

여섯째, 변화가 있기는 하지만 부모의 권위에 바탕하여 부모가 자녀에게 문화양식을 전수하며 모범이 된다는 점에서 부모-자녀관계는 교육적이라는 특성을 갖는다. 또, 부모-자녀관계는 부모와 자녀의 성장발달에 따라 그 관계도 바뀌는 변화발전관계라는 특성을 갖는다.

(2) 올바른 부모-자녀 관계를 위한 대안

부모교육에 관한 지식을 얻고 대화기술을 배운다고 해서 온전한 부모로서 역할을 할 수 있는 것은 아니다. 부모가 올바른 자녀 지도를 하기 위해서는 궁극적으로 한 인격자로서의 인간이 되어야 한다. 자유와 책임의 조화로운 인간이 될 자녀를 위해 부모는 자녀와 어떠한 관계를 이루어야 할까?

첫째, 부모는 자각을 통해 자녀를 만나야 한다. 부모는 자녀를 만나면서 끊임없이 '나는 지금 무엇을 하고 있는가? 누구의 욕구를 채우고 있는가? 내 행동은 자녀에게 어떠한 영향을 미치고 있는가?' 등의 질문을 하면서 자녀를 만나야 한다. 부모가 자녀에게 무엇인가를 요구할 때에는 자녀가 변화하고자 하는 동기를 얼마나 강하게 가지고 있는가를 고려해야 한다. 자아 존중감을 지닌 부모는 자신의 삶을 긍정하고 소중히 여기므로 자신이 부모로서 어떠한 상태에 있든 이를 극복하고 자녀를 만나게 될 것이며, 그 결과 자녀들과의 긍정적인 관계를 형성하게 된다.

둘째, 부모는 자녀에게 솔직한 모습으로 다가가야 한다. 부모의 중심 기능은 자녀들에게 그들 자신들의 장점을 깨닫게 해주고, 그 장점을 사용하지 못하게 방해하는 요소를 발견하게 하며, 그들이 되기 원하는 인간이 어떤 존재의 인간인가를 분명히 밝혀 주는 것이다.

셋째, 부모는 자녀가 스스로 선택하고 결단할 수 있게 하여 자녀 자신이 단순히 외부적인 환경의 힘 때문에 희생을 당하는 존재가 아님을 받아들일 수 있는 힘을 길러주는 데 중점을 두어야 한다.

넷째, 부모는 자녀가 전통적인 가치를 포기함으로써 더 이상 가치체계를 갖지 못하고 가치의 진공 상태에 있을 때 자녀의 존재와 삶의 방식에 일치하는 가치체계를 창조하도록 도와주어야 한다. 부모는 자녀의 능력을 신뢰하여 자녀가 그 자신의 가치체계를 발견할 수 있을 것이라고 믿어야 한다.

다섯째, 부모는 자녀와의 인간 대 인간으로서의 만남과 공동책임을 지는 만남 자체를 중시하되, 자녀에게 영향력을 행사하는 기술을 중시하지 않아야 한다. 만남의 내용은 자녀의 문제점을 논의하기보다는 자녀의 현 시점의 경험 자체를 중요하게 여기도록 해주고, 부모는 확신에 넘치는 자기 노출의 행동을 통해서 자녀에게 확신감을 가지고 인격적으로 성장해 나가도록 격려해야 한다.

여섯째, 부모는 때때로 자녀의 행동을 통제해야 한다. 부모들은 자기들의 행동이 자녀들에게 미치는 영향력의 중대성을 인식할 필요가 있다. 부모의 영향력의 문제는 인격자로서 부모의 순수성 문제에 밀접하게 관련되어 있다. 가끔 자녀의 현실 도피적인 태도나 비합리적인 사고를 대면하여 직면할 필요가 있다. 그러나 부모가 이러한 행위에만 일차적으로 초점을 맞추게 되면, 불필요하게 자녀와의 밀접한 관계를 이루지 못할 수도 있다.

일곱째, 부모가 진정으로 자녀의 말을 경청하고자 한다면, 그 순간 부모 자신의 걱정거리나, 생각하고 있던 모든 것을 버려야 한다. 기꺼이 그렇게 할 수만 있다면, 그것은 자녀를 존중하고 있음을 나타내는 가장 구체적이고 좋은 증거가 된다. 이때, 자녀는 자신이 존중받고 있음을 알고 자신을 가치 있는 존재로 느끼게 된다.

2 또래

아동은 성장하면서 가족과는 다른 형태의 또래라는 집단과의 접촉이 증가한다. 또래 집단은 아동의 사회화과정에서 매우 중요한 역할을 하며, 특히 현대에는 맞벌이가정의 증가로 인하여 가족과 지내는 시간이 적어짐으로써 가족이나 형제의 영향보다는 외부적 환경(또래나 교육기관 등)에 의해 사회적인 성장이 이루어지게 되기 때문에 더욱 중요하다고 볼 수 있다.

1) 또래관계의 중요성

또래가 아동의 발달에 미치는 영향은 매우 크다. 또래의 관계는 성인의 지시나 주도에 일방적으로 따르는 수직적인 관계가 아닌 서로의 의견을 자유롭게 교환하는 수평적인 관계이다. 이러한 상호작용을 통해 다양한 지식과 기술을 습득하고, 또래를 사회적 비교의 준거로 삼아 자신을 평가하며, 또래로부터 다양한 사회적 지원을 제공받는다는 점에서 또래와 효과적으로 관계를 형성하고 유지하는 능력을 습득, 또래의 행동을 관찰, 모방하는 것은 매우 중요하다고 할 수 있다. 아동은 또래와의 상호작용을 통해 사회적 역할과 규범을 배우고, 사회적 조망수용 능력을 발달시키며, 사회적 기술을 연습하고, 이러한 친구관계를 계속 유지한 아동은 이후 학교생활에 대해 더 긍정적이고 행복하다고 느끼는 것으로 밝혀졌다.

또한 또래는 친구들에게 동조하고자 하는 욕구가 크기 때문에 서로 간의 자발적인 압력을 통해 행동의 지침을 제공해 주고, 아동의 사회적 기술습득을 도와준다. 즉, 다른 사람과 관계를 형성하기 위해 의사소통하고, 자신과 타인의 행동을 조율하고, 협동하는 기술을 배우게 되는 것이다. 그리고 아동은 또래와의 상호작용을 통해 자신의 생각을 비교해 보고 자아개념 등의 발전, 즉 자아개념 및 개인적 정체감의 발달을 이루게 되는 것이다.

구체적인 또래의 역할을 살펴보면, 또래는 가족 간의 수직관계와는 다른 유연성을 지닌 동등한 관계로, 어린이의 사회화 과정에서 강화자, 모델, 그리고 비교

준거(criterion)로서 역할을 한다(김경희, 2003).

강화자로서의 또래의 의미로는, 어린이는 또래들의 인정을 받고 싶어 하며 또래의 이야기나 화제, 비판에 관심을 갖는다는 것이다. 또래관계에서, 서로의 행동에 대해 보상과 벌을 주면서 사회화를 이루게 된다. 상대 또래가 보여 준 호의적(예: 미소 짓기, 칭찬해주기) 또는 비호의적(예: 비난/무시하기 등)인 반응에 따라 강화되어 자신의 행동을 유지 또는 제거시킬 수 있다. 이들은 서로의 행동에 대해 다양한 후속결과를 제공하는데, 이들이 제공하는 보상은 관심, 미소, 칭찬, 그리고 요구에 응해 주는 것이다.

두 번째로는 모델로서의 또래이다. 어린이는 또래의 행동을 관찰함으로써 많은 행동을 배운다. 예를 들어, 친구에게 양보하거나 도움을 주는 친사회적 행동뿐 아니라 친구의 것을 빼앗거나 때리는 반사회적 행동까지도 모방하게 된다. 놀이, 교과학습, 운동 등 생활의 여러 장면에서 아동은 또래의 행동을 관찰하고, 성공과 실패를 관찰하면서 자신이 해야 하거나 하지 말아야 할 행동을 구별하기도 하며, '내가 너보다 더 많이 먹었어' 등과 같이 자신의 성취도와 또래의 성취도를 비교함으로써 서로에게 영향을 미친다.

마지막 비교준거로서의 또래의 역할은 이러하다. 일반적으로 우리는 자신이 해야 할 행동을 결정하거나 판단을 내릴 때 자신과 비슷한 사람을 비교대상으로 삼는다. 발달 정도나 능력, 흥미 등이 비슷한 어린이들의 또래관계에 있어서는 더욱이 서로가 가장 적절한 비교대상이 된다. 예를 들어, 한 어린이가 자신이 싸움을 더 잘하는지를 알고 싶으면 자기 또래 중에서 싸움을 잘한다고 생각되는 어린이와 자신을 비교한다. 즉, 어린이는 자신의 능력을 또래와 비교해서 평가하고, 자신의 행동을 규제하기도 한다.

2) 또래관계와 아동발달

아동들이 언제부터 또래와 상호작용을 시작하며 관계를 형성하는가 살펴보면 태어난 지 얼마 되지 않은 아기들도 서로를 쳐다보고 만지는 등 관심을 보이며,

한 아기가 울면 따라 우는 것과 같은 행동을 보인다. 이러한 초기 관심은 성장하면서 또래의 상호작용으로 발전하며 수적으로도 급속하게 증가하게 된다.

(1) 영아기의 또래관계

출생 후 2개월이 채 안 된 영아도 또래의 출현에 자극되고, 상호 응시하며, 6~12개월 사이의 영아는 또래를 쳐다보고, 웃고, 소리 내는 등의 사회적 행동을 보인다. 그러나 이 시기의 상호작용은 매우 초보적이며, 드물게 발생하고, 지속 시간도 길지 않다. 이러한 초보적인 사회적 행동은 점차 발전되어 1~2세 사이의 영아는 서로 물건을 주고받거나 웃고 즐거워하는 등 또래관계에서의 긍정적인 정서와 장난감을 서로 빼앗으려다 울고 소리를 지르는 등 부정적인 반응도 함께 나타난다. 영아기의 또래 경험은 이후 사회적 상호작용에 영향을 미친다.

(2) 유아기의 또래관계

만 2세부터 또래 간 상호작용은 급격히 증가하게 된다. 2~3세 아동은 놀이유형에 있어 다른 아동들의 놀이를 지켜보는 방관자적 행동과 혼자놀이가 지배적이나, 3~5세가 되면 장난감을 상호교환하고 주제를 가지고 가상놀이를 하는 등의 놀이 형태로 발전한다.

또한 7세경까지는 이성의 또래와 섞여서 노는 빈도도 높으나 대체로 7세 이후부터는 동성의 또래와 함께하는 시간이 급격히 증가하며, 이성 또래와의 상호작용은 제한된다.

(3) 학동기의 또래관계

초등학교 시기 아동의 또래관계는 공동 목표와 독자적인 역할을 지니는 협동놀이와 규칙이 있는 게임의 형태 내에서 그 역할이 보다 세분화되고 복잡한 사회적 구조를 지니며, 놀이에 동원되는 기능이나 규칙의 인지적 복잡성 또한 점차 증가된다. 학동기의 또래 그룹은 유아기에 비해 급격히 확장되며, 가족과의 접촉은 줄어들고 또래로부터의 동료애, 조언 및 충고, 정서적 지지를 더 중요시하는 특성을 보이는 등 발달적 측면에 있어서도 매우 중요한 의미를 가진다.

3) 또래관계와 가족/부모와의 관계

(1) 가족이 또래관계에 미치는 영향

가족은 아동기 자체와 또래관계에 영향을 미친다. 곧 또래관계는 부모의 격려와 훈련, 조언 등이나 부모의 우울증, 기타 정신병리, 빈곤 등과 같은 가족의 스트레스, 부부관계의 질 등과 같은 가족환경에 의해 영향을 받을 수도 있다.

특히, 아동이 또래관계에서 경험하는 어려움은 가족의 정서적·신체적 학대, 부모의 이혼과 가족갈등, 비일관적인 훈육, 아동의 활동에 대한 관심의 부족 등과 같은 요인들을 들 수 있으며, 이러한 부정적인 환경은 아동이 공격적으로 행동하도록 자극하거나 아동기의 낮은 사회적 지위를 초래하게 된다.

(2) 부모가 또래관계에 미치는 영향

아동의 긍정적인 또래관계는 가정에서 시작되며, 특히 부모는 자녀의 또래관계를 향상시킬 수도, 억제시킬 수도 있다. 즉, 부모가 어떠한 모습을 보이느냐에 따라 아동의 또래관계가 달라질 수 있다.

① 또래와 만남의 기회 제공

부모는 친구집을 방문하거나 초대 또는 유아교육기관 보내기, 거주지 내 아동이 있는 가정과 교류하기 등 자녀의 사회적 기술발달이 촉진되도록 또래와의 만남을 장려하여 또래관계에 긍정적인 변화를 줄 수 있다.

② 놀이 활동 시의 모니터링

놀이에 직접 참여하거나 꼼꼼히 관찰하는 경우, 별로 참견하지 않으면서 가끔 체크만 하는 등의 모니터링의 유형이 있는데, 직접적 모니터링과 더불어 통제적이고 권위적 부모의 자녀의 경우 또래에게 배척당할 확률이 높으며, 직접/간접적인 모니터링의 적절한 조화가 필요하다고 볼 수 있다.

③ 부모–자녀관계의 질적 특성

부모와의 안정애착아의 경우, 긍정적이고 또래와 사이좋게 노는 안정된 모습을 보인다. 역시 청소년기에도 부모가 애정적이고 지원적인 경우 또래 집단에 덜 의존하지만, 부모가 거부적인 경우 또래에게 더 의존하게 되어, 바람직하지 못한 또래로부터의 영향을 받을 확률이 높아질 수 있다.

3 아동의 교육환경

1) 유아교육기관 환경

(1) 유아교육기관 환경의 실태와 문제

유아교육기관의 환경은 그 기관이 위치해 있는 주변 환경을 포함하여 기관의 실내·외 환경을 모두 일컫는다. 그러나 지금까지는 그 기관의 실내·외 공간을 중심으로 다루어 인접한 주변환경을 크게 고려하지 않았다. 그러나 페스탈로치, 듀이 등의 교육학자들에 의하면 아동은 실제를 보면서 많은 것을 경험하고 배운다고 하였다. 이러한 관점에서 볼 때 어린 아동은 일상생활에서 접하게 되는 주변환경으로부터 많은 자극을 경험하면서 발달하게 된다. 따라서 유아교육기관의 활동은 지역사회 환경과 연계할 수 있도록 계획하며, 아동발달에 긍정적인 교육효과를 줄 수 있는 곳에 인접하는 것이 바람직하다. 실제로 우리나라 교육기관의 인접환경을 조사한 결과, 교육기관이 아동의 교육환경 면에서 부적절한 곳에 위치한 경우가 많아 문제점으로 지적되었다.

유아교육기관의 실내·외 물리적 환경이 교사 및 아동의 행동에 영향을 준다는 사실은 여러 연구에서 밝혀진 바 있다. 이기숙(1989)은 유아의 행동에 영향을 미치는 변인으로 물리적 환경인 공간배열 및 구성, 교구의 다양성 및 활용성, 환경의 균형성 등을 중요한 변인으로 지적하였고, 앤더슨과 로에는 물리적 시설 및 공간이 유아교육기관에서 교사와 아동의 애착행동과 아동의 공격성 행동에 영향을 준다고 보았다.

우리나라 유아교육기관의 환경실태를 파악한 자료를 중심으로 살펴보면 아동의 크기에 부적합한 시설과 크기, 교실 크기 및 위치의 부적절함, 불합리한 공간배열 및 구성 등이 지적되어 기존 유아교육기관의 물리적 공간구성이 아동의 발달과 활동을 적절히 지원해 주지 못하고 있음을 알 수 있다. 그 다음으로 실외놀이공간과 놀이시설의 부족, 아동을 위한 교구와 놀잇감 부족 등의 문제가 있는 것으로 나타났다.

(2) 유아기 발달에 적합한 환경

하루 종일 유아교육기관에서 생활하는 아동에게는 이성이나 언어적 자극보다 감각적 자극이 더 중요하며, 보육공간은 제2의 생활공간으로서 집과 같이 안락하고 포근한 장소가 제공되어야 한다고 하였다. 또한 아동에게 안전함과 신뢰감을 심어 주는 것이 매우 중요하므로 유아교육기관은 아동을 환영하며 친숙하고 편안한 분위기로 형성되어야 한다. 아동을 위한 효과적인 환경계획을 위해 아동의 기본적인 환경욕구인 움직임, 안락함, 유능감, 통제, 안전성의 요소를 이해하는 것은 중요하다.

이러한 요소들을 고려하여 올바른 환경을 제안해 보면 다음과 같다.

- 자유롭게 충분히 움직일 수 있는 공간과 스스로 탐색할 수 있는 환경을 제공한다.
- 자연적인 요소(나무, 풀, 잔디, 물, 바위, 흙, 바람, 공기, 햇빛 등)가 풍부한 쾌적하고 안락한 환경을 제공한다.
- 아동 크기에 적합한 시설설비와 놀이기구를 제공한다.
- 아동 스스로 자신감을 가지고 사용할 수 있는 아동 중심의 환경을 계획한다.

- 아동이 사용하는 공간은 쉽게 이해할 수 있고 예측 가능한 공간 환경이어야 한다.
- 아동이 혼자 휴식할 수 있고 내적인 갈등과 감정을 조절할 수 있는 사적인 공간을 제공한다.
- 아동의 안전성을 지나치게 고려하다 보면 아동발달이 제한되고 억제되므로 모험적이고 도전적인 환경과 적절히 절충되도록 한다.

2) 초등학교의 교육환경

(1) 학교 환경의 실태

학교환경의 실태와 문제를 몇 가지 관점에서 살펴볼 수 있다. 첫째, 아동 발달의 관점에서 볼 수 있다. 과거에 비해 요즘 아동은 신체는 커졌지만 체력과 지구력이 약화되고 경쟁심이 많고 상대방에 대한 배려도 부족하다. 그러나 다른 면에서는 창의적인 사고와 자유롭고 자신을 표현하고 싶은 욕구가 발달되었다.

그러나 학교 환경 주변의 실태를 보면 이렇게 변화된 아동의 특성을 반영하지 못하고 의무교육이라는 획일화된 틀 속에서 '학생'으로서의 일정한 행동만을 요구한다. 학교가 정해진 틀만을 강요하는 '감옥'이 아니라, 아동을 독립적인 개인적 주체로서 인정하고 특성을 살려 주는 교육환경이 되어야 한다. 한 예로, 대도시 공동주택 주변에 있는 많은 학교의 경우 전체 아동 수에 비해 운동장이 협소해 다양한 집단생활의 경험과 기회가 지극히 제한되고 있다. 현대의 아동은 신체활동을 자유롭게 할 수 있도록 개방되고 넓은 공간이 더 많이 요구되고 있으나 점점 축소되는 운동장은 아동의 특성과 발달을 위축시키는 환경으로 변화하고 있다.

둘째, 학교 주변 환경을 살펴보면 아동을 위한 교육적 환경으로 계획되어 아동의 성장발달에 바람직한 사회화 과정에 긍정적인 효과를 줄 수 있도록 계획되어야 한다. 그러나 오늘날 학교 주변 환경은 오락과 상업 위주의 상가건물들이 에워싸고 있으며, 아동발달과 행동에 부정적인 영향을 끼치고 있는 것으로 나타나고 있다(김경화, 1999). 학교 주변의 유해업소 가운데 가장 많이 차지하는 곳은 노래방(66.3%), 비디오가게(63.6%), 전자오락실(62.9%) 등으로 나타났다. 학교 주변의 유해환경들은 아동으로 하여금 비행이나 문제행동을 일으키게 할 가능성이 높은 것으로 나타나고 있으며, 이러한 환경은 아동의 호기심을 자극하여 실제 행동으로 이어지게 할 가능성이 높다.

셋째, 학교 내부 교실환경을 살펴보면 백남원(1991)은 학교 소음을 측정한 결과 45~63데시벨 사이로 측정되어 교실 소음 기준인 40dB(데시벨)을 초과한 것으로 조사되었다. 조명 수준은 교실 내 조도 분포가 균일하지 않아 휘도가 모두 10:1을 초과하였으며 최고 23:1까지 나타나 조명에 대한 질 관리가 필요하다고 지적하였다. 책상과 의자는 초등학교의 경우 적정 규격에 맞는 책상을 사용하고 있다고 응답한 학생은 한 명도 없었다고 한다.

(2) 학교 생활의 특성

우리나라의 학교생활 문화는 획일성과 위계성이 있는데 교육내용과 교육방법 등이 대부분 획일화되어 있으며, 건물구조와 환경, 운영방식 등 거의 모든 면에서 학교나 학급의 특성을 찾아보기 어렵다. 또한 우리나라 학교는 위계의 강도뿐만 아니라 위계의 고리가 길다는 점도 있다.

이러한 학교생활 속에서 학생들은 자기도 모르게 행동양식을 학습하게 되는데 아래와 같다.

① 획일주의적 행동양식의 학습

학생 개인의 능력과 취향의 차이가 무시되고 선택의 여지없이 같은 기준으로 경쟁해야 하는 생활 속에서, 우리나라 학생은 개성과 창의성을 잃게 되고 자기와 다른 생각을 가진 사람을 포용하는 능력을 상실하기 쉽다.

② 순종

학교는 엄격한 규칙에 의해 움직이고 교사는 그러한 규칙이 잘 이행되도록 권력을 행사한다. 특히 외국에 비해 우리나라 학교는 학급당 학생 수가 많기 때문에 교사가 더 권위적이다. 이 때문에 교사와 학생 간의 상호작용보단 규칙에 따라 벌로 다스리는 편이고, 이런 풍토로 학생들은 시키는 일만 잘하면 환영받는다고 생각해 순종하게 된다.

③ 형식주의

권위적인 풍토로 학생들은 학교에 순종하거나 형식주의적인 습관을 보인다. 엄격한 규칙의 가정 아래에서 자란 아이들이 순종적이거나 반항적이거나 형식적인 태도를 보이는 것과 같은 경우이다. 학생들은 자신의 의견이 존중되지 않는다는 것을 알게 되고 선생님의 눈이나 벌을 피하기 위해 형식적으로 순응하는 것이 일상화되어 있다. 그 예로 수업시간에 공부를 하는 것 같아 보이지만 실제로는 안 하는 행위를 들 수 있다.

④ 여유 없음의 인내와 폭력에의 순응

우리나라 학생 대부분은 시간적, 공간적, 경제적으로 여유 없는 생활을 하면서 그것에 적응하고 참는 것을 배운다. 학생들은 학교에서도 자유 시간을 거의 갖지 못하고 개인 활동을 제재받기 때문에 학교와 가족의 권위적인 관계 속에서 거절되고 위축되고 부자유스러워질 수 있다. 여유 없음을 인내하고 폭력에 대해 순응하게 되는 것이다. 또한 이 사회 속에서 학생들은 자신을 편안하게 바라보기 어렵다.

(3) 학령기 아동에 적합한 환경

초등학교는 아동의 사회화에 중요한 대리기능을 하는 미시체계로, 아동의 건강하고 바람직한 성장과 발달을 위한 교육이 매우 중요하다. 기본적이고 통합적이며 전인교육을 위한 초등학교의 교육환경은 아동의 사회화를 위해 개인생활과 집단생활을 균형 있게 유지할 수 있는 환경이 제공되어야 한다. 즉, 초등학교에서 아동의 개인생활을 위해서는 소집단 학습활동이나 놀이를 위한 작은 공간과 아동의 스케일에 적합한 아늑한 공간이 교실과 운동장에 제공되어야 한다.

물리적인 환경에서 학생 수와 교실 배치는 아동이 학교에서 영위하는 삶의 질에 중요한 영향을 미치게 되므로 이를 고려하여야 한다. 교실의 밀도가 높을수록(아동당 15평방피트 미만) 공격적 행동이 증가하며 아동들이 이용할 수 있는 장난감이나 자료가 적으면서 사회적 밀도가 높은 경우에는 공격성이 더욱 증가한다. 교사 역시 적은 수의 아동들을 담당할 때 좀 더 훈육적이고, 학생에게 개별적인 관심을 가지고 대하게 된다. 즉, 학급 규모가 적을 때 교사와 학생 모두 학교생활에 대한 만족도가 높다고 하겠다.

학교의 물리적 환경의 또 다른 측면인 교실 배치는 아동의 학교 경험에 영향을 미친다. 예를 들어, 종횡의 좌석 배치는 아동을 위축되게 하고 과제 이탈 행동을 유발하는 경향이 있으나, 원형배치는 아동이 토론에 참여하도록 격려하고 주의집중을 촉진시키는 데 효과적이다(Rosen-field, Lambert, & Black, 1985).

최근 교육부에서 제시한 새로운 학교문화를 만들기 위한 과제를 보면, 토론문화 형성을 위한 각종 운영협의회를 활성화하는 것이 포함되어 있다. 교직원 회의와 학생자치활동을 강화하고, 학부모의 참여기회를 확대하여 교육과정 운영이나 학교교육 계획운영을 민주적 절차에 따라 협의, 결정, 집행하고, 소외된 구성원이 없게 함으로써 활기찬 학교사회를 만들고자 하는 것이다. 이외에도 교사 중심 수업에서 학생 스스로 학습방법을 터득하는 자기주도적 학습력을 신장시키는 방안을 강구하는 일, 개별학생의 학습속도와 내용을 결정하기 위한 수행평가를 실시하는 것 등이 있다.

학령기 아동을 위한 올바른 환경을 제안하면 다음과 같다.

- 마음껏 뛰어놀 수 있는 개방된 공간과 스스로 주변 환경을 탐색할 수 있는 기회를 제공한다.
- 자연적인 요소(나무, 풀, 잔디, 물, 바위, 흙, 바람, 공기, 햇빛 등)가 풍부한 환경에서 창의적인 놀이를 구상하고 사색할 수 있는 기회를 제공한다.
- 저학년과 고학년의 발달단계에 따라 공간 환경이 구분되어야 하며, 아동 크기에 적합한 시설 설비와 놀이기구를 제공한다.
- 아동 스스로 일상생활을 정리정돈하고 계획할 수 있는 기회를 제공하고 독립

적인 개인 공간을 제공한다.

- 주변의 유해환경을 가능한 차단하고, 건강하고 건전한 실외놀이활동을 할 수 있는 환경을 제공한다.
- 아동이 혼자 휴식할 수 있고 내적인 갈등과 감정을 조절할 수 있는 사적인 공간을 제공한다.
- 지역사회와 연계하여 문화유적지 답사, 봉사활동, 흥미 있는 산업현장 견학 등을 통하여 체험학습장을 활용할 수 있는 기회를 제공한다.

(4) 바람직한 교사-아동의 상호작용 및 관계

① 교사-아동의 상호작용

교실 역시 하나의 사회 조직으로 교사-아동 간의 상호작용이 매일 일어나는 장소이다. 교사는 교실에서 중추적인 역할을 수행하며, 주로 학업내용을 중심으로 아동과 의사소통한다. 아동은 교사에게서 자신의 아이디어와 대답이 맞았는지 또는 틀렸는지에 대하여 피드백을 받으며 학생으로서 적절한 행동을 했는지에 대해서도 피드백을 받는다. 모든 사회적 관계는 일방적이기보다는 양방적인 만큼 아동 역시 교사에게 영향을 미치게 된다. 교사는 모든 아동과 통일되게 의사소통하지는 않는다.

초등학교 교사들과의 면담을 통한 4가지 유형을 살펴보면 각 유형에 따라 아동의 특성, 교사의 태도 및 교사-아동 간의 상호작용에 차이가 있다.

- 교사와 밀접한 애착관계를 형성하는 아동: 이러한 아동은 학업성취가 높고, 교사가 특별히 많은 시간을 할애하지 않아도 올바르게 행동한다. 또 학습 중에는 또래들과 아이디어를 서로 교환한다.
- 교사의 관심을 끌려고 하는 아동: 교사들은 이들을 특별한 도움과 지지를 필요로 하는 학생으로 본다. 교사의 관심을 끌고자 하는 아동은 학업성취가 낮고, 학습할 때 교사에게 많이 의존하고 도움을 청한다. 교사는 이들의 행동에 관심을 갖고, 아동의 학업수행을 점검해 주며 틀린 반응을 한 후에도 격려를

해 주어 빈번한 도움 요청을 귀찮아하지 않고 긍정적으로 반응해 준다.

- 교사들이 무관심하게 대하는 아동: 이들은 교실학습에 보조를 맞추어 따라오기는 하지만 교실에서 수동적이고 위축적인 반응을 나타낸다. 그리고 교사와의 접촉을 피하고, 토론에도 거의 참여하지 않는다. 교사는 무관심하게 대하는 아동과 거의 상호작용하지도 않고, 상호작용할 때도 의사소통을 간단하게 한다.
- 교사가 거부하고 싫어하는 아동: 이들은 활동적이고 파괴적이다. 즉, 교실에서 많은 활동과 행동을 하지만 비난을 많이 받으며, 토론에의 참여를 권유받는 경우도 거의 없다. 또 교사에게 특별한 도움이나 허용을 요구하나 요구를 거절당하는 경우가 많다.

이러한 사실은 교사들이 학업성취가 높고 말 잘 듣는 아동들을 좋아하며 파괴적이고 활동적인 아동들은 싫어한다는 일반적인 관점을 뒷받침해 준다. 불행하게도 아동을 보는 시각이 일단 고정되면 편파적이고 고정적인 태도를 갖게 되고, 이러한 태도는 아동의 행동에 의해 강화되기도 한다. 교사가 지나치게 엄격하고 융통성 없는 방식으로 아동을 대하면 장기적으로 볼 때 아동의 동기와 학습에도 바람직하지 못한 영향을 미칠 수 있다. 따라서 교사는 특정 아동에 대해 불공정한 편견을 지니고 있는 것은 아닌지 스스로를 수시로 점검해 보고, 각 아동의 장점을 찾아 길러 주기 위해 노력할 필요가 있다.

② 교사-아동의 관계

교육에 대한 인간주의적인 접근이 고조되면서 교사-아동 간의 인간적인 관계의 중요성을 강조하게 되었다. 이는 아동의 인간성(사람됨)은 인간적인 교사의 인간적인 교육방법에 의해 계발될 수 있기 때문이다. 실존철학자인 Buber는 교사와 아동 간의 관계를 중요시하며 의미 있는 교사-아동 간의 관계를 위한 준거를 다음과 같이 제시하였다(Buber, 1952).

- 상호 인격적 친교의 관계: 이 관계는 교사와 아동 둘 다 자유로이 활동하는

인격체로서 각각의 인격이 '서로 만남'을 갖는 것을 의미한다. 따라서 교사는 아동을 하나의 인격체로서 목적시 하여야 하며 수단시하지 말아야 한다.

- 구도적 동반자 관계: 교사와 아동과의 관계를 우열적 상하관계로 보지 않고 진리와 삶 앞에 적나라하게 서 있는 동등한 구도자의 관계로 보는 것이다.
- 상호 포용적 관계: 교사와 아동이 정체성을 지니면서 상대방의 삶에 동참함으로써 자기 생의 실현을 맛보는 것이다. 이는 어떠한 선입견이나 편견 없이 상대방을 있는 그대로 받아들이면서 상호 존중적, 이타적인 삶을 영위하는 것이다.
- 상호 개방적 신뢰의 관계: 참된 학습이 성립되기 위해서는 무엇보다도 신뢰가 전제되어야 한다고 보았으며, 신뢰의 전제가 되는 것은 개방이라고 했다. 상호 개방적 신뢰의 관계는 교사와 아동이 신뢰의 분위기 속에서 서로의 삶 앞에 자기 자신을 드러내 주는 것을 의미한다.
- 상호 개성의 조화적 관계: 교사와 아동이 각각 자유로운 개성적 존재로서 '서로 만남'을 갖는 관계를 의미하는데, 이를 통해 창조활동이 이루어진다고 본다.
- 대화적 관계: 교사와 아동이 대화를 통하여 서로의 인격을 부화시켜 주는 관계이다. 대화의 관계는 인격적 '만남'의 관계이며 진실한 대화 속에서만이 참된 인격적 친교가 이루어질 수 있다.

4 매체

대중매체는 소수 전문화된 문화 생산자와 방대한 규모의 문화 소비자 사이를 중개하는 문화 분배 및 소통의 현대적 체계로서 신문, 라디오, 텔레비전, 광고, 만화잡지, 음반, 비디오 등이 있고 대중매체는 말 그대로 대중을 상대로 끊임없이 메시지를 전달하는 체계를 갖추고 있다. 이런 매체 가운데 특별히 아동이 가장 가까이 접근할 수 있는 매체는 TV이다. 또한 이런 대중매체는 컴퓨터가 발달되면서 더욱 방대해지고 다양하게 접근할 수 있게 되었다.

정보화 시대에서 시간과 공간을 초월한 상호작용과 무한한 정보가 초고속 통신망에 연결되고 다양한 프로그램들이 개발되면서 컴퓨터는 필수 매체가 되었다. 모방심리와 상상력이 강하고 감수성이 예민한 어린 아동이 TV와 컴퓨터로부터 받는 영향은 어느 시기보다 크다.

여기에서는 다양한 매체 가운데 TV와 컴퓨터에 대해서 살펴보기로 한다.

1) TV

TV가 처음 소개된 1940년대에 그것은 일부 부유층이나 구입할 수 있는 값비싼 사치품이었지만 오늘날은 거의 모든 가정이 TV 수상기를 보유하고 있어 TV는 현대 생활의 일부분이 되었으며 아동생활에 미치는 영향이 지대하다. 점점 더 발달되고 고급화되어 가는 TV 환경에서 아동에게 교육을 실시하는 것은 중요하다.

(1) TV가 아동에게 미치는 영향

① TV의 긍정적인 영향

가. 친사회적 행동 학습

사회적 경험이 부족한 어린이들이 대인관계나 다양한 사회생활을 경험할 수 있는 가장 손쉬운 것이 TV매체다.

친사회적 행동을 그 내용으로 하는 TV 프로그램이 아동에게 미치는 효과에 관한 연구는 꾸준히 계속되고 있다. 이에 관한 종합적인 견해로는 이들 프로그램 시청을 통해 아동들은 나누어 갖기, 협력하기, 자기통제하기 또는 타인의 감정 존중하기 등의 친사회적인 행동습득이 가능하다는 것이다. 따라서 문제로 등장하는 분명한 사실은 프로그램 제작자와 교육전문가의 협조로 친사회성이 강한 프로그램을 아동에게 공급함으로써 행동학습의 기회를 보다 증대하는 것이라 본다.

특히, '칭찬합시다'와 같은 일종의 사회적으로 모범이 되는 사람들을 소개하는 프로그램을 보며 그 행동을 모델로 하여 모방하며 동일시하려는 경향을 보이고, 세계 곳곳의 사람들의 삶을 보여 줌으로써 다른 문화를 접함으로 발생하는 다양한 삶의 행동모델을 제공한다.

나. 유아의 음악적 능력 향상

가정, 유치원, 지역사회 이외에 유아들이 접할 수 있는 대표적인 음악 환경으로 TV를 들 수 있다. TV는 영상과 음악이 동시에 나오는 시청각 매체로 청감각과 음악에 대한 반응능력이 민감하게 발달한 유아에게 다양한 음향과 음악을 제공하고 경험하게 해 주어 유아의 음악성 발달에 영향을 줄 수 있다.

다. 다양한 정보 전달

TV라는 매체를 교육적으로 이용하게 되면 무엇보다 세상에 대한 무한한 정보를 제공받을 수 있다. 교실 밖의 자연현상이나 사상을 생생하게 보여 줄 수 있어서 공간을 초월하여 정보를 전달할 수 있고, 또한 사물, 사상, 현상 등을 기록하고 보존할 수 있어서 시간적 제약을 초월하여 정보를 제공한다. 예를 들면, 꽃이 피기까지의 과정이라든가, 동력기관의 작동과정을 가르치거나 건물의 입체감을 가르치는 데, 비디오나 TV는 유용하게 활용될 수 있다.

라. 학습에 도움을 줌

TV시청이 학습에 직접적으로 도움이 된다기보다는 어린이들의 독서나 또는 다른 배움에 도움이 된다. 즉, TV가 학교에서 배우는 것과 같은 내용의 읽을거리를 어린이들에게 자극하여 독서에 흥미를 돋워 준다든지 또는 새로운 지적인 지식이나 도구적인 정보를 제공한다는 것을 의미한다.

어린이들은 TV에서 시청한 어떠한 내용에 특별한 관심을 보여 그 프로그램에서 다룬 내용의 책을 읽는다는 것이다. 그 하나의 좋은 예로 미국의 한 방송에서 어린이를 위한 독서 프로그램을 방영하기 전에 TV 프로그램의 스크립트를 주어 읽게 하였다. 이에 따라 도서관에는 이와 관련된 책을 빌리려고 많은 아동들이 쇄도하였고 또한 서점에서는 이와 관련된 책이 많이 팔렸다고 한다(남명자, 1995).

마. 기억력 증진

요즘 대부분의 사람들은 시각적으로 익숙해져 있다. 즉, 현대인은 청각을 통하여 전체 학습내용의 10%를 학습하는 반면, 시각을 통해서는 80% 이상을 학습한다. 더욱 중요한 것은 청각을 통한 학습에서는 단지 20%를 기억하게 되지만, 청각과 시각을 동시에 이용한 학습에서는 50% 이상을 기억하게 된다는 점이다.

그러므로 영화나 TV 등의 영상화된 문화환경에서 자란 요즘 어린이들은 시각화 내지는 영상화된 학습자료를 선호하게 된다.

바. 언어발달 촉진

핵가족시대에 형제가 없거나 맞벌이 부모 밑에서 자란 어린이들의 경우, 어른과의 언어적 상호작용이 일어날 수 있는 기회가 적으므로 언어발달 면에서 다른 어린이들에 비해 느리다. 하지만 TV를 보여줌으로써 다양한 언어 사용과 습관을 경험하며 언어발달을 촉진시켜 주는 역할을 도울 수도 있다.

② TV의 부정적인 영향

가. 건강의 적

TV는 현 인류의 가장 무서운 적인 비만의 주범이다. 소파에 앉거나 침대에 누운 채 리모컨으로 채널을 돌리며 TV를 보면 에너지가 전혀 소모되지 않아 칼로리 과다를 초래하기 때문이다. 실제로 미국 하버드대 보건대학원 연구팀이 5만 명의 여성을 6년 동안 관찰한 결과, 하루에 TV 시청시간이 2시간 늘어날수록 비만과 당뇨병의 발생 위험이 각각 25%, 14%씩 늘어나는 것으로 밝혀졌다. 하나같이 뚱뚱한 '카우치포테이토족'의 사진은 연출이 아닌 셈이다.

또 시력 저하는 물론 자세에도 나쁜 영향을 끼친다. 특히, 유아의 경우 장기간 시청을 하면 척추발달장애를 초래할 수 있어 부모의 각별한 유의가 필요하다. 특히 TV 드라마 등장인물의 심리상태를 가장 잘 표현해 주는 소품으로 흔히 쓰이는 흡연과 음주 장면은 청소년에게 흡연과 음주를 조장하는 결과를 낳기도 한다.

끊임없이 쏟아지는 재앙에 대한 TV 보도는 대중의 스트레스를 높이며 불안감

마저 가중시킨다. 자살에 대한 보도는 아이들의 자살률을 높이는 데 기여하고, 매우 깡마른 드라마 속 인물 모습은 신경성 식욕부진과 대식증 등 식이장애의 원인이 되기도 한다.

나. 상상력 발달 저하

이야기는 대체로 언어로써 전달되기 때문에 어린이의 상상력을 키워 주어 창의성 발달에 도움이 되었으나, TV로 시청되는 이야기들은 영상과 음향으로 구체적인 정보를 주기 때문에 창의력이나 상상력의 동원을 고무시키기보다는 고정관념에 사로잡히게 하기 쉽다.

그동안의 연구를 살펴보면 TV의 시청과 창의성의 발달에는 별 영향이 없다는 연구도 있었으나 대체로 많은 연구들이 TV가 어린이의 상상력과 창의력에 부정적인 영향을 미친다는 데 초점을 맞추어 왔다(남명자, 1995). 사실상 언어나 청각의 기능은 상상력을 자극하여 개인의 경험에 따라 마음껏 상상의 나래를 펼칠 수 있지만, 시각의 기능은 보는 그 자체에 머물러 상상력에 부정적인 영향을 줄 수 있다.

다. 학습능력 저하

과도한 TV 시청은 아이들의 학습능력 저하로 이어진다. 미국 소아과학회는 2세 이하의 아이는 뇌 형성에 치명적인 장애가 생길 수 있기 때문에 TV 근처에서 키우면 안 된다고 경고하고 있다.

시청시간이 20분 이상 되면 대부분 사람의 뇌파는 알파파 상태, 즉 멍청한 상태가 된다고 한다. TV 앞에 있는 사람은 모두 멍청한 시청자인 것이다. 결국 TV는 아이를 둔재로 만든다. TV 시청은 유아가 정보를 수동적으로 받아들이는 자세를 길러 줌으로써 지적 호기심과 능동적인 탐구심 및 창의력을 억제한다는 연구결과도 나와 있다.

라. 정서발달 장애

정서발달에도 부정적 영향을 미친다. TV 시청이 독서나 운동 등 취미생활을 막을 뿐 아니라 가족과의 대화시간을 빼앗기 때문이다. 미국 캘리포니아대 연구진에 따르면, TV에서는 종종 폭력과 '착한 사람'을 연결시켜 보여주기 때문에 아이들은 착하기만 하면 친구를 때려도 괜찮다는 착각을 하게 한다고 지적했다.

또 터키의 한 연구진이 초등학교 저학년 학생들을 대상으로 조사해 보니 TV 시청시간이 길면 길수록 폭력적 행동 경향이 증가하는 것으로 나타났다. 미국 시애틀의 어린이병원 연구진도 TV 시청시간이 한 시간 증가하게 되면 주의력 결핍 장애가 나타날 위험은 10%씩 증가한다고 보고했다.

미국 청소년은 평균 1주일에 28시간을 TV 보는 데 소비한다. 그들이 고등학교를 졸업할 때가 되면, TV를 통해 보게 되는 폭력장면은 20만 번 이상, 살인 장면은 1만 6천 번이나 된다.

마. 성역할의 고정관념화

Freuh와 McGhee의 연구에서는 유치원에서 초등학교 6학년까지의 아동을 조사하였더니 TV를 많이 보면 볼수록 성역할에 대하여 훨씬 더 고정관념화하여 생각하는 것으로 나타났다.

TV가 보편화되어 갈수록 방영되는 내용의 성차별은 다각도로 심각한 영향력을 구사한다. 취업한 여성이 드물게 나오고, 또한 직업을 갖는다는 것은 여성의 본분과 관계가 없으며 어느 면에서는 행복하기 어렵다는 메시지를 전달하며, 직업에서의 차별과 성격성향과의 차이, 또한 존댓말을 쓰는 여자에게 낮춤말로 대답하는 남자, 소식을 전달하거나 사회를 보는 남여 사회자 중에 남자는 바뀌지 않아도 옆의 젊은 여자는 자주 바뀌는 방송환경이 자라나는 어린이에게 성역할에 대한 고정관념을 얼마만큼의 영향력으로 행사할지는 가히 미루어 짐작해 볼 수 있다. 더구나 어린이들은 TV의 유사환경을 현실로 받아들이고 있으며 TV에 대한 의존도가 높기 때문에 정확한 현실감을 상실하고 있어 어린이들에게 TV의 영향은 성인보다 훨씬 더 높다고 볼 수 있다.

바. 폭력성을 학습

우리나라 TV 프로그램에서 점차 폭력성이 심화되고 있다. 더구나 유선 TV의 출연은 다채널 시대에 수용자의 확보 차원에서 말초신경을 만족시키기 위하여 폭력과 성에 대한 프로그램의 출연도 가능하게 할지 모른다. 또한 어린이용 만화

프로그램에서도 지나친 폭력이 노출되고 있으며 또한 제작자가 전혀 의도하지 않았던 장면에서 어린이들이 부차적으로 폭력을 접할 기회도 배제할 수 없다. 더구나 불량 비디오의 출현은 우리가 전혀 예상하지 못했던 범죄를 유발시킬 우려가 높다(남명자, 1995). 이처럼 TV를 통해 유아들이 폭력을 배운다. TV 폭력물을 자주 보면 실생활의 폭력장면에 대해 감각의 둔화현상을 일으켜 급기야는 폭력을 정상적인 것으로 보게 되거나 과도한 공포심을 갖게 된다.

사. 수동적인 성격으로 만듦

TV 시청 그 자체가 유아에게는 수동적인 심적 학습이므로 유아는 TV의 내용을 스펀지처럼 흡수한다. TV는 유아에게 스스로 인생을 체험하는 것보다는 다른 사람이 묘사한 인생을 선택하도록 한다. 따라서 스스로 현실을 경험하려는 노력보다는 다른 사람의 손으로 이루어 놓은 것을 보는 성향을 강조한다. 또한 유아를 구경 위주로 만들어서 자발성을 상실하게 한다.

(2) 바람직한 TV 시청 지도법

성인들이 아동 TV 프로그램의 내용을 먼저 이해하기 위해 이들을 직접 시청해 보는 노력이 필요하다. 그 후 아동들의 프로그램을 선택해서 보도록 유도하는 것이 바람직하다.

아동들은 현실과 환상의 구별이 어려우므로 아동이 이에 대한 갈등을 나타낼 때는 이에 관해서 성인의 재해석이 요청된다. TV 시청 뒤 '특정인물이 왜 이러한 행동을 보였을까?'라든지 '너라면 어떻게 하였을까?' 등의 짧은 질문을 통해 잠시 아동의 갈등상황을 같이 이야기하는 기회가 주어질 때 도덕적 또는 윤리적인 상황판단을 아동 스스로가 하게 될 것이다.

유아가 TV 시청 시 TV에 유아 자신을 맞추는 것이 아니라 유아 자신이 TV를 조정할 수 있도록 도와주어야 한다. 더불어 녹화기를 이용하여 필요한 것을 다시 보는 등 전자기기의 활용과 정보 확보 방법 등 정보사회의 삶에 필요한 능력이 신장되도록 도와줄 필요가 있다.

좋은 TV 시청 습관은 가능하면 조기에 형성시켜 주는 것이 바람직하다. 특히 부모 스스로 선택적으로 시청하는 역할모델이 될 수 있어야 한다. 부모는 늦게까지 여러 종류의 프로그램을 시청하면서 아동에게만 무조건적으로 제한적인 시청을 요구한다는 것은 매우 비교육적이므로 부모 스스로가 먼저 TV 시청을 통제하는 모델이 된 후 아동의 TV 시청을 위하여 매일의 시간 및 내용에 대한 계획을 한다. 또한 TV를 능동적으로 활용하기 위해 좋은 프로그램에 대한 정보를 얻고 자녀에게 알려주는 것이 필요하다. 유아에게 적합한 프로그램의 종류로는 삶의 신비와 예지를 담고 있는 자연의 세계나 인간 의지 실현을 그린 TV 다큐멘터리물, 정서함양에 기여할 수 있는 음악, 미술, 무용 등의 예술 관련 프로그램, 아이들의 우정과 꿈에 관한 가벼운 오락물, 다른 문화를 접할 수 있는 기행물이 추천되고 있다.

아동의 올바른 가치관 형성을 돕기 위해서는 필요시 TV의 비교육적인 내용에 대해(살인, 폭력 장면) 부모 및 교사가 자신의 의견, 즉 이러이러한 행동은 부모의 생각에는 도저히 수용하거나 승인할 수 없는 것이라는 분명한 태도를 보이는 것이 중요하다. 이러한 서로 간의 짧은 대화를 통해 아동은 올바른 가치관을 형성하게 되며 나아가 상황에 따른 대안적인 행동까지 고려할 수 있는 보다 윤리적인 상황판단력이나 문제 해결력을 습득하게 되는 것이다.

① 연령별 TV 시청 지도

유아들의 시청 지도 제1원칙은 만 2세 이전에는 TV를 보여주지 말라는 것이다. 이 시기는 양육자와의 상호작용이 가장 필요한 시기로 신뢰감과 안정감이 형성된다. 이 시기에는 TV 화면에 몰두시키는 것보다 직접 사람을 대면해서 사람들의 말소리를 듣게 하는 것이 정서적으로 좋다.

가. 출생~만 2세

- 아이에게 TV나 비디오를 보여주는 시기는 생후 7개월 이후가 적당하다.
- 가능하면 생후 7개월부터 두 돌까지는 비디오 시청을 피하는 것이 좋지만,

잠시 휴식시간을 갖기 위해 아이에게 비디오를 틀어 주는 경우 비디오를 보는 시간이 너무 길거나 자주 되지는 않아야 한다.

- 어린아이에게는 전체적으로 화면의 색이 파스텔 톤인 비디오가 적당하다.
- 의성어와 의태어가 많이 들어 있는 비디오 프로그램을 골라 주는 것이 좋다.

나. 만 2세~4세

- 이 시기에는 TV 프로그램의 소리와 그림을 이해하기 시작한다. 이때 아이들은 TV화면에 그림이 나오면 TV에 가서 만져보기도 하고 흉내를 내기도 하는데, 이때 자기가 좋아하는 프로그램도 생긴다. 특히 화려한 컬러, 동물 캐릭터 등이 등장하는 만화를 좋아한다. 그러므로 이때는 어느 정도 언어능력과 이해력이 발달해 있으므로 따뜻한 감성을 길러 주는 애니메이션 비디오를 보여주는 것도 좋다.
- 교육용 비디오는 만 3세 이후에 보여주는 것이 좋다.
- 비디오를 보고 나서 인형극이나 신체운동, 그림 그리기 등 다양한 방법으로 교육 자료를 활용한다.
- 특히 가족이나 친구, 이웃들의 이야기가 재미있게 전개되는 비디오를 보면서 상상력과 이해력, 감성을 기를 수 있다.

다. 만 4세 이상

- TV에 등장하는 장면과 대사 하나하나를 이해하고 20~30분 정도의 어린이 프로그램을 처음부터 끝까지 시청할 수 있을 만큼 집중력이 발달한다.
- TV의 영향력이 그만큼 커지는 시기이므로 보다 적극적으로 프로그램 제한과 선별을 해주어야 한다.
- 애니메이션, 글자, 숫자, 영어 등 다양한 비디오를 골고루 보여주고, 특히 이 시기에는 살아 있는 자연생태를 배울 수 있는 다큐멘터리 비디오를 보여주는 것도 좋다.
- 만화영화에도 관심이 많을 때이므로 엄마가 화면의 색감, 스토리 등을 고려해서 좋은 만화영화를 보여주는 것도 좋다.

- 아이 눈높이에 맞는 교육적인 프로그램 선별과 함께 신체놀이나 그림책 찾기 등 시청 후 엄마의 적절한 교육적 지도가 필요하다.

② 바른 TV 시청 자세와 환경

- 누워서 TV를 시청하지 않게 한다. 바닥에 앉아서 시청할 때는 눈높이에 맞도록 방석을 놓아 주거나 눈높이에 맞는 의자를 준비해 준다.
- 4~5m 떨어져서 보게 지도한다. 20인치 일반화면을 기준으로 4~5m 정도 떨어져서 보는 습관을 길러 준다. 일정거리를 유지해 주어야 시력도 보호되고 전자파의 위험에서도 안전할 수 있다.
- 방안을 환하게 해 준다. 어두운 곳에서의 TV 시청은 눈의 피로를 가중시킨다. 책을 읽을 수 있을 정도의 일반적인 밝기에서 TV를 시청하는 것이 좋다.
- 규칙을 정해서 보게 한다. 정해진 프로그램만 정해진 시간에 보고 스스로 TV를 끌 수 있게 하는 것이 좋다. TV 시청시간대, 시간량, 프로그램 선정을 유아와 함께 협의하여 결정한다. TV 시청은 유아프로로 한정하되, 하루 1시간을 넘지 않도록 하는 것이 좋다.
- 엄마가 아이와 함께 시청한다. 현실과 허구를 동일시하는 아이가 TV의 내용을 왜곡하지 않도록 엄마가 도와주어야 한다. 옆에서 아이의 궁금증도 바로바로 해결해 준다.

2) 컴퓨터

산업화 사회에서 정보화 사회로의 이행과정 속에서 컴퓨터는 교육은 물론 정치, 사회, 문화의 모든 분야에서 필수적인 매체가 되었다. 뿐만 아니라 인터넷의 보급으로 세계적인 정보화가 가속화되고 있는 실정이다. 이러한 시대적 흐름에 부응하여 교육과정에서도 정보능력 함양교육에 중점을 두고 있어, 오늘보다 더 발달된 첨단 정보사회를 살아갈 아동에게 컴퓨터에 대한 올바른 교육을 실시하는 것은 시급한 일이다.

(1) 컴퓨터가 아동에게 미치는 영향

① 긍정적인 영향

아동은 새로운 개념에 개방적이고 탐구적이기 때문에 컴퓨터에 대한 인식을 빨리 발달시킬 수 있으므로 오히려 아동기는 컴퓨터를 소개하기에 좋은 시기이며, 컴퓨터는 유아교육에 소개할 수 있는 새롭고, 재미있는 기계라고 제시한다(Goodwin & Garel, 1986). Sheingold(1986)는 컴퓨터를 올바르게 사용하기만 한다면 사회적·언어적·수학적 능력과 문제 해결력의 발달에 도움을 줄 수 있으므로 아동에게 컴퓨터를 소개하여야 한다는 긍정적인 견해를 나타내고 있다.

컴퓨터 활동이 유아에게 미치는 긍정적인 효과로 제시되는 것을 요약하면 다음과 같다.

- 컴퓨터는 아동의 개념을 구성하고 수정하도록 조력하여 준다.
- 컴퓨터는 아동의 사고력, 추리력, 문제 해결력을 길러 준다.
- 컴퓨터는 아동의 놀이를 자극하는 매개자 구실을 한다.
- 아동기의 컴퓨터 이용은 컴퓨터 관련 기능을 익히고 나아가서 컴퓨터에 대한 긍정적 태도를 갖도록 한다.
- 컴퓨터는 성 고정개념을 타파하고 양성의 가치를 기르는 데 도움을 준다.
- 컴퓨터 활동은 아동에게 학습의욕을 갖게 하며, 학습태도를 향상시킨다.
- 컴퓨터 활동은 아동에게 창의적 경험의 기회를 제공하여 인지기술을 발달시킨다.
- 컴퓨터 활동은 아동에게 폭넓은 경험을 하게 하며, 그 경험을 표현할 수 있는 능력을 발달시킨다.
- 컴퓨터 활동은 혼자서 컴퓨터 작업을 하게 하기보다는 친구들과 함께 작업하게 하며 친구들과 함께하는 활동을 통하여 사회적 상호작용을 격려한다.
- 컴퓨터 활동은 아동의 언어표현과 읽기 기술을 증진시킨다.
- 컴퓨터 활동은 아동의 성취감을 증진 시킨다.
- 컴퓨터 활동을 통하여 아동은 세계를 탐구하게 되고, 긍정적인 자아개념을 강화시킬 수 있다.

② 부정적 영향

컴퓨터 사용에 대한 비판적 시각도 적지 않다. 이를테면 미국의 NAEYC에서는 0~8세 사이에 있는 아동에게 '발달에 적합한 유아교육 실제'에 관한 지침서를 제안한 바 있다. 이 지침서에 따르면 각 연령의 발달수준에 적합한 실물적 대상이나 사물을 조작할 수 있는 활동을 아동에게 제공하는 것이 아동의 발달에 유익하다는 것이다. 이렇게 볼 때, 컴퓨터는 실물대상이 아닌 상징물이기 때문에 아동기의 컴퓨터 사용은 바람직하지 못하다 할 수 있다.

즉, 비판가들은 컴퓨터를 적어도 초등학교 아동이 되기 전에 소개하는 것은 바람직하지 않다고 본다. 이는 기존의 컴퓨터 프로그램이 주로 행동주의적 입장에 따른 단순학습기능 중심이라든가 컴퓨터가 지나치게 상업적 목적으로 이용되는 것에 대한 부작용을 극복하고 Microworld에서 제안하고 있는 아동 중심적, 개방적, 사용자의 능동적 참여를 보장하는 소프트웨어의 부재함에서 비롯된 우려성 지적이라고 할 수 있다(Chin, 1984).

컴퓨터에 대한 비판적 시각을 요약하면 다음과 같다.

- 컴퓨터는 신체적으로 활동성을 요구하는 아동에게 수동적인 활동을 제공할 우려가 크다.
- 컴퓨터는 상징적인 매체이므로 구체적 사실을 이해하지 못하는 취학 전의 유아에게는 적절하지 못하다.
- 컴퓨터는 아동의 주변사람과 언어를 사용할 기회를 제한해서 언어발달을 더디게 만들며, 이는 지능발달에도 부정적 영향을 미친다(인지, 언어, 놀이 행동, 창의성 등이 위축).
- 아동은 구체적인 실물과의 경험을 통해 창의적 활동을 해야 할 필요가 있는데, 컴퓨터는 이러한 활동을 제한하여 가상현실적 경험을 촉발시킨다.
- 컴퓨터는 여러 사람들과 함께 어울리는 경험을 제한시켜 외톨이가 되게 하며, 나중에는 외톨이가 된 것을 즐기도록 만들기까지 한다.
- 게임이나 통신기능 등은 아동을 몰입하게 하는 성격이 있어 아동으로 하여금

균형 있는 생활을 방해한다.

- 컴퓨터는 아동발달에 해로운 정보도 많이 주고받을 수 있어서 미성숙한 단계에 있는 아동의 성장발달에 나쁜 영향을 미칠 가능성이 크다.

(2) 유아교육에서의 컴퓨터의 중요성

컴퓨터가 선도하는 사회를 우리는 정보화 사회라고 한다. 정보화 사회로의 발 빠른 변화가 선진국가로의 발 빠른 변신이며 국제경쟁력에서 이길 수 있는 방법이라고 하여 세계의 모든 국가가 정보화에 많은 돈을 투자하였다. 이러한 컴퓨터가 선도하는 발 빠른 변화에 호응하여 초·중등학교는 이미 컴퓨터가 주도하는 교육체제로 변화하고 있다. 2000년도 이전까지는 유아교육에서 컴퓨터 활용이 과연 효과가 있느냐 없느냐 하는 효과성 문제에 대한 논란으로 시간을 보냈다. 부정적인 시각도 있지만, 유아교육에서의 컴퓨터 활용의 교육적 효과성에 대한 긍정적 연구가 지속적으로 나타나고 있고, 나아가 가상교육을 강조하는 교육 환경의 변화는 유아교육에도 컴퓨터를 도입하여야 한다는 관점을 부각시켰다. 이에 따라 오늘날 유아교육에도 컴퓨터의 활용이 점차 증대되고 있으나 아직도 유아교육기관은 초·중등학교에 비하여 컴퓨터 활용이 지체되고 있는 편이다. 이는 유아교육에 대한 국가의 정책적인 배려가 지체된 것과 일부 학부모의 컴퓨터에 대한 불안감 등에 크게 연유하는 것으로 보인다.

하지만 이제는 유치원교육에서도 컴퓨터의 활용이 활성화되어야 한다. 그 이유는 다음과 같다.

첫째, 이제 컴퓨터는 하나의 수업매체가 아니라, 현재 그리고 앞으로 아동들이 접하고 사용해야 하는 생활의 필수품이다. 유아교육의 목적은 아동들이 일상생활에 적응할 수 있도록 가르치는 것이다. 그럼에도 불구하고 일상생활에 가장 많이 활용되는 컴퓨터를 도외시하는 것은 유아교육의 목적을 등한시하는 것이다.

둘째, 아동들은 주변에서 언제나 컴퓨터를 접하고 있으므로 그 컴퓨터와 친숙해지도록 해 주어야 한다. 많은 부모들이 걱정하는 것 중의 하나가 아동들이 컴퓨터게임에 치중하고 있다는 것이다. 그러나 아동들이 게임에 빠지는 이유 중 하나는 컴퓨터 게임 이외에는 아동들이 컴퓨터를 활용하는 방법을 모르기 때문이라고 볼 수 있다. 그렇기 때문에 아동들에게 컴퓨터의 다양한 활용에 대한 안목을 길러 주어야 한다. '컴퓨터가 저렇게 활용되고 있구나' 하는 안목을 길러 주는 것이다.

셋째, 이제 아동에게도 컴퓨터를 이용한 수업매체가 널리 보급되고 있다. 또한 교사들도 컴퓨터를 이용한 매체를 개발하여야 한다.

아동에게 가장 적합한 수업자료는 아동의 발달 수준과 인지적 특성, 개인차, 학급 상황 등을 잘 알고 있는 담임교사의 계획과 의도하에 컴퓨터 수업이 준비되어야 한다. 이렇게 준비된 학습자료는 개발과 업그레이드를 할 수 있고 보관이 용이하다. 또한 일반화의 폭도 넓고 반복적 사용을 가능하게 해 준다.

이와 같이 이제 컴퓨터는 아동의 일상생활에서의 적응과 교사의 유아교육에서의 적응을 위해서 좀 더 활성화되어야 한다. 유아교육에서 컴퓨터 활용의 교육적 효과성을 논하는 것은 무의미한 일이다. 컴퓨터의 활용이 효과성이 없어 보이면 효과적인 방안을 만들어 내야지 컴퓨터의 활용을 망설여서는 안 되기 때문이다.

(3) 부모의 역할

현대사회의 아동에게 컴퓨터를 사용하게 하는 데 있어서 부모의 역할을 살펴보면 다음과 같이 요약할 수 있다.

① 적기에 업그레이드(Upgrade)해 주기

컴퓨터를 중심으로 한 정보화 사회에서 살아가기 위해서는 변화하는 컴퓨터 환경을 제때 잘 조성해 주어야 한다. 하드웨어와 소프트웨어를 적기에 업그레이드해 주어서 변화에 부응할 수 있도록 적극적으로 배려해 주어야 한다는 것이다.

② 다양한 컴퓨터 기능과 활동을 소개하고, 함께해 보기

아동이 게임이나 채팅에만 푹 빠지는 것은, 컴퓨터로 할 수 있는 다양한 활동에 대해 제대로 소개해 주거나 직접적으로 가르쳐 주지 않았기 때문이다. 따라서 아동의 연령, 흥미 등을 고려해서 컴퓨터로 할 수 있는 다양한 활동을 차근차근히 소개해 주는 것이 매우 필요하다. 만약 부모의 힘만으로 어려울 경우에는 주변의 컴퓨터에 능숙한 사람이나 선생님, 기타 여러 사회교육 매체를 적극적으로 활용하도록 한다.

유의할 점은 단지 이러이러한 활동들을 할 수 있다는 정도로 소개해 주는 데에만 그쳐서는 안 되며, 충분한 연습을 통해 반드시 혼자서도 다양한 활동을 할 수 있을 때까지 철저하게 가르쳐 주어야 한다. 그렇게 되면 아이는 새로운 호기심으로 다양한 활동을 즐기게 될 것이며, 자연스럽게 게임과 채팅하는 정도를 차차 조절해 나갈 수 있을 것이다. 또 한 가지 주의할 것은 그렇다고 게임이나 채팅을 절대로 못하게 해서는 안 된다는 것이다. 아이들은 컴퓨터 게임을 통해서 스트레스를 풀 뿐만 아니라, 얕은 수준이긴 하지만 어느 정도의 분석력과 추리력을 머릿속에 형성시켜 나가기 때문이다.

③ 컴퓨터를 중심으로 여러 사람과 어울리게 해 주기

핵가족화, 맞벌이 가족화가 됨에 따라 자기 자신만 알고, 자기 혼자만 놀고, 혼자 생활하는 것에 익숙해져서 급기야는 혼자만의 생활을 즐기게 되는 현상이 나타나고 있다. 소위 말하는 '컴둥이', 즉 컴퓨터하고만 놀려고 하게 되는 현상이다. 이러한 경우에는 다음과 같이 지도하면 좋다.

- 여러 사람들과 관계 맺도록 도와주기: 컴퓨터 주위에서 친구들과 함께 놀고, 공부할 수 있는 또래와 자주 접촉할 수 있도록 해 준다. 또래, 동생, 언니, 오빠 등과 같이 컴퓨터 활동을 하면서 자주 어울릴 수 있는 기회를 갖도록 배려해 줄 경우, 꼬마 컴퓨터 도사와 이제 막 컴퓨터를 배우기 시작한 아이와 컴퓨터 근처에도 가 보지 못한 아이들 모두를 함께 어울리게 하는 것이 더 좋다. 그렇게 되면 아이들이 서로를 가르쳐 주고, 서로 배울 수 있기 때문이다.
- 전문 컴퓨터인과 접하는 기회를 제공해 주기: 컴퓨터와 관련된 지식과 기술적 동향은 매우 빠른 속도로 변화한다. 따라서 이러한 동향을 파악하고 미래사회

에 대비하기 위해서는 전문 컴퓨터인과 접촉할 기회를 자주 제공해 주는 것이 장기적인 교육의 차원에서 필요한 일이다.

④ 컴퓨터와 관련된 자료, 장소, 행사에 자주 접하도록 해 주기

전자상가를 가보거나, 컴퓨터 전시회나 쇼가 있으면 보러 가게 한다. 실물을 자꾸 보다 보면 아이들은 그동안 헷갈려 했던 많은 의문점들이 눈 녹듯이 스르르 풀리게 되는 경험을 하게 될 것이다. 또한 컴퓨터와 관련된 잡지와 책을 자주 접하게 해 주어야 한다. 이것은 유치원이나 어린이집에 다니는 아이에게는 해당되지 않지만, 초등학교 고학년 학생 이상에게는 매우 도움이 된다. 그렇게 컴퓨터를 만지다 보면 스스로 새로운 것들을 발견하게 되며, 또 앞으로 어떤 식으로 학습을 하는 것이 더욱 효과적이며 어떠한 학습영역에 적용할 수 있는지에 대한 나름대로의 조망능력을 갖출 수 있기 때문이다.

⑤ 컴퓨터 활동 이외의 활동을 자주 하도록 도와주기

컴퓨터 사용은 직접적인 사물을 조작하는 구체적인 경험을 하는 것이 아니라, 화면상에 나타난 사물을 보는 것이다. 그러므로 실물과 자연을 접하는 기회를 늘려 주는 것이 필요한데, 이런 활동으로는 실내놀이와 실외놀이 및 정적, 동적 놀이나 활동으로 구분할 수 있다. 어느 한 유형의 활동에 치우치지 않고 균형을 이루도록 하는 것이 중요하다.

- 몸을 많이 움직이는 실외놀이와 활동: 컴퓨터 활동은 주로 머리와 소근육으로 이루어지기 때문에 대근육 활동이 필요하다. 이런 종류의 활동에는 예를 들면, 집이나 학교 운동장, 공원, 들과 산, 바다 등의 자연 속에서 공기를 마시며 푸른 하늘을 보면서 대근육을 움직이는 운동을 들 수 있다.
- 머리를 쉬게 하는 실내·외 놀이와 활동: 눈이나 귀를 쉬게 하면서 깊은 생각을 해 보는 기회를 갖도록 하기 위한 정적인 실내 및 실외 활동은 중요하다. 동적인 활동에서 정적인 활동으로 옮겨서 심신의 균형을 취하도록 유도하여

조화를 꾀하는 것이 필요하다는 것이다. 실내활동의 예로는 조용한 음악을 들으면서 독서를 하는 것과, 실외활동으로는 가까운 곳을 천천히 걷는 것 등을 들 수 있다.

⑥ 컴퓨터로 창작활동을 하도록 도와주기

창작이란 글쓰기, 그림 그리기, 작곡하기, 디자인 구성하기, 여러 그림과 사진 합성하기 등을 포함하는데, 아이들 수준에서의 창작활동이란 그리 수준 높은 것은 아니다. 예를 들어, 생일 카드나 크리스마스 카드 만들기, 그림일기 쓰기 등은 컴퓨터로 하는 훌륭한 창작품이 된다.

⑦ 교사와 부모의 협력

컴퓨터 사용이 유아에게 적절하고 유익한 경험이 되도록 하는 것은 궁극적으로 부모와의 협력하에 교사가 책임져야 할 일이다. 부모와 교사는 소비자로서 보다 나은 선택을 함께 할 필요가 있다. 컴퓨터의 올바른 사용에 대해 교육을 받게 되면 교사와 부모는 보다 정확한 지식에 근거한 결정을 내릴 수 있으며, 소프트웨어가 마음에 들지 않을 경우 개발업체에 보다 적극적으로 알리게 될 것이다. 부모와 교사가 협력하면 소프트웨어 개발과 보급에 큰 영향을 미치는 소비자 집단이 될 수 있다.

생각해 봅시다

유진이(가명)가 다니는 학원은 영어, 수학, 논술, 생활체육 등 9개이다. 화·목요일엔 학교에서 방과후 수업까지 받는다. 학원을 모두 마치고 귀가하는 시각은 오후 7~9시이다. 영양사 일을 하는 엄마와는 밤 시간에 논다. 매일 야근하는 아빠 얼굴은 보기 힘들다. 유진이는 '학원을 안 다니는 친구들은 거의 없다'고 말했다. 갈 곳 없는 초등학생들이 학원을 전전하고 있다. 맞벌이 부모가 아이들을 돌보기가 힘들기 때문이다. 방과 후 아이들을 돌봐줄 사람을 찾지 못한 맞벌이 부모에게 자녀의 '학원 뺑뺑이'는 그나마 돈과 노력이 덜 들어가는 현실적 대안이다. 그러나 지속되는 이러한 환경에 우리나라 어린이의 행복지수는 5년째 OECD국가 중 '꼴찌'이다. 행복하지 않은 우리나라의 어린이들은 바깥에서 놀 수 있는 기회를 박탈당하게 되고, 아이들은 점점 손안의 세상이나 수동적인 세상에 젖어 스마트폰에 쉽게 중독되게 되는 것이다. 부모들 또한 사교육에 많은 돈을 쏟아부으면서도 자녀들에 대한 죄책감에 시달린다. 아이가 학원 스트레스로 인격형성에 지장을 겪을까봐 걱정을 하면서도 현실적으로 일을 그만둘 수 없기 때문에 이와같은 현상이 지속될 수 밖에 없는 것이다. 이처럼 컴퓨터나 스마트폰과 같은 매체에는 무분별하게 노출되어 있으면서, 초등학교 때부터 과도한 학업적 스트레스를 받을 수 밖에 없는 환경 속에서 아동의 정신건강은 피폐해져 가고 있다.

머니투데이뉴스, 2013년 11월 1일, '부모는 맞벌이에, 아이들은 '학원 뺑뺑이'에'

❶ 일하는 엄마들의 자녀 양육에 대해 부모만의 문제를 넘어서 사회·구조적인 대안을 찾아보고 함께 토론해 보자.

❷ 일하는 엄마들의 자녀 양육에 대해 부모만의 문제를 넘어서 사회·구조적인 대안을 찾아보고 함께 토론해 보자.

❸ 아동의 정신건강에 가정과 교육기관, 사회는 어떤 도움을 줄 수 있는지 토론해 보자.

아동 정신 건강

제2부

발달과 아동정신건강

제5장

아동발달이론

인간발달에 관한 여러 이론들이 있으나 지금까지 아동발달의 모든 측면을 완벽하게 설명할 수 있는 통합된 단일 이론은 찾아볼 수 없었다. 어떠한 이론도 아동발달의 복잡하고 다양한 측면을 모두 설명할 수는 없다. 그러나 각 이론들은 아동발달을 이해하는 데 주요한 기여를 하고 있다. 행동주의이론처럼 아동을 환경적 자극에 반응하는 수동적 존재로 보는 이론이 있는가 하면 인지발달이론에서는 아동을 자신의 발달에서 능동적이고 적극적인 역할을 하는 존재로 보고 있다. 또 유전적 요인이 아동발달에 중추적인 역할을 한다고 보는 이론이 있는 반면, 환경적 요인의 중요성을 강조하는 이론도 있다. 이 장에서는 아동발달을 설명하는 대표적인 이론으로 정신분석이론, 학습이론, 인지발달이론, 동물행동학적 이론을 살펴보기로 한다.

1 정신분석이론

정신분석이론은 정신이 모든 인간행동의 기초가 된다는 가정하에 아동발달은 무의식적인 것이며 우리의 행동은 단지 표면상 나타나는 특성일 뿐이라고 말한다. 이에 의하면 아동발달을 제대로 이해하기 위해서는 행동의 상징적인 의미를 분석해야 하고 마음속에서 무슨 일이 일어나는지 이해해야 한다. 여기에서는 Freud의 심리성적 이론과 Erikson의 심리 사회적 이론에 관해 살펴보기로 한다.

1) Freud의 심리성적발달 이론

Freud는 인간의 정신은 의식(conscious), 무의식(unconscious), 전의식(preconscious)으로 구성되어 있으며 인간 행동의 대부분은 무의식에 의해 결정된다고 주장하였다. 또한 아동의 성격은 원초아(id), 자아(ego), 초자아(superego)로 구성되며 이 구성 요소들은 발달 단계를 거치는 동안 통합된다고 하였다(Freud, 1933). 원초아는 성격의 가장 원초적인 부분으로 출생 시부터 존재하며 기본적인 생물학적 욕구와 바람을 포함하고 있다. 원초아는 쾌락의 원리에 의해 지배된다. 그러므로 대부분의 행동이 원초아에 의해 지배되는 아기는 충동을 지연 없이 즉각적으로 만족시키려고 하기 때문에 자신의 충동이 현실 세계에서 충족되지 않을 때 긴장하여 좌절을 경험하게 된다. 자아는 현실 원리에 입각하여 원초아의 바람을 충족시킨다. 환경에 주의집중하고 경험을 기억에 저장함으로써 자아는 원초아의 급박한 요구를 조정하고, 방향을 재설정하여 적절한 대상과 수용 가능한 시기와 장소에서 욕구를 충족시키게 한다. 4~5세경에 나타나 사회적 상호작용을 통하여 초자아를 발달시킨다. 일단 초자아가 형성되고 나면 자아는 원초아의 요구와 현실과 양심 사이를 적절하게 중재하는 복잡한 과제를 해결하는 역할을 수행해야 한다.

Freud는 성격이 심리성적 발달단계에 따라 형성된다고 보았다(Freud, 1933). 심리성적 단계의 주요한 특징은 정신 에너지인 리비도가 신체 부위의 어디에 집중되느냐에 따라 다섯 단계로 구분된다. 이러한 다섯 단계는 구강기, 항문기, 성기기, 잠재기, 생식기이다. 인간이 출생하여 이러한 다섯 단계에 따라 성격을 형성하지만, 때로 어떤 사람은 지나친 좌절 혹은 만족 때문에 심리성적 발달단계의 어떤 단계에 머물러 있는 경우가 있다. 이렇게 리비도가 신체의 다른 부위로 이동하지 않는 것을 고착(fixation)이라고 한다. 심리성적 발달단계의 주요한 특징을 다음과 같다.

(1) 구강기(oral stage: 0~1세)

구강기는 출생에서 1세 정도까지이다. Freud는 출생을 인간 불안의 근원으로 보았다. 그러므로 수면은 불안에 대한 도피이며, 어머니의 자궁 속으로 다시 돌아가고 싶은 욕망을 지니고 있다고 보았다. 예를 들어 인간이 따뜻하고 부드러운 것을 접촉하고 싶은 것은 이 욕망을 반영한다. 또한 물에 빠지는 꿈도 이 자궁으로의 복귀를 뜻한다.

이 시기 아동의 리비도는 입, 혀, 입술 등 구강에 집중되어 있으므로 입이나 입술, 혀, 잇몸 등을 자극하는 데 만족을 느껴 빨고, 깨물고, 삼키고, 입술로 장난치며 먹는 행동을 통해 만족과 쾌감을 얻는다.

구강기에 어머니가 애정적인 분위기에서 유아에게 수유한다면 유아는 본능적 욕구에 대한 만족을 느끼며, 행복하고 안정된 시기를 지나게 되어 순조롭게 다음 단계로 옮겨갈 것이다. 그러나 인공유를 수유하게 되어 어머니의 애정을 느끼지 못하거나 엄격한 수유시간 등으로 이 시간에 얻어야 할 만족을 충족시키지 못했다면 다음 단계로 옮겨가지 못하는 고착현상이 나타난다.

유아는 너무 많은 만족에서도 고착현상을 보이는데, 누렸던 기쁨에 더 머물고 싶어 하며 다음 단계로의 순조로운 진행이 방해된다. 이렇게 구강적 욕구의 충족을 못했거나 또는 과잉충족으로 집착현상이 나타나 고착되면 구강적 성격을 지니게 되는데 손가락 빨기, 과음, 과식, 과도한 흡연, 수다, 손톱 깨물기 등이 그 예이다.

(2) 항문기(anal stage: 2~3세)

항문기는 구순기 이후 만 2세부터 3세 사이의 단계로서 여기에서 항문은 주요 성감대로 기능한다. 어린아이는 쾌락을 추구하는 자신의 욕망을 금지하는 외부 세계를 처음으로 강하게 경험한다. 배설물의 보유와 배출에서 얻는 쾌감은 항문 괄약근의 수축이완 작용과 함께한다. 배설물의 축적은 긴장을 유발하고 배설행위는 긴장의 원천을 제거함으로써 쾌감을 가져온다. 또한 배설물을 몸 안에 보유하는 상황은 신체의 직장 내부벽을 압박하면서 성적 쾌감을 수반한다. 이처럼 초기 항문기에 배설물은 자신 안으로 통합되어 온 대상으로서, 또 자신의 신체 일부의 최초의 생산물로서 강력하고 파괴적인 힘을 갖는다. 만일 부모가 대단히 엄격하고 억압적으로 훈련하게 되면, 성인이 된 뒤에도 고착현상이 일어날 수 있다. 부모가 대변과 소변훈련들을 적절하게 해주면, 유아는 용변을 보는 전체 활동이 이 시기에는 대단히 중요한 행위라는 생각을 갖게 되어 성장해서 생산성과 창의성을 발달시킬 수 있는 바탕이 된다고 한다.

(3) 남근기(phallic stage: 3~5세)

이 시기는 정신 에너지를 성기에 집중시켜 성기를 가지고 놀며 쾌락을 느낀다. 이때 심리적 변화가 크게 일어난다. 남아는 오이디푸스콤플렉스(oedipus complex)를 경험하게 되고 여아는 엘렉트라콤플렉스(electra complex)를 겪게 된다. 남아는 거세불안(castration anxiety)을 유발시킬 수 있고, 여아는 남근을 선망(penis envy)하게 된다. 그러나 아동들은 자기 부모와 동일시함으로 적절한 역할을 습득하여 양심이나 자아 이상을 발달시켜 나간다.

여기서 오이디푸스콤플렉스란, 남아가 어머니를 성적 애착의 대상으로 바라게 되는데 아버지가 어머니의 사랑을 얻은 성공적인 경쟁자라는 것을 알게 되어 어머니를 홀로 소유할 수 없다는 것을 깨닫게 되고, 어머니에 대한 애정의 경쟁 대상자인 아버지는 신체적으로 너무나도 월등하기 때문에 적대감을 느낄 뿐 아니라 자신의 제일 중요한 부분인 성기를 제거할 것이라는 거세불안까지도 상상하게 되는 것을 뜻한다.

반면, 여아들은 사랑의 짝으로 아버지를 원하나 어머니에 의해 좌절되며, 아버지의 사랑을 잃지 않을까 하는 두려움을 갖는다. 또한, 남근을 부러워하는 남근선망을 지니며 자신을 남근 없이 낳아 준 어머니에 대해 분노감을 지닌다고 한다. 그러나 여아 역시 동성의 어머니를 동일시함으로써 이 심리적 갈등을 해결하는데 이를 엘렉트라콤플렉스라고 한다.

(4) 잠복기(latent stage: 6~11세)

이 시기는 아동이 초등학교에 다니는 시기로 성적인 욕구가 철저히 억압되어 심리적으로 비교적 평온한 시기이다(이윤상 외, 2000). 이 기간 동안 아동들은 종종 성질상 지적이거나 사회적인 다른 것을 추구하는 데 주의를 돌린다. 따라서 잠복기는 새로운 갈등에 직면해서 새로운 특성이 나타나는 시기라기보다 아동의 경험이 확장되는 시기다(Carner & Scheier, 2005).

오이디푸스콤플렉스를 해결하고 잠복기를 성공적으로 보내는 것은 매우 어려운 과업이다. 이 시기에 과업수행에 실패하여 고착현상이 일어나면 성인이 되었을 때 이성에 대해 안정감을 갖지 못하고, 이성과의 성관계를 회피하거나, 성행위를 할 때 정서적으로 위축되거나 공격적이 될 수 있다.

(5) 생식기(genital stage: 11세 이후)

Freud의 발달단계에서 마지막 단계인 생식기는 성기기라고도 부르는데 13세에서 19세 정도까지이다. 이때에는 앞 단계에 잠복되어 있던 성에너지가 무의식에서 의식의 세계로 나오게 되고, 신체적으로 성기능이 성숙되고 성적 관심이 높아진다. 이때에는 신체적, 생리적 능력 역시 갖추고 있는 시기이므로 잠복기에서 동성의 또래 집단과 어울린 것에 반해, 성기기가 되면 이성과의 접촉에 최대의 관심을 두게 된다.

이 시기에 가지게 되는 이성에 대한 성적 욕구는 심미적인 활동을 통하여 승화시킬 수 있다. 독서, 운동, 과외활동, 사회봉사활동 등은 도덕적 규범이 존재하는 사회에서 청소년들이 성적 욕구를 승화하는 대체활동이 될 수 있다. 이 시기를 순조롭게 넘긴 청소년은 이타적인 사람으로 성숙하게 되고, 만일 이 시기에 성적 에너지를 잘 처리하지 못하면 비행으로 표출되게 된다.

2) Erikson의 심리사회적 이론

Erikson은 Jung, Adler 등과 함께 Freud의 이론을 수정·발전시켜 Neo-Freudism을 형성하였는데, 이들은 성격형성에 있어서 성적 본능보다는 사회적·환경적 요인을 더 중시하였다. 특히 Erikson은 인간의 성격 발달을 심리사회적 측면에 주안점을 두어 체계화하였다(이윤상 외, 2000).

(1) 심리사회적 발달의 주요 특성과 원리

첫째, 성숙은 점성적 원리(epigenetic principle)에 따라 일어난다. 에릭슨의 이론에 의하면 각 단계는 개별적으로 독립되어 있는 것이 아니라 다른 모든 단계들과 체계적으로 연관되어 있으며, 이것을 그는 '점성의 원리(epigenetic principle)'라고 불렀다(Erikson, 1950).

둘째, 여덟 개의 발달단계는 각 단계마다 심리사회적 위기(psychosocial crisis)를 지니고 있다(Erikson, 1968). 심리사회적 위기란 발달의 각 단계에서 사회적 환경의 요구에 적응하기 위한 심리적 노력으로서 독특한 사건이라기보다는 일상생활에서 겪게 되는 긴장을 의미한다. 매 단계에서의 위기를 어떻게 해결하느냐에 따라 각 개인의 독특한 성격이 형성된다고 본다.

셋째, 자아는 적절하거나 부적절한 적응 방법을 통합해야 한다. Erikson은 개인이 심리사회적 각 단계의 위기에 적응 방식과 부적응 방식으로 반응할 수 있다고 보았다.

넷째, 심리사회적 발달의 각 단계는 개인에게 기본적 강점 혹은 덕목(virtue)을 발달할 기회를 제공한다.

(2) 발달단계

① 제1단계: 기본적 신뢰감 대 불신감(basic trust vs mistrust)

Erikson은 유아기의 근본적인 갈등을 신뢰감과 불신감으로 표현하였다. 생후 한 달 동안 아동은 자신의 주변 세계에 의존할 수 있는가를 탐색하게 되는데, 이때 유아는 음식과 관심에 대한 욕구가 충족될 때 만족을 느끼게 되며 신뢰감을 발전시키게 된다. 이 시기에 아동의 요구에 대한 부모의 반응과 유대감은 아동의 신뢰감 형성에 크게 영향을 미친다.

신뢰감 대 불신감 갈등의 해결을 위한 지속적 패턴을 확립하는 것이 자아의 최초 과업이다. 어머니가 충분한 사랑과 안정감을 주면서 유아의 신체적인 필요에 적극 반응하며 사랑하면, 유아는 자신의 주위에 있는 세상을 신뢰하게 된다. 이렇게 생성된 기본적 신뢰는 유아의 자신에 대한 태도와 타인에 대한 태도의 주요한 특징이 된다. 어머니의 적절하고도 애정이 넘치는 반응의 결과로 유아는 세상으로부터 일관성, 지속성, 그리고 동일성의 정도를 기대하는 것을 배운다. 그리고 이러한 기대는 적어도 자아정체감에 대한 태동이 된다. 이러한 초기 자아와 기본적 신뢰는 자기 자신에 대한 만족감 및 안정감 그리고 자신 및 다른 사람에 대한 신뢰로 발달한다. 반대로 어머니가 자신의 행동에 있어 거부적이고 무뚝뚝하고 일관성이 없으면, 유아는 세상에 대해 불신의 태도를 발달시킨다. 이런 사람은 나중에 모든 사람들과의 관계에서 의심이 많고 두려워하며 늘 걱정하는 사람이 될 것이다(노안영 외, 2003). Erikson은 이 시기에 신뢰감을 형성하는 것은 후에 맺게 되는 모든 사회적 관계에서의 성공 여부와 관련되어 있기 때문에 이 시기를 가장 중요한 시기로 보고 있다.

② 제2단계: 자율성 대 수치감(autonomy vs shame)

제2단계는 자율성 또는 자기조절(self-control)이 획득되며, 사회적 양식인 소유 혹은 관용에 대한 선택과 관련이 있다. Freud의 항문기에 해당되는 이 시기의 유아는 여러 개의 충동 가운데서 어떤 것을 스스로 선택하고자 하고, 이를 통해서 자신의 의지를 나타내려는 자율성을 갖는다.

자율성은 유아가 급속하게 성숙하고, 말을 하게 되고, 사회적 차별을 인식하게 되고, 더욱 독립적으로 환경을 탐색하는 가운데 발달한다. 특히 그들은 새로이 발견한 신체 운동적 기능을 자랑으로 여기고 모든 것을 스스로 하려고 한다. 예를 들어, 혼자서 옷을 입고 밥을 먹으려 하는 행동이 여기에 속한다. 이러한 자율성은 부모에 대한 의존에서 벗어나고자 하는 행동으로 부모와의 일차적 마찰을 가져온다.

수치심과 의혹감은 부모가 아동의 자율성을 억압·통제함으로 인해 그의 분노가 내면으로 향해서 얻어진 경험이라 할 수 있다. 이 시기에 어머니들은 유아들에게 사회적으로 적합한 행동을 하도록 훈련을 시킨다. 예컨대 때와 장소를 가려서 유아에게 대소변을 가릴 수 있도록 하는데, 이러한 과정을 통해서 유아는 사회의 기대와 압력을 알게 된다.

Erikson은 엄격한 배변 훈련은 아동을 강박적으로 만들어 사랑, 노력, 시간, 돈에 있어 인색하고 소심해지게 하고, 강박적 행위는 회의심, 수치심과 병행된다고 하였다. 반면, 확고하고 친절하며 점진적인 배변 훈련을 받은 아동은 자존감을 잃지 않으며 자기통제 감각을 발달시켜 강하면서도 사회적으로 인정받는 자율의 감각을 획득한다고 보았다.

③ 제3단계: 주도성 대 죄책감(initiative vs guilt)

이 시기는 Freud의 남근기에 해당되며, 언어가 급속히 발달하고 행동반경이 넓어지며, 새로운 과업과 기술을 익히게 되고, 자신의 행동이 생산적임을 인정받기 위해 노력한다. 이와 더불어 아동이 자신과 자기 세계를 구성하는 것에 대해 부가적인 책임의식을 갖기 시작하여, 다른 사람의 일이나 새로운 것을 시도해 보려는 호기심과 함께 자기 주변의 사회에 대해서도 어떤 책임을 지고자 한다. 그리고 언어나 운동기술의 증가된 능력은 자신의 가정환경을 초월하여 동료나 보다 큰 아이들 그리고 사회환경과의 사교를 가능하게 하며, 여러 가지 사회 놀이에 참여한다. 그러므로 자신이 한 인간으로 간주되고 생의 목적이 있음을 느끼기 시작하며, '나는 내 뜻대로 할 수 있다'라는 정체감, 즉 주도성을 갖게 된다.

이 단계의 성공적 발달로 인해 아동의 행동은 목표지향성을 갖게 된다. 그러나 이 시기에 아동이 자신의 계획이나 목표가 이루어지지 못하고 실패하게 되는 것을 경험하면 아동은 자신의 목표나 계획이 사회가 금지하는 것이라는 것을 알게 되어 죄책감을 느낀다.

④ 제4단계: 근면성 대 열등감(industry vs inferiority)

이 단계는 아동이 처음으로 형식적 교육을 통하여 사회생활에 필요한 기초기능과 문화적 요소를 습득하게 된다. 동료와의 놀이 또한 사전에 정해진 규칙에 따라 행하게 되고, 학습에 있어서도 기본적인 연역적 추리와 자기 수양을 위한 능력이 향상된다. 그리고 이성의 부모에 대한 사랑과 동성의 부모에 대한 경쟁의식은 독특하게 승화되고, 배우려는 의욕과 생산적인 의욕이 강하게 나타난다. 특별히 이 단계의 아동은 초등학교기에 속하기 때문에 읽기, 쓰기, 셈하기 등 인지적 기술과 사회적 기술을 습득하게 되며, 또 이것을 열심히 배워서 숙달시키려는 근면성이 형성된다. 이 근면성의 형성은 자아 성장에 결정적인 역할을 한다. 만일 이 시기에 이러한 근면성을 발달시키지 못하고 실수나 실패를 거듭하면 부적당감(inadequency)과 열등감을 갖게 된다. 이 단계에서 교육환경은 지나치게 억누르거나 지나친 의무감을 지우는 것도 좋지 않고, 반대로 지나치게 자율적으로 맡겨두는 것도 좋지 않다.

⑤ 제5단계: 정체감 대 정체감 혼미(identity vs identity confusion)

Erikson은 자아정체감을 성취와 같이 완성되는 것이 아니고, 고정적이거나 불변하는 것도 아니며, 사회적 현실 속에서 끊임없이 개정되는 자신에 대한 현실감이라고 보았다(Erikson, 1950). 이 시기의 청소년은 자기 존재에 대한 의문을 해결하려고 애쓰며 그 해답이 쉽지 않기 때문에 고민하고 방황하게 된다. 즉, 불행한 어린 시절의 경험이나 현재의 사회환경 때문에 젊은이가 정체감 발달에 실패하면 이것은 Erikson이 말하는 '정체감 위기'를 초래한다. Erikson은 청소년들의 이러한 자신에 대한 실험기간을 '심리적 유예기(psychological moratorium)'라 하였다.

정체감의 혼돈을 방어하기 위해 청소년은 영웅이나 위인 등을 동일시하여 그들의 개성을 일시적으로 잊으려 한다. 가까운 친구들도 서로 전형적 모델이 됨으로써 정체감 혼돈의 위기를 잘 지나가도록 돕는 역할을 한다.

⑥ 제6단계: 친밀성 대 고립감(intimacy vs isolation)

이 시기에는 전 단계에서 긍정적인 자아정체감을 형성한 사람은 타인과의 친밀한 관계를 형성하지만, 그렇지 못한 사람은 스스로에 대한 자신감이 없어 타인과의 사회관계에서 고립감을 느끼게 되고, 자신에게만 몰두하게 된다. 친밀성은 동성과 이성 간의 인간관계, 친밀감, 연대의식, 공동의식 등의 인간관계에서 형성된다. 심리적 고립감은 과도한 또는 형식적인 인간관계에서 형성된다.

⑦ 제7단계: 생산성 대 침체성(generativity vs stagnation)

이 시기에는 가정을 형성하고 직업을 성취한다. 청년기에 두 사람 간의 친밀감을 확립한 사람은 두 사람의 관계를 넘어 타인에게까지 그 친밀감이 확대되기 시작한다. 가정에서는 자녀를 양육하고 사회적으로는 다음 세대를 양성하는 데 노력한다. 하지만 생산성이 발달하지 못할 때는 침체감이 나타난다. 침체감은 자기 욕구에만 치중하는 것을 말한다.

⑧ 제8단계: 자아통합감 대 절망감(ego integrity vs despair: 54세 이상)

자신의 생애를 돌아보면서 보람이 있었고 가치가 있었다는 것을 인식하고 오랜 삶을 통해 노련한 지혜를 획득하게 되면 자아통합감(ego integrity)을 얻게 된다. 반면에 젊음을 잃고 직업에서 은퇴한 후 신체적, 경제적 무력감을 느끼며, 지나온 자신의 삶이 무의미했다고 생각되면 절망감(despair)을 느끼게 된다.

이상에서 살펴 본 정신분석이론은 임상법을 지나치게 강조하고 다른 접근법에서 얻어진 아동발달에 관한 연구 결과의 중요성을 인정하지 않기 때문에 다른 분야에서 배척받고 있다. 더욱이 무의식, 유아성욕, 오이디푸스콤플렉스 같은 많은 정신분석적 개념은 과학적으로 검증되고 경험적으로 입증되기 어려운 모호성을 띠고 있다. 이러한 비판에도 불구하고 어머니와 영아의 애착, 공격성, 형제관계, 또래관계, 아동양육의 실제, 도덕성 발달, 성역할 발달 및 청소년기 정체성 확립에 관한 아동발달의 제 측면에 관한 연구들이 수행되도록 하는 데 정신분석 이론이 많은 자극을 제공한 사실은 부인하기 어렵다.

2 학습이론

학습이론은 아동의 행동은 외부환경의 자극과 반응의 연합에 의해 이루어진다고 설명하는 이론으로, 아동발달에서 생물학적 요인보다는 환경적 요인을 더 강조한다. 학습 이론가들은 개인의 인생에서 얻게 되는 학습경험이 인간발달에서 변화의 근원이라고 믿으며 새로운 자극이 새로운 행동반응을 유발하고, 낡고 비생산적인 반응은 소멸된다는 것이다. 그리하여 환경을 재구성함으로써 새로운 학습경험을 하게 되면 발달에 변화를 가져올 수 있다고 주장한다.

여기에서는 Pavlov의 고전적 조건형성이론, Waston의 행동주의이론, Skinner의 조작적 조건형성이론, 그리고 Bandura의 인지적 사회학습이론에 관해 살펴보기로 한다.

1) Pavlov의 고전적 조건형성이론

(1) 고전적 조건형성 과정

러시아의 생리학자였던 Pavlov(1849~1936)는 1920년대에 개의 소화기관을 연구하던 중 개가 침을 흘리는 데 일정한 법칙이 있음을 발견하였으며, 이러한 결과는 학습을 설명하는 데 중요한 전환점이 되었다. 배고픈 개에게 음식을 주면 개는 타액을 분비한다. 만일 음식을 다른 사건, 즉 종을 울리는 것과 같은 사건과 함께 제공하면, 개는 나중에는 종만 울려도 침을 흘리게 된다. 그 자체만으로는 개로 하여금 타액을 분비하도록 할 수 없었던 중립 자극에 대해 이러한 학습된 타액분비 반응을 조건반사라고 부르며, 이 과정을 '고전적 조건형성'이라고 한다(Pavlov, 1927). 조건형성 후에 개는 정상적 상황에서는 침을 흘리지 않았던 자극(소리)에 대한 반응으로 침을 흘릴 것이다. Pavlov의 초기 연구들은 개에 제한되었지만, 후속 연구들은 고전적인 조건형성의 원리가 다양한 유기체들과 다양한 행동들에 성공적으로 적용될 수 있음을 보여주었다. 이와 같이 어떠한 조건을 형성함으로써 반응을 유도해 내는 것이 고전적 조건화이다. 즉, Pavlov에 의하면 학습은 '조건화 과정'이다.

- 무조건반응: 선천적이고 영구적인 반응으로서, 먹이가 입속에 들어오면 자동적으로 개가 침을 흘리는 유형의 반응을 의미한다.
- 무조건자극: 무조건반응을 불러일으키는 자극을 의미하며, 개가 침을 흘리도록 원인을 제공하는 음식이 무조건자극에 해당한다.
- 중성자극: 무조건반응을 불러일으키지 못하는 자극을 말한다. 처음에 들려주는 종소리는 침을 흘리도록 자극하지 못하며, 이때의 종소리는 중성자극에 해당한다.
- 조건자극: 조건형성 이후에 중성자극이 반응을 불러일으키게 되면 그 중성자극은 조건자극이 된다. 종소리와 먹이를 계속 연결하게 되면 개는 종소리만 듣고도 침을 흘리게 되며, 이 경우 종소리가 조건자극이 된다.
- 조건반응: 조건자극에 나타나는 반응을 조건반응이라고 한다. 개가 종소리에 침을 흘리는 현상이 이에 해당한다.

(2) 고전적 조건형성과 영향요인

Pavlov(1927)는 조건반사의 강도에 영향을 주는 몇 가지 요인을 확인한 바 있는데 강화와 소멸, 자발적 회복 그리고 자극 일반화와 자극 변별화가 그것이다.

① 강화

강화는 한 행동에 뒤따르는 자극사건이 그 행동을 다시 일으킬 가능성(확률)을 증가시킨다는 것을 의미한다.

② 소멸

조건자극이 계속해서 영원히 작용하는 것은 아니다. 종소리를 타액분비를 위한 조건 자극으로 만들 수는 있으나 만약 음식 없이 종소리만을 몇 번 울리면 종소리는 그 효과를 잃게 되는데 이것이 소멸이다.

③ 자발적 회복

소멸 후 상당한 시간이 지난 다음 조건 자극을 다시 제시하면 조건 반응이 일시적으로 다시 나타난다.

④ 자극 일반화

원래의 자극과 유사한 조건 자극에 대해 조건 반응하는 것을 의미한다. 예를 들면, 악몽을 꾼 아이가 어두운 장소를 싫어하는 경우처럼, 자라 보고 놀란 가슴 솥뚜껑 보고 놀라는 경우이다.

⑤ 자극 변별화

자극 일반화에 대한 보완적인 과정이 자극 변별화인데 어떤 자극이 다른 자극과 변별되는 경우를 말한다. 예를 들면, 어두운 곳에서 공포를 느끼는 아동도 극장과 같은 어떤 특정한 어두운 장소에서는 공포를 느끼지 않는 경우이다.

(3) 조건화 원리

조건반사를 형성하는 조건화의 원리는 다음과 같다.

① 시간의 원리

조건자극은 무조건자극보다 시간적으로 앞서거나 그렇지 않으면 동시에 제시해야 한다. 무조건자극을 조건자극보다 먼저 제시하면 조건형성이 전혀 이루어지지 않든지 혹은 이루어져도 대단히 늦고 불안정하게 이루어진다. 이 두 자극을 제시하는 가장 적당한 시간 간격은 0.5초가량이고 그 이상 지연되면 조건반응을 형성하기 어렵다.

② 강도의 원리

조건반사적 행동이 형성되려면 첫 번째 자극보다 그 다음번 자극이 더 강해야만 바람직한 결과를 얻게 된다는 것으로 이는 적어도 강도가 일정하거나 먼저 제시한 것보다 더 강한 것이라야 효과가 크다는 뜻과 같다.

③ 일관성의 원리

행동에 진보적 변화를 가져오기 위하여 어떤 자극을 제시할 경우 그 자극이 이질적으로 일관될 때에 조건반응 형성이 더 잘 이루어진다. 만약 질적인 면에서 여러 가지 다른 자극으로 바뀌어진다면 효과를 나타내지 못한다. 예를 들면, 종소리면 계속 같은 종소리여야지 만약 북소리나 다른 소리를 제시한다면 혼돈만 일으킬 뿐 조건화는 이루어지기 곤란하다.

④ 계속성의 원리

자극과 반응과의 관계가 반복되는 횟수가 많으면 많을수록 효과가 있다. 이것은 학습에는 반복 연습이 필요하다는 뜻으로, Pavlov의 실험도 전후 약 50회의 종소리를 들려 준 후 효과적인 조건화가 이루어졌다.

고전적 조건형성이론에서 발달은 학습의 결과이고 이것은 다시 개인의 경험을 반영하는 것으로 학습은 환경에서의 자극과 그 자극에 대한 유기체의 반응이 어떠한가에 의해 지배된다. 반면에 고전적 조건형성은 선천적인 반응에만 초점을 두었다는 한계가 있다. 왜냐하면 인간의 감정이나 행동은 후천적인 조건형성의 결과로 보이기 때문이다.

2) Watson의 행동주의이론

Watson은 그 당시에 심리학에서 사용하던 내성법을 강력하게 반대하고 자극과 반응에서 측정되는 행동만이 심리학의 대상이 되어야 한다는 주장과 함께 과학적 방법론을 재구성하였다. Watson은 Pavlov의 고전적 조건반사의 원리를 이용하여 이전에 특정한 정서반응을 나타내지 않았던 중립자극에 대하여 어떻게 정서반응이 조건화되는지를 연구하였다.

(1) Watson 이론의 기본과정

개에게 음식물을 주기 전에 종소리를 반복 제시하여 타액을 분비하도록 가르친 Pavlov의 실험에 감명받은 Watson은 Pavlov의 고전적 조건형성의 원리를 아동에게 공포 정서를 학습시키는 데 적용하였다. 흰쥐를 무서워하지 않고 오히려 손을 뻗쳐 만지려고 하는 Albert라는 소년에게 흰쥐를 보여주기 전에 큰 소리를 반복적으로 들려주었더니 깜짝 놀라며 우는 반응을 보였다. 이를 계속해서 반복한 결과, Albert는 흰쥐만 보아도 고개를 돌리며 피하고 울었다. 즉, 처음에는 중립자극이었던 흰쥐가 큰 소리와 연합하여 조건화된 놀라는 반응을 보이는 조건형성이 이루어진 것이다. 나중에 Albert는 토끼, 개, 면화솜, 털코트 같이 흰 털 달린 물건들을 모두 무서워하는 반응을 보였는데, 이러한 현상을 자극 일반화라고 한다. 이와 같이 Albert의 실험을 통해서 Watson은 공포, 분노, 사랑 등 아동이 갖는 대부분의 정서 반응은 고전적 조건형성을 통하여 학습된다고 주장하였다.

기본개념을 보면, 첫째, 개인은 환경의 자극과 유기체의 행동 간에 아주 정확한 인과 관계를 증명할 수 있다고 주장했다.

둘째, Pavlov를 연구하여 고전적 조건형성과 조건반사에 관한 그의 기본적 결과를 인정하였고 본성에 있어서 생물학적인 반사적 행동뿐 아니라 모든 종류의 행동을 다루어야 한다고 생각했다.

셋째, 자극을 감각기관을 흥분시키는 에너지의 어떤 형태로 정의하였다.

넷째, 반응은 자극에 따르며 자극에 대한 어떤 생리적 하위 조직의 관찰 가능한 반동이다.

다섯째, 자극-반응 연합의 연결이 다음의 자극-반응 연합으로 계속해서 이어지므로 앞의 자극-반응 연합의 반응은 다음의 것에 대한 자극이 된다.

(2) 환경결정론

Watson 이론은 성격을 결정하는 요인이 내적 요소가 아니라 외부의 환경자극이라고 본다. 사람은 경험을 통해 학습한 방식대로 자극에 반응하는데, 이러한 반응의 차이가 개인의 특성을 결정한다고 보는 입장이다. Watson의 환경결정론은 그가 한 유명한 제안에 잘 나타나 있다. '나에게 12명의 건강한 아기를 주어 모든 조건이 충족된 나의 세계에서 기를 수 있게 해 준다면, 나는 그들 중 아무라도 택하여 그의 재능이나 취미, 성향, 능력, 적성 그리고 인종에 관계없이 의사나 법률가, 예술가, 사업가뿐만 아니라 심지어 거지와 도둑에 이르기까지 내가 원하는 어떤 유형의 전문가라도 만들 수 있다고 장담한다(Watson, 1924)'라고 했다. 결국 인간은 전적으로 환경에 의해 형성된다는 것이다.

(3) 자극-반응(S-R) 연합

Pavlov처럼 Watson도 행동의 기본 구성이 자극-반응의 단위이고, 이 자극과 반응이 바라는 형태로 배열되는 한 어떤 행동이든 산출되거나 설명될 수 있다고 믿었다. Watson은 전적으로 인간의 순응성을 믿었으며, 결정적인 사건에 대해 통제할 수 있게 되면 어떤 결과든 가능하다고 믿었다. '반응'은 자극에 뒤따라 일어나는 것으로, 자극에 대한 관찰가능한 반작용(reaction)을 말한다. S-R 연합의 연계가 다음의 S-R 연합, 그리고 그 다음의 S-R 연합 등으로 연결되며, 거기에서 앞의 S-R 연합의 반응이 그 다음의 S-R 연합의 자극이 된다. 이 연합의 개념은 행동주의 발달에 있어서 중요한 계기가 되었다. 이것이 단순한 S-R 연합 사건을 넘어서 더욱 복잡한 행동체계를 제시해주었기 때문이다.

Pavlov와 마찬가지로 Watson도 단순한 S-R 연합을 넘어서는 요인을 반드시 고려해야 한다고 믿었다. Pavlov에게 있어 이러한 요인은 강화와 소멸, 그리고 일반화와 변별화의 보완적인 과정이었으며, Watson에게는 빈도법칙과 최근법칙으로 그 개념이 세련되고 또한 발달과정을 이해하는 데 깊은 함축적 의미를 지닌 것이었다(정옥분, 2004).

① 빈도법칙

빈도법칙(law of frequency)이라 함은 어떤 자극에 반응을 자주 할수록 점차 그 자극에 대해 같은 반응을 강하게 보일 것임을 말하는 것이다. 예를 들면, 빨간색 신호등이 정지를 의미한다는 것을 배운 후에는 빨간색 불이 발을 브레이크에 얹어 차를 정지시키는 행동과 연합되는 빈도가 증가할 것이다. 이 연계의 확인은 Pavlov의 변별화의 개념과 유사하다. 신호등이 녹색으로 바뀌면 발을 브레이크에서 떼어 가속페달 쪽에 놓고 밟는다.

② 최근법칙

최근법칙(law of recency)이라 함은 특정한 자극과 특정한 반응 간의 연합이 시간적으로 근접해 일어날수록 그 연합이 다시 일어날 가능성이 커지는 것을 말한다. 최근법칙은 자극과 반응 간의 시간의 길이를 말한다. 자극과 반응 사이의 시간이 길어질수록 그 자극에 대한 반응이 다시 일어날 가능성은 적어진다. 예를 들면, 어떤 아동이 잘못된 행동을 했을 경우, 아버지가 퇴근해 집에 돌아왔을 때에 그 아동을 벌한다면 그것은 의미가 없다. 왜냐하면 너무 많은 시간이 지났으므로 잘못된 행동과 벌 간에 어떤 의미를 부여할 수 없기 때문이다. 이 예를 더 확대시켜서 말한다면, 만일 그 아동이 아버지가 현관에 들어섰을 때 달려가서 껴안고 인사하려고 하는데 그날 있었던 잘못된 행동에 대해 아버지가 벌을 준다면, 이때 아동이 갖게 될 유일한 느낌은 아버지에게 달려가서 인사하는 것이 벌 받는 결과를 낳았다는 것일 것이다.

Watson은 인간의 반사행동을 주된 대상으로 하였던 Pavlov의 조건형성과정을 인간의 정서에 적용함으로써 반사행동뿐만 아니라 인간의 정서도 조건형성이 가능하다고 생각하였다.

3) Skinner의 조작적 조건형성이론

Pavlov의 고전적 조건화는 조건반응의 외적 자극에 주된 관심이 있었으나, Skinner의 조작적 조건형성은 인간이 외부자극 없이 의식적으로 행동할 수 있는 존재임에 착안하여 조건형성이론을 체계화시켰다. Skinner는 반응적 행동과 조작적 행동을 구분하여 조작이란 임의의 행동에다가 변별자극을 때 맞추어 주었으며, 그렇게 해서 행동을 습관화시키는 것을 조작적 조건화라고 한다.

(1) 조작적 조건형성

Skinner는 인간행동의 대부분을 조작적 행동이라고 본다. 조작적 행동은 어떤 행동이 야기하는 결과에 의해서 행동이 통제된다. Skinner는 상자실험을 통해 조작적 행동을 실험하였다. 상자에는 지렛대와 먹이 접시 그리고 빨간불과 녹색불이 있고 바닥에는 전기 배선망이 깔려 있다. 지렛대를 누르면 먹이접시에 먹이가 떨어지도록 고안되어 있는 이 상자 안에 쥐를 넣었다. 처음에는 쥐가 이리저리 돌아다니기 시작했다. 왼쪽, 오른쪽으로 돌기도 하고 벽에 부딪히기도 하는 쥐의 행동은 스스로 선택한 조작적 행동이다. 그러다 쥐는 우연히 지렛대를 누르고 먹이가 먹이접시에 떨어지는 것을 본다. 쥐는 지렛대를 누르는 것과 먹이가 떨어지는 것 사이의 연관성을 학습하고, 반복적으로 지렛대를 누른다. 조작적 조건화가 형성된 것이다. 쥐가 지렛대를 누르는 행동과 이러한 행동의 빈도가 증가하도록 고안한 먹이와의 관계를 Skinner는 강화라는 용어로 설명하였다(Skinner, 1953). 강화란 행동의 빈도를 증가시키는 것을 의미하며, 조작적 조건화이론에서 가장 중요한 개념이다. 또한 Skinner 상자의 내부에 설치된 빨간불과 녹색불 그리고 전기 배선망은 자극통제를 통한 변별학습 훈련과 벌의 효과를 알아보는 장치이다.

조작적 조건형성에서는 강화와 벌의 역할이 중요하다. Skinner에 의하면 아동발달에서 공격적 단계라는 것은 없으며 인간에게 공격적 본능이라는 것도 없다고 본다. 대신 아동이 습득하는 대부분의 습관은 자신의 행동의 결과에 의해 형성된다고 본다. 따라서 조작적 조건형성이론에서는 아동발달이 본능, 욕구, 생물학적 성숙과 같은 내적 요인보다 강화인 또는 처벌인이라는 외부 자극에 달려 있다고 본다.

Skinner는 Pavlov의 고전적 조건형성이 인간의 어떤 행동 유형을 설명할 수 있지만, 보다 복잡한 행동 유형을 설명하는 데는 조작적 조건형성이 더 적합하다고 믿는다. 고전적 조건형성은 자극이 반응을 유발한다고 보지만 조작적 조건형성은 반응이 자극을 유도한다고 본다.

(2) 강화

강화란 어떤 행동의 강도와 발생 빈도를 증가시키는 것을 의미한다. 강화에는 정적 강화와 부적 강화가 있는데, 정적이든 부적이든 강화는 행동의 발생 빈도를 증가시킨다. 정적 강화란 가치 있는 어떠한 것을 함으로써 바람직한 행동의 강도와 빈도를 증가시키는 것을 의미한다. 예를 들면, 그림을 잘 그리는 학생의 작품을 전시해 흥미 유발하는 것을 들 수 있다. 부적 강화란 바라지 않는 어떠한 것을 제거하여 바람직한 행동의 강도와 빈도를 증가시키는 것을 의미한다. 예를 들면, 수업시간에 집중 잘하는 학생에게 청소당번을 면제하는 것이다.

강화는 행동의 빈도를 감소시키는 벌(punishment)과 구별하여야 한다. 강화계획은 지속적 강화계획과 간헐적 강화계획으로 분류된다. 지속적 강화계획은 행동이 일어났을 때마다 강화를 주는 것이고, 간헐적 강화계획은 강화를 가끔씩 주는 것을 의미한다. Skinner는 효과의 문제를 확인하기 위한 실험을 하였다. 그가 실험한 대표적인 방법은 간헐적 강화의 간격에 의한 강화와 비율에 의한 강화였다.

(3) 벌

벌은 어떤 특정한 반응에 대해서 불유쾌한 자극이 뒤따르는 경우로서, 그것을 피하는 길은 그 반응을 억제하는 것밖에 없다. 이런 의미에서 벌은 부정적 강화와 분명히 다르다. Skinner를 비롯한 몇몇 학자는 행동 변화에 대한 벌의 효과를 과소평가하여, 벌이란 그것이 가해질 때에만 행동을 억압하지만 일단 벌이 제거되면 원래의 행동이 다시 나타나게 된다고 보았다.

벌에는 수여성 벌과 제거성 벌의 두 가지 종류가 있다. 수여성 벌은 바람직하지 않은 행동을 감소하기 위해 불유쾌한 자극을 제공하는 것을 의미한다. 이는 대부분 물리적인 경우가 많기 때문에 효과가 즉각적이라는 이점이 있다. 이에 반해 제거성 벌은 정적 강화를 받지 못하게 하거나 좋아하는 것을 제거함으로써 바람직하지 않은 행동을 약화하거나 감소하기 위한 것이다.

그러나 벌이 최대한의 효력을 발생하기 위해서는 몇 가지 조건이 갖추어져야 한다(나동진, 1999).

- 벌은 벌을 받아야 할 어떤 특정한 행동이 일어날 때마다 반드시 주어져야 한다.
- 벌을 받은 행동이 비슷한 시기에 보상을 받아서는 안 된다.
- 벌을 줄 때는 벌을 받게 된 이유를 충분히 설명해야 한다.
- 벌은 벌을 받을 행동이 일어났을 때 가능한 한 즉각 주어져야 한다.

(4) 강화 스케줄

강화(처벌) 스케줄은 조작에 뒤따르는 자극들의 유형이 갖는 규칙성과 자극이 미치는 효과를 말하는 것으로 계속적 강화와 간헐적 강화 두 가지로 분류된다.

① 계속적 강화

반응의 횟수나 반응 간의 시간차에 상관없이 유기체가 반응할 때 매번 강화가 주어지는 것이다. 계속적 강화 스케줄은 초기 단계에서 어떤 행동을 시작하게 하고 강화시키기 위한 좋은 방법이다. 그러나 그것은 소멸과 벌의 영향을 받기 쉬우므로 행동의 비율을 높게 유지하도록 하는 데에는 별로 좋지 않다.

② 간헐적 강화

간헐적 강화는 첫째, 반응의 횟수에 의해 강화되는가(비율강화), 혹은 반응과 반응 간의 시간 경과에 의해 강화되는가(간격 강화)이다. 반응의 횟수에 의해 강화되는 것(비율강화)의 예를 들면, 어떤 아이가 다섯 문제의 답을 정확히 맞힐 때마다 강화된다면 비율강화에 의한 강화를 받는 것이다. 반응과 반응 간의 시간 경과에 의해 강화되는 예를 들면, 한 아이가 다른 학생들을 괴롭히지 않고 자신의 자리에 조용히 앉아 있을 때 30마다 강화된다면 간격 스케줄에 의해 강화를 받는 것이다.

두 번째는 동일한 반응 횟수나 동일한 시간 경과에 따라 강화가 주어지느냐(고정강화), 혹은 다양한 반응 횟수나 다양한 시간 경과에 따라 강화가 주어지느냐(유동강화)이다. 동일한 반응 횟수나 동일한 시간 경과에 따라 강화가 주어지는 고정강화의 예를 들면, 사무원에게 이틀을 지각하지 않을 때마다 강화를 준다면 강화인 간의 시간의 양이 이틀로 정해지므로 고정 간격 강화가 되고, 반면 사무원이 지각하지 않는 매 3회마다 강화를 받는 다면 이것은 고정 비율 강화가 된다. 다양한 반응 횟수나 다양한 시간 경과에 따라 강화가 주어지는 유동 강화는 반응이 발생하는 평균 횟수에 의해 강화인이 주어지는 것이다. 예를 들면, 한 학생이 자신의 방을 청소했을 때 천 원을 받았고, 다섯 번째 청소했을 때 다시 천 원을 받았다면 평균해서 세 번째에 강화를 받은 것이 된다.

4) Bandura의 인지적 사회학습이론

Bandura의 인지적 사회학습이론에서는 행동과 환경뿐 아니라 인지도 인간발달에 중요한 요인이 된다. 사회학습이론은 사회적 환경과 아동의 인지 능력이 학습과 발달에 미치는 중요성을 강조했고, 아동 행동의 갑작스러운 변화는 고전적, 조작적 조건형성을 통해서가 아닌 타인의 행동을 관찰해서 학습된다고 주장한다(Bandura, 1971). 즉, 직접적인 강화나 벌이 없어도 다른 사람의 행동을 관찰함으로써 학습할 수 있다. 이런 의미에서 사회학습을 관찰학습이라고도 한다.

(1) 타인의 관찰에 의한 학습

'관찰학습'에는 두 가지 주요 양상이 있다. 첫째, 관찰학습은 '대리 강화'를 통해 일어날 수 있다. 이것은 우리가 다른 사람들이 특정 행동에 대해 보상받거나 처벌

받는 것을 보고, 마치 우리 자신이 직접 그 보상이나 처벌을 받았던 것처럼 우리의 행동을 수정할 때 일어난다.

둘째, 비록 관찰자가 보고 있는 동안에 모델이 아무런 보상이나 처벌을 받지 않을지라도 관찰자는 그 모델의 행동을 모방한다. 종종 그 모델은 관찰자가 배우기를 원하고 숙달에 대한 강화를 기대하는 어떤 것들을 보여줄 때도 있다. 그러나 모방은 또 관찰자가 존경하거나 높은 지위의 모델같이 되기를 원할 때 일어날 수 있다.

(2) 관찰학습의 요소

Bandura에 의하면 관찰학습에는 주의, 기억, 운동재생, 동기유발의 네 가지 과정이 필요하다고 한다.

① 주의집중단계

어떠한 행동을 관찰을 통해 학습하려면 그 행동이 관찰자의 주의를 끌어야 한다. 그러기 위해서는 모델에게 주의를 기울여야 한다. 감각 능력, 과거의 강화, 모델의 특성이 관찰자의 선택적 주의의 정도에 영향을 줄 수 있다. 즉, 관찰 대상의 성별, 연령, 존경도, 지위, 힘, 매력 등이 주의 집중에 영향을 미친다. 또한 주의 집중과정에 영향을 미치는 관찰자 자신의 특징으로는 자신의 능력에 대한 지각, 감각적 능력, 각성 수준 등이 있다. 주의를 받는 자극의 특수성, 복잡성, 그 자극이 제시되는 속도 등도 주의 집중에 영향을 준다.

② 기억(파지)단계

어떤 대상의 행동을 모방하기 위해서는 그것을 기억해야만 한다. 이것은 어떤 방법으로 그 모델의 활동을 정신적으로 재현하는 것을 의미하는데, 이 방법은 언어적 단계 혹은 시각적 심상, 또는 둘 다를 말한다. 파지는 정신적인 시연, 혹은 실제 연습에 의해 향상될 수 있다. 관찰학습의 파지 단계에서, 연습은 우리가 바라는 행동의 요소를 기억하는 데 도움을 준다.

③ 운동재생단계

모방하려고 하는 행동은 잘 기억하는 것만으로 불충분하다. 그것을 실제 실행에 옮겨 봄으로써 학습의 효과를 높일 수 있다. 이 과정이 재생이다. 즉, 우리는 모델의 행동을 재생산하기 이전에, 많은 양의 연습, 피드백, 그리고 미묘한 점들에 대한 지도가 필요하다. 재생 단계에서 연습은 그 행동을 더욱더 자연스럽고 능숙하게 할 것이다. 우리가 행동을 수행할 수 있다는 신념인 '자기효능감'이 중요하고 그것은 우리의 동기 부여에 영향을 미친다.

④ 동기화단계

관찰을 통해서 학습된 행동은 그 행동이 강화를 받을 때에만 지속적으로 일어난다. 강화의 주된 기능은 관찰자처럼 행동한다면, 자신도 모델처럼 강화를 받으리라는 기대를 갖는 것이다. 그리고 만일 그 행동이 벌을 받는 결과를 초래했다면 그 행동이 일어나는 비율은 감소한다. 그러므로 이 과정은 강화를 통해서 행동의 동기를 높여 주는 단계이다.

사회인지 학습이론과 행동주의 사이의 가장 중요한 차이점은 행동주의자들이 철저하게 관찰 가능한 외형적 행동에 대해서만 관심을 가진 반면, 사회인지 학습이론가들은 인간의 내적 과정을 인정함으로써 인간학습의 인지론적 경향을 함께 수용하였다는 것이다.

(3) 행동의 자기조절

Bandura는 사람의 행동은 주로 자기자신에 의해 통제된다고 보았다. 이러한 행동의 자기조절 과정에서 영향을 미치는 중요한 두 가지 요인은 자기평가와 자기효능감이다.

자기평가란 자기가 스스로 설정한 수행 기준에 따라 자신의 행동을 평가하는 것을 말한다. 이 수행 기준에 따라 자신의 행동이 만족할 만하다고 평가되면, 그 사람은 내적 강화를 받게 된다.

자기효능감이란 자신이 어떤 일을 해낼 수 있다는 개인적 신념으로서 어떤 행동을 모방할지를 결정하는 데 도움이 되는 것이다. 어떤 사람의 행동을 모방할 것인지 아닌지의 여부는 그 사람이 누구인지, 그 사람의 행동이 보상을 받았는지, 그리고 자신의 능력에 대한 신념에 달려 있다. Bandura는 최근(1994)에 전 생애에 걸친 자기효능감의 발달양상을 제시해 주고 있는데, 유아는 자신의 환경을 탐색하고, 그것을 통제할 수 있다는 자신감을 갖게 되면서 자기효능감을 발달시키게 된다. 아동은 또래를 자기효능감의 모델로, 사회적 비교 대상으로 삼고, 10대는 이성교제를 통해서 자기효능감을 평가하고, 성인은 사회인, 부모로서 새로운 역할에 대한 자신의 능력을 평가하며, 노인은 은퇴에 대한 적응과 새로운 생활양식의 창출을 통해 자신의 능력을 재평가한다. 자기 효능감은 개인으로 하여금 일생 동안 에너지와 생명력을 가지고 앞으로 나아가게 하는 원동력이다. 자기효능감이 낮은 사람은 자신감을 상실하고, 쉽게 포기하며 우울증에 빠지게 된다.

이상에서 살펴본 학습이론들은 발달과 학습에 가장 큰 영향을 미치는 요인을 외부의 환경으로 보고 있다. 그들은 학습과 발달을 분리된 것으로 보지 않는다. 연령이 어린 아동의 학습과 연령이 많은 아동의 학습을 다른 것으로 보지도 않는다. 배울 시간이 좀 더 많았던 연령이 많은 아동은 학습이라는 사다리 위에 더 높은 단계에 있어 이전에 학습한 것을 보다 우위의 개념과 연결시킬 수 있다. 따라서 행동주의자들에 따르면 더 많은 학습기회를 제공받을수록 아동은 더 많은 학습을 한다.

3 인지발달이론

인지발달이론은 아동의 의식적인 사고를 강조하는 이론으로 정신구조가 매우 중요한 의미를 갖는다. 발달과정에서 아동은 능동적으로 환경에 적응하고, 스스로 사고하고, 정보를 처리하며 적극적이고 주도적인 활동을 하는 존재이다. 따라서 아동발달은 환경적 요인에 의해 결정되는 것이 아니라, 아동이 환경적 요인들을 어떻게 받아들이고 해석하느냐 하는 주관적인 경험에 의해 결정된다.

여기서는 Piaget의 인지발달이론, Vygotsky의 사회문화적 인지이론에 관해서 살펴보기로 한다.

1) Piaget의 인지발달이론

(1) Piaget 이론의 주요 개념

Piaget의 인지발달이론에서는 도식(schema), 적응(adaptation), 동화(assimilation), 조절(accommodation), 그리고 평형(equilibration) 개념이 중요한 의미를 갖는다.

① 도식(schema)

도식은 사물이나 사건에 대한 전체적인 윤곽을 말한다. 도식은 소화기관과 같이 생물학적인 구조에 비유될 수 있는 것으로서, 인간으로 하여금 사고를 조직하게 하고 환경에 적응하게 하는 심리적 구조이다. 소화기관의 예를 들어보면, 영아에게 소화되기 쉬운 음식이 주어지면 영아는 쉽게 음식을 먹고 소화를 잘 시킬 것이다. 그러나 어른이나 먹을 수 있는 딱딱한 음식이 주어진다면, 소화는 커녕 먹지도 못할 것이다. 이 음식을 먹고 소화시키기 위해서는 음식이 바뀌거나 영아가 어른의 소화기관으로 바뀌거나 둘 중 하나이어야 한다. 소화기관이 연령에 따라 달라지듯이, 인간이 행동 및 사고를 조직하고 환경에 적응하는 성향도 연령에 따라 달라진다. 따라서 도식이란 한마디로 아동 자신의 경험적 활동에 의해 조직화한 행동양식이라고 말할 수 있을 것이다. 빨기나 잡기와 같은 최초의 도식은 본질상 반사적이다. 그러나 이 반사적 행동조차도 환경의 요구에 따라 변화한다. 예를 들면, 빨기는 유아가 자기 숟가락을 사용하게 되면 형태상 변화한다. 여기서 빨기 도식은 그 구조상으로는 변했지만, 그것을 수행하는 기능면에서는 변한 것이 아니다. 유아는 많은 도식들을 지니고 태어나며, 적응의 과정을 통해서 새로운 도식을 개발하고 기존의 것들을 변화시킨다.

② 적응(adaptation)

적응은 환경과의 직접적인 상호작용을 통해 도식이 변화하는 과정이다. 동식물의 세계는 적응의 예들로 가득 차 있다. 홍관조 수컷은 선명한 붉은 색인 반면, 암컷은 눈에 잘 띄지 않도록 엷은 갈색조를 띠어 종의 생존에 대한 위협을 줄인다. 봄꽃의 아름다운 색채는 수분 작용을 통해서 일어나는 봄꽃의 생식과정에 참여하는 곤충을 유인한다. 이와 같이 적응은 개인의 욕구를 충족시키기 위해 이루어지는 개인 또는 환경의 수정을 포함하는 매우 복잡한 과정이다. 적응은 동화와 조절이라는 두 가지 수단을 통해 진행된다.

③ 동화(assimilation)

동화는 새로운 환경자극에 반응함으로써 기존의 도식을 사용해 새로운 자극을 이해하는 것을 말한다. 유아가 음식이든 아니든 무엇이나 입으로 가져가는 것은 동화의 한 예이다. 이것은 환경의 요구에 관계없이 하나의 도식을 사용한다는 것을 나타낸다. 이 경우 유아는 자신의 내적 욕구를 만족시키기 위해 환경을 변화시킨다.

④ 조절(accommodation)

조절은 기존의 도식으로서는 새로운 사물을 이해할 수 없을 때, 기존의 도식을 변경하는 것을 말한다. 아동이 조절을 할 때에는 도식의 형태에 질적인 변화가 일어난다. 아동이 사자를 보고 고양이라고 말할 때, 누군가가 '아니야, 그것은 사자란다'라고 말해 줌으로써 잘못을 바로잡을 수 있다. 이때 아동은 '사자'라고 불리는 새로운 도식을 형성하게 된다.

⑤ 평형(equilibration)

평형은 동화와 조절의 균형을 의미한다. 여기서 동화, 조절, 평형이 어떻게 작용하는지 예를 들어보자(정옥분, 2004). 5세 된 아이가 하늘에 날아다니는 물체를 볼 때마다 아이는 그 사물이 자기가 갖고 있는 기존체계, 즉 새라는 것에 자신의 생각을 동화시킨다. 그런데 어느 날 아이는 하늘을 날아가는 비행기를 보게 된다. 이 새로운 사물을 보고 아이는 그가 갖고 있는 기존개념인 '새'에 결부시키려고 하나 모양이나 크기 등이 너무 다르다. 그래서 아이는 기존의 체계를 변경하지 않으면 안되는데 이 과정이 조절이다. 아이는 이제 불평형 상태에 놓이게 된다. 즉, 이 새로운 물체가 새인지 아닌지 만약 새가 아니라면 도대체 무엇인지 알 수 없다. 그래서 어머니에게 저 물체가 무엇인지를 물어본 결과 그것은 새가 아니라 비행기라는 답을 듣는다. 그리고 아이는 새와 비행기의 차이를 알게 되는데, 이것이 평형의 상태이다.

(2) Piaget의 인지발달 단계

Piaget(1954) 인지발달에는 네 단계가 있으며, 정해진 순서대로 진행되고, 단계가 높아질수록 복잡성이 증가한다고 한다.

① 감각운동단계

이 단계는 출생에서부터 2세경까지의 시기를 말한다. 이 시기의 영아는 새로운 정보를 얻기 위해 자신의 감각을 사용하고 새로운 경험을 찾기 위해 운동능력을 사용하고자 애쓰는 시기이다. 이 시기 초, 영아들은 경험을 표현하는 방법으로 그들이 유전적으로 가지고 태어난 반사적인 행동을 사용하며, 감각과 운동을 통하여 세상을 받아들이고 적응해 간다. 즉, 실제 대상물을 감각과 운동을 통해 조작한다. 또한 시각, 청각, 촉각적인 단서에 의해 쥐고 걷는 능력을 기른다. 그리고 그들은 손이 자신의 한 부분이라고 생각하는 반면, 침대는 그렇지 않다고 생각한다든가, 빛과 소리의 자극을 알아본다든가, 흥미 있는 일을 오랫동안 계속하려는 행동 등을 하게 된다.

이 시기에 이루어지는 가장 중요한 성취는 대상영속성[2)]에 대한 개념의 발달이다. 대상영속성이란 어떤 대상물이 본래 있었던 장소에서 옮겨졌거나 없어져서 자신의 시야에서 보이지 않아도 그 대상물이 계속 존재한다는 것을 이해하는 것이다. 이 개념의 발달, 혹은 경험 이후부터는 행동하기 이전에 그 행동에 대하여 생각하고 처음으로 언어와 같은 상징적인 표현방법을 사용하기 시작한다.

② 전 조작기 단계

이 단계는 2세부터 6세까지의 시기를 말한다. 이 시기에는 유아의 논리적 사고에 따른 장애와 사고의 한계, 사고의 성취, 그리고 이 시기에 획득되는 인지적 개념 등에서 독특한 특징을 보인다. 이러한 특징 중 두드러진 것이 언어의 발달, 보존개념, 자기중심적인 사고방식, 물활론적 사고 등이다. 이를 세부적으로 기술하면 언어의 발달은 아동의 지적인 활동에 큰 영향을 미친다. 언어발달에 있어서 본질적으로 다른 사람과 언어교환이 가능하고 사고의 출현과 함께 언어를 통해 아동은 감각, 동작적인 수준에서가 아니라 영상과 정신적 활동에 의해 사물을 직관으로 표상하는 것이 가능하기 때문에 행동을 내면화[3)]한다.

2) 대상영속성은 유아가 애착을 형성하는 데 중요한 요인이 된다. 애착이란 영아와 양육자 간에 형성되는 친밀한 정서적 유대감을 말한다. 애착은 종족을 보존하기 위해 주위환경에 적응하는 데 필요한 요소로서, 애정이나 사랑과 같은 긍정적 정서의 의미를 지닌다. 영아가 특정 인물에게 애착을 형성하게 되면 그 사람과 있을 때 기쁨을 느끼고, 불안한 상황에서 그의 존재로 인해 위안을 받는다. 영아기에 형성된 애착은 이후 인지, 정서, 사회성 발달에 중요한 영향을 미친다. 일반적으로 안정된 애착관계를 형성한 영아는 유아기에 자신감, 호기심, 타인과의 관계에서 긍정적인 성향을 보이는 것으로 나타났다. 또한 아동기에 접어들어서도 도전적인 과제를 잘 해결하고, 좌절을 잘 참아내며, 문제행동을 덜 보이는 것으로 나타났다. 뿐만 아니라 영아기에 형성된 애착은 이후 주변세계에 대한 신뢰감으로 확대되기도 한다(정옥분, 2004).

3) 인지구조가 정교하게 발달함에 따라 자신 앞에 없는 사물도 사고할 수 있게 되는데 이렇게 물리적 환경에 덜 의존하고 인지구조에 많이 의존하는 것을 말한다.

이 시기는 보존개념[4)]이 획득되지 않았고 자기중심적인 사고를 하므로 아동은 다른 사람의 견해와 역할을 고려할 줄 모른다. 물활론적 사고[5)]를 예로 들 수 있다. 유아들은 생명이 없는 물체에도 생명과 감정을 부여하고 인형을 가지고 놀면서 마치 사람에게 대하듯이 말하고 행동한다.

③ 구체적 조작기 단계

이 단계는 6세부터 11세까지의 시기를 말한다. 이 시기에 접어들면서부터 구체적이며 논리적인 사고능력을 갖게 됨으로써 조작방법이 질적으로 변한다고 한다. 다시 말하면 어떤 행동이 일어날 가능성이나 혹은 그 행동의 결과에 대한 사고를 할 수 있게 되며, 또한 어떤 구체적인 사물을 처리할 때 여러 가지 논리적인 조작을 할 수 있는 능력을 가지게 된다. 이 단계에서 질적으로 향상된 조작능력으로는 가역적 사고, 보존개념, 서열화·분류화 개념 등을 들 수 있다. 가역적 사고란 일단 변형된 상태가 그 반대의 절차에 따라 다시 원래의 상태로 되돌아갈 수 있다는 생각을 말한다.

이 시기에는 보존개념을 획득하는데 이 같은 개념에는 수, 양, 질량, 무게, 부피

---

4) 보존개념이란 물질의 양, 수, 길이, 면적 등을 그 형태나 순서를 바꾸어 여러 가지 다른 방식으로 제시한다 하더라도 본래의 성질은 변하지 않는다는 것을 아는 능력을 말한다.

5) Piaget에 의하면 4세와 6세 사이의 유아는 생존하는 것은 모두 살아 있는 것으로 생각하며, 6세에서 8세 사이 아동은 움직이는 대상을 생명이 있다고 여긴다. 8세가 지나서야 아동은 스스로 움직이는 것에 한해서 생명을 부여하며, 완전한 생명개념이 형성되는 것은 그보다 더 후이다. 생명개념과 함께 유아의 죽음 개념 또한 최근에 관심의 대상이 되고 있는 연구 분야이다. 죽음개념 분야의 고전적 연구라 할 수 있는 Nagy의 연구는 연령증가에 따라 나타나는 죽음에 대한 개념을 밝히고 있다. 그는 아동의 죽음개념 발달과정을 다음과 같은 3단계로 구분 짓는다. 제1단계는 '죽음'이 마지막이며 모든 기능이 정지된다는 것을 깨닫지 못하는 상태로서 주로 3~5세의 아동들이 여기에 속한다. 그들은 죽음을 단순히 '잠자는 것'이나 '어디론가 여행을 떠나는 것'으로 생각하기 때문에 죽음을 일시적이며, 언제나 다시 살아날 수 있다고 생각한다. 주로 5~9세의 아동들에 해당하는 제2단계에서는 죽음이 마지막이며, 다시 살아날 수 없으므로 비가역적이라는 것을 이해는 하지만 아직까지 자기중심적 사고를 하기 때문에 자신은 죽음을 피할 수 있다고 생각한다. 제3단계는 죽음이란 최종적인 것이며 피할 수 없고 모든 사람이 언젠가는 죽게 된다는 보편성까지도 알게 되는 단계로서, 주로 9~10세의 아동들이 이에 속한다.

등의 보존개념이 있으며, 이들 개념은 일반적으로 수·양과 질량 보존, 무게 보존, 부피 보존의 순서로 발달한다.

서열화 개념은 사물의 크기나 무게를 순서에 따라 달리 구분할 수 있는 것을 말하며 분류화 개념은 사물의 크기나 무게 등을 순서에 따라서 유목화할 수 있는 것을 말한다. 그러나 이 시기의 아동은 구체적인 방법을 통해 사물을 유목화할 수 있고 서열화할 수 있는 능력은 가지고 있지만, 아직까지 완전한 법칙이나 원리 등을 이해하지는 못한다. 한편, 이 시기의 아동은 자기중심적인 사고가 점차 사라지면서 여러 가지 차원에서 사고하게 된다(탈중심화).

④ 형식적 조작기 단계

이 단계는 11세 이후의 시기를 말한다. 이 시기는 구체적이고 실제적 상황을 초월한 상징적 추론이 가능한 인지구조를 형성한다. 이 구조는 인간 생애를 통해 환경과의 상호작용에서 정교화 내지는 조직화를 가능하게 한다. 따라서 조합적 사고의 가능성을 이루게 된다. 형식적 조작단계의 특징은 문제 해결에서 변인들을 조합적으로 분석함으로써 모든 가능성을 탐구할 수 있고 어떤 경우가 실제로 일어날 것인가를 실험하고 관찰하게 된다는 것이다.

또 이 시기의 가장 중요한 특징은 추상적인 사고가 가능하다는 사실이다. 추상적 사고란 융통성 있는 사고, 효율적인 사고, 복잡한 추리, 가설을 세우고 체계적으로 검증하는 일, 직면한 문제 사태에서 해결 가능한 모든 방안을 종합적으로 고려해 보는 일 등과 같은 것을 말한다.

이 시기가 되면 청소년들은 처음으로 도덕적, 정치적, 철학적인 생각과 가치문제 등을 이해하기 시작한다. 타인의 사고과정을 이해하고 다른 사람들은 문제를 어떻게 보고, 어떻게 생각할까 등의 문제에도 관심을 갖게 된다.

2) Vygotsky의 사회문화적 인지이론

Vygotsky의 이론은 특히 아동의 인지를 연구하는 데 큰 영향을 미쳤다. 그러나 Vygotsky의 사회문화적 인지이론은 Piaget가 간과했던 사회문화적 요인의 중요성을 강조함으로써 아동의 인지발달을 이해하는 새로운 견해를 제시한다. 인지발달의 문화적 보편성을 강조했던 Piaget와는 달리 Vygotsky는 인지발달의 문화적 특수성을 강조한다. Vygotsky의 사회문화적 인지이론은 특정 문화의 가치, 신념, 관습, 기술이 어떻게 다음 세대로 전수되는지에 초점이 맞추어졌다. 아동이 성장하고 있는 그 문화적 배경을 고려하지 않고서는 아동발달을 제대로 이해할 수 없다는 것이 Vygotsky의 주장이다.

(1) 근접발달영역

Vygotsky는 아동의 지적 능력을 근접발달영역의 개념으로 설명하고 있다(Vygotsky, 1962). 근접발달영역(zone of proximal development)이란 혼자서 해결하기는 어렵지만 성인이나 다른 숙련된 또래의 도움이나 지도를 받는다면 해결할 수 있는 과제를 말한다. 따라서 현재 아동이 수행할 수 있는 지적 능력이 동일할지라도, 성인의 도움을 받아 해결할 수 있는 능력에서 차이가 난다면, 두 아동이 같다고 말할 수 없다. 즉, 외부에서 어떤 도움을 받을 수 있느냐가 중요하다. 예를 들면, 산수문제를 혼자 힘으로 풀지 못하는 초등학생에게 교사가 옆에서 조언을 해 주거나 힌트를 줌으로써 아동이 문제 해결을 좀 더 효율적으로 수행할 수 있게 된다. 근접발달영역의 개념은 비록 두 아동이 도움 없이 혼자 힘으로 문제를 해결할 수 있는 수준이 비슷하다 할지라도, 도움을 받고 문제를 해결할 수 있는 수준은 크게 다를 수 있음을 암시한다. 즉, 도움에 의해 수행능력이 증가하면 할수록 근접발달의 영역은 더 넓어진다는 것이다.

Vygotsky는 개인이 문화역사적 영향으로부터 벗어날 수 없다고 생각하였다. 모든 지식은 한 공동체로서의 사회집단의 긴 역사를 통해 누적된 문화적 형태로 존재하고 있으며, 아동은 성인의 도움을 받아 문화적 산물로서의 지식을 내면화함으로써 개인적인 인지발달이 가능하게 된다.

(2) 비계

근접발달영역과 매우 밀접한 연관이 있는 개념이 비계(scaffolding)이다. 비계는 아동이 스스로의 힘으로 문제를 해결할 수 있도록 성인이나 유능한 또래가 도움을 제공하는 것을 의미한다. 비계는 건축학에서 빌어 온 용어로서 건물을 지을 때 발판을 사용하다가 건물이 완성되면 제거해 버리는 것이다. 마찬가지로 아동이 과제를 수행하는 데 도움을 주다가 일단 아동이 혼자서 문제를 해결할 수 있게 되면 비계는 더 이상 필요 없게 된다.

Vygotsky는 아동의 인지발달은 자신이 속한 문화에서 보다 성숙한 구성원과의 상호작용을 통해 이루어진다고 보았다. 이들은 아동의 인지발달을 위해 비계를 설정하여 아동이 성장할 수 있도록 도와준다. 아동을 가르치는 동안 아동의 현재 수준에 알맞도록 가르침의 양을 조절한다. 아동이 학습하는 내용이 새로운 것이라면 직접적인 지시를 하고, 아동이 따라오게 되면 직접적인 지시 대신 힌트를 주게 된다.

(3) 언어와 사고의 발달

Vygotsky(1962)는 언어가 아동의 사고발달에 필수적이라고 말한다. 아동은 문제를 해결하거나 중요한 목표를 달성하고자 할 때 혼잣말(private speech)을 하는 경향이 있다고 한다. 성인들의 경우 혼잣말은 주로 마음속으로 하는 것이지만, 아동들은 혼잣말을 밖으로 소리 내어 한다. 시간이 지나면서 큰 소리로 하던 혼잣말은 속삭임으로 변하고 다시 내부 언어(inner speech)로 변한다.

Vygotsky는 아동은 의사소통을 위해서뿐만 아니라 자신의 사고과정과 행동을 이끌어 가기 위해서 언어를 사용한다고 믿는다. Piaget에게는 아동의 혼잣말이 자기중심적으로 미성숙한 것이지만, Vygotsky에게서는 혼잣말이 아동의 사고발달에서 중요한 도구가 된다. Vygotsky는 혼잣말을 많이 하는 아동이 그렇지 않은 아동보다 사회적 능력이 더 뛰어난 것으로 믿었다. 언어가 사고발달에 유익한 것은 사회적 상호작용의 매개역할을 하기 때문이다. 직접적인 지시를 하든 일상적 대화를 하든 타인과의 언어적 상호작용은 아동의 현재의 이해 수준을 확장시켜 준다.

4 동물행동학적 이론

동물행동학 이론은 인간의 발달을 진화론적 관점에서 보며 동물과 인간의 행동을 연구하는 학문으로서 인간발달에 있어서 생물학적 역할을 강조한다. 동물행동학의 기본 가정은 모든 종은 첫째, 진화의 산물이며, 둘째, 생물학적으로 프로그램된 생존기제 행동을 몇 가지 가지고 태어난다는 것이다. 예를 들면, 많은 종류의 새들은 어미 새를 따라다니고, 보금자리를 짓고, 노래하는 등의 본능적 행동(instinctual behaviors)을 가지고 태어나는데, 이러한 생물학적으로 프로그램된 행동은 Darwin의 적자생존의 과정에 의해 진화된 것으로 여겨진다.

여기에서는 Lorenz의 각인이론과 Bowlby의 애착이론을 살펴보기로 한다.

1) 각인이론

동물행동학자들은 본능에 관심을 갖는다. 본능은 일반적으로 학습되지 않은 행동을 의미하지만, 동물행동학에서 본능은 학습되지 않은 특별한 종류의 행동을 뜻한다. Lorenz와 Tinbergen은 동물의 자연서식지에서 여러 종의 동물들을 관찰하고, 동물들이 생존을 증진시키는 행동패턴 중 가장 잘 알려진 것이 각인(imprinting)이다.

(1) 각인(imprinting)

많은 종류의 조류와 포유류의 새끼들은 어미에게 추종반응을 보인다. 즉, 새끼 새가 부화한 직후부터 어미 새를 따라다니는 행동이다. 한 실험에서 Lorenz

(1965)는 어미 오리가 낳은 알을 두 집단으로 나누었다. 한 집단의 알은 어미 오리가 부화하게 하고, 다른 집단의 알은 부화기에서 부화시켰다. 첫 번째 집단의 새끼 오리는 예측한 대로 부화 직후부터 어미 오리를 따라다녔다. 그러나 부화하자마자 Lorenz를 보게 된 두 번째 집단의 새끼 오리들은 Lorenz를 어미처럼 졸졸 따라다녔다. Lorenz는 새끼 오리들에게 표시를 한 후 상자로 덮어 씌웠다. 어미 오리 옆에 Lorenz가 나란히 서서 상자를 들어 올렸더니, 두 집단의 새끼 오리들은 각각 자기 '엄마' 뒤에 나란히 줄을 섰다. Lorenz는 이 과정을 각인이라고 불렀다.

각인은 새끼 새가 부화한 직후부터 어미를 따라다니는 행동으로서, 새끼가 어미 곁에 가까이 있음으로써 먹이를 얻을 수 있고, 위험으로부터 보호를 받을 수 있게 해준다. 각인은 생후 초기 제한된 기간 내에서만 일어나는데, 만약 이 기간 동안 어미가 없으면 대신 어미를 닮은 대상에 각인이 일어날 수도 있다(Lorenz, 1952).

각인의 대상의 범위는 종에 따라 다르다. 기러기는 움직이는 것이면 무엇이든 각인되었고, 물오리 새끼는 어떤 높이 이하에서 꽥꽥거리는 소리를 지를 때만 각인이 되었다. 각인은 집단으로 생활하고, 출생 후 곧 움직이면서 천적의 강한 위협하에 있는 조류와 포유류에서 강한 애착 기제로 진화해 왔다. 이런 종에서 어미를 좇는 추적반응의 신속한 형성은 새끼들이 위험에 처했을 때 도망가는 어미를 따를 수 있도록 해 준다.

(2) 결정적 시기(critical period)

각인 연구에서 밝혀진 것은 이러한 각인 현상이 결정적 시기(critical period)에서만 일어난다는 것이다. 각인은 어린 동물이 일단 생후 초기의 특정한 시기 동안 어떤 대상에 노출되어 그 뒤를 따르게 되면, 그 대상에 애착하게 되는 것을 의미하는데, 여기서 '특정한 시기'가 결정적인 시기가 된다(정옥분, 2004).

만약 결정적 시기 이전이나 이후에 대상에 노출되면 애착은 형성되지 않는다. 즉, 일단 결정적 시기가 경과하면 그 동물로 하여금 다른 대상에게 애착하도록 하는 것이 불가능해진다. 이러한 결정적 시기는 제한된 시간 내에 아동이 특정한 적응 행동을 습득하도록 생물학적으로 준비되어 있으며, 그러기 위해서는 적절한 자극적인 환경적 지원이 있어야 한다(Berk, 2000). 가령 아동들이 생의 초기 동안 적절한 영양공급과 신체적·사회적 자극이 제공되지 않는다면 지능은 정상적으로 발달할 수 있는지 그리고 영유아기에 언어를 습득하지 못한다면 어떻게 될지에 관한 것이다.

2) Bowlby의 애착이론

동물행동학의 영향을 받아 가장 깊이 연구된 심리학적 영역 중 하나가 애착이다. Bowlby(1969, 1973)는 각인이론을 인간발달의 영아와 양육자(어머니) 관계에 적용하여, 인간에게 나타나는 종 특유의 행동으로 보고 애착을 형성하는 과정을 이론화하였다. 어머니에게 갖는 애착은 동물과 마찬가지로 중요한 생존적인 기능을 갖는다. 아기는 큰 소리를 우는 것을 통해 기본적인 욕구(배고픔, 목마름, 안전 등)를 충족하고, 애착관계를 형성하는 데 필요한 접촉을 할 수 있다. 아기는 자신의 생존을 위협받을 때 가까운 양육자에게 보호를 받기 위해 신호를 보내는데, 이러한 신호를 애착행동으로 간주하며, 울음, 매달리기, 미소, 옹알이, 빨기, 잡기, 추종반응 등이 있다. 이러한 행동은 생존뿐 아니라 정상적인 발달에도 유용한 것이다. 가령 아기의 울음은 양육자 혹은 어머니의 주의를 집중시키는 생물학적으로 프로그램화된 '공통신호(distress signal)'로 간주한다. 즉, 아기가 자신의 고통을 전하기 위해 큰 소리로 우는 것도, 어머니가 아기의 울음에 반응하는 것도 모두 프로그램화된 것이다.

애착은 유아와 어머니 사이의 강한 정서적인 유대관계이다. 아기의 애착행동—미소짓기, 옹알이, 잡기, 매달리기, 울기 등은 선천적인 사회적 신호로써, 부모로 하여금 아기를 보살피고, 상호작용하도록 독려하고, 기본적인 충족을 시켜 주도록 한다. 애착은 다른 영장류와도 공유하는 적응기제이면서, 새끼 새에게서 보이는 각인보다 훨씬 복잡하고, 장기간의 유대관계를 통해 형성된다.

사회적 상호작용을 강조한 Bowlby의 애착이론은 애착이 배고픔과 같은 일차적 욕구 충족과 관계 없이 발달한다는 Harlow의 연구결과에 토대를 두고 있다. Harlow와 Zimmerman의 유명한 원숭이 실험에서 새끼 원숭이는 '철사엄마'보다 '헝겊엄마'를 더 좋아하는 것으로 나타났다. 심지어 철사엄마에게서만 수유를 받았을 때에도 젖먹는 시간을 제외한 대부분의 시간을 헝겊엄마와 함께 보냈다. 이 연구의 결과 수유가 애착형성에 결정적인 요인이 아니라는 것을 시사해 준다.

(1) 애착의 단계

Bowlby(1969)는 영아의 발달단계와 관련해서 애착의 발달단계를 전애착단계, 애착형성단계, 애착단계, 상호관계의 형성단계라는 네 단계로 분류했다.

① 전애착단계(preattachment phase: 출생 후~6주)

생후 처음 아기는 대부분의 사람에게 비슷한 반응을 보인다. 이 시기의 아기 행동은 성인들이 아기에게 접촉이나 접근을 하게 한다. 울음, 미소, 발성 등을 통해 성인의 행동을 활성화시키고 아기의 울음과 미소 이외에도 여러 가지 반사에 의해 부모와 가까이 있으려고 한다. 이 단계에서는 아직 애착이 형성되지 않는다.

② 애착형성단계(attachment in the making: 6주~8주)

이 단계에서는 친숙한 사람과 낯선 사람을 구분하여 다르게 반응하기 시작한다. 자신의 행동이 다른 사람에게 영향을 미친다는 것을 알고, 신뢰감을 발달시키기 시작한다. 그러나 이 단계에선 아직 분리불안을 보이지 않는다.

③ 애착단계(clear-cut attachment: 8~18개월)

이 단계 애착의 특징은 낯선 사람에 대한 불안(stranger anxiety)과 격리불안(separation anxiety)이 나타난다. 분리불안은 애착 대상이 떠나면 불안을 보인다. 분리불안은 애착 대상이 시야에서 사라져도 계속 존재한다는 대상영속성의 개념을 획득했다는 증거가 된다. 만일 대상영속성의 개념이 없다면 분리불안을 보이지 않는다. 낯선 사람에 대한 불안은 낯가림이라고도 하며 보통 7~8개월경에 나타나며, 여러 사람 중 한 사람을 택하여 애착을 형성함에 따라 나타나는 행동이다. 이때의 반응은 경계하는 것에서부터 울음을 터뜨리기까지 다양하다.

격리불안은 유아가 애착 대상인 어머니와 함께 있다가 멀어지거나 격리되면 불안해서 우는 것이다. 이는 보통 생후 6~12개월 사이에 나타나기 시작하여 애착이 형성된 12~20개월에 가장 많이 나타난다. 12~20개월 사이에 유아는 기거나 걷는 이동 능력이 생기므로 어머니에게서 멀어지면 어머니 곁으로 가려고 애쓰는 양가적 감정을 가진다.

④ 상호관계의 형성단계(formation of reciprocal relationship: 18개월~2세)

2세 혹은 3세 이전의 영유아들은 단지 돌보는 사람과 가까이 있으려 하며, 잠시 동안도 주 양육자가 보이지 않으면 불안해하고 양육자의 계획이나 목표에는 관심이 없다. 예를 들어, 2세 영아에게 '과자 사러 잠깐 밖에 다녀온다'는 어머니의 말은 무의미하며, 단지 어머니와 함께 가기를 원한다. 이에 비해 3세아는 이러한 계획을 어느 정도 이해하며 어머니가 없는 동안 어머니의 행동을 상상하며 기다릴 수 있다. 따라서 이 시기의 유아는 어머니와 떨어지는 것을 기꺼이 허용한다.

Bowlby(1988)는 인생에서 첫 3년이 사회·정서 발달의 민감기라고 본다. 즉, 첫 3년 동안은 정서적 유대를 형성하는 데에 매우 민감한 시기이다. 만약 이 기간 동안 애착을 형성할 기회를 갖지 못한다면 후에 친밀한 인간관계를 형성하는 것에 매우 어려움을 겪을 것이라고 본다.

(2) 애착의 종류

Ainsworth(1983)는 '낯선 상황 검사(strange situation test)'를 통하여 애착의 특성을 연구하였다.

① 안정애착(secure attachment)

낯선 상황에서도 엄마와 같이 있을 때는 활달하게 놀았으며, 적극적으로 탐색하는 행동을 하였다. 그러나 엄마가 없거나 낯선 사람과 같이 있을 때는 약간 놀라고 탐색하는 행동이 줄어드는 경향을 보였다. 잠시 후 엄마가 다시 돌아오면 적극적으로 엄마에게 접근하여 접촉하려고 하였다. 이 유형의 어머니는 아기의 요구에 민감하게 반응하고, 아기 스스로 노는 것을 충분히 허용해 준다. 연구 대상의 60~65%의 아기가 이 유형에 속한다.

② 불안정 회피애착(insecure-avoidant attachment)

어머니가 떠나도 별 동요를 보이지 않으며, 어머니가 돌아와도 다가가려 하지 않고 무시한다. 이 유형의 어머니는 아기의 요구에 무감각하며, 아기와의 신체적인 접촉이 적고, 화가 나 있거나 초조하며, 거부하듯이 아기를 다룬다. 연구대상의 20%가 이에 해당한다.

③ 불안정 저항애착(insecure-resistant attachment)

일반적으로 어머니의 접촉시도에 저항하는 경향이 높다. 어머니가 있어도 잘 울고 보채지만, 어머니가 떠나면 극심한 불안을 보인다. 어머니가 돌아오면 화를 내지만, 불안정 회피유형과는 달리 어머니 곁에 머물러 있으려고 한다. 어머니와의 접촉에 관심이 없거나 또는 다가가서 안겼다가 이내 화난 듯이 밀어내버리는 양극적 반응을 보인다. 이 유형의 어머니는 아기의 요구에 무감각하고 아기를 다루는 방식이 어색하지만, 화가 나 있거나 아기를 거부하는 느낌은 없다. 연구 대상의 10~15%가 이에 해당한다.

④ 불안정 혼돈애착(insecure-disorganized attachment)

보다 최근의 연구에서는 애착형성이 불안정하면서도 회피와 저항의 어느 쪽에도 속하기 어려운 영아를 불안정 혼돈애착인 D유형으로 구분하고 있다. 이 유형의 아기는 회피와 저항이 복합된 반응을 보인다. 낯선 상황에서 어머니가 돌아오면 처음에는 다가가서 안겼다가 이내 화난 듯이 밀어버리거나 어머니에게서 떠나는 양극적인 반응을 보인다. 이러한 반응은 어머니와의 접촉에 대한 욕구는 강하지만, 어머니로부터 무시당하거나 구박받은 데에서 오는 공포가 공존하기 때문에 나타나는 것으로 해석된다(Shaffer, 1999).

(3) 애착반응: 낯가림과 분리불안

낯가림과 분리불안은 애착형성의 증거가 된다.

① 낯가림(stranger anxiety)

낯가림은 6~8개월 경에 나타나기 시작해서 첫돌 전후에 최고조에 달했다가 서서히 감소한다. 정신분석이론이나 사회학습이론에서 낯가림은 유아가 애착을 이룬 사람과 헤어지거나 잃어버리게 될 것에 대한 두려움을 표현하는 것이라고 한다. Bowlby의 동물행동학적 이론에 의하면 진화과정에서 위험에 대한 공포반응이나 회피반응이 생물학적으로 프로그램된 것이라고 한다. Kagan(1972)의 인지발달이론에 의하면 낯가림은 유아의 지각, 인지발달의 자연스러운 결과다. 낯가림은 낯선 사람에 대한 반응이 아니라 익숙한 얼굴과 낯선 얼굴의 불일치에 대한 반응이다. 인지발달이론에 의하면 소수의 사람만 대하는 유아가 낯선 사람들을 자주 많이 접촉하는 유아보다 일찍 낯가림을 하게 된다고 한다. 실제로 수용적인 부모일수록 애착형성이 빠르고, 대상에 대한 개념형성이 빨라져서 낯가림과 분리불안이 빨리 나타난다는 연구결과가 있다.

② 분리불안(seperation anxiety)

부모나 애착을 느끼는 대상과 분리될 때 느끼는 분리불안은 돌 전후에 나타나서 20~24개월에 없어진다. 안정애착을 형성한 영아는 불안정애착을 형성한 영아보다 분리불안을 덜 보인다. 정신분석이론과 학습이론에 의하면 어머니가 없을 때 강한 불쾌감을 경험한 유아들은 어머니의 부재와 불쾌감을 연결지어 '조건화된 불안감'을 표현하게 된다. 동물행동학적 이론에 의하면 유아들은 낯선 상황을 포함한 불확실한 상황에 대한 생득적 공포를 가지고 있다고 한다. 그러나 탐색활동이 증가하면서 2세경에 분리불안은 사라진다. 동물행동학자들은 유해한 자극이나 불편함으로부터 보호를 받을 수 있기 때문에, 분리불안을 어린 종족을 보호하기 위한 선천적인 반응으로 본다.

인지발달이론에서는 동물행동학적 견해를 보완하여 유아가 친숙한 얼굴에 대한 도식뿐만 아니라 친숙한 장소에 대한 도식도 발달시켜서, 친숙한 사람이 어디로 갔는지, 언제 올지 알 수 없을 때 분리불안을 보인다고 한다(Kagan, 1976). 인지발달이론에서는 영아가 대상영속성의 개념을 획득하게 되면서 분리불안을 보인다고 한다. 우리나라 영아의 낯가림, 분리불안을 연구한 결과 12~13개월된 영아의 92%가 분리불안을 보이는 것으로 나타났고, 분리불안은 평균 9개월에 시작되어 첫돌 무렵에 가장 심한 것으로 나타났다.

생각해 봅시다

"인간은 주무르는 대로 만들어진다." 온 우주에서 가장 탁월하고 온 우주를 주어도 바꿀 수 없을 정도로 존귀한 인간이라는 존재가 주무르는 대로 만들어진다니. 이 말을 한 사람은 1960~1970년대 세계 심리학계에서 크게 센세이션을 일으켰던 Skinner(1904~1990)이다.

밥을 줄 때마다 먼저 종소리를 울리고 밥을 주다가 나중에 종소리만 울리더라도 개가 침을 질질 흘리더라. Pavlov의 조건반사이론에 관한 유명한 이야기다. 이 이론은 그 이전에는 전혀 몰랐던 학습이론, 즉 배운다는 것이 도대체 어떻게 가능하며 그 정체가 무엇인가를 최초로 체계화한 이론이다. 이를 통해 Pavlov는 유명해졌다. Skinner는 Pavlov의 조건자극에 의한 무의식적인 반응보다 의지를 갖고 일부러 선택하는 것으로 보이는 행동을 만들어낼 수 있다는 점에 착안해 동물 행동을 연구했다. 일정한 행동에 따른 보상이 있다고 할 때 동물이든 사람이든 그러한 행동을 하려 할 것이다.

Skinner는 사람 역시도 행동을 강화시켜 얼마든지 새로운 행동을 하도록 만들 수 있다는 확신을 갖게 되었다. 그래서 그는 모든 사람을 바람직한 방향으로 행동하도록 보상체계를 만들어 사회를 멋지게 만들 수 있다는 이른바 '사회공학'이라는 것을 제안하기도 했다. 어차피 줄 월급을 쪼개어 보너스니 수당이니 하는 이름으로 월급을 주면 사람들이 훨씬 더 열심히 일하지 않을까? Skinner가 보기에 자유로운 인간 행동도 알고 보면 철저히 보상을 염두에 둔 행동이란 것이다. 그러니까 인간이란 존재도 자유의지니 해서 무슨 특별한 존재인 것 같지만 실상은 그렇지 않다는 것이다. 자유의지란 알고 보면 다 자극과 반응의 관계에 의해 길들여진 결과이지 인간이 타고나는 특별한 소질 같은 것이 아니라는 것이다.

그렇게 주장하게 된 이론들은 환경에 대한 중요성을 강조한다. 이런 교육방법들이 현 교육의 현장에서 다양한 기법으로 사용되고 있다. 그렇다면 아동발달에서 중요한 영향을 미치는 요소들에는 그 이외에 무엇이 있는지 생각해 볼 수 있는 시간을 가질 수 있도록 다음 주제를 생각해 보자.

❶ 기억나는 가장 어린 시절의 경험은 무엇인가?

❷ 에릭슨의 심리사회 발달단계에 비추어 각 발달단계에서 어떤 시기인가 고착되어 형성된 자신의 성격적 특성을 탐색해 보자.

❸ 아동의 발달에 있어서 결정적 시기는 무엇이며 결정적 시기에 대해 어떤 의견이 있는지 토론해보자.

제6장

태내기, 영아기 발달단계와 정신건강

아동기의 성장발달은 인간 전 생애를 통하여 영향을 미치게 되며, 아동기의 건강 문제는 신체적 건강 문제보다 발달단계의 특징에 따른 정서적, 심리적 갈등과 환경과의 부적응 등으로 인한 정신건강 문제가 더 심각하다고 볼 수 있다. 따라서 아동의 정신건강에 대한 이해와 문제행동을 지닌 아동을 돕기 위한 방안을 모색하기 위해서는 무엇보다도 먼저 아동의 전반적인 발달 특성에 대한 체계적인 이해가 선행되어야 한다. 아동기 성장의 첫 시작인 태내기와 영아기는 정서적, 심리적 구조가 생성되는 시기에 있으므로 각 발달단계에 맞는 정서적, 행동적 양상을 보이는 정신건강상의 성장발달이 무엇보다 중요하다. 이 장에서는 아동정신건강에 대한 이해를 증진시키기 위한 기초로서 태아기와 영아기의 발달 과정과 정신건강상의 문제를 중심으로 살펴보고자 한다.

1 태내기의 발달

배우체인 남성의 정자와 여성의 난자가 결합되는 것이 수정인데, 수정이 되는 순간부터 한 개체의 생명이 시작된다. 수정 후부터 약 280일 동안 태아는 어머니의 체내에서 자라게 된다. 이 기간 동안 태아의 여러 신체기관이 형성되고 기능이 시작되며, 기관의 크기와 무게가 급속히 증가한다. 태내발달은 어머니의 체내에서 이루어지지만, 다른 어느 시기 못지않게 환경의 영향을 크게 받으며 또한 그 영향은 치명적일 수 있다. 태아의 발달에 영향을 미치는 환경적 요인들을 이해하는 것은 정상적인 태내발달을 이해하기 위한 과제가 될 것이다.

1) 태내기의 발달 특성

태내발달을 연구하는 학자들은 이 기간 동안의 발달을 난체기, 배아기, 태아기의 세 단계로 구분하여 설명하고 있다(송명자, 2004).

먼저, 난체기(period of zygote)는 수정에서부터 수정체가 나팔관을 거쳐 자궁벽에 착상하기까지 2주간의 시기에 해당한다. 수정체가 자궁벽에 착상함으로써 전 태내발달 과정을 통해 지속될 모체와의 밀착된 의존관계가 시작된다.

두 번째 단계인 배아기(period of embryo)는 수정 후 약 2~8주 사이에 해당되는 시기로서, 이 기간 동안에 중요한 신체기관과 신경계가 형성된다. 이 시기가 시작되는 3~4주경의 배아는 크기가 약 0.7cm이던 것이 이 시기의 끝 무렵이면 사람의 형태를 대체로 갖추게 되며, 무게는 약 0.9g, 키는 약 2.5cm 정도가 된다. 수정 후 4주경에는 얼굴 모양이 만들어지고, 사지가 생기고, 손과 손가락들이 형성, 분화된다. 5주경부터 소화기관이 분화되기 시작하여 식도, 위, 간 등이 내장 벽으로부터 부풀어 나와 생기며, 기관과 허파도 형성된다.

배아기 때 신경계의 발달은 괄목할 만한 것으로, 이 신경계는 중배엽과 외배엽에서 생겨나기 시작해서 신경관이 형성되어 여기서 신경세포가 자라 신체의 각 부위와 연결된다. 신경관의 한쪽 끝에서 뇌가 생기게 되어 뇌의 기초적 기능이 시작된다. 배아기 동안은 각 기관이 급속하게 형성되는 만큼 바람직하지 못한 환경의 영향에 가장 민감하게 반응한다. 어머니의 질병, 영양 결핍, 약물 등은 배아기발달에 치명적인 영향을 줄 수 있다. 이러한 부정적인 영향은 자연유산이나 발달장애로 나타날 수 있다.

세 번째 단계는 태아기이다. 약 8주에 첫 뼈세포가 나타나면서 배아는 태아가 되기 시작하며, 12주에는 임신기의 마지막 단계인 태아기로 접어든다. 이 기간 동안 배아기에 형성된 각 기관의 구조가 더욱 정교화되며, 기능이 보다 원활해지는 등 빠른 발달을 보이게 된다. 근육발달도 급격히 이루어지며, 출생 후 몇 년이 지나서야 완성되지만 중추신경계도 이 기간 동안에 발달한다.

3개월 된 태아는 성별(性別)을 알 수 있고, 심장 뛰는 소리를 들을 수 있다. 10주 무렵부터 초음파를 사용해 심장이 뛰는 소리를 들을 수 있다. 또한 양수 속에서 움직인다. 초음파검사를 하는 동안에도 양수 속에서 활발하게 움직이는 것을 볼 수 있다. 11주 말 정도가 되면 태아는 태반과 탯줄을 통해 양분을 흡수하며, 양수를 마시고 배설하기도 한다. 신장 9cm, 체중 20~30g 수준으로 성장한다. 4개월 된 태아는 신장 16~18cm, 체중은 110~120g까지 성장하고 장기의 기능이 좋아지며 외관이 발달한다. 6개월 된 태아는 태지의 분비가 이루어지고 태아의 심음을 들을 수 있다. 7개월 된 태아는 뇌의 사고력이 발달하기 시작한다. 8개월 된 태아는 머리를 아래로 내리는 자세가 되고 청각이 완성된다. 이 시기에 조산할 경우 인큐베이터에서 기르는 일이 가능하지만 피하지방이 부족하고 생명력이 매우 약하므로 위험할 수 있다.

9개월 된 태아는 신생아다운 모습을 갖추기 시작하고 폐, 신장 기능이 성숙된다. 10개월이 되어서 몸의 균형이 잡히고 4등신이 되고 머리 부분이 골반 안으로 들어가면 병에 대한 면역력을 갖게 된다. 병에 대한 면역이 모체로부터 태반을 통해 전달된다. 모체로부터 항체를 받아 홍역이나 유행성 선염, 백일해, 풍진 등에 대한 면역성을 일시적으로 받게 된다. 이 시기에는 뇌나 내장의 기능이 한층 충실해지고 근육도 발달해 감염에 대한 저항력도 길러진다.

2) 태내기의 발달에 영향을 미치는 요인

(1) 유전적 요인

인간의 이상 형질에 대한 보고는 수없이 많으나 현재까지 확실히 밝혀지지 않은 것도 많이 있다. 극단적인 비정상 태아는 유산되는 것이 보통이기 때문에 결함을 갖는 태아의 수는 많지 않다. 유전적 요인에 기인된 결함은 유전인자의 이상과 염색체 이상으로 나누어 살펴볼 수 있다(장휘숙, 2004).

먼저, 유전인자 이상이다. 태내기 장애는 우성유전자에 기인된 장애(1,172개)가 가장 많고 그 다음이 열성유전자에 기인된 장애(681개), 그리고 성과 관련된 장애(124개)의 순으로 나타난다. 우성유전자 장애의 흔한 예로 무도병이 있다. 30세 이후부터 점진적인 신경계의 손상과 신체의 점진적 쇠약, 정서적 혼란 및 정신지체를 나타내고 결국 사망에 이르게 한다. 열성유전자 장애에는 소아 흑내장성 지진아가 있다. 이는 출생 후 6개월 이내에 나타나는 유전병으로 시력저하, 전신쇠약 증세를 나타낸다. 주로 서양인에게 발생하며 보통 2~3세에 사망한다. 인구 10,000명당 2명의 빈도로 발생한다.

두 번째, 염색체 이상은 성염색체 이상과 상염색체 이상으로 구분될 수 있다. 감수분열 동안 일어나는 성염색체 이상은 난자나 정자가 형성될 때 46개의 염색체가 정확하게 이분되지 않아 어느 한쪽이 더 많거나 더 적은 염색체를 생성한 결과이다.

(2) 임산부의 상태

모체 내에서의 태아발달은 일정한 순서에 따라 진행되며, 각 기관이나 해부학적 조직은 분화와 발달을 위한 결정적 시기(critical period)를 갖는다. 결정적 시기란 발달이 가장 용이하게 이루어지는 최적의 시기로서 이 시기 동안 태아가 어머니를 통하여 유해한 환경의 영향(기형발생물질)에 노출된다면, 각 기관이나 구조는 손상을 입기 쉽다. 환경적 요인에는 산모의 질병, 연령, 성병, 출산 경험, 어머니의 정서 상태, 어머니의 영양, RH 부조화를 들 수 있다.

① 질병

Tondury(1962)의 연구에 의하면 양막은 병원체가 진입하는 것을 완전하게 막는 보호자는 되지 못하므로 임산부가 걸리는 모든 바이러스에 의한 병은 태아를 위태롭게 하며, 태아에게 손상을 미친다. 가장 전형적인 것으로는 마진성 배태병(rubeolenembryopathy), 일명 gregg 증후군이다. 이 병은 정신지체를 나타내며, 소두증, 백내장을 수반한 소안구증, 내이의 난청 현상, 귀머거리나 심장 기형을 수반하는 병이다. 결정 시기는 4개월 이전이다. 이러한 관점에서 보면, 종두와 같은 인공 바이러스에 의한 것도 임신 중에는 삼가야 한다. 임신 4개월 이전에 풍진에 걸리면 태아는 귀머거리가 되거나 심장장애, 백내장, 또는 정신박약아가 되는 경우가 많다. 임산부의 갑상선 이상으로 유산되거나 기형아가 출산되기도 한다(김경희, 1999).

② 연령

어머니의 임신연령은 태아의 이상 여부를 결정하는 중요한 요인이 될 수 있다. 일반적으로 여성들의 가임기간은 35~40년 정도로서 첫 월경 시작 1~1½년 이후부터 폐경기까지 임신이 가능하다. 그러나 산모와 아기가 모두 건강하며 병발증이 없는 최적의 임신 연령은 23세부터 28세까지로 알려져 있다.

35세 이후에 첫 아기를 낳은 임산부는 젊은 임산부보다 임신 중에 병을 앓거나 출산 중에 어려움이 더 많다. 특히 40대 이후 임산부의 경우에는 이러한 위험부담이 더 커져 아기는 염색체 이상, 특히 다운증후군이나 몽골리즘(mongolism) 등 정신박약아가 되는 확률이 더 많으며, 사산되어 나오는 수도 있다.

③ 성병

어머니가 지니고 있는 성병도 출산결함을 야기시킨다. 매독(syphilis)은 태반을 통해 감염되나, 만약 임신 4개월 이전에 치료된다면, 태아는 매독에 감염되지 않을 수 있다. 그러나 모체의 치료되지 않은 매독은 태아를 출산 전이나 출산 직후에 사망하게 하며, 사망하지 않은 태아는 뼈나 간 혹은 대뇌에 손상을 입게 되고 피부질환의 높은 가능성을 갖게 된다.

태반을 통해 감염되는 매독과는 상이하게 음무 헤르페스와 임질은 분만 시 산도를 통과할 때 신생아에게 감염되는 특성을 지니고 있다. 의사는 이와 같은 성병을 지니고 있는 산모에게 제왕절개수술을 권한다. 헤르페스에 감염된 신생아의 50~60%는 사망하고 생존자의 1/2은 대뇌손상을 나타내거나 장님이 된다. 또한 임질은 분만 시에 신생아의 눈에 손상을 일으켜 장님이 되게 한다(장휘숙, 2004).

에이즈(AIDS, 후천성 면역결핍증)도 어머니를 통해서 태아에게 감염된다. 보통 태반을 통해 그리고 출생 시의 혈액의 감염으로 신생아는 에이즈 환자로 태어난다. 에이즈에 감염된 대부분의 신생아들은 면역체계의 이상을 가지고 태어나기 때문에 생후 6개월경에 이르면, 체중감소를 나타내고 고열과 설사 및 호흡기 질환을 자주 앓는다. 또한 에이즈 바이러스는 심각한 대뇌손상을 일으키고 정신능력의 발달과 운동발달에서 지체를 초래한다. 일반적으로 에이즈 증상이 나타난 지 5~8개월이 지나면 에이즈에 감염된 대부분의 아기들은 사망한다.

④ 출산경험

어머니의 신체는 한 번 정도 아기를 출산한 경험이 있을 때 임신과 출산을 더 잘할 수 있다. 일반적으로 첫아기보다는 둘째 아기가 더 바람직한 자궁환경에서 생활하며 더 낮은 빈도의 출산합병증과 기형의 출현을 나타내었다. 그러나 Maccoby (1979)는 출산간격이 주는 이점은 출산간격이 너무 적거나 클 때는 무효화된다고 주장하고 적어도 4년 정도의 간격을 가지고 출산하는 것이 바람직하다고 제안하였다. 즉, 어머니의 내분비체계가 출산이라는 큰 사건에서 완전히 회복되기 위해서는 4년 정도의 기간이 필요하다는 것이다(장휘숙, 2004).

⑤ 어머니의 영양

태아 성장에 미치는 영양부족의 효과는 적절한 영양섭취를 방해하는 환경, 즉 전쟁이나 기근 혹은 극단적인 가난의 영향을 연구한 결과에서 얻을 수 있다. 전 세계의 기근, 가난으로 위협받고 있는 지역의 사례들을 보면, 태내기에서는 물론 출생

후에도 영양이 결핍될 때 심각한 성장지체가 발생한다(장휘숙, 2004). 물론 태내기 동안에는 영양이 충분하였으나 출생 후에 영양이 빈약할 때에도 성장지체가 일어나며, 출생 후의 충분한 영양공급은 태내기에서의 효과를 상쇄시킬 수 있다.

⑥ RH 부조화

Rh 혈액형(Rhesus 원숭이 혈액에서 1960년대에 최초로 발견됨)은 유전 법칙에 따라서 Rh+형은 우성이며 Rh−형은 열성으로 그 수가 드물다. Rh형이 태아에게 치명적인 결과를 가져오는 경우는 Rh+형과 Rh−형의 혈액이 결합할 경우이다. 만일 Rh−형의 사람이 Rh+형의 혈액을 받을 경우에 항체를 만들어서 Rh+의 기능을 거부하게 된다. 예를 들어, 임산부의 혈액형이 Rh−이고 태아의 혈액형이 Rh+인 경우에, 모체의 혈액은 Rh+에 대항하기 위해서 항체를 만드는데, 이것이 태아의 혈액 속에 들어가서 적혈구를 파괴하고 산소 보급을 방해하여 태아를 죽게 하거나 유산시키며, 살아서 출산되더라도 대부분 정신박약아가 된다(김경희, 1999).

⑦ 어머니의 약 복용

많은 임신한 여성들은 커피나 홍차 혹은 콜라를 마심으로써 카페인을 복용한다. 자동판매기의 보급은 성인은 물론 어린 아동도 손쉽게 카페인에 접근할 수 있도록 허용하였다. 다량의 카페인 섭취는 불완전한 태내발달을 야기시키고 태아사망률을 증가시킨다(Moore, 1983).

또한 임부의 흡연은 태아의 체중감소는 물론 조산과 밀접한 관련이 있다는 보고가 있다. 흡연이 저체중과 조산을 일으키는 중요한 이유는 태아가 산소부족을 경험하게 되기 때문이다. 흡연은 임부의 혈압과 맥박을 상승시키며 혈액의 산소요구량을 증가시키기 때문에 태아는 만성적인 산소부족을 경험한다. 더욱이 어머니 혈액 속의 어떤 화학물질의 증가는 자궁과 태반 사이의 혈관을 축소시키므로 태아는 산소와 영양물질의 섭취에 방해를 받는다. 그 결과 태아는 산소부족에 기인된 대뇌 이상을 갖게 되고, 작은 구대골과 언청이 및 출산 시의 저체중으로 고통을 받을 가능성이 크다.

또 하나 임부의 알코올 섭취는 소위 태아알코올증후군(fetal alcohol syndrome)이라는 장애를 일으킨다. 이 증후군을 갖는 아동들의 특징은 출산 시의 저체중과 출생 이후의 성장지체, 보통 이하의 지능, 심장질환과 특징적인 얼굴, 즉 양미간이 넓고 코가 납작하며 윗입술이 얇은 얼굴 모습, 높은 빈도의 섭식문제와 수면문제, 청각손상과 언어발달 미숙, 과활동성과 부주의함을 나타낸다. 흡연과 동일하게 알코올 섭취는 특히 임신 제3분기 동안 태아의 대뇌피질의 성장을 제한하고 키와 몸무게의 증가를 방해한다.

(3) 외부환경

① 방사선

임신 이전의 방사선 투과도 생식세포의 염색체를 변화시킴으로써 유해한 영향을 줄 수 있기 때문에 특별한 경우를 제외하고는 임부의 하복부나 골반에 X광선을 투과하지 말아야 한다. 임신 직후, 수정란이 착상되기 이전에 방사선에 노출되면 접합자는 죽게 되며 착상 이후의 방사선 노출은 성장을 지체시키거나 기형을 일으킨다. 특히 중추신경계의 기형으로 출생 직후 사망하는 경우가 많다(장휘숙, 2004).

② 화학물질, 중금속, 환경 오염물질

최근 화학물질과 중금속 및 각종 환경 오염물질은 태내발달의 이상을 초래하는 원인물질로 인식되고 있다. 다이옥신을 포함하는 제초제는 높은 비율의 유산과 태아기형을 초래하고 암을 유발할 수 있는 화학물질이다. 또한 폴리염화페닐에 오염된 물고기를 먹은 임부의 태아는 신체발달이 저조하고 조산될 위험이 있으며, 출산 후에는 느린 감각반응과 지각장애가 나타나기 쉽다.

3) 임산부의 정서와 마음가짐

(1) 임산부의 마음가짐

첫째, 자아존중감을 가지고 자기 자신을 사랑하여야 하며, 둘째는 가족과 이웃도 사랑하고 배려하며 항상 평안한 마음을 가져야 하고, 셋째는 덕이 되는 좋은 글들을 읽고, 좋은 시, 그림, 음악을 감상하고, 넷째는 넓은 바다와 산천 등에 가서 심신을 쉬며 감상할 수 있는 기회를 가지며, 다섯째로는 기본적인 마음을 너그럽게 하여 밝고 편안한 마음을 갖는 것이 무엇보다 중요하다. 임산부의 정서는 개인의 전체 성장 과정에서 중요한 역할을 함은 물론이고, 임신 중 육체적인 건강은 말할 것도 없으며, 정신적·정서적 안정이 매우 중요하다. 스트레스를 많이 받으면 반드시 태아에게 정서적 장애를 주게 됨에 따라 이 영향은 아이가 태어난 후 아이의 정신력에도 크게 영향을 미침을 깊이 명심해야 한다.

(2) 남편, 가족과의 관계

임산부 자신이 영양을 충분히 섭취하고 건강을 유지하기 위한 노력을 하며, 정서적으로 안정되게 생활하고 행복하고 바른 삶을 영위한다 할지라도 남편과 주위의 가족이 임산부의 마음에 상처를 주는 말을 한다든가 관계가 좋지 않을 때, 태내에서 모체를 통해 느끼는 부적절한 감정이나 정서는 무의식 속에서 오래도록 잠재해서 태아의 성격 형성과 감정에 해로운 영향을 주게 된다. 그렇기 때문에 임산부에 대한 남편과 시부모를 비롯한 주위 사람들의 애정 어린 관심과 보살핌이 절대적으로 필요하다.

(3) 적절한 운동

임신 중에 몸이 무겁고 불편한 탓으로 자칫하면 운동량이 부족하게 되기 쉽다. 적당한 운동은 그야말로 모체와 태아에게도 유익하며 순산에도 도움이 된다. 그러나 너무 과도한 것은 피해야 한다. 예를 든다면 급히 경사진 길을 뛴다든지 높은 곳에 있는 물건을 내린다든지 무거운 것을 드는 등 몸에 무리가 되는 것은 피해야 한다.

(4) 태교의 중요성과 필요성

산모가 임신 중에 받는 정신적 스트레스는 대체적으로 태아의 뇌조직의 발달에 이상을 초래하지만 않는다면 그것이 산모의 신체적 문제이든 정신적인 문제이든 태아에게는 크게 문제가 되지 않는다. 태아의 정신발달은 태아가 수태된 순간부터 이루어진다고 말할 수 있다. 생후에 정신기능을 담당할 뇌조직의 발달이 이 시기에 이루어지고 이와 연관된 기질적 문제가 발생할 수 있다. 부모로부터 받은 유전자는 외부 환경(즉, 신체적인 발달에 필요한 영향과 안전한 환경과 함께 산모의 심리적 안정성)과의 상호조절에 의해 발현하게 된다. 그러므로 가장 좋은 아이를 낳기 원한다면 심리적 안정성이 임신에 미치는 영향은 아주 중요하게 고려되어야 한다. 산모가 정신적으로 안정되고 신체적으로 건강하다면 태아에게는 가장 이상적인 태교라고 할 것이다.

태교는 태아의 정서와 행동에 중요한 영향을 미친다. 아이의 정신발달에 있어서 잉태된 순간부터 만 6세까지는 인생의 가장 기본적이고 중요한 시기이다. 또한 임신기부터 성장하는 태아와 환경의 바람직한 상호작용은 아이의 성숙을 촉진시키게 되지만, 그렇지 않으면 정서적·행동적 문제를 가진 아기가 될 가능성이 증가한다. 만약 임신 중 산모가 많은 스트레스를 받거나 불안, 우울이 심한 경우나 불면증에 시달리는 등 정신적 어려움이 있을 때 이것은 아기에게 영향을 주게 된다. 또한 산후에는 의학적 상태의 변화와 심리적 부담감 등으로 인해 산후 정신장애(우울증, 불안증, 불면증, 정신증 등)가 아주 흔한 것으로 되어 있고, 치료하지 않을 경우 자라는 아기에게 지적, 정서적, 행동적으로 나쁜 영향을 미치는 것은 이미 잘 밝혀져 있다. 그러므로 임신과 산후의 기간 동안 산모에게 정서적 어려움이 있을 때 이것이 일정한 시간이 지나도 지속되고 극복되지 않는 정도라면 적절한 평가를 통해 안전한 치료를 받는 것이 어머니뿐만 아니라 아기를 위해서도 아주 중요하다.

2 영아기의 발달

영아기는 인간의 일생에서 신체적 성장이 가장 빠른 속도로 이루어지는 시기로 출생 후 첫 1년간은 신체와 뇌의 성장이 급속도로 이루어지는데 이런 시기를 성장급등기라고 한다. 영아기를 제1 성장급등기, 사춘기를 제2 성장급등기라고 한다. 영아기는 새로운 운동기능(기기, 서기, 걷기, 달리기)이 발달하는 시기이며 운동능력은 뇌와 신경계, 그리고 근육의 발달과 병행하여 향상된다. 영아기는 두뇌발달의 결정적 시기이며 뇌의 발달은 생물학적 요인과 환경적 요인에 영향을 받는다. 영아기 동안 감각능력도 급속도로 발달하는데 감각과 지각의 발달은 아동의 운동기능이나 인지발달에 영향을 미치게 된다.

1) 영아기발달 특성

(1) 신체발달

생후 24개월간의 영아기는 일생 중 신체적 발달이 가장 빠른 시기로 신체의 모든 부분이 급속한 성장을 보인다. 키와 몸무게의 증가뿐 아니라 골격 및 근육이 발달하고 치아가 나기 시작한다.

① 신체 크기의 변화

출생한 신생아의 평균 키는 남아가 51.4cm, 여아가 50.5cm이며, 몸무게는 남아가 3.40kg, 여아가 3.24kg이다. 영아기 동안 영아의 신체는 빠르게 성장하며, 이러한 신체적 성장이 모든 발달의 기초를 이루게 된다.

키의 성장은 몸무게 증가에 비해 그 속도가 느리다. 신생아의 키는 출생 시보다 약 50%가 더 자라고, 2년이 되면 출생 시보다 약 75%가 더 성장한다. 몸무게의 경우 생후 5개월 경에는 출생 시 몸무게의 약 2배가 되며, 생후 1년 경에는 출생 시 몸무게의 약 3배가 된다.

② 골격 및 근육의 발달

연령이 증가함에 따라 뼈와 조직이 연골에서 경골화되어 간다. 영아의 머리뼈 중 6개의 전문은 아직 경골화되지 않은 연한 조직이다. 그중 앞이마에 위치한 대천문은 생후 18~24개월 사이에 닫히고, 그보다 훨씬 작은 소천문은 생후 4~8개월 만에 닫힌다(이영 외, 2002).

뼈의 수와 크기 또한 영아가 성장하면서 증가한다. 생후 12개월경 손과 손목은 3개의 뼈로 구성되어 있으나 성인이 되면 28개로 증가된다. 팔과 다리의 뼈는 연령이 증가하면서 더 길어진다. 영아의 뼈는 유연하기 때문에 크게 손상을 입는 경우가 거의 없고 회복도 빠르다. 그러나 연골은 압력에 대한 저항이 적어 모양이 쉽게 변형된다. 예를 들어 오랫동안 아기를 눕혀 놓으면 머리가 눌린 방향으로 납작해진다. 또한 좋지 않은 자세로 서 있거나 앉아 있게 되면 그 자세가 그대로 고정된다.

한편, 출생 시 근육 섬유의 수는 성인과 같으나 근육의 크기는 키나 몸무게에 비례하여 증가한다. 출생 후 1년까지는 신체 수의근이 완전히 발달되지 않은 상태이기 때문에 신체활동에 빨리 피곤을 느끼나, 반면 회복은 빠르다. 2세경, 근육조절 능력은 뇌의 발달과 연합되어 운동 기능을 더욱 가속화시킨다(이숙재 외, 2004).

③ 치아

치아에는 유치와 영구치가 있으며, 완성된 유치의 수는 20개이고, 영구치는 32개이다. 치아의 생성은 태아기부터 형성되며, 유치의 발생은 출생 후 6~8개월에 나타나는 것이 정상이다. 대체적으로 유아는 1세가 되면 약 6개의 유치가 나오고, 약 2세반이 지나면 거의 다 나와서 성인이 먹는 음식을 잘 먹을 수 있게 되고, 6세가 되면 영구치가 한두 개 생겨난다.

유치가 나오는 순서는 유치가 나는 연령보다 더 중요하다. 이가 나는 순서가 불규칙적일 때나, 아랫니보다 윗니가 먼저 나오는 경우는 턱의 위치를 바꾸어 놓기 쉽다. 유치의 크기는 작고, 조직이 연하며 뿌리도 작고 얕게 박혀 있어서 영구치로 대치되기 전에 충치가 생기기 쉽기 때문에 그 보존 관리에 주의를 기울여야 한다(김계자, 2003).

(2) 운동발달

영아가 신체를 움직일 수 있다는 것은 그만큼 행동반경이 넓어지고, 그들이 지니고 있는 호기심을 만족시킬 수 있는 기회가 많다는 것을 뜻한다. 생후 1년에서 얻을 수 있는 운동기능은 길 수 있는 것이고, 2년째 획득할 수 있는 운동기능은 걸을 수 있는 것이다.

운동기능의 발달은 신체의 성숙도에 따라 개인차가 크다. 표준에 비해 늦을 수도 있고 빠를 수도 있다. 그러므로 늦다고 해서 초조할 필요도 없고 빠르다고 해서 기뻐할 것도 아니다(조복희, 2001).

① 머리와 몸통의 통제

출생 시 누워 있는 신생아는 양 옆으로 머리를 돌릴 수 있으며, 엎드린 상태에서 머리를 돌릴 수 있을 만큼 들 수 있다. 생후 3개월경이 되면 머리를 더 높이 들 수 있으며, 4개월 후 몸통을 옆과 뒤로 돌릴 수 있게 된다. 5, 6개월에 이르면 영아는 빛을 따라 눈을 돌릴 수 있으며 뒤집기도 가능해진다.

② 손의 조절능력

신생아는 잡기반사로 무엇인가를 잡을 수 있으나 이러한 잡기는 3~4개월경 사라지게 된다. 그 이후에는 근육의 조정 능력과 눈과 손의 협응력이 발달되면서 물체에 손 뻗치기, 집기, 숟가락 쥐기, 옷 벗기 등이 점차적으로 가능해진다.

3개월경 영아는 손을 폈다가 주먹을 쥐고, 사물을 보고 손을 뻗기도 한다. 4~5개월에는 딸랑이 같은 물체를 어설프게 잡는다. 손가락의 협응이 이루어지는 7~11개월은 손가락과 엄지를 이용하여 작은 물건을 집게 되며, 12개월에는 양말이나 모자를 벗기도 한다. 18개월경, 영아는 컵을 들고 물을 마시고 2~3개의 작은 블록을 쌓는다. 24개월에 이르면 숟가락을 사용하게 되며, 옷도 벗을 수 있다.

③ 보행의 발달

보행이 불가능하여 성인에게 전적으로 의존하는 영아는 스스로 걸어다닐 수 있게 되면서 서서히 독립적인 존재로 성장해 간다. 어린이 발달에 커다란 변화라고도 할 수 있는 걷기는 고개 들기, 가슴 들기, 뒤집기, 앉기, 기기, 일어서기가 순서적으로 진행되면서 발달된다.

걷기는 뇌의 명령에 따른 다리운동으로, 걷기의 시작과 성취의 속도는 개인차가 상당히 크다. 걷기는 신경 중추의 지령에 의해서 움직이는 것이기 때문에 걷기가 늦어진다는 것은 뇌의 발육이 늦어진다는 증거이기도 하다. Terman(1921)은 보행의 시작을 정신발달의 속도를 평가하는 지표로 보았다. 그에 의하면 지능이 정상인 영아는 약 14개월에 보행이 가능하며, 우수아는 이보다 1개월 빠른 13개월경에 걷기 시작한다. 한편, 정신지체아는 24개월경에 걷기 시작하며, 2세가 되어도 걷지 못하는 경우는 정신발달에 결함이 있는 지능장애아가 될 가능성이 높다(이옥형, 1997).

운동발달은 신경조직의 성숙과 병행되어 이루어지며 유전적 기본계획에 따라 진행된다. 즉, 중추신경계와 골격, 그리고 근육이 성숙하게 되면 특정 연습을 하지 않아도 걷기운동발달이 가능해진다는 것이다. 그러나 Zelazo 등(1972)은 걷기가 훈련에 의해서 촉진될 수 있음을 보고하였다. 걷기반사능력을 지니고 있는 신생아에게 걷기훈련을 시킨 결과, 훈련을 했던 영아는 평균 10.1개월에 걷기 시작하였고, 훈련을 하지 않은 영아는 평균 12.4개월에 걷기 시작하였다. 이와 같은 연구 결과로 미루어 볼 때 걷기는 유전의 기본적 계획에 따라 나타나지만 훈련에 의해 일시적으로 촉진될 수 있는 운동능력이라 하겠다(이옥형, 1997).

(3) 생리적 기능

영아기에는 독립적인 생존을 위해 스스로 자신의 생리적 기능을 조절해야 한다. 영아기에 발달되는 생리적 기능을 수면, 영양, 배설로 나누어 살펴보면 다음과 같다(이숙재 외, 2003).

① 수면

신생아는 하루 중 18~20시간을 잠자는 시간으로 보내며, 2세가 되면 12~14시간으로 수면 시간이 줄어든다. 이와 같은 경향은 연령이 증가함에 따라 낮 동안의 활동 시간이 증가하고 낮잠의 횟수가 줄어들며, 이에 따라 전체 수면 시간이 줄어들기 때문이다. 한편, 잠이 든 신생아는 보통 2~3시간마다 깬다. 그러나 생후 6개월 정도가 되면 밤 동안 한 번에 6~7시간을 지속적으로 자게 된다.

② 영양

완전식품이라고 불렸던 모유의 영양분이 점차적으로 소실되면서 영아의 성장발육에 큰 기여를 하지 못하게 되고, 영아의 활동이 왕성해짐에 따라 영아가 필요로 하는 칼로리 및 여러 영양소의 섭취량이 증가된다. 또한 영아에게 모유나 우유 이외의 식품에 대한 생리적, 심리적 욕구가 생기게 되므로 일정 시기가 되면 이유를 시작해야 한다.

'이유'란 아기의 영양원이 모유나 우유에서 점차 고형 음식으로 바뀌어 가는 것을 뜻한다. 이유의 시기는 영아에 따라 개인차가 크지만, 세계보건기구(WHO)와 국제아동구호기금(UNICEF)에서는 아기의 체중이 출생 시의 2배가 될 때 또는 체중이 7kg 정도가 될 때가 바람직하다고 권고하고 있다. 이러한 권장 사항과 일반적인 영아의 성장에 근거하여 볼 때 이유는 보통 생후 4개월경 유동식으로 시작하며 영아의 발육과 건강상태를 고려하여 계획적으로 실시해야 한다(삼성복지재단 편, 1996).

12개월 이후, 영아의 식사는 이유식에서 유아식으로 바뀌게 된다. 그러나 성인과 똑같은 형태로 먹는 것이 아니라 진밥이나 다진 생선과 같이 부드럽고 잘게 썬 것만 먹을 수 있다.

③ 배설

일반적으로 영아는 잠에서 깨어났을 때 또는 수유를 시작하기 직전이나 수유 도중에 배설을 한다. 대변은 생후 8주가 되면 하루에 두 번 정도 배설하고, 6개월 이후에는 한 번 배설한다. 소변의 경우, 생후 12개월까지는 보통 2시간 간격으로 배설하나 연령이 증가할수록 소변의 배설 간격이 길어진다. 그에 따라 소변을 배설하는 횟수는 줄어들며 소변의 양이 많아진다.

영아 초기의 배설은 방광이나 직장이 가득 차면 괄약근이 자동적으로 열리면서 이루어진다. 이것은 대소변 통제에 필요한 신경과 근육이 성숙되지 않았기 때문이다. 수의적으로 괄약근이 통제되는 시기에 배변훈련이 시작될 수 있는데, 대변은 13개월, 소변은 20개월부터 가능해진다.

(4) 언어발달

영아기 초기의 의사소통은 언어를 사용하지 않고서 시작하나, 영아기가 끝나는 2세쯤이면 언어능력의 발달이 급격하여 150~200개 정도의 어휘를 갖게 된다(조복희, 2001). 언어를 습득하고 사용하기 전에도 아기는 그들의 울음, 얼굴 표정, 몸짓 등으로 어머니와의 의사소통을 하고 있다. 신생아가 소리자극을 인식할 수 있다는 것은 언어를 습득할 수 있는 기초가 된다. 태어난 지 하루밖에 안 된 아기가 소리의 자극에 젖꼭지를 빠는 것을 멈춘다는 것은 그들이 장차 인간의 언어를 습득할 수 있는 능력을 지니고 이 세상에 태어났다는 사실을 말해 준다.

아기가 처음 내는 소리는 울음이다. 울음은 가장 강력한 의사전달의 방법이다. 왜 우는지 구분이 되지 않는 울음에서 울음의 이유를 알 수 있는 것으로 바뀐다. 즉, 배가 고파 우는 소리는 몸이 아파서 우는 것과 다르고 또한 기저귀가 젖어 불편해서 우는 것과도 그 울음소리의 강도나 음조가 다르다. 생후 1주가 된 아기가 내는 울음에는 배고파서 우는 울음, 고통의 울음, 분노의 울음의 세 종류가 있는 것으로 나타났다(Owens, 1993).

생후 2개월쯤 되어 아기의 신경근육기제가 발달하면 소리내기가 옹알이로 변한다. 즉, 성대로 공기를 내보내는 조절능력이 발달함에 따라 자신의 의도대로 '바바', '다다' 등의 자음과 모음을 음절로 구성하여 옹알거리게 된다. 따라서 옹알이를 일종의 음성적 연습으로 볼 수 있는데, 옹알이는 생후 6~8개월에 절정에 이르렀다가 대개의 경우 1년이 지나면 점차 감소하게 된다.

돌을 전후해서 영아는 한 단어의 말을 하기 시작하는데 주로 엄마, 아빠, 맘마, 멍멍 등 가족의 명칭이나 음식, 동물의 이름을 말한다. 이때 한 단어는 한 문장의 역할을 한다. 예를 들어, 영아가 '엄마'라는 한 단어를 말했을 때 이는 어머니를 부르는 의미일 뿐 아니라 '엄마 이리와', '나는 엄마가 좋아' 등의 다양한 의미로 사용될 수 있다. 때로는 한 단어의 의미가 과잉 축소되거나 과잉 확장되기도 한다. 영아가 생후 18개월에서 20개월이 되면 두 단어를 조합한 말을 할 수 있게 되며, 2세경에는 초보적 문장을 사용한다. 영아기 어린이가 사용하는 두 단어 표현은 명사와 명사(엄마 맘마), 명사와 동사(엄마 자), 형용사와 명사(예쁜 눈)의 형태로 구성되어 있다. 즉, 두 단어 문장에 사용되는 단어는 명사와 동사가 대부분이며, 적은 수이기는 하지만 형용사도 사용된다.

(5) 정서발달

영아가 자주 표출하는 정서 가운데 기쁨, 분노, 공포, 불안 등에 관하여 살펴보면 다음과 같다.

① 기쁨

생후 얼마 되지 않은 영아는 배냇미소라 하여 외부세계와 전혀 관계없이 미소를 짓는다. 이 배냇미소는 영아가 깨어 있는 상태가 아닌 약간 졸리운 상태에 있을 때 짓게 되며, 깨어 있는 상태가 끝날 즈음에 나타나는 신경생리학적인 것으로 기쁨을 의미하는 것은 아니다. 외부의 시각적 자극, 즉 어머니의 모습이나 장난감을 보고 짓는 미소는 생후 2~3개월이 되어서야 나타난다. 이때 짓는 미소는 어머니로 하여금 미소를 짓게 하고, 도구적 조건화를 이룰 뿐만 아니라 의사전달의 역할도 한다. 그러므로 사회적 미소라고도 한다. 기쁜 정서적 표현을 언제 구별할 수 있는지를 밝히기 위해 습관화 실험을 하였더니 2개월 된 영아도 행복한 표정과 무표정에 대해 반응시간이 달랐다(Saarni, Mumme & Campos, 1998).

② 공포

공포의 표정을 구별하는 것은 생후 5개월이 되면 가능하다(Saarni, Mumme & Campos, 1998). 공포의 감정을 유발하는 자극물은 영아기에는 비교적 적다. 왜냐하면 그들은 대체적으로 부모들로부터 보호를 받고 있어 공포를 야기하는 위험물이 주변에 없기 때문이다. 불, 뜨거운 물, 칼, 높은 곳이 위험하다는 것을 가르쳐 주면 일종의 공포감을 느낀다. 그러나 울 때 '경찰아저씨 온다' 등의 훈련은 지나친 공포증을 갖게 할 수 있으므로 과장은 삼가는 것이 좋다. 애착관계가 형성된 사람과의 격리와 낯선 사람과의 만남은 공포의 감정을 유발한다. 공포의 자극에 대한 반응으로 울거나 숨을 쉬는 것을 일시적으로 참는다. 또는 얼굴을 가리거나 어머니 뒤에 숨기도 한다.

③ 분노

분노의 감정은 하고 싶은 것을 제재받는 욕구의 좌절 때문에 일어난다. 분노의 감정도 공포와 마찬가지로 생후 5개월 정도의 영아가 구별하였다(Saarni, Mumme & Campos, 1998). 분노를 표출하는 것은 생후 1~2년 사이 가장 최고조에 있다가 나이가 들수록 줄어드는데, 신체적 요건에 따라 분노의 감정이 달라진다. 영아는 식사 전과 아플 때 분노의 감정이 크다. 심리적 상황도 영향이 있었는데, 대소변 가리기 중에는 자주 분노를 나타낸다. 재미있는 것은 가정에 여러 어른이 있으면 분노가 빈번히 나타났는데, 그것은 어른마다 요구하는 것이 다르기 때문인 것으로 추측된다. 누구나 표출될 수 있는 분노의 감정을 사랑과 수용으로 대응치 않고 확대한다면 공격성을 갖게 된다.

④ 불안

불안의 감정은 다음에 설명되는 애착행동 및 낯가림과 관련이 있다. 어머니와의 격리불안은 주된 불안의 원인이다. 불안의 반응으로는 울음을 터뜨리고 안절부절못한다. 심해지면 공포반응과 비슷한 반응이 나타나며 야뇨증과 같은 증상도 보인다.

⑤ 애정

영아가 타인에 대하여 애정을 표시하는 시기는 약 5개월쯤이며, 영아는 자기를 안아 주고 손을 흔들어 주며, 웃기고 또 반겨 주면 곧 애정을 느끼면서 표현한다. 그리고 9개월이 되면 자기를 반기는 사람에게는 접근하려고 하는 행동으로 애정을 표시한다. 2세가 되면 귀여워해 주고 안아 주고 하는 것을 스스로 요구하게 된다.

⑥ 호기심

영아는 여러 가지 운동기능을 발달시키면서부터, 학습한 능력을 나타내려고 할 때 주변에 있는 것들에 관심을 표시한다. 대개 4, 5개월부터 호기심을 나타내기 시작하는데, 사람이나 물건 같은 것을 자꾸만 쳐다본다. 그리고 6, 7개월이 지나면 물건을 잡아당겨 흔들면서 좋아하고, 2세가 되면 남자나 여자의 모양이나 음성에 흥미를 가지게 된다.

(6) 인지발달

Piaget(1936)는 인지발달 단계에서 영아기를 감각적 운동기라고 명명하였다. 영아기는 감각기관을 통해 받아들인 정보가 인지발달의 중요한 내용이 되며 사고는 언어나 추상적 개념을 갖고 있지 않다. Piaget는 감각운동기를 6개의 하위 단계로 나누었다.

① 반사운동기(reflex activity: 출생~1개월)

영아는 세상 지식을 습득하는 일차적 자원으로 빨기, 잡기, 큰 소리에 반응하기 같은 반사적 행동에 의존하는데 이 중 빨기 반사가 가장 우세하다. 빨기 반사와 잡기 반사 등은 계속 발달하며 이후의 인지발달을 위한 초석이 된다. 이 하위 단계의 중요한 특징은 첫째, 자신과 외부 세계 간의 구분이 없으며, 둘째, 다양한 반사도식을 사용하여 환경의 요구에 보다 더 잘 적응할 수 있다는 것이다.

② 일차 순환반응기(primary circular Reactions: 1~4개월)

관심이 외부의 대상보다 자신의 신체에 있어 일차 순환반응이라 불린다. 순환반응이라는 용어는 감각 운동의 반복을 의미한다. 유아가 우연한 행동을 통해 재미있는 결과를 초래하면 계속해서 그 행동을 반복하게 되는 것을 말한다. 이것의 목적은 기존 도식에 대한 수정이며, 이것은 지적 발달에 대한 입증이다.

③ 이차 순환반응기(secondary circular reactions: 4~8개월)

이 단계의 영아는 자신의 외부에 있는 사건과 대상에 열중한다는 점으로 이차 순환반응이라 불린다. 일차 순환반응과의 차이점은 행동의 초점이 자신의 신체에서 신체 외부의 대상과 사건으로 옮겨간다. 외부에서 흥미로운 사건들을 우연히 발견하고, 이를 반복하려고 한다. 그 예로 딸랑이 흔들기가 있는데 이런 행동의 되풀이는 '의도성'이 나타나는 증거이며, 목표 지향적 초기 형태가 시작된다는 증거이기도 하다.

④ 이차 순환반응의 협응기(coordination of secondary circular reactions: 8~12개월)

영아의 관심은 신체가 아니라 주위 환경에 있으며, 자신의 목표를 달성하기 위해 두 가지 행동을 협응하기 때문에 이차 순환 반응의 협응기라고 한다. 이 단계의 중요한 획기적인 사건은 첫째, 영아가 인과개념을 갖기 시작하는데 Piaget는 이것을 진정한 의미에서 지능의 첫 신호라고 믿는다. 이 시기의 영아는 목표가 되는 하나의 도식에 도달하기 위해 수단이 되는 다른 능력을 갖게 된다.

획기적인 사건 두 번째로 대상영속성의 개념을 획득하기 시작했다는 사실을 보여준다. 이 단계에서 어떤 물체가 눈앞에서 사라져도 그 물체가 없어진 것이 아니라는 것을 인식할 정도로 대상영속성 개념이 발달하기 시작한다.

⑤ 삼차 순환반응기(tertiary circular reactions: 12~18개월)

앞의 두 순환반응과 구별하기 위해 삼차 순환반응기라고 한다. 이 단계에서 영아는 실험적 사고에 열중한다. 예를 들면, 처음에 북채로 북을 치다가 어떤 소리가 나는지 보려고 다른 것으로도 쳐본다. 영아는 이 단계에서 활동성이 커지고 매우 적극적이고 목적지향적이며 시행착오적으로 탐색하는 특성을 보인다. 이 결과 새로운 대상이 제시되면 대상을 다각도로 탐색해 보고 정해진 목표 달성을 위해 전 단계와 다른 새로운 수단을 발견할 수 있게 된다.

⑥ 정신적 표상(Mental Representation: 18~24개월)

영아의 지적 능력이 크게 성장하는 시기로 영아는 눈앞에 없는 사물이나 사건들을 정신적으로 그려내기 시작하고, 행동을 하기 전에 머리속에서 먼저 생각을 한 후에 행동한다. 정신적 표상이 가능해지면서 지연모방이 가능하게 된다. 지연모방은 어떤 행동을 목격한 후 그 행동을 일정한 시간이 지난 후에 재현하는 것을 말한다. 예를 들면, 아버지의 세차 흉내, 욕설 등이다. 이것은 어떤 행동을 정신적으로 표상할 수 있는 능력과 그것을 정확하게 표현할 수 있는 능력을 필요로 한다.

(7) 사회성 발달

① 사회적 표현 행동

영아는 다른 사람과의 상호 관계에서 자신의 의사를 표현하기 위해 사회적 표현 행동을 보인다. 즉, 울기, 미소짓기, 모방하기 등의 부정적, 긍정적 표현행동으로 자신의 욕구를 나타내며 사회적 관계를 형성한다.

첫째, 울기로서, 최초의 표현행동인 울음은 성장해 가면서 점차 분화되고, 사회적인 의사 전달의 한 형태로 발달한다. 영아는 주위 사람들의 관심을 자신에게로 유도하기 위해 울고, 울음을 통해 자신의 의사를 전달함으로써 타인과의 관계를 갖게 된다.

2개월경 영아는 울고 있다가도 사람 소리가 나면 조용해지고, 사람이 가까이 오면 그치기도 한다. 영아가 3개월이 되면 엄마가 그들을 안아 줄 때보다 혼자 있을 때 더 많이 우는데, 9~12개월경이 되면 엄마가 보이지만 안아 주지 않을 때 더 많이 울게 된다.

둘째, 모방하기로서, 모방하기는 영아가 성인과의 사회적 관계를 유지하는 중요한 표현행동 중 하나이다. 12개월경 영아의 모방하기는 활발히 나타나는데, 영아는 주로 자신과 애착관계에 있는 성인의 말이나 행동을 따라한다.

모방은 미소의 발달에서 나타나는 무선택적인 단계를 거치지 않고, 처음부터 영아가 애착을 느끼는 친근한 사람에게 선택적으로 지향된다. 이와 같은 모방은 영아와 성인 간의 상호적인 강화로 작용하기 때문에 애착을 촉진하기도 한다(김성희 외, 1998).

② 애착

애착이란 영아와 엄마 사이에 형성되는 정서적 유대관계로 사회성 발달의 기초가 된다. 처음 아기가 엄마에게 애착을 형성하면 엄마에게 더욱 접근하며, 엄마가 있을 경우에는 더 안정감을 느끼며 덜 불안해하고, 엄마에게서 안심과 보호를 얻으려 한다. 이러한 영아와 엄마의 애착은 아기와 종족이 생존하고 적응해 가는 과정에서 중요한 의미를 지닌다.

초기 애착 형성은 그 이후의 대인관계에 결정적인 영향을 미친다. 영아기에 안정된 애착을 형성하지 못하면 신뢰감과 자신감을 발달시킬 수 없게 된다. 애착은 울음, 미소, 매달리기, 접촉하기 등의 애착행동과 더불어 형성된다(Ainsworth, Blehar, Waters & Wall, 1978).

③ 기질

영아는 출생 직후부터 각기 다른 기질적 특성을 보인다. 기질이란 한 개인의 행동양식과 정서적 반응유형을 의미하는 것으로 활동수준, 사회성, 과민성과 같은 특성을 포함한다. 기질연구가들은 기질이 아동과 성인의 성격을 형성하는 모체가 되며, 타고난 것으로 유전의 영향을 많이 받는다고 믿는다.

Tomas와 Chess에 의해 1956년 시작된 뉴욕종단연구는 기질에 대한 선구자적 연구로서 141명의 영아를 대상으로 아동기까지 관찰법, 부모와 교사 면접법, 심리검사를 통한 검사법 등이 사용되었다. 연구 결과 9가지 특성을 기준으로 영아의 기질을 순한 영아(40%), 까다로운 영아(10%), 반응이 느린 영아(15%)로 구분하였다. 초기의 기질은 이후에도 지속되는 것으로 나타났다. 그러나 35%의 영아는 어느 집단에도 속하지 않았다.

순한 영아는 새로운 경험이나 상황을 잘 받아들이고 낯선 사람에게 스스럼 없이 잘 접근하며 변화에 잘 적응한다. 까다로운 영아는 낯선 환경에 부딪혔을 때 짜증을 잘 내고 새로운 것에 대해 격렬하게 저항한다. 느린 영아는 까다로운 영아들처럼 환경변화에 잘 적응하지 못하고 낯선 사람이나 새로운 상황에 쉽게 위축된다. 그러나 까다로운 영아와 달리 활동적이지 않고 반응 강도도 약해 약간 우울해하거나 짜증스러워한다.

영아의 기질은 부모, 특히 주 양육자인 어머니와의 관계에 영향을 미친다. 부모의 양육 태도 또한 영아의 기질을 변화시킨다. 부모의 태도와 영아의 기질 간의 상호작용은 쌍방적 원칙에 근거한다. Tomas와 Chess(1968)는 영아의 기질과 환경이 상호작용하여 바람직한 결과를 산출한다는 '조화의 적합성' 모델을 제시하였다. 즉, 영아의 이상적 발달은 영아의 기질과 부모의 기질이 얼마나 조화를 이루는가에 달려 있다고 한다. 부모가 영아의 기질에 따라 양육행동을 조절한다면 그 결과는 조화로운 관계가 된다. 부모들이 까다로운 영아에게 쉽게 화를 내고 처벌적 훈육을 하게 되는데 이것이 조화롭지 못한 관계의 예이며 이런 경우 사춘기에 문제행동을 많이 보였다. 영아의 기질을 제대로 파악함으로써 부모와 자녀 간에 보다 조화로운 관계를 유지할 수 있다.

④ 자아인식

자아인식발달은 우선 영아가 다른 사람과 자신이 분리되어 있다는 것을 인식하고 어머니의 신체와 자신의 신체가 다르다는 것을 아는 것으로 시작된다. 즉, 자아인식발달의 첫 단계는 분리된 자아감각을 발달시키고 자신의 모습을 인식하는 것이다.

출생 초기에 영아는 엄마와 자신이 마치 하나인 것처럼 단일 단위로 생각하고 자신의 몸과 엄마의 몸을 구분하지 못한다. 생후 6~8개월경의 영아는 자신과 엄마가 분리되어 있음을 막연히 의식하기 시작한다. 9~12개월이 되면서 영아는 자신이 울면 누군가가 안아 주고, 딸랑이를 떨어뜨리면 누군가가 주워 주는 과정 속에서 자신과 타인의 기본적인 차이점을 파악하기 시작한다. 15~18개월경에 이르면 분리된 자기의 관념이 비교적 명확해지고, 21~24개월에는 분리된 자아감각이 거의 확립된다.

영아들은 분리된 자아감각을 형성하면서 자신을 인식한다. 자아인식은 자신과 타인이 별개의 존재임을 아는 것으로, 존재자아라고도 부른다. 자아인식은 생후 초기에 부모나 주위 사람들과의 사회적 접촉을 통해 형성되며, 지적 발달과 병행하여 자아인식이 발달되어 간다.

영아들의 자아인식발달을 연구하기 위한 방법 중 하나는 거울을 사용하는 것이다. 거울을 보고 반응하는 형태는 연령에 따라 차이가 있다. 생후 2~3개월 된 영아는 거울에 비춰진 자신의 모습에 가끔씩 주의를 기울인다. 6개월에 이르면 영아는 거울에 비춰진 자신을 보고 방긋거리고, 옹알거리고, 쓰다듬어 주거나, 놀잇감을 주려고 한다. 모든 행동은 마치 그가 다른 영아를 보고 행동하는 것 같다. 9개월부터 영아는 자신이 거울에서 보았던 것과 그 앞에 있는 것 사이의 유사성을 발견하고 반복적인 시도를 한다. 15개월 이후에는 거울에 비춰진 자신의 몸을 의식하는 행동을 더 많이 하게 된다. 즉, 거울에 비춰진 모습을 보며 자기 옷의 주머니나 옷의 그림을 직접 만져본다. 21~24개월에 이르면, 자신의 모습을 쳐다보며 미소를 띠거나 머리카락을 만지거나 입 안에 있는 것을 만진다. 거울 속의 자신에게 이름을 부르기도 한다.

2) 영아기에 나타날 수 있는 문제들

(1) 감각박탈

아이가 순하다고, 어머니가 몸이 불편해서, 혹은 아이가 보기 싫어서 등의 여러 가지 이유로 아이에게 신체 감각적이고 인간적인 자극을 주지 않으면 태어날 때 대뇌가 정상적이었던 아이라도 후에 지능박약이 된다. 감각박탈이 일어나는 정도에 따라서 정신기능발달에 지연이 오게 된다. 문제는 이러한 감각박탈이 어느 정도로 발생하고 있는지 현장에서 볼 수 없다는 점 때문에 나이가 들어서 소아 정신과에 오게 되면 진단에 어려움이 있을 수 있다. 이 장애는 설사 진단이 되더라도 시기가 늦을수록 치료가 불가능해진다.

(2) 발달지연(늦되는 아이)

감각박탈 아동은 전반적인 발달지연을 보이면 가급적 빨리 적절한 자극을 제공해 주어야 하고, 기질적인 원인이 있는 아이는 교정 가능한 원인인지 진단을 받아야 하며, 교정이 불가능하거나 원인불명인 경우는 소아정신과에서 주기적인 점검과 특수교육지침을 받아서 키워야 한다. 특정기능의 발달만 지연되는 경우는 특수발달장애에 해당되는데 말이나 걷기가 늦되는 경우를 말한다.

(3) 급성 격리반응

애착관계가 형성된 사람이나 낯익은 존재와 격리될 때 이에 저항하는 것을 말한다. 저항하는데도 격리를 시키면 아이는 일정시간 후에 상황을 변화시키는 것을 포기하게 되고 잠잠해지는데 흔히 어른들은 '이제 됐다'라고 생각하지만 사실 아이에게는 정신적인 상처가 생긴 상태이다. 포기하는 것 자체가 정신적으로는 상처를 의미한다. 이러한 상황이 자주 반복되는 것은 아이에게 극히 해롭다. 아이가 이런 반응을 보일 때에는 즉시 아이에게 가서 안아 주고 달래 주어야 한다.

(4) 잘 자라지 못하는 아이

생기발랄하고 하루하루가 다르게 변하는 게 아이들인데 그 반대의 경우를 말한다. 원인에 따라 치료가 달라지겠지만 어린 시기의 영양이나 수유의 장애는 영아의 정신과 신체에 큰 장애가 되므로 반드시 원인을 찾아서 교정해 주어야 한다.

(5) 영아복통

영아의 정신적 어려움이 갑자기 우는 형태로 나타나는 것을 말한다. 이 시기의 아이들은 감기 아니면 배탈 나는 것이 대부분의 병이므로 감기를 배제하고 흔히 배가 아픈 것으로 판단한다. 그래서 영아복통으로 진단이 나게 되지만 진찰해 보면 배에는 이상이 없다.

(6) 자폐아

외부와의 접촉을 꺼리고 자기만의 세계를 고집하는 병이다. 대부분의 소아 자폐는 태어나면서부터 증세를 나타낸다. 자폐아 증세의 아이들은 첫째, 정상적인 대인관계가 형성되지 않는다. 둘째, 언어발달에서 특이한 현상들이 나타난다. 셋째, 반복적이고 제한적인 행동을 한다. 자폐증의 발병 원인은 아직까지도 정확하게 밝혀지지 않고 있으나 최근 들어 뇌신경발달에 장애가 생겨서 발병한다는 새로운 학설이 등장하여 여기에 대한 연구가 활발히 이루어지고 있다. 현재로선 증세(문제점)를 조기에 발견하여 적절한 치료로 언어장애 등 전반적 발달장애를 최소화하는 것이 유일한 대책이다. 자폐증 치료는 행동요법을 중심으로 하는 치료교육이 가장 효율적인 것으로 알려져 있고, 인지, 언어, 사회화에 가장 많은 신경을 써야 하므로 일상생활 속에서 자연스럽게 사용될 수 있도록 가르치는 것이 중요하다.

(7) 지능박약

신체발육이나 운동기능을 제외한 정신기능에 주로 결함을 보인다. 운동기능도 다소 늦다. 발달장애 아동은 여러 가지 기능이 들쑥날쑥하면서 차이를 보이는 데 비해 지능박약의 경우에는 여러 기능이 비슷비슷하게 늦다.

(8) 반응성 애착장애와 모성결핍

대체적으로 긴 시간(3개월 이상)을 어머니로부터 떨어져 있어야만 하는 2세 이하의 영아에게서 나타난다. 영아는 처음에는 이러한 분리 이별에 대해서 저항하다가 후에는 실망과 좌절 상태에 빠지고 그 후로는 애착관계의 분리를 보인다. 이를 탈착이라고 하는데, 정서적으로 어머니와 멀어진 상태로 설사 어머니가 다시 돌아오더라도 영아는 예전과는 다른 반응을 보인다. 즉, 어머니를 완전히 잊어버린 것은 아니면서도 그러한 어머니에 대해서 분노심을 가지게 되며, 한편으로 다시 그러한 일이 일어날까 두려워하는 양가감정을 가지게 된다. 어떤 아동들은 평생 대인관계에서 무감정적인 성격을 가지게 되거나 따뜻한 인간관계를 형성하는데 제한적인 능력을 가지게 된다. 이러한 어려움을 겪은 아동들은 '자라지 못하는 증후군', '정신사회적 난쟁이', 우울증, 문제아, 학습장애, 경계선 지능 등을 가지게 된다. 만약 어머니가 정신장애가 있어서 아이를 제대로 돌보지 못하였거나, 아이가 시설에서 자랐거나, 첫 애착관계 인물이 사망하였거나 할 경우에 아이는 정서적인 손상을 받으며, 경우에 따라서는 이 손상이 변하지 않고 영구히 간다. 결국 아이가 이러한 정신적 손상을 경험할 당시의 아이의 상태, 그 시기와 환경, 경험 형태, 그 이전의 애착관계 형성 정도에 따라서 아이의 반응과 결과적인 모습이 달라진다.

생각해 봅시다

부모역할은 언제부터 시작될까? 자녀를 출산하는 순간부터 부모 역할이 시작된다고 생각할 수 있지만 부모 역할이 자녀를 위한 모든 행동을 포함한다고 가정한다면 임신기간부터라고 할 수 있을 것이다. 우리나라는 서양과 달리 예로부터 태아를 하나의 인격체로 생각하여 태어나는 순간부터 나이를 먹는 것이 아니라 수태기간을 포함하여 태어나자마자 한 살로 쳤다. 이와 함께 태교의 중요성을 인지하고 태아의 심리·정서적 안정에 힘썼다. 수태순간부터 부모 역할이 시작되는 것이다.

태내기의 부모역할은 우선 긍정적인 마음이 기본 전제가 되어야 한다. 임신 사실에 대해 기쁘고 반갑게 받아들이는 것이 무엇보다 중요하다. 그리고 출산을 통해 자녀와 만날 때까지 엄마와 아기의 정서적 안정을 위해 엄마 본인과 아빠가 함께 노력해야 한다. 임부의 정서상태는 태아에게 직접적으로 전달되므로 안정적인 정서를 유지하는 것이 중요한데, 임신을 하게 되면 임부는 예민해지기 쉬우므로 남편이 옆에서 배려하고 편안한 마음을 유지할 수 있도록 도와주어야 한다.

임신기간 동안의 태내환경은 하나의 생명체가 완성되는 장(場)인 만큼 자녀가 출생한 이후의 환경보다도 더 큰 영향을 미친다. 그러므로 부모는 임신에 대한 긍정적인 마음으로 필수적인 관리를 하고 좋은 생활습관을 들이는 것이 바람직하다.

여성가족부: 좋은 부모 행복한 아이

❶ 건강한 태아의 임신과 출산을 위한 임신 전후의 부모역할과 환경 요인에 대해 조사해 보자.

❷ 영아기의 신체적, 인지적, 정서적 요소의 균형 잡힌 발달을 저해할 만한 환경적 요건에 대해 조사하고 토론하여 보자.

❸ 영아기에 나타날 수 있는 문제에 대한 부모의 역할과 태도에 대해 생각하여 보고, 방안을 조사하여 보자.

제7장

유아기, 아동기 발달단계와 정신건강

유아기는 영아기와는 신체적, 지적, 사회적으로 현저히 다른 시기로서 적극적인 활동과 탐색, 발견이 이 시기의 특징으로 나타난다. 심신의 모든 기능이 미분화 상태에서 분화와 통합으로 급속히 합해져 사회생활에 필요한 기초적 능력이 확립되는 시기이다. 아동기는 많은 행동이 형성되고, 신체적·심리적 의존 상태에서 차츰 벗어나게 된다. 아동기, 즉 학령기는 성장 잠재기로서 이 시기의 아동은 유아기나 청소년기에 비해 성장 속도는 느리지만, 상당한 성숙을 이루고 운동기술이 발달된다. 또한 정서적으로도 보다 분비되어 정서 표현 방식이 달라지는가 하면 또래 집단에의 애착이 형성되어 사회적 관계가 확대된다. 이 장에서는 이러한 유아기·아동기의 정신건강에 대한 이해를 증진시키기 위한 기초로서 발달과정과 정신건강상에 나타날 수 있는 문제를 중심으로 살펴보고자 한다.

1 유아기의 발달

유아기는 만 2세부터 6세까지를 말한다. 근래에 와서 유아기의 교육을 중요하게 여기는 이유는 유아기는 발달의 가속화, 가변성, 결정적 시기로서 초기 경험과 환경(부모·자녀관계와 가장 영향)이 후일의 지적, 성격 발달 등 인간발달에 지대한 영향을 미치며 대인관계 사회적 태도, 문제 해결 능력, 창조성 등을 비롯한 인간성의 기초가 다져지는 시기이고 각종 프로그램의 교육적 기회에 의하여 지적 발달을 도모할 수 있는 학습의 잠재가능성이 풍부한 시기이기 때문이다.

1) 유아기의 발달 특성

(1) 신체의 발달

유아기의 신체발달은 크게 두 가지 면에서 중요한 의의를 갖는다.

첫째, 이 시기의 신체발달은 여러 발달영역의 기초가 된다는 점이다. 즉, 신체발달은 유아의 외형과 기능적 발육뿐만 아니라 지능과 언어발달, 정서발달, 그리고 사회성 및 성격발달의 근원이 된다. 둘째, 신체발달이 특히 정신발달에 영향을 준다는 점이다. 신체의 어느 한 부분에 결함을 지닌 아동은 사회생활을 하는 데 있어 물리적 환경이나 타인으로부터 오는 반응에 심리적이고 정신적인 부담감을 안게 되어 열등감을 지니게 된다(김성희 외, 1995).

머리의 상부가 크고 턱이 작던 영아는 턱뼈가 확대되고 치아가 발달되어 유아의 얼굴이 전형적인 어린이의 얼굴로 변화된다. 또한 팔과 다리가 길어져 아동성이 증가된다. 만 5세가 되면 키는 출생 시 신장의 약 2배인 103cm 정도가 되고, 몸무게는 출생 시의 5.4배인 16.7kg 정도가 된다. 키와 몸무게에서 남녀 차이는 거의 없으나 남아가 여아보다 키가 약간 더 크고 몸무게가 약간 더 무겁다. 치아는 2~3세 사이에 대부분의 유아들이 20개의 유치를 모두 갖게 되며, 유치 밑에는 32개의 영구치의 싹들이 자리 잡고 있다. 영양은 치아발달에도 영향을 주며, 충치는 이가 난 후 바로 생기기 시작하는 경우도 있으므로 적절한 관리가 필요하다.

유아기의 신체발달은 개인에 따라 현저한 차이를 나타내고 있지만, 유전적인 요인, 환경적인 요인, 균형 있는 영양공급 등의 세 요인들이 골고루 갖추어졌을 때 촉진된다고 말할 수 있다. 유아기의 신체발달은 개인에 따라 현저한 차이를 나타내고 있는데, 그 주요 요인은 먼저 유전적 요인에 기인한다는 것이다. 체격이나 용모, 모발 등의 외형적인 것에서부터 내분비와 항병 등의 기능적인 것에 이르기까지 신체발달이 유전인자에 의해 결정된다.

또한 유아의 신체발달은 유아의 주변 환경으로부터 많은 영향을 받는다는 것이다. 즉, 유아를 둘러싼 환경조건과 시설이 신체발달과 건강을 촉진시키는 데 중요하다는 것이다. 따라서 유아의 올바른 성장을 위해서는 신체발달을 저해하는 요인들을 제거시켜야 함은 물론, 보다 나은 생활환경을 마련해 주어야 한다.

(2) 인지의 발달

유아기에는 인지적 성장과 언어발달이 빠른 속도로 이루어진다. 유아기 동안 뇌의 성장은 유아로 하여금 정보를 보다 효율적으로 처리하게 해 준다. 유아는 이제 눈앞에 존재하지 않는 대상이나 사건에 대해 정신적 표상에 의한 사고를 할 수 있으며, 상징을 사용할 수 있는 능력을 갖게 된다. 유아기는 Piaget의 인지발달의 네 단계 중 두 번째 단계로 논리적인 조작이 불가능하기 때문에 전조작기라 부른다. 전조작기의 사고는 경직되어 있고, 한 번에 한 가지 측면에만 관심이 제한되고 사물을 외관만으로 판단한다. 이 단계는 전개념적 사고기와 직관적 사고기의 두 가지 특징이 있다.

① 전개념적 사고기

개념이란 사물의 특징이나 관계, 속성에 대한 생각으로 정의할 수 있다. 만약 주어진 대상에 대한 정확한 개념을 가지고 있다면 그것이 변화하더라도 동일한 대상으로 인식할 수 있다. 그러나 유아는 환경 내의 대상을 상징화하고 이를 내면화시키는 과정에서 성숙한 개념을 발달시키지 못하여서 이 단계를 전개념적 사고기라고 부른다. 이 시기의 유아기 사고의 특성을 살펴보면 상징적 사고, 자기중심적 사고, 물활론적 사고, 인공론적 사고, 전환적 추론을 들 수 있다.

가. 상징적 사고

상징은 어떤 다른 것을 나타내는 징표를 말한다(예: 악수-우정, 해골그림-죽음 위험, 개-털이 있고, 네 개의 다리와 꼬리를 가진 사람과 친근한 동물). 상징의 사용은 문제 해결의 속도를 증가시키고, 시행착오를 감소시킨다. 단어나 대상이 어떤 다른 것을 표현하게 하는 상징적 사고능력은 유아로 하여금 정신적으로 과거와 미래를 넘나들게 해 준다. 상징적 사고의 가장 매혹적인 결과 중의 하나는 가상놀이다. 가상놀이이란 가상적인 사물이나 상황을 실제 사물이나 상황으로 상징화하는 놀이를 말한다(예: 소꿉놀이, 병원놀이). 상징적 사고를 하기에는 충분한 나이지만 아직 현실과 환상을 구분하기에는 너무 어린 나이인 유아기에 유아가 가장 흥미를 가질 수 있는 활동이 가상놀이이다.

나. 자기중심적 사고

유아는 우주의 모든 현상을 자기중심적으로 생각하는데, 자신이 좋아하는 것을 다른 사람도 좋아하고 자신이 느끼는 것을 다른 사람도 느끼며 자신이 알고 있는 것을 다른 사람도 알고 있다고 생각한다(예: 어머니 생일 선물; 피카츄 인형 고르기, 숨바꼭질; 얼굴만 가린 채 숨었다고 생각, 맞은 편 사람의 왼손과 오른손 구별 못하는 것).

자기중심적 사고는 다른 사람의 관점을 고려하지 못하는 데 기인한다. 이것은 유아가 이기적이거나 일부러 다른 사람의 입장을 배려하지 않는 것이 아니라 단지 다른 사람의 관점을 이해하지 못하는 것을 의미한다.

다. 물활론적 사고

유아들은 생물과 무생물을 구분하는 방식이 성인과 다른데 이들은 물활론적 사고를 한다. 무생물도 살아 있으며 자신처럼 감정을 갖고 있고 의도를 가진다고 사고하는 것을 말한다. 4~6세는 모든 것은 살아 있다고 생각한다. 예를 들면, 태양이나 자전거는 움직이므로 살아 있으나, 나무는 움직이지 않으므로 살아 있지 않다고 본다. 6~8세는 스스로 움직이는 것만 살아 있다고 생각하는데 예를 들면, 태양, 구름, 바람, 비, 강물은 스스로 움직이므로 살아 있으나, 자전거나 자동차는 스스로 움직일 수 없으므로 살아 있는 것이 아니라고 본다.

라. 인공론적 사고

물활론적 사고와 관련이 있는 현상이 인공론적 사고이다. 유아는 세상의 모든 사물이나 자연현상이 사람의 필요에 의해서 자신의 목적에 맞도록 쓰려고 만들어진 것이라고 믿는다. 유아는 자기중심적 사고의 특성으로 인해 이러한 사물이나 자연현상이 특히 자신을 위해 존재한다고 생각한다.

마. 전환적 추론

인과개념은 어떤 현상의 원인과 결과 간의 관계를 추론하는 능력을 말한다. 유아들은 성인과 다르게 전개념적 사고의 한계로 인해 귀납적 추론이나 연역적 추론을 하지 못하고 대신 전환적 추론을 하게 된다. 전환적 추론의 특징은 한 특정 사건으로부터 다른 특정 사건을 추론하는 것이다. 특히, 어떤 두 가지 현상이 시간적으로 근접해서 발생하면 두 현상 간에 아무런 관계가 없는데도 유아는 인과관계가 있는 것으로 생각한다.

② 직관적 사고기

직관적 사고란 어떤 사물을 볼 때, 그 사물의 두드러진 속성을 바탕으로 사고하는 것을 말한다. 판단이 직관에 의존하기 때문에 전체와 부분의 관계를 정확하게 파악할 수 없으며 과제에 대한 이해나 처리방식이 그때그때의 직관에 의해 좌우된다. 직관적 사고기의 특성으로는 보존개념과 유목포함, 서열화 등을 알아볼 수 있다. 보존개념이란 어떤 대상의 외양이 바뀌어도 그 속성이 바뀌지 않는다는 것을 이해하는 능력을 의미한다. 예를 들면, 유아가 보는 앞에서 모양이 같은 두 개의 잔에 같은 양의 물을 부은 다음 어느 잔의 물의 양이 더 많은지 물어보면 두 잔의 물의 양이 같다고 대답하지만 한 잔의 물을 밑면적이 넓고 높이가 낮은 잔에 옮겨 담고 어느 잔의 물이 많은지 물어보면 유아들은 물의 양이 같다는 것을 이해하지 못한다. 보존개념을 획득하지 못하는 이유로, 두 개 이상의 차원을 동시에 고려하지 못한 채 한 가지 차원에만 주의를 집중하는 중심화 현상, 지각적 특성에 의해 판단하는 직관적 사고, 정지된 상태에 주의를 집중하여 바뀌는 상태를 고려하지 못하는 사고, 전조작기의 비논리적 사고의 특징인 비가역성 등의 특징 때문이라고 Piaget는 설명하고 있다.

유목포함은 상위유목과 하위유목 간의 관계, 즉 전체와 부분의 관계를 이해하는 능력을 말하며 연령이 증가함에 따라 발전된다. 예를 들면, 유아에게 열 송이의 빨간색 장미와 다섯 송이의 노란색 장미를 보여주고 '빨간색 장미가 많니? 노란색 장미가 많니?'하고 물으면 빨간색 장미가 많다고 대답한다.

서열화는 유아에게 길이가 다른 여러 개의 막대기를 주고 길이가 짧은 것부터 순서대로 나열해 보라고 하면 과제를 수행하지 못하나 구체적 조작기에 이르러서는 서열화의 개념을 완전히 획득한다. 그러나 유아기 사고의 최근 연구에 따르면 유아기의 인지발달 수준이 Piaget가 생각한 것보다 훨씬 앞서 있다는 사실을 여러 측면에서 입증하고 있다.

(3) 정서의 발달

유아기는 영아기에 비해 대인관계의 폭이 넓어지고 다양해지는 시기이다. 인간 상호 관계에 따른 정서적 긴장이 심하게 나타나며, 언어능력의 발달로 인해 자신의 주장을 관철하기 위해 언어적 표현을 많이 하게 된다. 정서를 표현하는 단어를 사용하거나 이해하는 능력이 급속도로 증가한다. 그러나 슬픔과 같은 부정적 정서보다는 행복과 같은 긍정적 정서를 더 쉽게 이해한다. 유아는 다른 사람의 긍정적 정서를 이해하는 데는 성인과 거의 동일한 수준이지만, 부정적 정서를 이해하는 데는 아직 서툴다. 또한 유아는 사람들이 '진짜로' 느끼는 정서와 그들이 '표현하는' 정서를 잘 구별하지 못한다. 3~4세경이 되면 유아는 기쁨, 슬픔, 분노, 놀람 등의 단순한 정서와 이들 정서를 야기하는 원인에 대한 이해도 증가한다.

Hurlock(1956)은 유아기 정서의 특징으로 다음 네 가지 점을 지적하였다. 첫째, 유아의 정서는 경과기간이 짧다. 유아의 정서는 보통 2~3분 계속 나타났다가 갑자기 멈추는데, 이러한 현상은 유아가 성인과는 달리 그들의 정서를 외적 행동에 남김없이 표시하기 때문이다. 둘째, 유아의 정서는 강렬하다. 유아의 정서는 아주 강렬하게 폭발하듯 표현되는 것이 그 특징이다. 셋째, 유아의 정서는 변하기 쉽다. 유아의 정서는 돌발적이고, 극단적으로 변해 간다. 넷째, 유아의 정서는 자주 나타난다. 유아는 성장하면서 여러 가지 상황이나 경우에 적응하는 능력이 발달하므로 성인보다 정서를 표현하는 횟수가 많다. 다섯째, 유아의 정서적 반응의 유형은 대체로 비슷하다. 그러나 학습과 환경에 의한 영향으로 점차 개별화되기 시작한다.

다른 발달영역과 마찬가지로 정서발달은 개인에 따라 다소 차이가 있다. 즉, 어떤 유아는 정서반응이 빨리 나타나는가 하면, 어떤 유아는 늦게 나타나는 경향이 있다. 이와 같이 정서의 분화 상태나 정도, 반응 대상 등은 개인마다 다르다. 유아의 정서발달에 영향을 주는 요소는 크게 성숙과 학습의 측면으로 나누어 생각해 볼 수 있다. 일정한 연령이 가까워지면 어떤 일정한 정서가 나타나는 것은 대부분이 성숙의 작용이라고 할 수 있다.

(4) 사회성 발달

유아기의 사회성 발달은 자신을 한 개인으로 점차 인식하게 되면서 자신에 대해서 긍정적 혹은 부정적 개념을 형성하기 시작하는데, 유아는 자신을 몸을 가지고 있는 하나의 독립체로서 인식하게 되고 자신의 몸을 스스로 조절한다는 사실을 알게 된다. 그리고 자신의 몸에서 일어나는 변화와 다른 사람과의 비교를 통해 자신의 몸에 관심을 갖게 됨으로써 신체적 자기의식을 갖게 된다. 유아기에는 신체성장과 근육 운동으로 자신이 자기의 몸을 자유로이 통제할 수 있어 자기의 일을 스스로 잘할 수 있다는 생각을 갖게 되는데, 이로써 자율감이 발달한다.

또한, 이 시기에는 개인이 자기 자신에게 부여하는 가치와 그들이 행하는 일의 성공을 예견하는 자존감이 발달하게 되는데, 이는 부모의 양육태도에 따라 차이를 보이게 된다. 유아는 부모나 주위사람들에 대한 동일시 과정을 통해 그들이 가지고 있는 가치태도 및 행동기준을 내면화하게 되는데, 이것은 유아가 속하고 있는 사회나 문화집단의 규칙과 기준을 학습하는 사회화 과정이 된다. 그러나 유아가 성장함에 따라 그의 사회적 환경은 점차 양친과 가정으로부터 떠나서 자기를 타인에게 적응시키고 여러 아동과 사회적 집단을 형성하여 비교적 비사회적 단계로 발달하여 간다. 즉, 유아들은 친구관계를 맺기 전에는 가족이라는 제한된 환경으로부터 편협한 견해 속에서 경험하게 되고 타인과의 관계도 성인 관점에 초점을 두고 습득하게 되지만, 친구관계를 맺게 되면서 점차 비판적인 입장에서 경험을 하게 된다.

유아의 사회성 발달에서 중요한 또 하나는 또래 간의 사회적 행동이다. 유아들은 대체로 3~5세가 되면 또래들과 서로 아주 가까이 지내면서 노는 것을 볼 수 있다. 유아가 다른 유아와 뜻을 맞추어 잘 지내게 되면 우정이 싹트게 된다. 그러나 기간이 길지 못하고 한쪽이 일방적으로 좋게 생각하는 경우가 많다. 사회적 교류로써 사회적 행동을 익혀 가는 가운데 유아들은 만족과 욕구불만의 두 가지 경험을 하게 된다. 이 두 가지 사회적 행동을 다 경험하면서 결국은 모순된 사회적 반응을 나타내게 된다. 유아들의 싸움은 대개 협력해서 노는 능력이 부족한 데서 많이 일어나는 것이다. 이 시기의 싸움은 소유물에 대한 갈등에 주로 기인되며, 가장 친한 친구와 많이 싸우는 경향이 있다.

또 유아는 자신이 타인보다 열등하거나 남들에 비해 자신의 대우가 좋지 않다거나 불공평한 대우를 받고 있다는 생각이 들면 일단의 열등의식을 형성하게 되고, 열등의식이 형성되면 유아는 어떠한 방식으로든지 자신의 약점을 나타내지 않기 위해 보완하려는 보완적 행동을 하게 되는데 이것이 바로 유아에게서 나타나는 경쟁의 심리과정이다.

(5) 도덕성 발달

Piaget(1965)는 유아의 도덕발달을 크게 두 단계로 나누어 설명하였다.

첫 단계는 옳고 그름에 대한 판단을 완전히 권위자의 결정에 의존하는 타율적 단계이고, 두 번째 단계는 도덕적으로 보다 성숙한 단계로서 자율적 단계라고 불렀다. 자율적 단계에서 개체는 외부의 법칙이나 다른 사람의 의견에 지배받지 않고 개인이 창출해 내는 도덕성에 의해 지배된다. 자율적 단계에 이르면 인간은 규칙에 무조건 복종하기보다는 실제로 그 자신이 규칙을 구성하고 상호합의나 상황, 의도 등을 고려하여 규칙을 받아들인다.

유아기의 도덕성 발달에 영향을 주는 요인은 가정환경과 놀이친구, 대중매체 등이 있다. 일반적으로 유아들은 가족들과의 상호접촉을 통하여 많은 행동을 습득하게 된다. 즉, 유아들은 부모나 형제들의 행동을 관찰 모방하는 것이다. 가족들의 행동은 모범의 의미를 지니며 본보기가 되는 것이다. 유아가 바람직한 행동을 했을 때 적극적인 보상을 주며, 바람직하지 못한 행동을 했을 때 처벌을 주어 사회적으로 인정된 행동규범을 습득하게 하고, 점차적으로 옳고 그름을 분명하게 판단하는 도덕적 인식능력을 내면화시켜야 한다. 유아가 걷기 시작하면서부터는 또래의 친구들과 어울려 놀기 시작한다. 이때 유아의 도덕적 기준과 행동은 친구들에 의해 영향을 받게 된다. 즉, 유아는 친구들의 좋은 행동이든 나쁜 행동이든 간에 아무런 이유 없이 호기심이나 충동에 이끌려 행동을 취하는 경우가 흔히 있다. 또한 유아기에는 각종 그림책이나 TV 장면을 통해서 쉽게 행동을 모방한다. 특히 유아는 공격적이고, 모험적인 장면을 보면 즉시 자극을 받아 그대로 자신도 해보려고 하는 경향이 있다. 따라서 유아기의 그림책이나 TV 프로 선정에 있어서 부모들의 세심한 주의와 관심이 요구된다(안영진, 1995).

2) 유아기에 나타날 수 있는 문제들

(1) 수면 장애

이 시기에 이르면 불안정한 아이는 불면증을 보인다. 편히 잠들지 않고 자주 깨거나 울거나 한다. 낮잠과 밤잠의 주기가 깨어진다. 피곤해 하면서도 자지 않거나 특별한 조건하에서만 잔다. 예를 들면, 엄마가 옆에 있어야만 자고, 이제 깊이 잠들었겠지 하고 일어나면 금방 깬다.

(2) 과잉보호

이 시기의 과잉보호는 분리개별화[6] 과정에 큰 해를 미친다. 결국 아이는 정신적인 속박 상태에서 지내게 되며, 스스로 알아서 하는 것이 줄어들고, 주변 환의

6) 마가렛 말러는 공생이라고 불리는 발달단계를 기술하였는데, 생후 3, 4주부터 4, 5개월까지 영아는 엄마 혹은 엄마의 유방과 자신이 융합되어 있다고 여기게 된다고 하였다. 이후 4, 5개월이 지나면서 아이는 개인으로서 엄마와 분리된 자신에 대한 인지를 하게 되는데, 이 시기를 분리개별화 단계라고 한다(말러 외, 1997).

변동에 매우 취약한 아이가 된다.

(3) 반항적이고 부정적인 행동

어른이 자신의 요구나 필요에 적절히 상응하지 못했을 때 길바닥에 드러누워 울고 버둥거리고 지속적으로 부모에게 반항하거나 타인에게 해가 되는 행동을 한다. 매사에 싫거나 아닌 것으로 반응한다.

(4) 공생정신병

아이가 부모의 정신세계에서 분리개별화, 독립하지 못하고 같은 정신세계의 테두리 내에서 안주하는 것을 말한다. 주로 어머니와 공생정신병 상태에 놓이게 되면 서로 편하기 그지없지만, 환경변화에 혼자 스스로 대처하는 것이 없거나 대개는 그 어머니가 미리 해결해 주므로 할 일이 없다. 어린 나이에서는 별로 문제가 안 되는 듯이 보이지만 나이가 들수록 심각해진다. 결국 아이는 상전, 어머니는 종이 된다. 아이는 어머니 없이는 아무것도 못하고 어머니는 아이 없이는 불안해서 살 수가 없다. 아이가 아프면 어머니도 아프고 어머니가 슬프면 아이도 슬프다. 두 사람이 아니고 한 사람인 것이다.

(5) 미사회화 된 공격행동

주변의 입장을 고려하지 않거나 혹은 주변에 해가 되는 공격적인 반응행동을 말한다.

(6) 정신사회성 박탈

친구나 이웃 없는 환경에서 이 시기를 지내면서 정신적 발달 과제인 사회화를 하지 못하게 된 결과를 말하며, 그 정도에 따라서 심각한 문제가 되기도 한다(사회성이 부족하거나 집 이외의 장소에서는 말을 하지 않는 모습, 엄마와 떨어지기가 힘들어 놀이방이나 유치원에 적응이 어려움).

(7) 유뇨증, 유분증

소변을 가리지 못하거나 대변을 지리는 것을 말한다.

(8) 악몽증, 야경증

자다가 일어나서 놀란 듯이 고함치고 울고 긴장하는 것으로 깨워도 쉽게 깨어나지 못한다. 악몽은 금방 깨어난다.

2 아동기의 발달

아동기 혹은 학령기(school year)라고 칭하는 시기는 6세에서 12세까지로, 이 시기의 아동은 외적인 성장과 더불어 정서를 내면화시킨다. 또한 초등학교에 입학함으로써 새로운 사회집단에 속하게 된다.

1) 아동기의 발달 특성

아동기에는 많은 행동이 형성되고, 신체적·심리적 의존 상태에서 차츰 벗어나게 된다. 아동기, 즉 학령기는 성장잠재기로서 이 시기의 아동은 유아기나 청년기에 비해 성장속도는 느리지만, 상당한 성숙을 이루고 운동기술이 발달된다. 또한 정서적으로도 보다 분화되어 정서표현방식이 달라지는가 하면 또래 집단에의 애착이 형성되어 사회적 관계가 확대된다.

(1) 신체적 발달

아동기의 신체적 발달의 특징은 영아기나 유아기에 비해 그 성장의 속도가 매우 느리다는 것이다. 그러나 신체기관의 성숙으로 인해 시야나 두뇌개발이 활발해지는 시기이다. 또한 유치가 빠지고 영구치아가 자라게 되며, 더 튼튼하고 더 빠르고 잘 조절된 신체를 유지하게 되는 시기이다(대한소아학회, 1992). 우리나라 남아의 경우 6세경에는 평균 신장이 약 115.8cm이다가 11세경에는 약 143.5cm가량으로 자란다. 여아의 경우는 6세경, 즉 초등학교 입학 무렵에는 평균 신장이 약 114.7cm이던 것이 11세경에는 약 144.2cm로 자라게 된다. 체중도 이 시기에는 크게 증가된다. 6세 남아의 경우는 평균 체중이 약 21.4kg, 여아는 20.6kg이던 것이 11세경에는 각각 약 38.6kg, 약 37.7kg 정도로 증가된다(표 4-1 참고).

표 7-1 한국 아동의 신체발육 치수

나이	신장(cm)		체중(kg)	
	남아	여아	남아	여아
6~6.5세	115.8	114.7	21.41	20.68
6.5~7세	118.5	117.5	22.57	21.96
7~8세	122.4	121.1	24.72	23.55
8~9세	127.5	126.0	27.63	26.16
9~10세	132.9	132.2	30.98	29.97
10~11세	137.8	137.7	34.47	33.59
11~12세	143.5	144.2	38.62	37.79

출처: 대한소아과학회(2002).

일반적인 외적 성장 이외에도 신체기관들의 골격구조와 신체 각 부위의 성장은 적절한 비율로 변화하여 전형적인 아동의 모습을 나타낸다. 모든 발달은 상호 관련이 있으므로 신체나 감각기관의 발달결함은 아동의 전체적 인성 특성에 영향을 미친다. 아동의 신체적 발달 양상은 아동이 유능하고 책임 있는 사회적 존재로서 발달하는 데 있어서 기본이 된다. 이와 같은 신체 발달은 매년 꾸준한 증가 추세를 보이는데 이는 국민경제가 향상됨에 따라 나타난 양질의 영양섭취를 비롯한 환경의 개선에 의한 결과라고 볼 수 있다.

이때의 운동능력 발달은 이미 가지고 있는 기술이 더 정교해지게 되어 균형과 협응의 발달이 두드러지게 된다(표 7-2 참고). 특히 남자 아동과 여자 아동 간의 운동기능과 능력에 차이를 나타내게 되는데, 남아의 경우는 5세부터 17세까지 기술이 증가하게 되는 반면, 여아는 13세경에 최고치에 도달하다가 쇠퇴하거나 같은 상태를 유지하게 된다. 이 시기의 운동조절능력 중에서도 아동의 뛰기와 공놀이 기능이 크게 발달하는 특징을 지닌다.

표 7-2 아동기의 연령별 운동발달

연령	가능한 행동
6세	• 여아는 동작을 정확하게 할 수 있으며, 남아는 힘이 세다. • 줄넘기를 할 수 있다. • 몸과 발을 움직이면서 공을 던질 수 있다.
7세	• 한 발로 균형을 잡는 것이 가능해진다. • 5cm 넓이의 평형대 위를 걸을 수 있다. • 작은 네모 칸 안으로 정확하게 뛸 수 있다. • 깡충 뛰기 운동을 정확하게 할 수 있다.
8세	• 남아, 여아 모두 5kg 정도의 무게를 들 수 있다. • 남아, 여아 모두 게임을 가장 많이 하는 시기이다. • 2-2, 2-3, 3-3의 패턴에 맞추어 리듬 뛰기를 할 수 있다. • 여아는 작은 공을 약 12m 정도까지 던질 수 있다.
9세	• 머리 위로 여아는 22cm, 남아는 25cm까지 껑충 뛰어서 닿을 수 있다. • 남아는 1초에 5m를 달릴 수 있다. • 남아는 작은 공을 21m까지 던질 수 있다.
10세	• 작은 공이 멀리서 날아오는 것을 판단할 수 있고 인지할 수 있다. • 여아는 1초에 5m 정도를 달릴 수 있다.
11세	• 남아는 1.8m 정도 넓이뛰기를 할 수 있고, 여아는 남아보다 조금 덜 뛴다.
12세	• 1.5m 정도의 높이뛰기가 가능하다.

출처: Papalia(2013).

아동기의 운동능력발달은 대근육 운동의 발달에 초점을 두게 된다.

(2) 정서, 사회성 발달

아동이 성장함에 따라 정서적 표현방법이 달라진다. 유아기의 정서는 미분화된 직접적인 표현을 했으나, 아동기는 불쾌감정 등을 스스로 억제할 수 있으며 분화된 간접적인 표현을 한다. 즉, 내면화된 정서로 발달되어 가는 것이다. 아동기에 나타나는 몇 가지 중요한 정서형태를 살펴보면, 아동기에는 공포보다 노여움이 더 자주 나타난다. 아동기의 노여움은 욕망이 좌절되거나 실수했을 때나 놀림 받거나 꾸중을 들을 때 나타나기 쉽다. 아동기의 공포는 처음에는 시각적·청각적 대상이나 구체적이고 직접적인 자극에 의해서 일어나지만, 점차 상상적이고 가상적 공포로 변해간다. 예를 들어, 시험 성적, 지각, 부모나 교사로부터 꾸중을 듣는 것 등 걱정과 근심의 형태로 나타난다.

애정의 정서는 단순한 감정상태로서 주변 사람들로부터 사랑을 받음으로써 발달된다. 즉, 부모와 자녀 간의 애정관계가 원만치 못할 때 아동들은 문제행동, 부적응, 이상행동을 하여 애정을 갈구하는 반면, 자녀에 대한 부모의 애정이 익애적이면 아동의 사회성 발달을 지연시키고 자율성을 가로막는 결과를 가져온다.

아동기의 질투는 사랑하는 사람, 또는 사랑 받고 싶은 사람을 타인에게 빼앗길 때, 혹은 자기의 재능, 능력으로써는 도저히 불가능하여 타인에게 압도당할 때 일어난다. 아동기의 자녀를 둔 부모는 아동들의 바람직하지 못한 정서적 행동을 제거하고 조정하여 정서적 성숙을 촉진할 수 있도록 지도하여야 한다. 따라서 아동의 외부적인 상태를 살피는 것만으로는 불충분하며, 아동의 욕구가 충족되고 있는가의 요구수준 정도와 자아의 구조를 아는 등 내부적 상태와 관련시켜 파악하는 것이 필요하다..

학령기가 되어 초등학교에 입학하는 것은 많은 아동에게 하나의 새로운 경험이 된다. 여러 교사와 성인들이 부모 외의 권위적인 양육자로 대두된다. 또한 학교에 입학하면 다양한 성격, 사고, 행동양식을 보이는 다양한 친구들의 또 다른 사회적 집단이 아동의 발달에 영향을 미치는 요인으로 대두된다. 또래 집단으로 불리는 이 집단은 또래나 친구가 될 수 있는 연령이나 능력이 비슷한 아동들로 구성된다. 아동들이 학교생활을 해 나감에 따라 직접적인 상호작용을 하기도 하고, 간접적인 상호 관찰을 통해 이 집단은 점점 아동의 삶의 중요한 사회화 과정에 영향을 끼친다. 8세나 9세 정도에는 보통 또래 집단에 참여하여 그 집단의 영향을 받는다. 아동의 또래 집단에 대한 애착은 더욱 커지나, 부모에게는 말이 없고 무뚝뚝하기 쉽다. 그러나 또래 집단과의 애착은 주체성을 발견하는 데 있어서 필수적이고 가치 있는 일이다.

또래 집단 내에서는 일반적으로 사교적이고 활동적이며 생각이 풍부한 아동이 인기가 있고 지도력을 발휘한다. 때로는 용모나 힘, 재치, 그리고 성숙한 면에서 뛰어난 아동이 인기가 있고 지도력을 발휘하기도 한다. 이렇게 신체적으로나 재능, 성격 등에서 뛰어난 아동 역시 사회성의 발달이나 성격의 발달 및 집단생활에 대한 여러 가지 태도 형성에 또래의 영향을 받는다.

또래 집단의 역할은 다양하다. 첫째, 또래 집단은 아동 개인에게 소속감의 원천이 된다. '친구 따라 강남 간다', '어머니 팔아 친구 사귄다'는 속언이 적합한 때가 아동기이다. 아동기에는 성인의 지배를 벗어나서 또래끼리 결속하는 것이다. 성인과 떨어져서 기능하는 방법을 배우는 장소가 아동기의 사회이다. 아동기 동안의 협동놀이는 대체로 3~4명 정도의 소집단 속에서 일어난다. 또래 집단의 친구관계는 아동에게 사회적 상호작용을 주고받거나 타협하기 등과 같은 수많은 사회적 기술을 가르쳐 준다.

둘째, 또래는 서로 간에 교사로서의 역할을 한다. 또래끼리는 권위를 가진 수직적 관계가 아니라 자발적으로 동조하는 수평적 관계에 있기 때문에 더 쉽게 수용된다. 또래끼리 비교하여 서로의 장·단점을 평가하므로 자아개념 형성에 중요한 역할을 할 수 있다.

셋째, 또래 집단은 수많은 주제에 대한 지식을 전달하는 기능을 하고, 서로의 문제 해결을 돕는 심리치료사의 역할을 한다. 공통의 문제, 관심과 욕구, 흥미 등의 기준에서 의논 상대가 된다. 이 시기의 아동은 부모보다는 또래에 의해 제공된 사실과 의견을 더 잘 믿는다.

넷째, 또래는 여러 가지 모델이 된다. 동조, 공격성 등의 다양한 모델로서의 역할을 한다. 특히 아동기의 공격성은 사회화에 중요한 역할을 하는데, 공격적 행동을 위한 기술과 통제방법, 그리고 공격적 행동에 대한 대응방법 등을 주로 또래들로부터 배운다(유안진, 1989). 그리고 아동 사이에서의 생활방식의 하나인 규칙을 지킴으로써 그들에게 수용될 수 있는 행동양식을 배우는 데 도움이 된다.

아동의 자아존중감과 가치는 대부분 그들을 다루는 다른 아동과 성인의 방식에서 온다. 그러나 또래나 성인문화의 어느 하나만 영원하게 동일시하는 것은 바람직하지 못한 결과를 초래할 수 있다. 상황에 따라 동일시할 대상을 적절히 바꾸는 아동은 독립적인 주체로 성장하는 좋은 기회를 가진다.

(3) 인지발달

아동기는 Piaget의 인지발달에서 구체적 조작기에 해당한다. 7세부터 11세경까지의 시기를 구체적 조작기라 하며, 이 시기에는 전조작기보다 더 성숙한 인지구조가 형성된다. 학령기에 접어들면서 아동은 심신이 발달하고 기존의 문화를 받아들여 학습함으로 인해 인지적으로 현저한 발달을 나타낸다. 이 시기가 되면 아동은 사건과 사물 사이의 어떤 원칙이나 관계를 이해하고 이용할 수 있고 특정사실에 따라 사물을 분류할 수 있게 되어 위계에 따라 사물을 분류하는 것이 가능해진다. 또한 이 시기에는 양, 무게, 부피의 보존 개념을 확실하게 획득할 수 있게 되며 전조작기의 자기중심적 사고는 이 시기에 와서 탈중심적 사고로 바뀌게 된다. 구체적 조작기 아동의 가장 두드러진 특징은 탈중심적 사고와 보존개념, 조망수용능력이다.

① 탈중심화

탈중심화는 유아의 인지적 특성인 자기중심성을 탈피하는 것을 말하는데, 구체적 조작기에 들면서 가족은 물론 또래 친구들과의 관계에서 서로의 생각을 비교할 수 있다. 또, 아동은 다른 사람과의 상호작용과정에서 자신의 사고가 모순된다든지 또는 한 차원만 보고 다른 차원을 고려하지 못하였다는 것 등을 발견하게 되고, 다른 사람과의 상호작용을 통한 사회적 경험은 아동의 자기 중심성을 감소시켜 아동의 사고과정의 폭을 넓혀 준다.

② 보존개념

물체가 공간적 배열을 달리하거나 모양을 다르게 해도 그 속성은 변하지 않는다는 보존개념(conservation)에 대한 이해가 발달된다. 보존의 판단은 가역성

(reversibilit)과 필연성(necessity)을 이해함으로써 가능하다. 즉, 어떤 조작이 정신적 혹은 실제적으로 역전될 수 있음을 알고, 아무것도 더해지거나 빼지 않았다면 그 양은 필연적으로 똑같을 것이라는 것을 알게 된다. 예를 들어, 물은 몇 가지 물리적 상태로 존재할 수 있는 속성을 가지고 있는데 얼음이 녹아 액체 상태로 되는 과정은 아동들이 가역성의 개념을 이해하는 데 도움이 된다. 또한 2+3=5이면 5—3=2가 된다는 사실도 이해할 수 있다. 또 다른 구체적 조작기의 능력으로는 사물의 크기나 무게 등을 순서대로 배치하는 능력인 서열화(seriation)와 주어진 관계로부터 다른 한 관계를 추출해 내는 능력인 전환성(transivity)이 있다.

구체적 조작기의 아동들은 사물을 분류할 수 있게 되고 대상 물체 간의 공통성이나 차이점 및 관계성을 이해하게 된다. 예를 들어, 7세가 되면 100원이 50원보다 많으며, 50원이 10원보다 많다는 것을 알게 되어 자연히 100원은 10원보다 많다는 것을 사고를 통해 알 수 있다. 그러나 아직까지는 논리적 사고가 구체적 준거가 있을 때는 가능하나, 익숙치 못한 어떤 상황이나 대상에 일반화시키거나 가설개념을 이해하는 단계에는 미치지 못한다. 따라서 위의 예에서 나타난 바와 같이 100원이 10원보다 많음을 추리하였을지라도 A>B이고 B>C이므로 A>C가 된다는 것은 이해하기 어렵다.

또한 아동기에는 외부자극을 인지하여 의미 있는 지식으로 전환시키는 심리적 과정인 지각(perception)조직을 분화시킬 수 있음으로 인해 논리적 방식으로 지각 정보를 구성해 나갈 수 있다. 복잡한 지각적 조직을 할 수 있게 되는 새로운 능력은 아동이 읽기를 한다거나 셈을 이해한다든지, 창의적인 예술적 작업을 하는 능력이 점차로 증가하는 데서 찾아볼 수 있다. 예를 들어, 낱말 외우기에서 운율을 맞춰 가며 암기할 수 있으며, 사물을 공통된 특성에 의하여 유목화시키는 등의 논리적 구성능력이 발달된다. 또한 위치–방향–크기–부피–모양–원근–명암–운동 등의 공간지각이 발달하여 시범을 보인 체조를 따라할 수 있다.

③ 조망수용능력

조망수용능력이란 다른 사람의 관점을 이해하고 그 사람의 사고와 태도를 식별하는 능력이다. Piaget의 인지발달단계에 따르면 아동기에 접어들어 타인의 관점을 수용할 수 있게 되면 자발적으로 타인을 돕고 함께 나누려는 행동을 하게 된다고 한다. 이 조망수용 능력도 연령에 따라 다르게 나타난다. 감정조망 능력은 3~4세의 경우에도 가능하고, 인지조망능력은 6~7세가 되면 가능해진다. 공간조망 능력은 7~9세에 부분적으로 이루어지나, 주어진 위치에서 다른 사람이 보는 것을 정확하게 이해할 수 있는 것은 9~10세가 되어야 한다.

(4) 언어발달

아동기에 있어서는 언어를 자신의 지적인 의사소통 도구로 인식하고 학습도구로 인식할 정도로 언어능력이 현저히 발달된다. 일상생활에서 아동이 주고받는 언어를 통해 아동의 언어발달을 알 수 있다. 학령기 아동은 때로 문법적 오류를 범하기도 하지만 유아기 때의 특이한 어법은 거의 사용하지 않는다. 말하는 독특한 패턴이 뚜렷하게 생기게 되고, 말의 길이도 길어지고, 문장은 복잡해져서 비교적 의미 있는 생각을 할 수 있게 된다. 학령기의 아동은 대상으로부터 단어를 분리하고 단어를 하나의 상징으로 볼 수 있는 인지능력을 갖게 된다. 언어능력은 이해(읽기·듣기)와 표현(쓰기·말하기)으로 구분할 수 있으며, 문자언어와 구두 언어로 나누어 표현한다. 아동기 초기에는 이해와 구두언어가, 후기에는 표현과 문자언어가 발달한다. 6세경에는 이미 언어의 기본적인 구문구조가 이해되고 그 이후에는 어휘·구문적 불규칙성까지도 이해된다. 7세경에는 수동형 문장을 사용할 수 있으며, 전치사의 사용능력도 10세경에는 거의 완성된다. 10~12세경에는 문법적 구조와 유형, 문장 길이나 복합형에 대한 이해력이 증가된다. 어휘력이 급속히 발달함에 따라 어휘의 사용량도 풍부해지고 동의어에 대한 이해도 가능하다.

아동기에는 특히 대상 참조적 의사소통기능(referential communication skills)이 발달된다. 특히 대화하는 상대방의 연령-성별-이해 정도-사고방식 등과 같은 것을 어렴풋이나마 더듬어 알게 되고, 이런 여건에 맞도록 자기 언어를 선택 조절해서 구사할 수 있게 되어 가는데, 이를 대상 참조적 의사소통기능이라고 한다. 한 실험에서 7세 아동이 같은 장난감을 성인과 3세 아이에게 설명하는 경우 어린 아이에게 보다 쉽고도 많은 어휘를 이용하여 천천히 설명하는 것을 볼 수 있다.

대상 참조적 의사소통기능이야말로 상대방에게 필요한 정보가 무엇인가를 알고, 생각하고 전달할 내용을 조절할 수 있는 탈중심화 능력발달의 기본이 된다. 이와 같은 기능은 아동의 사회성 발달과도 영향을 주고받게 되면서 계속 발달된다.

Hurlock(1978)은 1·2학년은 문자능력, 3·4학년은 발표력과 문법능력, 5·6학년은 독해력이 발달된다고 한다. 언어발달은 지능수준, 신체적 결함 유무, 남녀 성차, 가정환경, 출생순위, 부모의 사회경제적 지위(SES), 도시와 농촌, 가정의 언어환경, 문화결손, 언어적 자극 등에 따라 크게 차이가 있다. 따라서 언어발달의 중요한 시기인 아동기에 발달순서에 따라 정확하고 다양한 언어경험을 하도록 하여 표준말의 사용 등 좋은 언어습관이 형성되도록 주의 깊은 지도가 필요하다.

2) 아동기에 나타날 수 있는 문제들

(1) 거짓말

일반적으로 아동의 거짓말 형태는 권위로부터의 처벌을 피하고자 할 때, 타인의 주의를 끌고자 할 때, 타인이 자신의 거짓말에 속아 넘어가는 것에 쾌감을 느껴 장난으로 하는 경우, 남을 골탕 먹이거나 보복하기 위한 경우, 또 타인을 감싸주거나 보호해 주려 할 때 등을 들 수 있다. 그 형태가 어떠한 것이든 거짓말을 하게 되면 보다 더 빈번하고 정도가 심한 거짓말을 하게 될 수 있다는 문제점이 있기 때문에 부모나 교사는 거짓말을 하는 것의 이면에 있는 참된 이유를 파악하는 것이 문제 해결에 도움을 준다. 자신을 방어하기 위해 거짓말을 한 경우는 자존심에 상처를 주거나 심신에 고통을 주는 심한 벌을 주면 거짓말을 더 자주 하도록 하는 결과를 초래할 수 있기 때문에 삼가야 한다. 또 권위에의 도전이나 관심을 끌고자 하는 거짓말은 애정 결핍 때문인 경우가 많기 때문에 보다 많은 관심과 애정을 보여주고, 건전한 자아개념을 형성하도록 배려해야 한다.

(2) 도벽

학교에서 친구의 물건을 가져오거나 가게의 물건을 가져오는 아동들이 있다. 이러한 경우 부모들 중에는 나이가 어려서 사리분별력이 부족하기 때문으로 생각하고 가볍게 넘기려고 하나, 도벽은 아동의 습관으로 발전하여 보다 심각한 문제가 생길 수 있기 때문에 주의 깊게 신경을 써야 한다.

도벽의 동기를 파악하는 것은 쉽지 않으나 단순하게 친구에게 자랑하고 과시하기 위해서 훔치는 아동들은 부모가 대개 아동에게 관심이 적고, 방임하는 가정에서 성장한 경우가 대부분이다. 어렸을 때부터 모든 요구를 들어 주는 가정에서 성장한 아동들도 타인의 소유물을 중요시한다는 개념이 미약하여 자신이 가지고 싶은 것이면 남의 것이라도 생각 없이 갖는 경우가 있다. 또 부모가 절대적인 권위만을 내세우고 자녀에게 복종만을 강조하는 경우 아동은 자신의 존재나 소유를 인정받지 못했기 때문에 욕구불만의 충족을 위하여 물건을 훔칠 수도 있다.

일반적으로 도벽이 있는 아동들은 자신의 욕구나 행동을 조절하는 능력이 부족한 경우가 많기 때문에 자기통제력을 길러 줄 필요가 있다. 특히 나쁜 친구를 사귀어 친구의 협박 때문에 훔치는 아동이나, 장기간 동안 반복되는 도벽의 문제는 분노, 좌절, 심신의 허약함과 관련된 심각한 문제인 만큼 전문가의 도움을 받을 필요가 있다.

(3) 또래관계의 문제

아동기에는 또래가 그들의 삶에서 차지하는 비중이 높아진다. 또래에게 협동적이고 다정한 사회적 행동을 함으로써 인기 있는 아동이 있는 한편, 배척 아동과 소외 아동처럼 또래 수용도가 낮아 또래 관계에서 위기에 처하는 아동들도 있다.

배척 아동은 또래와 상호작용할 때 갈등을 유발하거나 공격적 행동과 과잉행동 같은 부정적인 사회적 행동이나 산만한 행동을 보이며, 미성숙한 사회적·인지적 놀이를 한다. 또래에게 배척당하는 아동은 다른 아동의 순수한 행동을 적대적인 것으로 잘못 해석하여 적대적이고 공격적인 반응을 보인다. 또래와의 대화에도 거의 참여하지 않기 때문에 조망수용 능력을 발달시키거나 타인의 의도를 정확하게 파악하는 것을 배우지 못한다.

소외 아동은 또래에게 인기가 없다는 면에서는 배척 아동과 유사하나 공격적 행동이 나타나지 않는다는 점이 다르다. 이들은 주로 혼자 놀며, 또래와의 상호작용이 적음에도 불구하고 스스로 외로움을 보고하지는 않으나, 또래를 의도적으로 회피하거나 또래와의 관계에서 부적절하게 행동하는 아동은 심리적인 문제로 위기 상황에 처할 수 있다. 최근에는 배척 아동이나 소외 아동처럼 또래수용도가 낮은 아동들을 돕기 위하여 조형, 모델링, 지도 같은 방법이 사용되고 있다.

생각해 봅시다

대한민국의 미래를 책임질 '동심'이 멍들고 있다. 서구형 체형과 무분별하게 노출된 인터넷 정보는 초등학생들을 '애어른'으로 급속히 바꾸고 있다. 몸도, 마음도 더 이상 10년 전 초등학생이 아니다. 불과 몇 년 전에는 사춘기의 대명사라고 불리던 '중2병'의 청소년들에게서나 일어날 법한 흡연, 절도, 심지어 성범죄까지 초등학생들에게서 나타나며 '3.5춘기'로 불리는 현상이 증가하고 있다. '3.5춘기'를 겪는 초등학생들의 배경에는 가정의 무관심과 입시 위주의 경쟁교육이 등이 있다. 경제난에 치인 부모는 맞벌이를 통해 물질적 도움만 아이들에게 주면 모든 것이 해결된다는 인식을 가진 와중에, 치열해진 입시 전쟁터에서 아이들은 극단의 생존방식을 요구받고 있는 것이다.

한때는 대학생이나 고교생의 고민이던 직업 선택 등의 미래 불안이 이제는 초등학생에게도 전염되었다. 한국의 초등학생들은 스스로 행복하지 않다고 여긴다. 2013년 7월에 발표한 '2013 어린이·청소년 행복지수 국제 비교'에 따르면 한국은 OECD 23개국 중 주관적 행복 평가에서 꼴찌를 차지했다. 이러한 아이들의 극단적 생존환경에서 봉사를 열심히 하거나 인성이 좋은 아이보다는 성적이 우수한 아이가 인정받는 교육 현실이 지속되고, 인정받을 수 있는 기준치에 다다르지 못하는 아이들은 생존하기 위해 반도덕적인 행동을 서슴없이 자행한다.

이러한 사실들에서 알 수 있듯이 현대의 아동들과 청소년들은 태어나 신생아기를 지나 영·유아기, 아동기, 청소년기를 거쳐 성인으로 진입하게 되는 각 발달 단계에서 신체적 발달과 인지, 정서가 균형 있고 순조롭게 발달하기 어려운 현실에 처해 있다. 대부분의 아동들은 식생활의 변화로 인한 조숙한 신체적 발달과 함께 조기 입시 교육으로 인한 지나치게 빠른 인지 발달 수준이, 그에 비해 전혀 교육되지도 발달되지도 못하는 정서 발달 체계와 불균형을 이루고 있는 것이 큰 문제점으로 나타나고 있다.

또한 다른 문제로는 지나친 인터넷·스마트폰 중독이 아이들의 인지발달을 가속화시켜서 문제가 된다고 얘기한다. 이와 같은 의견 외에 유아기·아동기에 균형 잡힌 발달을 저해하고 '3.5춘기'를 나타내는 요소에는 어떠한 것들이 있을지 토론하여 보자.

참고자료: 머니투데이뉴스, 2013년 11월 4일, '부모 욕심에 전쟁터 내몰린 초등생을 제자리로'

❶ 아동기의 발달에 따라 아동기에 나타날 수 있는 문제들에 대해 과거와 대조하여 토론하여 보자.

❷ 아동기의 신체적, 인지적, 정서적 요소의 균형잡힌 발달을 저해할 만한 환경적 요건에 대해 조사하고 토론하여 보자.

❸ 아동기에 나타날 수 있는 문제들에 대한 부모의 역할과 태도에 대해 생각하여 보고, 방안을 조사하여 보자.

아동 정신 건강

제3부

심리장애 유형과 아동정신건강

제8장

신경발달장애 Ⅰ

일반적으로 어떤 기준에서 벗어난다고 생각되는 행동들을 발달상 문제행동이라고 본다. 여기서 기준이라는 것은 문화적 가치나 상황적 요인, 성별에 따른 규범, 연령에 따른 발달기준 등에 따라 달라진다(Wicks- Nelson & Israel, 2000). 따라서 발달상 문제행동의 유무를 판단하거나 그 유형을 범주화할 때는 이러한 점을 고려해야 한다.

아동기 정신질환의 분류 기준은 다양하지만 본서에서는 미국정신의학회에서 편찬한 DSM-5 기준에 따른 것으로 이 장에서는 유아기, 아동기에 흔히 처음으로 진단되는 발달장애를 살펴보고자 한다.

1 지적장애

1) 주요증상과 특징

아동 중에는 전반적인 지적 능력이 떨어져 학업을 비롯한 대부분의 적응활동에서 부진함을 나타내는 아동들이 있다. 이러한 아동은 나이에 비해서 현저하게 미숙한 적응 양상이 나타난다. 이처럼 지능이 비정상적으로 낮아서 학습 및 사회적 적응에 어려움이 있는 경우를 지적장애(intellectual disaability)라고 한다. 지능면에서 신경발달장애 범주에 속해 있는 지적장애는 DSM-4의 정신지체가 변경된 것이다. DSM-4에서는 정신지체를 IQ 70 이하라고 제시하고 있었으나 DSM-5에서는 정신지체의 진단 및 심각도 판정에 있어 IQ 지수 사용이 선택적으로 바뀌었다. 이로 인해 진단의 신뢰성과 정확성에 제한이 발생할 가능성이 있다는 의견이 일각에서 제기되고 있다. 그리고 DSM-4에서 18세 이전에 발병되어야 한다는 기준이 발달기간(아동기-사춘기) 동안에 발병하는 것으로 변경되어 기준이 다소 완화되었다. 심각도는 이전과 마찬가지로 경도, 중등도, 중도, 중도로 평정한다. 지적장애는 사회적 판단, 위험평가, 행동, 정서 혹은 대인관계에 있서의 자기관리, 혹은 학교 및 직업 환경에서의 동기 등과 관련된 어려움이 존재할 수 있다. 지적발달장애의 진단기준은 다음과 같다.

지적발달장애의 진단기준(DSM-5)

지적장애(지적발달장애)는 발달기 중 발병하는 장애로, 개념적·사회적 및 실질적 영역에서 지적 및 적응적 기능 결여 모두를 포함한다. 다음의 세 가지 요건을 충족해야 한다.

A. 임상적 평가 및 개인화, 표준화된 지능검사로 확인된 추론, 문제 해결, 계획, 추상적 사고, 판단, 학업적 학습, 경험으로부터의 학습 등 전반적 적응 능력의 결함

B. 개인의 자립 및 사회적 책임을 위한 발달 및 사회문화적 기준상의 기대를 충족하지 못하는 적응적인 기능의 결함. 지속적인 도움 없이는 하나 혹은 그 이상의 다음 일상 영역에서의 기능성이 제한됨: 가정, 학교, 직장 및 공동체 상황과 같은 다양한 환경에서의 의사소통, 사회 참여, 독립적 생활

C. 지적 및 적응적 결여가 발달기(developmental period) 동안에 발생

참고: 지적장애(intellectual disability)라는 진단용어는 ICD-11의 지적발달장애(intellectual developmental disorder) 진단과 동등한 용어다.

지적 기능(intellectual function)은 추리, 문제 해결, 계획, 추상적 사고, 판단, 학교에서의 학습 및 경험을 통한 학습을 의미한다. DSM-5에서는 지적장애를 지적 기능과 적응 기능에서의 결손이라고 정의하고 있다. 적응기능(adaptive function)은 가정, 학교, 직장, 지역사회와 같은 다양한 환경에서의 의사소통, 사회적 참여, 독립적인 생활과 같은 일상생활을 영위할 수 있는 능력을 뜻한다. 지적장애는 그 심각도에 따라서 네 가지 등급, 즉 경도(mild), 중등도(moderate), 중증도(severe), 고중증도(profound)로 구분된다. 지적장애의 심각도 수준은 다음과 같다.

표 8-1 지적장애(지적발달장애)의 심각도 수준

심각도 수준	개념적 영역	사회적 영역	실질적 영역
경도	취학 전 아동의 경우, 명백한 개념적 차이가 나타나지 않을 수 있음. 학령이 아동과 성인의 경우, 읽기, 쓰기, 수학, 시간 혹은 금전에 관련된 학업적 기술을 배우는 데 어려움이 존재하여, 연령에 적절한 기대를 충족하기 위해서는 하나 혹은 그 이상의 영역에서 보조 및 도움을 필요로 할 수 있음. 성인에게서는 추상적 사고, 집행기능(executive function)(즉, 계획, 전략, 우선순위 세우기 및 인지적 융통성) 및 단기기억력과 학업적 기술의 기능적 사용(예: 읽기, 금전관리) 능력 등이 손상됨. 같은 연령대의 동류 대비 문제와 해결에 있어 사실에 근거한 사고가 강한 경향을 보임.	정상적 발달을 보이는 같은 연령대의 동류 대비, 해당인은 사회적 상호작용에 있어 미성숙함. 예를 들어, 동류의 사회적 신호를 정확히 받아들이는 데 어려움이 있을 수 있음. 의사소통, 대화 및 언어가 해당 연령에 기대되는 수준에 비해 사실에 집중된 형태를 띰. 연령에 맞게 정서 및 행동을 조절하는 데 어려움을 보일 수 있음. 이러한 어려움은 사회적 상황에서 동류에 의해 인지됨. 사회적 상황에서의 위험성에 대한 이해가 제한적임. 사회적 판단력이 연령 대비 미성숙하며, 타인에 의해 조종당할 수 있는 위험성이 있음(잘 속음).	자기관리에 있어서는 연령에 적절하게 기능할 수 있음. 동류 대비보다 복잡한 일상 작업에 대해서는 보조를 필요로 하기도 함. 성인기에 이러한 보조가 필요한 영역은 식료품 쇼핑, 교통, 가사일 및 육아 계획, 영양적 음식 준비 및 은행업무와 금전관리 등임. 레크리에이션 기술은 비슷한 수준이나 이와 관련된 안전이나 계획에 대한 판단에 있어서는 보조 필요. 성인기에는 개념적 기술을 강조하지 않는 직업 영역에서의 고용에서 보통 경쟁력이 있음. 해당인은 보통 의료 관련 결정 및 법적 결정, 그리고 직업적 기술 습득을 위해서 도움을 필요로 함. 가족 양육에 있어서도 보통 도움을 필요로 함.
중등도	모든 발달 단계에 걸쳐, 해당인의 개념적 기술은 동류 대비 현저하게 뒤떨어짐. 학령기 전에는 언어 및 취학 전 기술이 느리게 발달함. 학령기 아동인 경우에는 읽기, 쓰기, 수학 및 시간 및 금전에 대한 이해가 학령기 동안 느리게 진행되며 동류 대비 현저하게 제한적임. 성인기에는 학업적 기술발달이 보통 기본적인 수준이	해당인은 전 발달기에 거쳐 사회 및 소통 행동에 있어 동류 대비 현저한 차이를 보임. 음성 언어가 사회적 소통에 있어 주요 도구이나 동류 대비 그 복잡성이 훨씬 떨어짐. 가족과 친구 관계에 있어 관계 맺기 능력은 명백히 존재하며, 일생에 걸친 우정을 가질 수도, 성인기에 이성 관계를 가질 수도 있음. 하지만	해당인은 성인으로서, 식사, 옷 입기, 배설 및 위생 관련 자기관리는 가능하나 해당 영역에서 독립적인 기능을 위해서는 장시간의 교육이 필요하며, 여러 번의 상기가 필요할 수도 있음. 유사하게, 성인으로서 모든 가사일에 참여도 가능하나, 장시간의 교육을 필요로 하며, 보통 성인 수준의 기능성을 위해서는 지속적인 보조가

중등도	며, 직업 및 개인적 생활에서 학업능력 사용에 있어서 도움을 직업 및 개인적 생활에서 학업능력 사용에 있어서 도움을 필요로 함. 매일의 생활에서 개념적 작업을 위해서는 지속적인 보조를 필요로 하며, 해당인을 위해서 타인이 이 일을 완전히 떠맡을 수 있음.	해당인은 사회적 신호를 정확하게 해석하지 못할 수 있음. 사회 판단과 의사결정 능력이 제한적이며, 돌보는 이가 일생에서 중요한 결정에는 도움을 주어야 함. 정상발달 중인 동류와의 우정은 대체로 소통 및 사회적 제한으로 인해 영향을 받음. 직업 영역에서 성공적 기능을 위해서는 충분한 사회적 및 소통적 보조가 필요함.	필요함. 제한적인 개념 및 소통 기술을 필요로 하는 업무영역에서는 독립적인 고용이 가능하지만, 사회적 기대, 업무적 복잡성 및 일정 조정, 교통, 의료보험 및 금전관리 등의 부가적인 책임 수행을 위해서는 동료, 상사 및 타인으로부터의 많은 도움을 필요로 함. 다양한 레크리에이션적 기술 역시 개발 가능하나, 여기에는 추가적인 도움과 장기간에 걸친 학습 기회가 필요함. 해당 집단의 많은 일부 군에서 부적응적 행동이 나타나 사회적 문제를 야기하기도 함.
중도	개념적 기술의 습득이 제한적임. 해당인은 보통 문자언어 혹은 숫자, 수량, 시간 및 금전 관련 개념을 거의 이해하지 못함. 돌보는 이가 일생에 거쳐 문제 해결에 대한 보조를 제공하게 됨.	어휘 및 문법 측면에 있어 음성언어가 상당히 제한적임. 언어는 보통 단일 단어 혹은 어구 정도로 이루어져 있어, 언어적 보조 장치를 이용해 보완될 수 있음. 언어와 소통은 매일의 사건에서 '지금' 그리고 '여기'에 집중되어 있음. 언어는 설명보다는 사회적 소통을 위해 사용됨. 해당인은 간단한 음성 언어와 제스처를 이용한 의사소통은 이해할 수 있음. 가족 및 친근한 타인과의 관계가 즐거움과 도움을 줌.	해당인은 식사, 옷 입기, 목욕 및 배설 등 일상의 모든 활동에 있어 도움을 필요로 함. 해당인은 항상 감독을 요함. 자신 및 타인의 안녕 및 안전에 대한 책임 있는 의사결정이 불가함. 성인기에는 집안일, 레크리에이션 및 직업 활동에의 참여 시 지속적인 보조와 도움을 필요로 함. 모든 영역에서의 기술 습득이 장기간의 교육과 지속적인 도움을 필요로 함. 해당 군의 많은 일부 군에서 자해를 포함한 부적응적인 행동이 나타남.

최중도	개념적 기술은 보통 상징적 과정보다는 물리적 세계와 관련됨. 해당인은 자기관리, 업무 및 레크리에이션 활동에 있어서 목표 지향적으로 목표에 따라 움직일 수 있음. 물리적 특성에 따른 분류 등과 같은 특정 시공간적 기술은 습득 가능할 수 있음. 하지만 동반되는 운동 및 감각적 손상이 사물의 기능적 사고를 제한하기도 함.	해당인은 음성 언어 혹은 제스처에서 상징적 소통에 대한 이해가 매우 제한적임. 매우 단순한 지시 및 제스처는 이해 가능할 수 있음. 해당인은 자신의 열망 및 감정을 많은 경우 비언어적이며 비상징적 소통을 통해 전달함. 해당인은 친밀한 가족 구성원, 돌봄이 및 친숙한 타인과의 관계를 즐기며, 제스처 및 정서적 신호를 통해 사회적 상호작용을 시작하고 반응함. 동반되는 감각 및 신체적 장해가 많은 사회적 활동을 방해할 수 있음.	해당인은 일상적 자기관리, 건강 및 안전의 모든 영역에서 타인에게 의존적이나, 해당 활동의 일부에는 참여가 가능함. 심각한 신체적 장해가 없는 경우, 테이블에 접시 나르기와 같은 가정에서의 일부 작업에는 도움을 줄 수 있음. 직업 활동에 있어서 뚜렷한 목표를 가진 단순 업무에는 지속적인 도움이 제공된다면 참여 가능함. 레크리에이션 활동은 음악 듣기, 영화 보기, 산책 하기, 물 관련 활동 등에는 참여가 가능하나 모두 도움을 필요로 함. 동반되는 신체 및 감각적 장해가 자주 집안일, 레크리에이션 및 직업 활동에 대한(단순히 지켜보는 것 이상의) 참여를 방해함. 해당 군의 많은 일부 집단에서 부적응적 행동이 존재함.

출처: 최정윤 외 2인(2015).

지적장애의 유병률은 일반 인구의 약 1%이며, 남자가 전체의 60로서 여자보다 남자에게 더 흔하다. 중도의 지적장애 유병률은 약 1,000명 중 6명꼴이다(권석만, 2014). 특별한 신경학적 원인이 밝혀지지 않는 경미한 지적장애의 경우에는 하류계층에서 더 많이 나타난다. 심한 지적장애일수록 어린 시기에 발견되는 경향이 있다. 지적장애는 지속되는 경향이 있으나 반드시 평생 지속되는 것은 아니며, 진행경과는 원인이 되는 신체적 요인과 환경적 요인에 의해 영향을 받는다. 특히 경미한 지적장애아는 적절한 교육과 훈련을 통해 여러 가지 적응 기술을 습득할 경우 지적장애에 더 이상 해당되지 않는 양호한 적응 상태를 나타낼 수도 있다.

지적장애는 자폐증과 같은 전반적 발달장애, 의사소통장애, 학습장애 등과 잘 구별되어야 한다.

2) 지적장애의 특성

(1) 행동과 신체 및 운동특성

지적장애 아동들은 대부분 어려서 뒤집기, 기어다니기, 앉기, 걷기 등이 느리게 나타나고 미숙한 수준이다. 자신의 내부에서 일어나는 욕구통제와 상황에 따른 적절한 행동조절 능력이 미숙하며, 일상생활에서 자신이 원하는 것이 있으면 본능적인 욕구에 따라 즉각적으로 행동하는 경향이 있다.

지적장애 아동들은 대부분 생활 전반에 관한 반응이 느리다. 대부분 자발적인 동기 유발이 안 되고, 타인 지향적이기 때문에 타인이 시키는 일, 눈치 보는 일에 익숙하고 자율성이 결여되어 있다. 일반적으로 흥미롭게 모방할 수 있는 그림 그리기, 장난감 조립, 종이 접기 등이 이루어지지 않는다.

지적장애의 경우 뚜렷한 신체적 특징은 보이지 않는다. 그러나 그들의 장애 조건 때문에 정상인들과 신체적으로 차이가 있는 경우도 있고 지각결함과 더불어 일반적인 문제로 시각 및 청각 인지문제가 나타난다. 중증의 지적장애 아동들은 대부분 신체적 장애, 신경학적인 장애를 가지기 때문에 자신의 몸을 스스로 유지하는 데 필요한 신체 및 운동발달상에 현저한 미숙현상이 나타난다. 그리고 신체적으로 외모와 얼굴 형태에서 이상이 있고, 신체 유지와 활동에 어려움을 느낀다. 특히, 중등도 정신지체의 범위에 속하는 아동들 대부분은 중추신경계 이상이나 손상으로 인해 협응 작용과 걸음걸이, 소근육 운동기능 등에서 문제를 발견할 수 있다.

(2) 인지적 특성

Kail(1992)과 Tomporowski와 Tinsley(1994), Zigler(1999)에 따르면 경도 지적장애 아동은 인지발달 속도가 늦고, 궁극적인 지능 수준은 낮을지라도 보통 아동들과 같은 순서로 발달한다고 한다. 지적장애 아동은 대부분 주의 집중력이 약하여 한 가지 일을 시작해서 끝까지 마무리하기가 어렵고, 과잉행동을 수반한 주의 집중력장애를 가지며, 경우에 따라 과잉행동이 없는 주의집중장애도 있다.

지적장애 아동은 주의 집중의 3가지 주요 구성요소인 주의 집중 지속시간, 주의 집중 범위와 초점, 그리고 선택적 주의 등에서 심한 어려움을 가진다. 또한 한 과제에서 다른 과제로 관심을 돌리기가 보통 아동보다 어려워 배우거나 가르침을 이해하는 데 있어 이해력이 떨어진다. 다행히 관심의 능력은 연습으로 개선될 수 있고, 지능이 낮은 아동이라도 환경자극으로 경각심을 높이고 주변과 관련된 능력을 개선할 수 있다. 기억은 단기기억에 결함을 가지고 있는데 이는 주어진 투입 정보를 재생하기 위해 조직, 구성하는 효과적인 기술이 부족하기 때문이다. 그래서 그들에게 제시되는 교재는 그들에게 익숙한 것이거나 관련 있는 것이어야 하고, 정보는 반드시 의미 있는 부분들로 분류되거나 조직되어야 한다.

(3) 언어적 특성

지적장애 아동들의 가장 보편적인 언어결손은 음운장애, 음성장애, 말더듬 등이다. 이들은 대체로 어려서부터 옹알이, 웃기, 말하기 등이 느리게 나타나며, 말을 배우는 것이 어렵다. 상대의 말을 알아듣지 못하기 때문에 엉뚱한 말을 하거나, 발음이 부정확하다. 낮은 언어이해력은 의사소통에 어려움을 초래하고 지시에 대해 반응이 늦거나 내용을 납득하지 못하기 때문에 간혹 고집부리는 것처럼 보이기 쉽다.

경도일 경우 일상생활에 필요한 언어의 사용과 대화가 가능하기 때문에 1:1 면담 활동이 가능하며, 중증일 경우 생활에 필요한 단순한 수준의 의사소통만이 가능하고 언어에서 한계가 나타난다. 최중도 정신지체의 경우는 언어 및 의사소통 능력의 현저한 제한으로 지능검사 수행에 어려움이 있으며, 성인이 되면 약간의 언어발달과 간단한 자조 능력은 갖추게 되나 독립적인 개인생활에는 어려움이 따른다. 이러한 의사소통 능력은 사회 연령과 밀접한 관계를 가진다(김남순, 2005).

(4) 사회적 특성

놀이 상황에서 중증 지적장애아들은 또래들과 상호작용 빈도가 낮고, 혼자 놀거나 특별한 의도가 없는 행동들을 하는 경우가 많다. 어떤 목적을 갖고 사람을 대하기보다는 그때의 상황에 따라 산만하게 대하며, 자신의 내부에서 일어나는 욕구 통제가 어렵다. 습관이 형성되면 소거, 조건화가 곤란하여 쉽게 고쳐지지 않고, 또래들과 어울리지 못하며 따돌림을 당하는 경우가 많고, 또래보다 어린아이들과 어울리고 혼자 노는 경우가 많다.

집단생활에 자발적으로 참여하거나 경쟁적인 놀이를 즐기지 않으며, 규칙을 잘 지키지 못하고 의미를 잘 모른다. 선악 구별이 힘들며, 사물을 종합·처리하는 능력이 부족하다. 경도의 경우 적절한 조기치료 및 학습활동이 체계적으로 이루어진다면 상당 수준에 이르기까지 자신을 돌보고 독립적인 사회생활을 수행할 수 있다. 그러나 중등도의 경우는 비교적 뚜렷한 사회성 발달상의 문제를 보여주며, 완전한 수준의 독립적인 생활은 어렵고 가정이나 적절한 기관에서 부분적 보호 아래 사회생활이 가능하다. 중증 지체장애아는 사회생활에 필요한 최소한의 지식과 기술이 장기적 프로그램에 의해 습득될 수 있으며, 독립적인 생활이 어렵다.

지적장애의 정도가 심할수록 자해적인 행동이 자주, 심하게 나타난다. 사회생활에 있어 낮은 적응도를 보여주기 때문에 대인관계에서 실패율이 높으며, 동일 연령층에 비해 독립심이 약하고 사회적 상황의 분위기에 덜 민감하며, 대부분 만족스러운 가족관계를 이루지 못한다.

3) 지적장애 원인

지적장애를 유발하는 원인은 매우 다양하다. 지적장애를 유발하는 주요한 원인으로는 유전자 이상, 임신 중 태내환경의 이상, 임신 및 출산 과정의 이상, 후천성 아동기 질환, 그리고 열악한 환경적 요인이 알려져 있다.

(1) 유전적 요인에 의한 원인

① 단순 유전요인

단순 유전에 의한 것으로 Goddard(1912)에 의한 Kallikak가의 가계조사를 예로 들 수 있다. 명문가 출신의 Kallikak는 미국 남북전쟁 당시 군에 있을 때 어느 술집에 있는 처녀와 결혼을 했는데 이 혈통에서 480명의 손자가 태어났다. 그중 143명은 정신지체, 33명은 성적 부도덕자, 24명은 알코올중독자, 3명은 간질, 82명은 사망, 3명은 범죄자이고 보통지능을 가진 자는 36명이었다.

반면 군대에서 돌아온 Kallikak는 같은 계층의 정상적인 처녀와 결혼을 했는데 이 혈통에서 태어난 496명의 자손을 대상으로 조사한 결과 대부분은 정상인데 단지 3명만이 보통과 다른 점을 갖고 있었다. 그러나 이 조사는 Kallikak 가계에만 의존한 조사결과로 학자들로부터 비판의 소리가 높다(김영환, 2003).

② 상염색체 이상

우리가 유전적 요소를 부모로부터 받는 경우를 유전형이라고 하는데, 유전은 우성유전과 열성유전으로 나누어진다. 우성유전의 경우는 한쪽 부모가 그 유전인자를 갖고 있다면 반드시 표현되는 경우이고 열성유전의 경우는 한쪽 부모의 유전인자만으로는 표현을 하지 못하나 그와 같은 유전인자를 가진 사람을 만났을 경우에만 표현되는 경우이다. 즉, 양쪽 부모가 열성유전인자를 모두 갖고 있어야만 표현되는 경우이다.

- 우성유전

  지적장애의 우성유전으로 알려진 대표적인 것으로 결절성 경화증이 있다. 염색체 6번과 9번의 비활동성 유전자에 의해 나타나며, 이 유전자들이 인체의 종양 발달을 억제해야 하는데 하지 못하기 때문에 문제가 된다. 종양들이 여러 기관에 나타나고 나이가 들면서 굳어져서 결절성 경화증이 나타나는데, 간질 및 정신지체를 동반하며 얼굴에 붉은 색의 혈관 덩어리가 생기고 피부손상이 있으나 매우 드물게 나타나는 것으로 알려져 있다.

- 열성유전

장애의 유전적 요인 중 열성유전에 의해 장애가 발생하는 것으로는 3대 영양소와 관련된 신진대사장애가 있다. 갈락토세미아(galactosemia)는 우유에 있는 당분을 소화시키는 효소 결핍으로 인한 당질대사장애로 인해 정신지체를 갖게 되는 경우이고, 테이삭스병(Tay–Sachs disease)은 지방을 소화하지 못해 지방이 뇌에 축적되어 발생하는 지방질 대사장애로 인해 정신지체를 갖게 되는 경우이다. 페닐케톤뇨증(phenylketonuira)은 PKU라고도 하며 단백질에 있는 페닐알라닌을 티로신으로 분해하는 효소 부족으로 나타나는 단백질대사장애이다. 이 PKU는 식이요법에 의해서 지체 정도를 줄일 수 있는 것으로 알려져 예방 차원에서의 개선에 대한 가능성을 보여준 경우이기도 하다.

③ 성염색체 이상

- 약체 X 증후군(fragile–X syndrome)

지적장애 유형 중 다운증후군 다음으로 가장 많이 나타난다. 성염색체의 23번째 X 염색체의 하단 부분이 접혀 있거나 좁은 모양, 혹은 약체 X 유전자를 포함하고 있는 부위가 끊어져서 발생하며 남성은 1,500명 중 1명, 여성은 1,000명 중 1명꼴로 나타난다.

신체적으로 볼 때 돌출된 턱, 거대 고환증, 길고 갸름한 얼굴, 길고 약한 귀와 손, 돌출된 이마, 큰 머리 등의 특징을 나타낸다. 다양한 정도의 정신지체를 나타내며, 주의집중문제, 반복행동, 시선회피, 동어반복증을 보인다. 자폐 혹은 유사자폐 증상을 보이기도 한다.

- 레쉬–니한증후군(Lesch–Nyhan symdrome)

성염색체의 열성 유전의 대표적인 예이며 남성에게 더 많이 나타나는 것으로 알려져 있다. 가장 두드러진 특징은 치아가 나기 시작할 때 극단적인 자해행동(예: 머리 부딪히기, 스스로 물어뜯기)을 하며 자신의 충동을 통제하지 못해 타인을 때리고 꼬집고 물거나 욕을 하고 침을 뱉는 등의 방해 행동을 하는 것이 대표적인 특징이다. 신진대사를 대체하기 위한 약물치료를 하긴 하지만 단기간에 효과가 있는 것으로 알려져 있고 다양한 교육적 중재가 필요한 것으로 알려져 있다.

- 클라인펠터증후군(Klinefelter syndrome)

남성의 염색체 결합이 XXY가 되는 경우이다. 여분의 X 염색체를 갖는다고 모두 클라인펠터증후군을 보이는 것은 아니며 500명~1,000명 중 1명꼴로 나타난다. 특징으로는 생식샘 저하증(작은 고환), 불임, 큰 가슴 같은 2차 여성 성징이 나타나고 키가 큰 편이고 경도 정신지체를 보인다. X 염색체 수에 따라 결함도 증가하고 남성이 여분의 Y 염색체를 갖게 되는 경우도 있다.

- 터너증후군(Turner syndrome)

여성에게만 나타나고 X 염색체 하나가 없고, 염색체 결합이 XO인 경우이다. 태아의 95% 이상이 자연 유산되기 때문에 이 증후군이 나타나는 것 자체가 희귀한 것이라 할 수 있다. 이 증후군은 난소가 발달하지 않거나 없는 상태로 2차 성징 결여와 불임, 작은 키를 나타낸다. 언어성은 낮지 않으나 공간관계, 수리력, 기억력, 주의집중 및 사회성 문제를 보이는 것이 특징이다. 모든 터너증후군이 정신지체를 보이는 것은 아니라고 보고되어 있다.

④ 염색체 수의 이상

- 다운증후군(Down's sydrome)

지적장애 중 가장 흔한 유전자 장애인 것으로 알려져 있다. 옛날에는 생긴 모습이 몽골인과 유사하다 하여 몽골리즘이라고 언급되기도 하였으나 인종에 대한 모독이기도 하고 적합하지 않아 이 증후군을 처음으로 기술한 의사인 Down의 이름을 따서 다운증후군으로 부르게 되었다. 대부분의 다운증후군은 비분리로 인해 21번 염색체가 세 개가 된 경우로, 사람이면 46개의 염색체를 갖고 있어야 하는데 47개를 갖고 있는 경우이다. 이렇게 21번이 3개가 되는 것은 비분리 이외에 전위, 모자이시즘에 의해서도 일어나는 것으로 알려져 있다.

이들의 지적장애 정도는 중등도 수준이고 언어발달이 늦으나 비교적 성격이 명랑하고 사람을 잘 따르는 특성을 갖고 있다. 심장이나 호흡기 질환 등의 건강 문제를 갖는 경향이 있고 수명은 평균보다 짧은 것으로 알려져 있다. 과거에는 41세 정도면 사망하는 것으로 보고되었으나 최근에는 이보다는 더 오래 사는 것으로 알려져 있다. 이들이 나이를 먹으면 알츠하이머병에 걸릴 확률이 높은데 21번 염색체가 알츠하이머병과 관련이 있기 때문인 것으로 밝혀지고 있다.

⑤ 염색체 구조의 이상

- 윌리엄증후군(Williams syndrome)

윌리엄증후군은 7번 염색체의 변이에 의해 나타난다. 이들의 대표적인 신체적인 특징으로는 작은 들창코, 작고 많이 벌어진 이, 두터운 입술, 작은 턱, 부어오른 눈 주위 등 '꼬마요정' 같은 안면 특징이다. 이들은 경도에서 중등도 정도의 정신지체를 보이고, 끊임없이 수다를 떨고 이상한 감탄사나 진부한 구절을 섞은 과장된 이야기로 타인을 끌어들이고는 떠나 버리는 특성을 보인다. 물건을 가져오라고 심부름을 시키면 제대로 하지 못하고, 신발 끈을 맬 수 없고, 자전거를 타고 있는 사람을 그리라고 하면 바퀴, 사슬, 다리 등을 섞어서 그려 알아볼 수 없을 정도로 시각·공간에 문제를 나타내는 것으로 알려져 있다.

- 프래더윌리증후근(Prader-Willi syndrome)

대부분이 염색체 중 15번째 것이 부분적으로 결실되어 일어나는 것으로 알려져 있고 약 70%가 부계 염색체 결함으로 생기고, 나머지는 양 염색체가 모계로부터 오는 데서 생겨난다. 특성은 끝없는 식욕, 작은 신장과 체구, 경도 지적장애와 학습장애를 나타내는 것이다.

유아기에는 저긴장성(탄력성)과 아동기 및 성인기에는 지나친 음식 섭취로 인한 비만이 두드러진 특징이며 짜증을 잘 내고, 고집이 세며 공격적이고 충동적인 행동문제를 나타낸다.

⑥ 다유전자 혹은 원인 불명

수두증은 뇌에 뇌척수액이 축적되어 결과적으로 머리가 커져 뇌를 압박하여 지능지체를 가져오는 경우이다. 수두증은 다유전자 유전이나 모체의 감염 또는 중독에 의한 것일 수 있으며 션트(shunt)라는 수술을 통해 뇌척수액을 빼고 뇌척수액이 적절하게 흐름을 유지하도록 한다. 이 수술을 빨리하면 할수록 정신지체가 될 가능성을 감소시킬 수 있다.

대두증은 머리가 그 사람의 연령과 성을 고려해 볼 때 예상보다 더 큰 상태로 원인은 다양하다. 반면 소두증은 머리가 그 사람의 연령과 성을 고려할 때 예상보다 더 작은 머리로 이것의 원인도 다양한 것으로 알려져 있다. 소두증을 갖고 있는 경우의 신체적 특징은 원추형 모양의 작은 두개골과 구부린 자세를 갖고 있고 중도 지적장애를 나타낸다. 가장 극적인 것이 무뇌증인데 무뇌증은 문자 그대로 두뇌의 중요한 부분이 없는 경우를 말한다(강옥려 외, 2009).

(2) 임신과 출산 전

일단 인간은 수정이 되면서부터 유전인자가 결정된다고 볼 수 있다. 이때부터는 어머니가 갖고 있는 유전적인 조건과 어머니가 환경과 접촉하면서 유지하는 것이 태내의 조건인 자궁이라는 환경이다. 이때 태아가 갖고 있는 유전적인 소질과 어머니가 때로 갈등을 일으킬 수 있는데 이것의 한 예가 혈액형 불일치이다. 이것은 어머니가 Rh−이고 태아가 Rh+인 경우로 서로 상반되는 작용으로 인해 태아의 두뇌와 신체발달에 결정적인 영향을 미쳐 정신지체를 갖게 하는 경우이다. 이밖에 산모의 영양, 질병(예: 풍진, 매독 등), 신진대사장애, 유해 물질 및 약물의 오남용(예: 알코올, 흡연, 약물, 산업화학물질), 산모의 연령, 태교, 방사선 노출, 산모의 심리·정신적 상태 등이 출생 이전에 심각한 영향을 미칠 수 있다.

(3) 출산 시

출산 시에 발생할 수 있는 문제들은 주로 조산(33주 미만), 저체중(2.5Kg 미만), 난산으로 인한 산소결핍, 자연분만 시 혹은 인공분만 시 뇌 손상이나 외상 등을 들 수 있다. 조산과 저체중 원인은 매우 복잡하며 이 둘 간의 관계 또한 복잡하다. 특히, 신생아의 저체중이 심각할 때는 지적장애와 매우 관련이 있는 것으로 알려져 있다. 산소결핍은 분만 시간이 극도로 짧거나 긴 경우 그리고 난산과 관련이 있으며 산소결핍 시간이 길수록 신생아의 지능에 확실히 손상을 주는 것으로 알려져 있다.

(4) 출산 후

출생 이후 영유아기 전반에 걸쳐 장애를 초래하는 다양한 사건이 발생할 수 있다. 출생한 후 아동에게 장애를 일으키는 중요한 요인으로는 뇌염, 뇌막염, 종양 등과 같은 심각한 질환과 교통사고, 추락과 같은 사고로 인한 두뇌 손상이다. 이 밖에 영양실조, 아동학대, 납중독, 신진대사, 질식, 양육방법, 심리적 환경 등이 영향을 미치는 것으로 알려져 있다.

(5) 환경적 요인

환경적 요인은 출생 전후 전과정을 통하여 작용하며 어떤 경우도 우리가 인식하지 못하는 사이에 인체에 막대한 영향을 미친다. 수은, 납 등의 공해물질, 방사선 등 핵물질에 의한 감염, 각종 약품이나 음료수, 음식에 포함된 유해 물질 등이 요인으로 작용할 수 있는 예이다. 이 밖에 우리가 알지 못하고 있는 여러 가지 장애 유발 요인이 우리가 사는 환경 속에 있다는 사실을 알고 있어야 한다.

(6) 지적장애의 예방

지적장애 요인이 불분명한 경우가 많기는 하지만 최근 의학의 발달로 지적장애와 관련된 요인을 발견할 수 있는 몇 가지 방법이 나왔다. 임신기간 동안 유전적 혹은 선천적 장애를 발견할 수 있는 검사로는 선별검사와 진단검사가 있다. 선별검사는 위험이 있는 산모에게 초음파검사와 산모 알파페토프로테인(alpha fetoprotein) 검사를 정기적으로 실시하는 것이다. 최근 초음파검사는 잘 알려져 있는 검사이고 산모 알파페토프로테인 검사는 산모의 혈액에 있는 알파페토프로테인이나 생화학적 성분을 측정하여 다운증후군이나 이분 척추와 같은 장애 위험을 가지고 있는 태아를 판별할 수 있다.

확실하게 장애를 확정할 수 있는 출산 전 진단검사로는 양수검사와 융모막검사가 있다. 양수검사는 임신 약 14~17주 사이에 할 수 있으며 양수막 안에 있는 양수를 채취하여 양수로 분리한 태아세포를 세포 배양기에 넣고 약 2주간 더 성장시킨 후 유전질환 유무를 밝히는 검사이다. 다운증후군과 같은 지적장애는 진단이 가능하다. 융모막검사는 임신 8~10주 사이에 태반을 형성하는 융모막을 조금 떼어내고 검사하는 방법이다. 양수검사보다 더 일찍 장애 위험 여부를 진단할 수 있는 검사이다.

이 밖에 새로 태어난 아기에게 혈액이나 소변검사 등을 하여 PKU에 의한 지적장애의 수를 줄일 수 있으며, 교육이나 훈련 프로그램들을 통해서 산모의 약물중독이나 환경오염물질로 인한 지적장애 발생을 예방할 수도 있다. 게다가 부모들의 방치, 빈곤, 질병, 영양실조, 교육환경 박탈 등의 열악한 환경이 지적장애를 불러일으킬 수도 있기 때문에 이러한 요인들에 대한 특별한 조치 등도 지적장애를 예방하는 한 방법이 될 것이다.

표 8-2 **지적장애 발생 시기별 위험 요인**

시기	생물 의학적 요인	사회적 요인	교육적 요인
출생 전	• 염색체 장애 • 단일 유전자 장애 • 증후군 • 대사장애 • 대뇌장애 • 산모 질병 • 부모의 연령	• 빈곤 • 산모영양결핍 • 가정폭력 • 부모 산전관리 부족 – 약물남용 – 알코올 남용 – 흡연	• 부모의 인지장애 • 부모가 될 준비 결여
출생 시	• 조산(33주 미만) • 출생 시 손상 • 저체중(2.5Kg 미만) • 난산으로 인한 산소결핍 • 분만 시 뇌 손상, 외상	• 출생 시 관리 부족	• 중재서비스를 위한 의료적 의뢰체계의 부족
출생 후	• 출생 후 외상성 뇌 손상 • 뇌염, 뇌막염, 종양 등과 같은 심각한 질환 • 교통사고, 추락과 같은 사고로 인한 뇌 손상	• 부적절한 아동양육 • 적절한 자극의 결여 • 가정의 빈곤·폭력 • 가족의 질병 • 시설수용 • 사회적 박탈	• 육아교육 결여 • 진단 지연 • 부적절한 조기중재 서비스 • 부적절한 교육 • 부적절한 가족지원

4) 지적장애 아동의 치료와 지도방법

지적장애의 치료는 그 목표와 방법이 지적장애의 수준에 따라 달라진다. 그러나 일반적으로 일상생활에 필요한 다양한 적응기술을 학습시키고 이러한 적응기술이 유지되도록 하는 것을 목표로 한다. 지적장애는 여러 가지 신체적 이상에 기인할 수 있으므로 신경학적 평가와 더불어 지능을 비롯한 심리평가를 받은 후에 적절한 교육 및 재활 프로그램을 적용하는 것이 바람직하다. 가능한 한 지적장애를 빨리 확인하여 조기에 집중적인 교육을 시키는 것이 효과적이다. 지적 자극이 부족한 환경에 의해 유발된 경미한 지적장애아의 경우는 체계적이고 집중적인 교육을 통해 적응 수준이 현저하게 향상될 수 있다. 지적장애아를 둔 부모는 여러 가지 심리적 고통을 경험하게 되는데, 이러한 심리적 문제를 잘 극복하고 인내심을 지니고 자녀의 교육에 임할 수 있도록 돕는 것이 필요하다. 지적장애는 치료 및 재활에 대한 노력과 더불어 예방을 위한 노력이 필요하다.

효과적인 학습을 위한 구체적인 지도 방법은 다음과 같다.

첫째, 기초적인 자조훈련에 초점을 맞추어 바람직한 생활습관을 익히기이다. 자조기능이란 식습관, 대소변 훈련, 청결관리, 옷 입고 벗기 등 일상생활에 꼭 필요한 기술을 말한다. 이 자조기능의 궁극적인 목적은 아동이 스스로 자신의 주변 일들을 처리할 수 있는 능력을 훈련시킴으로써 한 사람을 가치 있는 인간으로 독립시킬 수 있도록 키우는 데 있다.

개인이 실제로 사회생활을 하고 생계를 유지하려면 직업 훈련이 필요하므로 지적장애 아동들이 직업 교육의 잠재적 가능성을 충분히 발휘할 수 있도록 생활 중심의 교육과정을 짜야 한다. 예를 들면, 어려운 수학 문제보다 간단한 산수 능력으로 물건을 세고 분류·기록하는 것이라든가, 노동법에 관한 지식, 직업에 대한 정보, 직업 실습, 위탁 직업 교육, 상사의 지시에 따르는 것이라든가, 일을 마치고 정리하는 습관과 간단한 과학 지식, 자기의 건강 관리와 안전에 관한 지식 등이 필요하며 여가 선용이나 사람들과의 바람직한 관계를 이룩하는 것 등 실제 생활 중심의 교과 내용을 실천하는 교육이어야 한다(송준만 외, 2000).

둘째, 개인 놀이를 통한 소집단 활동 등이다. 지적장애 아동의 교육은 원칙적으로 집단을 통해 이루어져야 하지만, 집단의 크기가 너무 크면 소외되는 아동이 생기게 되므로 7~10명의 소집단이 이상적이다. 소집단 활동을 통해 아동은 또래 집단에서의 자연스러운 활동을 하게 되고, 또래를 통해 바람직한 모방학습도 가능하다. 지적장애 아동의 지도를 위해서는 먼저 아동의 발달적 특성에 따른 이해와 행동 특성에 대한 이해가 선행되어야 하며, 장애로 인한 아동의 개인적 욕구를 배려하면서 집단 지도와 아울러 개별적 지도가 이루어져야 한다.

셋째, 학습량과 내용의 세분화, 체계화, 조직화이다 지적장애 아동은 한번에 많은 양의 학습을 하는 데 어려움이 있다. 따라서 교육 프로그램이 단계적으로 성취하기 쉽도록 나누어서 제시해야 한다. 단계 형성이 합리적이고 체계적일수록 쉽게 성취할 수 있다. 또한 학습된 프로그램과 다음 단계의 프로그램 사이에 공통된 면을 가지고 있으면 학습전이가 쉽게 이루어지므로 모든 프로그램 간의 연관성이 있어야 한다.

2 의사소통장애

1) 주요증상과 특징

의사소통은 정보와 아이디어를 교환하는 것이며 메시지를 암호화하고, 전달하고, 해독하는 것을 포함한다. 이는 정보를 보내고 받는 이중적 역할이 요구되는 상호작용과정이며, 의사소통은 언어와 말로 이루어진다(William, 2003). 언어는 사람만이 가지고 있는 가장 효율적인 의사소통 수단이다. 언어란 의사소통에서 사용되는 상징체계라고 정의할 수도 있고, 언어공동체에서 형성되고 유지되는 사회적 행동의 한 형태라고 정의할 수도 있다. 일반적으로 사람들은 언어를 말을 통한 의사소통의 한 형태로 생각한다. 말이란 언어가 '청각을 통해 이해할 수 있는 양식'으로 표현된 것이며, 말은 가장 효과적인 의사소통 수단임과 동시에 언어표현 양식이다. 이러한 말은 음성언어 또는 구어라고 한다.

이러한 말과 언어를 통한 의사소통이 사회, 문화, 예술, 과학 등 각 분야의 성취를 위한 강력한 도구가 되었다. 인간만이 가지는 고유의 특성으로 간주되는 것이 대부분 언어와 관련되어 있기 때문에 언어와 말을 통한 의사소통은 인간생존의 필수요소로 간주되고 있다(김종현 외, 2003).

의사소통장애(communication disorders)는 DSM-5에서 언어장애, 발화음장애, 아동-발생 유창성장애, 사회적 의사소통장애, 달리 세분화되지 않는 의사소통장애가 있는데 DSM-4에서의 표현성 언어장애와 혼재수용-표현성 언어장애가 언어장애에 통합되었고 음성학적 장애와 말더듬기가 발화음장애로 통합되었으며 사회적 의사소통장애가 새롭게 추가되었다. 아동-발생 유창성장애(말더듬기)의 경우, 성인이 된 이후 뒤늦게 발병되었다면 성인기-발생 유창성장애 진단이 내려진다(권석만, 2014). 새롭게 추가된 사회적 의사소통장애는 자연스러운 맥락에서 언어 및 비언어적 의사소통을 사용하는 데 영속적인 어려움이 있을 때 진단이 내려지는데, 4세 이하의 어린 아동의 경우에는 이 진단이 내려지는 경우가 많지 않다. 이를 사회불안장애와 감별해야 하는 경우가 많은데 이럴 때는 증상의 첫 번째 발생 시점이 중요하다. 또한 사회적 불안장애의 경우는 의사소통 능력은 적절히 발달되었으나 이후 사회적 상호작용에 대한 불안, 두려움, 스트레스로 인해 의사소통에 어려움이 나타난다는 점에서 그 차이가 있다.

의사소통장애 아동의 심리적 특성을 살펴보면 종종 비언어성 지능검사에서 정상적인 성취를 보이기는 하지만, 인지능력 가운데 많은 부분이 언어에 의존적이므로 이들의 사고는 문자적인 경향이 있다. 의사소통장애 아동은 특히 단어놀이나 수수께끼와 농담을 하거나 친구들과 사회적 상호작용을 할 때 필요한 융통성이 부족하다. 이러한 특징으로 친구들과 놀이를 피하고 혼자 고립되는 경우가 많으며 사회적 상호작용을 통해 얻을 수 있는 대인관계기술, 놀이기술, 의사소통기술 등을 학습할 기회가 줄어든다. 또한 미성숙, 주의집중 곤란, 흥분, 성냄, 독자적 행동 등의 문제가 나타나고, 조음장애 아동과 언어장애 아동은 행동장애를 수반할 가능성이 더 높으며, 말더듬 기간이 길수록 정서장애가 나타날 가능성이 높다. 그 외에도 죄의식, 좌절감, 무력감 및 위축된 반응을 보인다.

의사소통장애 아동의 학업 성취면에서 살펴보면 언어에 의존하는 학습영역의 성취도가 낮다. 이들은 사용하는 어휘 수가 적고 피상적이며, 기초적인 개념의 발달이 늦고 사물이나 사상을 부분적이 아닌 전체적으로 다루는 경향이 있다. 아동 언어에서 과잉 확대는 일반적으로 많이 볼 수 있는 것이지만, 언어장애 아동은 그들의 인지기능의 발달과 정교화에 비추어 볼 때 부적당하게 확대하는 경향이 있다. 언어 획득에 문제가 있는 아동은 읽기학습에 어려움이 있고 추상적이고 상징적인 내용이 새롭게 많이 도입될 경우에 더 많은 어려움을 느낀다. 그러한 어려움은 읽기 부족, 이해력 부족으로 나타나 학업 성취에 어려움이 따른다.

2) 의사소통장애의 분류

의사소통장애에는 4가지 하위유형, 즉 언어장애, 발화음장애, 아동기-발생 유창성장애, 사회적 의사소통장애가 있다(권석만, 2014).

(1) 언어장애

언어장애(language disorder)는 언어의 발달과 사용에 지속적인 곤란이 나타나는 경우를 말한다. 이러한 언어장애는 어휘의 부족, 문장 구조의 빈곤, 대화능력의 장애를 비롯한 언어의 이해나 표현 능력의 손상에 의한 것이다. 이러한 손상으로 인해서 언어 능력이 나이에 비해 현저하게 저하되어 효과적인 의사소통, 사회적 참여, 학업적 성취, 직업적 수행에서 기능적 저하를 초래할 때 언어장애로 진단된다. 언어장애의 증상은 초기 아동기에 시작된다. 미국의 말, 언어, 청각협회(ASHA)는 언어의 형태에 따라서 음운론, 형태론, 구문론으로 나눈다. 그리고 언어의 내용에서 의미론, 언어의 기능에서 화용론의 다섯 가지 하위체계에 문제가 되는 경우 장애로 분류한다.

- 언어의 형태
  - 음운론(phonology): 언어의 소리 체계와 소리의 합성을 규정하는 규칙을 의미한다.
  - 형태론(morphology): 단어의 구조와 단어 형태의 구성을 규정하는 체계를 의미한다.
  - 구문론(syntax): 문장을 만들기 위한 단어의 순서와 조합 및 문장 내에서의 요소들 간의 관계를 의미한다.
- 언어의 내용
  - 의미론(semantics): 단어와 문장의 의미를 규정하는 체계를 말한다.
- 언어의 기능
  - 화용론(pragmatics): 기능적이고 사회적으로 적절한 의사소통을 위해서 이상의 언어 요소들을 조합하는 체계를 말한다.

언어장애를 지닌 아동은 어휘가 제한되어 있거나 짧고 단순한 구조의 말을 주로 사용하며 어순이나 시제가 잘못된 언어적 표현을 사용한다. 또한 단어나 어휘를 부적절하게 사용하고 문장의 주요 부분을 생략하며 길고 복잡한 문장을 만들지 못한다. 언어장애는 학업적·직업적 성취나 사회적 적응에 심각한 어려움을 초래하게 된다.

(2) 발화음장애

발화음장애(speech sound disorder)는 발음의 어려움으로 인해서 언어적 의사소통에 지장을 초래하는 경우를 말한다. 나이나 교육 수준에 비해서 현저하게 부정확하거나 잘못된 발음을 사용하고 단어의 마지막 음을 발음하지 못하거나 생략하는 등의 문제를 나타낸다. 혀 짧은 소리를 내는 경우가 가장 흔하며 단어를 발음할 때 한 음을 생략하거나 다른 음으로 대치하는 경우도 있다. 이러한 발음의 문제로 인하여 학업적·직업적 성취나 사회적 의사소통에 현저한 어려움이 나타날 때 발화음장애로 진단한다.

발화음장애는 6~7세 아동의 약 2~3%가 나타나는 것으로 알려져 있으며, 17세 경이 되면 그 비율이 0.5%로 떨어진다. 남성에서 더 흔하며, 발화음장애가 심한 경우에는 아동의 말을 가족도 이해하지 못할 수 있다(권석만, 2014).

발화음장애는 청각장애, 발성기관의 구조적 결함(예: 언청이), 신경학적장애(예: 뇌성마비), 인지장애(예: 지능저하)와 같은 기질적 문제에 의해 유발된다. 그러나 취학 전 아동의 상당수는 원인불명의 음성학적 장애를 갖고 있는데 이런 경우를 '기능적 음성학적 장애'라고 부른다. 이 경우에는 정서적 불안과 긴장, 사회적 상황에 대한 부적절감이나 공포, 과도한 분노나 적대감 등과 같은 심리적 원인에 의해서 발화음장애가 나타난다. 예컨대, 편안한 상태에서는 정확한 발음을 구사할 수 있으나, 불안하거나 흥분한 상태에서 불명료한 발음을 나타내는 경우가 있다.

(3) 아동기-발생 유창성장애

아동기-발생 유창성장애(childhood-onset fluency disorder)는 말더듬기로 인해서 언어의 유창성에 장해가 있는 경우를 말한다. 말더듬기(stuttering)는 말을 시작할 때 첫 음이나 음절을 반복하여 사용하거나(예: 난-난-난-난 기분이 좋다) 특정한 발음을 길게 하거나(예: 나는 하~악교에 간다) 말을 하는 도중에 부적절하게 머뭇거리거나 갑자기 큰 소리로 발음하는 등 다양한 형태로 나타난다. 말더듬기는 또래 아동으로부터 놀림의 대상이 되므로 말더듬기에 대한 두려움을 지니게 되어 말을 하지 않거나 말하는 상황을 회피하게 된다.

말더듬기의 원인은 다양한 요인이 관여하는 것으로 명확한 원인은 밝혀지지 않았다. 말더듬기는 흔히 말을 더듬는 사람을 흉내 내거나 정서적 흥분이나 불안 상태에서 우연히 말을 더듬게 되면서 시작된다. 또는 심리적 압박감이나 긴장감이 고조되어 자연스러운 말과 행동이 억제되는 상황에서 말더듬기가 시작되기도 한다. 이렇게 시작된 말더듬기가 반복되면서 점차 증상이 악화되어 스스로 통제하기 어려운 심한 말더듬기의 상태로 발전하게 된다. 또한 다른 사람 앞에서 말을 더듬는 것에 대한 불안과 두려움으로 인하여 심리적·신체적 긴장이 증대되기 때문에 말더듬기가 더욱 악화된다. 아울러 말하는 상황을 회피하게 되므로 말더듬기를 교정할 수 있는 기회를 갖지 못하여 말을 더듬는 증상이 지속되게 된다.

말더듬기의 유병률은 아동기에서는 1% 정도이고 청소년기에는 0.8%로 감소한다. 남자가 여자보다 3배 정도 더 흔하다(권석만 2014). 말더듬기는 전형적으로 2~7세에 점진적으로 발생하는데, 눈에 띄지 않는 가벼운 말더듬기가 보통 몇 개월에 걸쳐 현저한 말더듬기로 발전하게 된다. 말더듬기는 악화와 호전을 반복하면서 더듬는 단어가 점점 확대된다. 말을 더듬는 아동의 약 60% 정도는 자연적으로 회복되는데 대부분 16세 이전에 회복된다.

(4) 사회적 의사소통장애

사회적 의사소통장애(social communication disorder)는 DSM-5에서 처음으로 추가된 장애로서 언어적·비언어적 의사소통 기술의 사회적 사용에 지속적인 어려움이 나타나는 경우를 말한다(권석만 2014). 이러한 의사소통 기술의 사회적 활용은 (1) 인사하기나 정보 교환과 같은 사회적 목적을 위해서 맥락에 적절하게 의사소통하는 능력, (2) 맥락이나 듣는 사람의 필요에 맞추어 의사소통을 적절하게 변화시키는 능력(예: 놀이할 때와 교실에서 달리 말하기, 아이와 어른에게 달리 말하기), (3) 대화와 이야기하기에서 규칙을 따르는 능력(예: 대화에서 번갈아 말하는 것, 잘 이해하지 못했을 때 되묻기), (4) 명시적으로 표현되지 않은 것이나 언어의 함축적이거나 이중적 의미를 이해하는 능력을 말한다. 이러한 네 가지 기능 모두에서 어려움이 나타나 사회적 적응에 현저한 지장을 초래하는 경우에 사회적 의사소통장애로 진단한다. 사회적 의사소통장애는 초기 아동기에 시작된다.

과거에는 사회적 의사소통에서 심각한 결함이 나타지만 자폐스펙트럼장애의 진단에 필요한 반복적인 상동행동 패턴을 보이지 않는 경우 '기타의 전반적 발달장애'로 분류하였다. 이러한 진단명으로는 장애의 특징적인 문제점을 식별할 수 없기 때문에 효율적인 치료적 개입을 하기가 어려웠다. DSM-5에서는 사회적 의사소통장애라는 새로운 진단범주를 사용함으로써 적합한 치료를 효율적으로 제공할 수 있고 반복적 상동행동 패턴이 나타나지 않는데도 불구하고 자폐스펙트럼장애(혹은 전반적 발달장애)의 진단을 내리는 것을 방지할 수 있게 되었다.

3) 의사소통장애의 원인

의사소통장애의 원인은 크게 네 가지로 분류하는데, 기질적 원인, 기능적 원인, 심리적, 원인, 환경적 원인이다. 그 내용을 간략히 살펴보면 다음과 같다.

첫째, 기질적 원인은 두뇌 및 신경 손상, 구개파열, 호흡기관 손상, 청각장애, 치열의 부정교합, 입과 얼굴의 기형 등 신체적 결함, 후두 절제 등 원인이 다양하다.

둘째, 기능적인 원인은 정상적인 적응행동과 정상적인 언어기제를 가지고도 조음장애와 음성장애 현상이 나타나는데, 이는 아동이 언어생활 환경 안에서 또래나 성인의 언어를 모방함으로써 나타날 수도 있고 발달이 지연된 신경체제나 조음기관의 영향일 수도 있다.

셋째, 심리적인 원인은 아동에게 결함이 발견되었을 때 그 원인이 기질적이거나 모방에 의한 경우가 아닌 정신작용에 의한 것으로 나타난다. 이 원인은 장애가 아동의 환경에 대한 반응, 특히 부모에 대한 반응으로부터 초래된다고 본다. 부모의 태도는 아동의 의사소통장애와 관련이 있으며, 따라서 그들의 태도는 언어문제를 가지고 있지 않은 아동의 부모보다 언어 수정 및 교육을 받을 필요가 있다.

넷째, 환경적 원인(경험 박탈)에 있어서는 대부분의 연구 결과 낮은 사회·경제적 계층에 있는 아동들의 언어기능이 지체되는 것으로 나타났다. 사회·경제적 계층이 낮은 가정에서는 부모들이 아동의 언어학습을 촉진시키는 언어자극을 줄 기회가 거의 없었다. 훌륭한 언어모델과 언어자극은 아동들의 어휘를 확장하고 배운 문장을 연습하는 데 도움이 된다는 것이다(박상희 외, 2004).

4) 의사소통장애의 치료와 지도방법

의사소통은 사회적 삶에 필수적인 요소이므로 심각한 의사소통장애는 개인에게 지대한 영향을 미친다. 아동이 성장해 감에 따라 제때에 완전히 치료되지 않는 의사소통장애는 점점 더 큰 부담이 되고 학습장애, 정서장애 등 다른 문제를 야기한다. 그러므로 적기의 올바른 치료와 지도방법은 매우 중요하다.

첫째, 언어장애의 경우는 언어장애를 나타내는 아동은 먼저 이비인후과, 소아과, 치과 등에서 감각적·신체적 문제가 있는지를 점검하는 것이 필요하다. 아울러 아동이 지니고 있을지 모르는 정서적 문제나 부모 자녀 관계를 잘 탐색하여 이를 해결해 주는 것이 중요하다. 그리고 언어치료사나 교사에 의해 아동에게 체계적인 언어교육을 실시해야 한다. 부모 역시 아동에게 적절한 언어적 자극을 제시하고 아동의 언어적 표현을 격려하고 강화하는 꾸준한 노력을 통해서 아동의 언어적 발달을 촉진시켜 준다.

둘째, 발화음장애의 치료는 크게 두 가지 방법으로 나눌 수 있다. 하나는 음성학적 문제를 유발하는 신체적 또는 심리적 문제를 해결하는 방법이다. 예컨대, 수술을 통해 발성기관을 치료하거나 정서적 불안과 긴장을 완화할 수 있도록 심리치료를 하는 방법이 있다. 다른 방법은 올바른 발성 습관을 교육하는 것이다. 언어치료사에 의해 정확한 발음을 가르치고 올바른 발성을 위한 호흡조절능력을 키워주며 정확한 발음을 일상적 대화에서 사용할 수 있도록 지도하는 것이 바람직하다.

셋째, 아동기에 발생하는 유창성장애는 개인이 나타내는 증상과 심리적 특성을 고려하여 시행해야 한다. 우선 개인이 어려움을 겪는 말더듬기 행동의 정밀한 평가와 분석이 이루어져야 한다. 아울러 이러한 말더듬기가 악화되는 상황과 그에 관련되는 심리적 요인에 대한 분석이 이루어진 후에 적절한 치료가 시행되어야 한다. 예컨대, 말더듬기에 대한 과도한 의식과 그로 인한 불안과 긴장, 타인에게 말더듬는 모습을 노출하지 않으려는 강렬한 욕구, 자신의 말더듬기를 타인이 알게 될 경우에 매우 심각한 결과가 초래될 것이라는 생각, 말을 해야 되는 상황에 대한 회피행동 등이 말더듬기를 유지시키는 경우가 많다. 이러한 요인을 수정하는 인지 행동적 치료와 더불어 언어치료적 훈련을 병행하는 것이 가장 바람직하다.

3 자폐스펙트럼장애

1) 주요증상과 특징

DSM-5에서 자폐스펙트럼장애(autistic spectrum disorder)라는 진단이 추가되었는데 이는 자폐성장애, 아스퍼거장애, 소아기 붕괴성장애, 달리 분류되지 않는 광범위성 발달장애 등의 전반적인 발달장애가 하나로 통합된 것이다.

자폐장애란 희랍어의 '자기'(self)라는 의미를 지닌 'auto'라는 어근에서 나온 용어로서, Bleuler(1991)가 정신분열증을 보이는 일련의 사고장애를 기술하기 위해 처음으로 의학계에 등장시킨 용어이다(신현기 외, 2001). 1911년 스위스의 정신병학자 Bleuler는 자폐를 아동의 정신상태가 현실·외부세계도 아동의 원망(願望), 콤플렉스 또는 환각, 망상 등에 적합한 형태로만 존재하는 것으로 받아들이고, 이것에 역행하는 현실에 대해서는 마치 존재하지 않는 것처럼 행동하는 정신 상태를 가리키는 것이라고 말하고 있다.

자폐장애는 1943년 미국의 존 홉킨스 의과대학 소아정신학 교수였던 레오 캐너(Leo Kanner)에 의하여 처음으로 임상증후군으로 기술되었는데, 그 이전에는 소아정신분열증이나 정신지체로 진단 분류되었다. 그러나 캐너는 자폐 성향을 가진 아동을 대상으로 관찰한 결과 그들이 소아정신분열증이나 정신지체와는 다르다고 확신하면서 이들의 증상을 '초기 유아 자폐증(early infantile autism)'이라고 불렀다. 행동 및 정서장애의 한 부류로 보는 경우도 있으며, 주 증후군으로는 사회적 관계 형성의 결핍, 의사소통 능력의 결핍, 계속적인 강박행동, 상동행동, 변화에 대한 저항 등으로 특징 지어진다(박상희 외, 2004). 자폐스펙트럼의 진단기준은 다음과 같다.

자폐스펙트럼장애 진단기준(DSM-5)

A. 다음과 같이 다양한 상황에 가로질러, 사회적 의사소통 및 사회적 상호작용 측면에서 지속적인 장애가 현재 혹은 병력상 나타나야 한다(여러 예는 전체가 아닌 예시적인 것이다).

(1) 비정상적 사회적 접근법과 정상적으로 오가는 대화의 실패부터 관심, 정서, 감정의 공유 감소, 사회적 상호작용의 시작 혹은 반응의 실패에 이르는, 사회적-정서적 상호관계의 장애

(2) 제대로 통합되지 못한 언어적, 비언어적 의사소통부터 눈 맞춤, 비언어적 의사소통의 비정상적 혹은 제스처에 대한 이해 및 이용의 결여, 표정과 비언어적 의사소통의 완전한 결여, 사회적 상호작용을 위해 이용되는 비언어적 의사소통 행동면에서의 장애

(3) 다양한 사회적 맥락에 적합한 행동조절의 어려움부터 상상적 놀이의 공유(함께하기) 혹은 친구 사기귀의 어려움, 또래(친구)에 대한 관심 결여에 이르는 여러 관계의 개발, 유지, 이해 면에서의 장애

현재의 심각도를 명시할 것
※ 심각도는 사회적 의사소통 손상 및 제한적, 반복적 행동 패턴을 근거로 한다(표 8-3 참조).

B. 다음과 같이 현재 혹은 병력상 적어도 두 가지에 의해 표명되는 제한적, 반복적 행동, 관심, 활동 패턴들(여러 예는 전체가 아닌 예시적인 것이다.)

(1) 틀에 박힌 혹은 반복적인 운동신경 작동, 사물의 이용, 말하기(예: 단순한 운동 상동[sterotypies], 장난감들을 집결시키거나 물건 뒤집기, 음성모방, 특유의 문구)

(2) 단조로운 고집, 일과에 대한 비유연한 집착, 언어 혹은 비언어적 행동의 의식화된(ritualized) 패턴들(예: 작은 변화로 인한 극단적 괴로움, 전환에 대한 어려움, 엄격한 사고 패턴, 인사하기 의식, 매일 같은 길을 가거나 동일한 음식을 먹으려는 욕구)

(3) 강도나 초점 면에서 비정상적인, 매우 제한적이고 고정된 관심[예: 특이한 사물에 대한 강한 애착이나 몰입, 과도하게 제한적이고 지나치게 반복적인(perserverative) 관심]

(4) 감각적 입력에 대한 활동성 과잉 혹은 활동성 저하, 환경의 감각적 측면에 대한 비정상적 관심(예: 고통/온도에 대한 명백한 무관심, 특정 소리나 질감에대한 부정적 반응, 사물에 대한 과다한 냄새를 맡거나 만지기, 빛이나 운동에 대한 시각적 흥미)

현재의 심각도를 명시할 것
※ 심각도는 사회적 의사소통 손상 및 제한적, 반복적 행동 패턴을 근거로 한다.

C. 초기 발달에 증상이 나타나야 한다[하지만 사회적 요구가 제한된 능력을 넘기 전까지(능력 이상으로 요구되기 전까지) 증상이 완전히 표명되지 않을 수 있고, 인생 후반기에 학습된 전략에 의해 가려질 수 있다].

D. 여러 증상은 사회, 작업, 기타 중요한 현재 기능 영역 면에서 임상적으로 유의미한 손상을 일으킨다.

E. 이런 장애들은 지적장애(지적발달장애)나 전신발달 지체로는 제대로 설명되지 않는다. 지적장애와 자폐스펙트럼장애는 주로 동시에 일어난다. 자폐스펙트럼장애와 지적장애의 동반이환 진단을 내리려면, 사회적 의사소통이 일반 발달 수준에 대해 기대되는 수준보다 이하여야 한다.

※ 주의

자폐장애, 아스퍼거장애, 그 외 특정되지 않은 만연된 발달장애에 대해 확립된 DSM-4 진단을 받은 사람들에게 자폐스펙트럼장애 진단을 내려야 한다. 사회적 의사소통장애가 뚜렷하지만, 그렇지 않았다면 자폐스펙트럼장애 기준을 충족했을 사람들을 대상으로 사회적(실용적) 의사소통장애를 평가해야 한다.

다음의 경우 명시할 것

- 지적장애를 동반하거나 동반하지 않는 경우
- 언어장애를 동반하거나 동반하지 않는 경우
- 이미 알려진 의학 혹은 유전적 질환이나 환경적 요인과 연관이 있는 경우
  (부호화 시 주의: 연관된 의학 혹은 유전질환을 식별하기 위해 추가 코드를 이용한다.)
- 또 다른 신경발달적, 정신 혹은 행동 장애와 연관된 경우
  (부호화 시 주의: 연관된 신경발달, 정신, 행동 장애를 식별하기 위한 추가 코드를 이용한다.)
- 긴장병이 있는 경우(정의를 알려면 또 다른 정신장애와 관련된 긴자영 기준을 참조한다.)
  (부호화 시 주의: 동반이환 긴장병의 존재를 지적하기 위한 자폐스펙트럼장애와 연관된 추가 부호 293.89[F06.1] 긴장병을 이용한다.)

자폐스펙트럼장애는 사회적 상호작용과 의사소통에서 장애를 나타낼 뿐 아니라 제한된 관심과 흥미를 지니며 상동적인 행동을 반복적으로 나타내는 장애들을 포함한다. DSM-4에서 전반적 발달장애에 포함되었던 자폐증, 소아기 붕괴성 장애, 아스퍼거장애, 기타의 전반적 발달장애들은 증상의 심각도만 다를 뿐 연속선 상에 존재하는 하나의 장애를 나타내는 것이라는 연구결과를 반영한 것이다.

2) 자폐스펙트럼장애 아동의 행동특성

자폐스펙트럼장애는 두 가지의 핵심 증상을 나타낸다. 첫째는 사회적 상호작용의 결함으로 대인관계에 필요한 눈 마주치기, 얼굴표정, 몸짓 등이 매우 부적절하여 부모나 친구와 친밀한 관계를 형성하지 못한다. 둘째, 제한된 반복적 행동패턴으로 특정한 패턴의 기이한 행동을 반복하며 특정한 대상이나 일에 비정상적으로 고집스럽게 집착하는 행동이 나타난다. DSM-5에서는 자폐스펙트럼장애를 두 핵심 증상의 심각도에 따라 각각 세 수준으로 평가한다. 다음 표는 자폐스펙트럼장애의 중증도 수준을 나타낸 것이다.

표 8-3 자폐스펙트럼장애의 중증도 수준

중등도 수준	사회적 의사소통	제한적, 반복적 행동
수준 3 '매우 실질적 지원 요구'	언어적 비언어인 사회적 의사소통 기술의 중증 장애는 기능의 심각한 손상, 사회적 상호 작용의 매우 제한적 시작(주도), 타인이 한 사회적 제안에 대한 최소 반응을 일으킨다.	행동의 비유연성, 변화를 대처하기가 극단적으로 어려움, 기타 제한적/반복적 행동들은 모든 영역에서 기능을 현저히 방해한다. 엄청난 괴로움/초점이나 행동 변화의 어려움
수준 2 '실질적 지원 요구'	언어적, 비언어적인 사회적 의사소통 기술의 현저한 장애, 적소에(in place) 지원을 받아도 명백히 나타나는 사회적 장애, 사회적 상호작용 시작의 제약, 타인이 한 사회적 제안에 대한 감소된 혹은 비정상적 반응. 예를 들어, 누군가 간단한 문장을 말했는데, 그 문장의 상호작용이 협소한 특수 관심사항에 국한되거나, 현저히 특이한 비언어적 의사소통을 하는 경우	행동의 비유연성, 변화에 대응하기 어려워함, 기타 제한적/반복적/행동이 우연히 어떤 관찰자에게 명백하게 보일 정도로 자주 나타나고 다양한 상황에서 기능에 방해가 된다. 괴로움/초점이나 행위를 변화시키기 어려움.
수준 1 '지원 요구'	적소에(in place) 지원이 없을 경우, 사회적 의사소통장애로 인해 인지할 만한 손상이 일어난다. 사회적 상호작용 시작의 어려움, 타인에 의한 사회적 제안에 대한 비전형적 혹은 성공적이지 못한 반응 즉, 사회적 상호작용에 대한 관심이 감소하는 듯 보일 수 있다. 예를 들어, 어떤 사람이 전체 문장을 이야기하고 대화에 참여는 하지만 타인과의 오가는 대화를 하지 못하고, 친구를 사귀려는 시도들이 이상하며 일반적으로 성공하지 못한다.	행동의 비유연성은 한 가지 이상의 상황에서 기능에 심각한 방해를 일으킨다. 조직화 및 계획의 문제가 독립성을 저해한다.

출처: 최정윤 외 2인(2015).

최근 들어 미국과 그 밖의 국가들의 자폐스펙트럼장애에 대해 보고된 빈도는 전체 인구의 1%에 근접하며 아동 표본과 성인 표본의 추정치는 비슷하다(최정윤 외, 2015). 자폐스펙트럼장애는 대부분 3세 이전에 발병한다. 부모는 아이가 신생아기나 유아기에 부모와의 상호작용에 관심이 없다는 것을 느끼고 걱정한다. 특히, 어린아이의 경우에는 증상이 미묘하여 파악하기 어려우며, 일부 부모는 아이가 시각이나 청각에 문제가 있는 것으로 생각하기도 한다. 자폐스펙트럼장애는 지속적인 경과를 나타내는데, 학령기에 사회적 관심이 다소 호전되는 경향을 보이는 경우도 있고 때로는 오히려 악화되는 경우도 있다. 자폐 아동의 몇 가지 특성을 기술해 보면 다음과 같다(김승국, 1995; 한기정, 1998).

① 물리적 환경에 대한 비정상적인 반응

무엇인가 집중하거나 주시하는 행동을 하는 경우에는 바로 옆에서 일어난 큰 소리나 주위 사람의 움직임에도 무관심하며, 한편으론 희미한 소리에 민감한 반응을 나타내기도 한다.

② 언어적인 면의 이상

일상적인 말의 이해가 곤란하며, 언어발달이 늦다든지 반향어, 대명사 반전, 혼잣말, 미숙한 문법적 구문의 사용 및 추상어를 사용하는 것이 불가능하다.

③ 시선회피 및 사회적 접촉의 결여

자폐아는 사회성 발달에 있어 두드러진 결함을 갖고 있다. 자폐아의 발달 초기에 가장 기본적인 모자관계조차도 잘 발달되지 않는다. 강위영과 윤점룡의 보고에 의하면 유아기의 자폐아는 부모로부터 신체적인 평안함을 추구하지 않고 안기려고 하지 않는다고 했다. 어머니와 정서적인 관계가 나쁘다든가, 눈 맞춤을 잘하지 않으며 낯가리기가 확실하지 않았다고 보고된다.

④ 변화에 대한 저항 행동

많은 자폐아는 변화에 대한 적응을 거부하고 새로운 사물에 대하여 거의 흥미를 나타내지 않는다. 아동 자신이 주위 사물의 행동에 의식적인 동작을 고집하거나, 동일 환경과 장난감 혹은 사람들에 대한 병적인 집착 행동을 나타내기도 한다. 예를 들면, 항상 정해진 길만 고집하거나 정해진 물건이 항상 정해진 장소에 있길 고집한다. 장난감이나 사물을 잘 나열하며 언제까지나 그대로 있기를 고집한다. 또한 자동차를 밀고 놀기보다는 바퀴만 돌린다든지, 어떤 물건을 병적으로 주시한다. 음식도 새로운 것을 먹으려 하지 않고 같은 음식만 먹으려 한다.

⑤ 상동행동

상동행동은 리듬 있게 몸을 앞뒤 좌우로 흔들기, 손뼉 치기, 반복하기, 아래 위로 뛰기, 빨리 달리기 등으로 나타내며, 물건 두드리기, 냄새 맡기 등의 행동을 반복하여 나타내는 자기 자극 행동이다. 이런 행동은 정적 강화로 주위의 관심을 끌기 위해 지속된다고 보는 견해와 상동행동을 함으로써 아동이 처해 있는 상황으로부터 회피할 수 있다는 부적강화로 지속된다는 두 가지 입장이 있다.

⑥ 부적절한 정서

자폐아는 일반적으로 상황과 관계없이 감정을 표현하는 경우가 많은데, 즉 사건의 전후 관계에 부적절한 감정을 자주 표현한다. 반면에 즐거움, 슬픔 등의 감정 표현을 하지 않는 아동도 있다. 예를 들면, 맞았거나 상처를 입었을 때 웃거나 말릴 수 없을 정도로 심하게 낄낄거리거나 이유 없이 울거나 화를 내기도 한다.

⑦ 자해행동

자폐아들의 자해행동은 크게 다음 세 가지로 요약될 수 있다.

첫째, 자기 자극 행동으로서 자해행동이다. 동일 행동의 반복과 그 실행 중에는 외계로부터의 자극, 작용에 대해서 차단 효과를 지닌다. 손 흔들기, 손뼉 치기, 손장난 등의 행동으로 자해는 발생하지 않는 것이 일반적이다.

둘째, 사회적 강화행동으로서 자해행동이다. 자해행동의 발생 원인의 하나로 주위의 관심을 끌기 위한 사회적 강화행동이다. 머리나 몸을 벽에 부딪치는 등의 자해행동을 하면 사람들이 못하도록 하기 때문에 이러한 행동이 강화된다는 것이다.

셋째, 자기 확인 행동으로서 자해행동이다. 실체적 실존을 명확하게 하기 위한 자기 자신에 대한 공격, 외계와 자기와의 경계를 긋기 위한 시도 등 여러 가지 해석이 보고되고 있다. 주로 주위로부터 작용이 충분하지 못하고 방치된 중증발달

지체아 및 중증자폐아에게서 관찰되는 자기에 대한 강렬한 자극 부여 행동으로 이해될 수 있다.

⑧ 모방행동의 문제

모방은 아동의 사회성 발달에 있어서 매우 중요하다. 정상적인 아동은 초기 몇 년 동안 많은 언어적, 비언어적 행동을 배운다. 하지만 대부분의 자폐아는 주위 사람들의 행동을 관찰하지 않거나 혹은 관찰해도 모방하지 않는다. 많은 연구자들은 자폐아의 이 모방능력의 결여가 전반적인 발달을 저해하는 요인의 하나라고 지적하며 모방행동을 이끄는 것이 자폐아 발달 프로그램의 주된 과제라고 말한다.

⑨ 언어발달장애

언어를 표현하는 측면에서는(표현언어) 다음과 같은 특징이 나타난다.

① 무발어 상태(말의 기초 형성 곤란성): 자폐아 중에는 언어를 전혀 획득하지 못한 소위 무발어 아동이 있다.

② 단어만의 상태(말의 확대 곤란성): 언어를 획득한 자폐아라도 단어 혹은 2어문 발화의 단계에 장기간 머무는 경우가 많다. 2어문을 말하게 되어도 말을 듣고 규칙을 발견하는 능력의 결여로 문장을 만든다기보다는 단어의 나열에 불과하다. 회화에 있어서도 스스로 말하고자 하는 자발성이 결여되어 있으며 상황과 전혀 상관없는 화제를 끄집어내기도 한다.

③ 반향어 사용이나 대명사 역전: 반향어는 타인이 말한 것을 의미 없이 반복하는 것을 말한다. 대명사 역전은 예를 들어, 자신이 우유를 마시고 싶을 때 '나는 우유 먹고 싶어요. 우유 주세요'라는 말보다 '너 우유 먹고 싶어' 같이 내가 원하는 것을 대신한다.

④ 기능어의 사용 곤란: 조사, 조동사, 접속사 등의 사용의 곤란을 말한다. 자폐성 아동의 주된 특성은 관계 장애라고 하는 표현이 있을 정도로 상호 관계를 이해하는 데 현저한 곤란성을 가진다.

⑤ 추상어의 학습 곤란: 자폐성 아동의 특징으로 구체적, 기계적, 기하학적

배치에 대한 처리 능력을 키우는 것이 비교적 쉬운 데 반하여 추상적, 상징적, 기능적 배치를 지니는 과제 처리에 곤란성을 가진다.

⑥ 억양의 결여와 리듬의 이상: 자발적으로 표현 언어를 사용할 수 있는 자폐아 중 억양과 리듬이 이상한 경우 마치 감정이 결여되어 책을 읽는 것 같이 들린다.

언어를 수용하는 측면에서는 자폐아는 들은 이야기의 내용을 잘 이해하지 못할 뿐 아니라, 제스처, 표정, 목소리의 억양 등의 비언어적인 의사소통에 주목하고 이해하는 것이 극히 어렵다. 다시 말하면, 자폐아의 언어획득 장애는 단지 말을 못 한다는 것이 아니라 말을 이해하는 것까지 문제가 있는 언어 전반의 결함이라고 볼 수 있다.

3) 자폐스펙트럼장애의 원인

자폐스펙트럼장애의 원인은 주로 생물학적 원인에 의해 초래되는 것으로 알려져 있다. 뇌의 기능 이상으로 인해서 나타난다는 정도로 추정되고 있으나, 아직까지 확실하게 밝혀지지 않고 있다. 원인에 대한 최근의 경향은 기질적 손상으로 보고 있으며, 이러한 손상 원인은 확실하지 않으나 여러 가지 다른 원인들이 기본 중추신경계의 결함을 일으켜서 자폐증상을 일으킬 수 있다는 것이다. 특히 자폐스펙트럼장애를 이루는 증후군 집단이 유전적 요인에 기인한다고 본다. 자폐아동의 형제 중 자폐증이 발생할 수 있는 확률은 일반 인구에 비해 50배에서 많게는 200배나 높아지는 것으로 보고되었다(최정윤 외, 2015). 그리고 자폐아동 중 약 25%가 언어지체의 가족력이 있었고 자폐 아동의 형제 중 약 15%는 언어이상이나 학습장애 혹은 지적장애를 보이고 있었다. 이러한 결과는 유전적인 인지이상이 질병의 발생에 상당히 기여함을 시사하고 있다. 자폐스펙트럼장애의 유전방식이나 기제는 아직 밝혀지지 않고 있으나 다양한 기제가 관련되어 있을 가능성이 많고 연구자는 대부분의 자폐증이 여러 유전자의 상호작용으로 발생할 것이라는 견해를 선호하고 있다(Rutter. et al., 1999; Veenstra-Vanderweele & Cook, 2003).

자폐증의 생물학적 원인에 대한 여러 연구 중 세로토닌의 이상이 일관되게 보고되고 있다. 세로토닌은 신경전달물질로서 필수 아미노산인 트리토판의 신진대사 생성물이다. 세로토닌은 정상적인 뇌기능에 필수적이고 섭취하는 영양분의 일부로 얻어진다. 자폐 아동 중 약 30~40%에서 세로토닌 수치가 정상 아동보다 높다고 발견되고 있다. 그렇지만 세로토닌의 이상이 자폐 증상과 어떤 관련성을 가지는지에 대해서는 아직까지 명확히 밝혀지지 않았다.

대부분의 연구결과는 자폐장애가 선천적으로 기질적인 요인에 의한 것이며 유전적 요인을 다수 포함한다는 것이다.

자폐스펙트럼장애는 환경적 요인, 특히 부모의 성격이나 양육방식에 의해서 유발할 수 있다는 주장이 제기된 바 있다. Kanner(1943)는 자폐아의 부모들이 차갑고 무심하며 소심하고 내성적이며 친밀한 대인관계를 맺지 않고 매우 높은 교육수준을 가진 사람들이라는 특성을 나타낸다고 주장하였다. 이에 부모를 그 죄인으로 보는 것에 초점을 맞추게 되어 자폐아 부모에게 많은 죄의식을 느끼게 하는 등 문제를 일으켰다. 그러나 자폐아의 부모에 대한 체계적인 연구에서 이러한 주장은 입증되지 않았다. 대부분의 연구에서 자폐아를 지닌 부모의 공동된 심리적 특성을 발견하지 못했다.

현재 자폐스펙트럼장애는 대부분 생물학적인 원인에 의해 유발되는 것으로 생각되고 있지만 Tustin 같은 정신분석학자는 일부의 자폐스펙트럼장애가 심리적 원인에 의해 유발될 수 있다고 주장한다(Spensly, 1995). 초기 유아기 단계에서 아이는 감각을 경험하지만 자신의 신체를 비롯하여 외부 대상을 인식하지 못하는 정상적인 자폐 단계가 나타난다. 이러한 자폐증 상태에서 아이는 어머니와의 상호작용을 하면서 자신을 어머니로부터 분리하여 독립된 개체로 인식하며 성장하게 된다. 그는 이러한 초기 유아기 단계에서 어머니와의 상호작용에 심각한 문제가 생기면 자폐증이 나타날 수 있음을 주장하면서 자폐증을 단절형 자폐증과 융합형 자폐증으로 구분하고 있다. 단절형 자폐증은 아이가 자신 이외의 모든 경험을 완전히 부정하는 자폐적인 갑옷을 입는 경우인 반면, 융합형 자폐증은 어느 정도 분화되어 있지만 자신의 신체가 엄마의 신체와 뒤엉키고 혼동된 느낌을 갖는 경우다.

4) 자폐스펙트럼장애의 치료 및 지도

아동 자폐장애를 완치할 수 있는 특효약이나 단 한 가지의 치료방법은 존재하지 않는다. 자폐스펙트럼장애의 치료가 어려운 이유는 이 장애의 증상이 아동의 현재 기능뿐만 아니라 새로운 행동의 학습을 저해하기 때문이다. 자폐장애의 치료방법으로는 구조화된 교육프로그램, 항(抗)정신성 약물 투여에 의한 증상적 치료, 특수신경 약물학적 치료 등 종합적으로 사용되어야 효과적이며 초기부터 지속적으로 개입하고 제공하는 것이 효과적이다.

(1) 약물치료

약물치료를 통해 자폐스펙트럼장애를 치료하지는 못하지만 매우 흥분되어 있거나 공격적인 행동이나 발작이 나타나는 경우에는 약물치료가 증상 완화에 도움이 될 수 있다. 약물치료에는 대개 과잉행동, 충동성, 주의력 결핍, 공격성, 상동행동, 자해행동, 우울 증상 등이 포함된다.

(2) 심리치료

심리치료는 정서·행동장애 아동 및 그 주변의 사람들과 심한 갈등을 빚고 있는 아동들에게 적용하는 가장 일반적인 방법이다. 심리치료적 접근방법은 Freud, Jung, Erickson, Freud 및 많은 연구자들의 연구 결과에 기초를 두고 있다. 심리치료에는 여러 가지 방법이 있지만 아동의 스트레스를 완화시키고 아동의 발달을 조장하는 데 초점을 맞추고 있다. 자폐장애 아동을 지도하기 위해서 부모나 교사가 해야 할 일은 이들과의 인간적 접촉을 최대한으로 증가시키며, 개별화를 통한 그들의 적응능력 및 적합한 행동의 증가, 그리고 일상생활에 필요한 능력을 개발시켜 주기 위하여 노력하는 것이다(신현기 외, 2001). 자폐성장애 아동을 위한 적절한 교육과정 및 교육방법을 결정함에 있어서 인지발달 정도를 고려함은 필수적이다.

(3) 행동수정

자폐스펙트럼장애를 지닌 아동의 부적응적 행동을 개선하는 데에는 행동치료가 가장 일반적으로 적용되고 있다. 행동치료는 두 가지 범주로 나누어 볼 수 있다(American Psychological Association, 2006). 첫째, 구체적인 행동에 집중하는 것으로 예를 들면, 언어 또는 사회적 기술의 장애가 있을 수 있고 상동행동이나 자해 같은 특정한 행동이 포함될 수 있다. 둘째, 자폐의 주요 증상과 이차적인 문제들을 향상시키고자 비교적 장기간에 걸쳐 집중적이고 포괄적인 치료를 하는 것이다.

일반적으로 자폐아동 교육을 위한 바람직한 구성요소를 살펴보면 다음과 같다.

표 8-4 자폐아 교육을 위한 구성요소

- 조기교육: 가능한 한 가장 이른 시기에 교육을 제공하기 시작한다.
- 구조화된 교육: 행동분석을 적용한 구조화된 교육을 제공한다.
- 부모참여: 아동과 부모의 개별적인 특성에 따라 부모를 교육에 참여시킨다.
- 집중적인 교육: 교육시간, 교육환경의 다양성, 교육내용의 타당도 등으로 구성된 교육의 강도를 강조한다.
- 일반화 프로그램: 학습한 특정기술이나 행동을 다양한 환경에 일반화하도록 교수한다.
- 사회성 및 의사소통기술을 강조한 교과과정: 자폐장애의 대표적인 특성인 사회성 및 의사소통의 결함을 극복하기 위한 교과과정을 운영한다.
- 통합교육: 자폐의 주요 장애특성인 사회성 발달의 결함을 극복하기 위한 정상적인 환경과 학습기회를 제공할 수 있는 통합환경에서의 교육을 포함한다.

출처: 박상희 외(2004).

이밖에도 정신역동치료에서는 놀이치료를 통해 자폐아에게 언어적 기술과 상상적 활동을 증진시키는 노력을 기울인다. 자폐아의 치료를 위해서는 부모와 여러 분야의 전문가들이 인내심을 가지고 지속적이고 집중적인 노력을 기울이는 것이 필요하다.

생각해 봅시다

영화 〈말아톤〉으로 보는 자폐

'자폐'로 불리는 '자폐성발달장애'는 신체장애보다 수가 훨씬 적고, 드러나는 증상도 적어 사람들의 관심권 밖에 있었다. 그나마 장애인으로 공식적으로 인정받게 된 것도 2000년 「장애인복지법 시행령」이 개정된 뒤였다.

그러나 영화 〈말아톤〉이 큰 인기를 누리면서 자폐인에 대한 사회적 관심이 높아지기 시작했다. 얼룩말과 초코파이를 좋아하는 초원이. 어느 날 초원이는 자폐장애라는 진단을 받게 된다. 20살 청년이 된 초원. 그러나 지능은 여전히 얼룩말을 좋아하는 5살 수준에 머물고 타인과의 유일한 의사소통은 '초원이 다리 얼마?'하고 물으면 '백만 불짜리'라고 대답하는 수준이다. 그러나 초원이 엄마의 꾸준한 노력으로 결국 긴 마라톤 코스를 완주한다.

실제 사례를 영화화한 이 영화는 우리에게 자폐라는 것을 많이 알려 준 영화다.

이 영화를 계기로 정윤철 감독은 자폐인 부모들로부터 속편을 만들어 달라는 요청을 받은 뒤 '속편은 영화가 아니라 세상 속에서 함께 만들어 가자'고 답했다고 한다. 우리가 이러한 세상을 함께 만들어 가기 위해 해야 할 일이 무엇인지 다음 주제를 함께 토론해 보자.

❶ 지적장애 아동에 대해 효과적인 학습을 위한 구체적인 방안이나 프로그램등을 찾아보자.

❷ 자폐스펙트럼장애를 주제로 한 영화를 알아보고 가족을 중심으로 한 지도방법을 토론해 보자.

❸ 의사소통장애를 가진 아동의 구체적인 지도방안 혹은 프로그램 등을 찾아보자.

제9장

신경발달장애 II

급속하게 변화하는 사회 속에서 함께 성장과 변화를 해 가는 어린이들은 육체적·정신적으로 사회적으로 건강하게 자라날 수 있도록 보살핌을 받아야 한다. 그러나 아동 신체변화의 조숙, 물질적 가치지향의 욕구, 감정적 쾌락주의의 욕구 분출, 신속하게 변화하는 사회 환경 변인으로부터의 불안, 좌절, 스트레스 등은 아동의 정신건강 유지에 심각한 문제를 일으키게 되며 이런 다양한 발달 위기와 상황 위기를 겪으면서 자아정체감의 혼돈과 심리적 부담감을 가지게 되어 그들은 사고와 행동특성에 갈등을 겪게 된다. 특히 이 장에서는 요즘 이슈가 되고 있는 주의력 과잉행동장애, 특정학습장애, 그리고 틱장애 대해 알아보고자 한다.

1 주의력 결핍 및 과잉행동장애

1) 주의력 결핍 및 과잉행동장애의 주요 증상 및 특성

주의력 결핍 및 과잉행동장애 (attention deficit hyperactivity disorder: ADHD)는 DSM-4에서 '유아기, 아동기, 청소년기에 흔히 처음으로 진단되는 장애'에서 신경발달장애로 이동되었는데 이는 아마도 ADHD와 뇌 발달의 연관성을 고려한 것으로 보인다. 또한 최소 발병 연령이 7세 이전에서 12세 이전으로 대폭 확장되었고 청소년이나 성인의 경우에도 진단되는 성인 ADHD의 진단 가능성을 열어두었다. 또한 아동, 청소년의 경우에는 한 가지 영역에서 6개 이상의 증상이 충족될 때 진단을 내릴 수 있는 것에 비해 성인의 경우에는 5개 이상이 충족되면 진단을 내릴 수 있게 되어 성인 ADHA의 진단 증가가 우려되고 있다. DSM-4에서 '주의력 결핍 및 파괴적 행동장애'군에 포함되어 있던 품행장애와 적대적 반항장애가 DSM-5에서는 '파괴적 충동조절 및 품행장애'라는 영역으로 새롭게 분류되었으며 주의력 결핍 및 과잉행동장애와 자폐스펙트럼장애를 함께 진단하는 것을 가능하게 했다(최정윤 외, 2015).

ADHD는 아동의 나쁜 행동을 면제하기 위해 남용되는 명칭이 아니라, 생물학적 기초가 의심되는 심각한 장애이다. ADHD 아동에 대한 설명은 백 년 이상 지속되어 오고 있다. 1845년, 독일의 신경학자인 Hoffman은 아동의 과잉행동을 처음으로 설명해 놓은 동화책을 썼다. Hoffman은 '안절부절 못하는 Philip'이라고 불리는 아동의 식사행동을 '가만히 앉아 있지 못하고, 몸을 비비 꼬고 / 몸을 흔들어 대거나', '앞뒤로 흔들고 / 의자를 넘어뜨리며 Philip은 소리를 지르고, 식탁보를 움켜쥐며', '이것들을 바닥으로 떨어뜨려요 / 컵, 접시, 칼, 포크 모두를' 하고 외친다고 기술하였다(Hoffman, 1845). 150년 전의 아이의 모습을 통해 현대의 ADHD 아동이 가진 과잉행동적이고 충동적이고 부주의한 특성을 읽을 수 있다.

ADHD의 두 가지 핵심증상은 부주의와 과잉행동-충동성이다. 이러한 특성들은 대부분 어린 아동에게 일반적으로 나타나는 것이지만 점차 성장하면서 줄어들게 된다. 그러나 나이에 비해 부적절하게 이러한 부적응적 행동 특성이 나타나는 경우에 ADHD로 진단할 수 있다.

ADHD의 DSM-5 진단 준거

A. 기능 및 발달을 방해하는 주의력 결핍 및 과잉행동-충동 양상의 지속적 발현으로, 다음의 (1), (2) 중 하나 혹은 모두를 충족한다.

(1) 주의력 결핍: 다음 증상 가운데 여섯 가지 이상의 증상이 최소 6개월 동안 발달 수준에 반하여, 사회 및 학업/직업 활동에 직접적으로 부정적인 영향을 미치며 지속된다.

※ 주의: 증상은 반항적, 적대적, 혹은 지시를 이해하지 못한 결과로 발생하지 않아야 함. 후기 사춘기와 성인(17세 이상)의 경우, 최소 다섯 가지 이상 증상 요건을 충족해야 함.

a. 자주 세부적인 면에서 면밀한 주의를 기울이지 못하거나, 학업, 직업, 또는 다른 활동에서 부주의한 실수를 저지른다(예: 세부사항을 간과하거나 놓침, 결과물이 부정확함).

b. 흔히 일을 하거나 놀이를 할 때, 지속적으로 주의를 집중하는 데 어려움을 겪는다(예: 강의, 대화 혹은 긴 독서 중 주의력 유지에 어려움을 겪음).

c. 흔히 다른 사람이 직접 말을 할 때 경청하지 않는 것으로 보인다(예: 명확한 방해물의 부재에도 불구하고 정신이 다른 곳에 있는 것처럼 보임).

d. 흔히 지시를 그대로 따르지 못하고, 학업, 잡일, 작업장에서의 임무를 완수하지 못한다(예: 작업을 시작하나 곧 집중력을 잃고 곁다리로 벗어남).

e. 흔히 과업과 활동을 체계화하는 데 어려움을 겪는다(예: 순차적 작업을 하거나 작업물이나 소지품을 정리하는 데 어려움을 겪음. 깔끔하지 못하고 조직화되지 못한 결과물, 시간관리가 안 됨, 기한을 지키지 못함).

f. 자주 지속적인 정신적 노력을 요구하는 작업(학업 또는 숙제 같은)에 참여하기를 피하고, 싫어하고, 저항한다(예: 학교 과제; 후기 청소년기 및 성인기에는 보고서 준비, 서식작성, 긴 문서 검토 등).

g. 자주 작업이나 활동하는 데 필요한 물건들(예: 장난감, 학습과제, 연필, 책, 또는 도구, 지갑, 열쇠, 서류, 안경, 휴대전화)을 잃어버린다.

h. 자주 외부의 자극에 의해 쉽게 산만해진다(후기 청소년기 및 성인기의 경우는 연관되지 않는 생각에 의해).

i. 자주 일상적인 활동을 잊어버린다(예: 잡다한 집안일, 심부름하기, 후기 청소년기 및 성인기의 경우 전화 답해 주기, 고지서 납부, 약속 지키기 등).

(2) 과잉행동 및 충동: 다음 증상 가운데 여섯 가지 이상 증상이 최소 6개월 동안 발달 수준에 반하여, 사회 및 학업/직업 활동에 직접적으로 부정적인 영향을 미치며 지속된다.

※ 주의: 증상은 반항적, 적대적 혹은 지시를 이해하지 못한 결과로 발생하지 않아야 함. 후기 사춘기와 성인기(17세 이상군)의 경우, 최소 다섯 가지 이상 증상 요건을 충족해야 함.

a. 흔히 손발을 가만히 두지 못하고, 손끝으로 두드리거나, 의자에 앉아서도 몸을 움직인다.

b. 보통 앉아 있도록 요구되는 상황에서 자주 자리를 떠난다(예: 교실에서 자기 자리를 떠나거나, 사무실에서 고정 좌석을 떠나거나, 기타 앉아 있도록 요구되는 상황에서).

c. 자주 부적절한 상황에서 지나치게 뛰어다니거나 기어오른다(주의: 청소년 또는 성인의 경우 좌불안석을 느끼는 것으로 제한될 수 있다).

d. 흔히 조용히 여가활동에 참여하거나 놀지 못한다.

e. 흔히 끊임없이 활동하거나 마치 무엇인가에 쫓기는 것처럼 행동한다(예: 식당, 회의 등에서 장시간 가만히 있지 못하거나 가만히 있는 데 불편을 느낌, 타인에게는 가만히 있지 못하거나 보조를 맞추기 어렵게 느껴짐).

f. 자주 지나치게 말을 많이 한다.

g. 자주 질문이 채 끝나기 전에 성급하게 대답한다(예: 타인의 문장을 끝내버림, 대화에서 자기 차례가 오기를 기다리지 못함).

h. 자주 차례를 기다리지 못한다(예: 줄 서는 상황에서).

i. 자주 다른 사람의 활동을 방해하고 간섭한다(예: 대화, 게임, 활동에 참견함, 허락을 받기도 전에 다른 사람의 물건을 사용하기 시작함, 청소년 및 성인의 경우 타인이 무언가를 하는 도중 끼어들기).

B. 장애를 일으키는 주의력 결핍 혹은 과잉행동-충동 증상 중 일부가 12세 이전에 있었다.

C. 주의력 결핍 혹은 과잉행동-충동 증상 중 몇 가지가 2개 또는 그 이상의 환경에서 존재한다(예: 가정, 학교, 혹은 직장에서, 친구들 혹은 친척들과 있을 때, 서로 다른 활동 중).

D. 증상들이 사회적, 학업적, 직업적 기능을 방해하거나 그 질을 떨어뜨린다는 명백한 증거가 존재한다.

E. 증상이 정신분열증 혹은 기타 정신병적 장애의 진행과정 내에서만 배타적으로 발생하거나 또는 다른 정신과적 장애(예: 정동장애, 불안장애, 해리장애, 성격장애, 약물중독 및 금단증)에 의해 더 잘 설명되지 않는다.

현재의 심각도를 명시할 것
- 경도(mild): 증상 수가 진단 조건과 같거나, 심하게 초과하여 나타나지 않으며, 증상이 경도의 사회 및 작업적 부전만을 야기할 경우
- 중등도(moderate): 진단 조건 충족 증상 수 및 기능부전 정도에 있어 '경도'와 '중도'의 중간 수준일 경우
- 중도(mevere): 증상 수가 진단 조건을 훨씬 초과하여 발현되거나, 몇 가지 증상이 심각하게 나타날 경우, 혹은 증상이 심각한 사회 및 작업적 부전을 야기할 경우

2) ADHD 행동특성

ADHD의 구체적인 행동특성을 살펴보면 다음과 같다.

(1) 과잉행동(hyperactivity)

ADHD 아동은 허락 없이 자리에서 이탈하고, 뛰어다니고, 팔과 다리를 끊임없이 움직이는 등 활동 수준이 높다. 장시간 가만히 앉아 있어야 하는 상황에서는 신체 통제에 어려움을 느끼며, 손가락이나 다리를 끊임없이 움직이고, 이상한 소리를 내기도 한다. 이러한 과도한 움직임은 가정, 학교, 병원 등 상황에 관계없이 일어나고, 혼자 있을 때, 부모와 같이 있을 때, 놀이 중, 수업시간 중 모두 나타난다. ADHD 아동은 분노, 좌절, 슬픔, 기쁨 등의 정서적인 반응도 일반 아동보다 더 빈번하고 강하게 표출한다.

(2) 주의력 결핍(inattention)

주의 집중은 여러 기술이 요구되는 복잡한 과정으로, 교실환경에 효과적으로 적응하기 위해서 아동은 수많은 주의 집중 기술을 습득해야 한다. 교실환경 속에는 창밖의 풍경이나 친구들의 말소리, 호기심을 끄는 물건 등 각종 자극이 수업내용과 선생님 설명과 같은 적절한 자극들이 공존한다. 정상적인 아동의 경우는 대개 어떤 것에 주의를 기울여야 할지 알고, 스스로를 억제할 수 있다. 그러나 ADHD 아동은 여러 가지 자극에서 선택적으로 주의 집중하기 어렵고, 아무리 지적을 해도 고쳐지지 않는다. 따라서 선생님이 보기에 매우 산만한 아이로 비쳐진다. ADHD 아동의 선택적 주의 집중 결함을 밝힌 한 연구는 듣기 과제에서 내용을 상세히 설명하거나, 묘사를 많이 보태거나, 배경음이 있을 때는 ADHD 아동의 듣기 이해가 떨어지는 것으로 보고하고 있다. 시험을 보더라도 문제를 끝까지 읽지 않아서 틀리는 경우가 많다. 예를 들어, '~가 아닌 것은 무엇인가?'와 같이 문제의 끝을 부정문으로 물을 경우 이를 끝까지 읽지 않고 오답을 하는 경우가 있다는 것이다. 또한 미묘한 언어적 단서에 선택적 주의 집중을 해야 하는 서술식 산수문제를 푸는 데 어려움을 겪는다. '22 + 23 = 45'라는 것은 풀 수 있는 지능이 되면서, '우리 안에 돼지가 22마리 있는데, 어머니가 소를 23마리 샀다. 우리 안에는 몇 마리의 동물이 있나?'와 같은 식의 질문에 대해서는 답하기 어려워한다. 이런 지속적 주의 집중의 어려움으로 인해 장시간의 반복과 암기기술의 숙달이 요구되는 산수계산, 맞춤법 등에서 부진하다. 대부분 이러한 문제는 성인기까지 계속되며, 성인기에 이르러서는 직장에서 업무수행 과정에서 문제를 나타낸다(Blum & Mercugliano, 1997).

(3) 충동성

반응을 억제하기 어렵기 때문에 생각 없이 혹은 생각하기 전에 행동하는 경향을 말한다. 우선 ADHD 아동은 여러 가지 행동 가운데 어떤 행동이 적절한 것인지를 판단하지 못하는 경우가 많으며, 이런 현상은 아동의 충동성이 인지적 측면으로 반영된 것이라 볼 수 있다. 행동적 측면에서 볼 때 ADHD 아동은 자기

억제능력 부족으로 본인이 원치 않는 말이나 행동이 튀어나온다. 규율을 이해하고 알고 있는 경우에도 급하게 행동하려는 욕구가 강해 충동적으로 행동하는 것이다. 일반 아동은 부적절한 행동에 대해 부모나 교사로부터 3~4번 꾸지람이나 벌을 받으면 충동적 행동이 고쳐지지만, ADHD 아동은 벌을 주어도 계속 규율을 어기는 경우가 많은데, 이는 고의적인 반항으로 인한 것이 아니라 내재적인 충동성 때문이다. 충동성 여부를 판별하는 데는 'Matching Familiar Figure Test'라는 검사가 사용되는데, 충동적 아동은 같은 지능의 또래 아동보다 이 테스트에서 첫 반응을 하는 소요시간이 짧고(즉, 생각하지 않고 반응), 오답 반응률이 높다. 이런 충동성은 학업환경에서도 그대로 반영된다. 문제를 풀 때 지시문을 끝까지 읽지 않는다든가 선택답안을 모두 읽지 않고 답을 선택하는 것이다. 또한 앞의 장애물을 보지 못하고 뛰어가다가 넘어지거나 위험한 차도를 잘 살피지 않고 뛰어들어 교통사고를 당하는 위험도 높다(김동일 외, 2002).

(4) 공격성

ADHD 아동의 충동성이 사회적인 문제와 공격성을 야기시키기도 하는데, 충동적인 아동은 줄 서기나 게임에서 자기의 차례를 기다리지 못하는가 하면, 분노를 통제하지 못하고 부적절한 행동을 그대로 표출한다. 놀이집단에서 또래들보다 3배나 공격적이고 10배나 부정적인 말을 많이 하여 또래들로부터 거부당하는 것으로 밝혀지고 있다. 타인에게 공손한 말을 사용하지 않으며, 타인의 입장에서 생각하는 것을 배우지 못해 자신의 행동이 타인을 방해하거나 자신의 대인관계에 영향을 미친다는 것을 의식하지 못한다(최혜순, 2004).

(5) 교우관계에서의 어려움

일부 전문가들은 ADHD 아동을 확인할 수 있는 가장 간편하고 타당한 방법 중의 하나가 친구관계를 살펴보는 것이라고 한다. 특히 정신건강 관련 종사자들은 아동이 친구를 만들고 우정을 유지하는 것이 건전한 정신건강의 중요한 요소라고 생각하고 있으며, 사회성 기술과 우정의 발달에 흥미를 기울여 왔다. 대개의 아동은 유아기에서부터 놀이를 통해 사회성을 발달시키는 데 비해 ADHD 아동은 주의 집중 결함이나 충동성 때문에 이런 상호작용의 기회를 상실하게 되고, 이로 인해 사회성에 결함을 나타내게 된다. 조사에 따르면 일반 아동은 부모 중 10%만이 자신의 아동이 또래들과 놀 때 심각한 문제가 있다고 보고한 반면, ADHD 아동의 부모는 80% 이상이 그렇다고 보고했다. ADHD 아동은 일반 아동 못지않게 또래들과 상호작용을 많이 하지만, 문제는 그런 활동이 주로 싸우기, 방해하기, 못살게 굴기 등 부정적인 행동에 치우쳐 있고, 이로 인해 또래에게 더 많은 따돌림을 당한다는 점이다.

(6) 기타 문제들

부주의, 충동성, 과잉행동 등은 ADHD 아동의 공통적인 문제점이다. 그러나 이러한 일차적인 문제 외에 사회, 인지, 학업, 정서, 신체 등 여러 발달 영역에서도 많은 문제가 야기된다. 모든 ADHD 아동이 이러한 문제를 가지는 것은 아니지만 정상 아동보다 더 많이 나타나는 것으로 보고되고 있다.

3) 주의력 결핍 및 과잉행동장애의 원인

(1) 신경·화학적 요인

1940~50년대에 걸쳐서 ADHD에 대한 뇌 손상 가설은 미세 뇌 손상과 미세 뇌기능장애로 사용되어져 왔으나, 이러한 이론은 ADHD 아동의 극소수만 해당되므로, 왔기에 1950년대 후반에는 두뇌로 들어오는 자극의 불충분한 여과에 원인이 있다고 보았다. 즉, 사람의 뇌에서 학습, 자기통제, 동기부여 등을 관장하는 RAS(reticular activating system)라는 부위가 있는데, RAS 내에는 주의력을 관장하는 도파민(dopamine) 및 노르에피네프린(norepinephrine) 등의 신경전달물질이 있다. 이를 물질들의 부족 또는 이상이 있을 경우 ADHD가 유발되는 것으로 전문가들은 보고 있다. 도파민 및 노르에피네프린 외에 세로토닌(serotonine) 등 다른 신경전달물질들이 ADHD 발병과 관련되어 있다는 연구도 계속 나오고 있다.

중요한 것은 ADHD가 근본적으로는 유전적 또는 환경적으로 야기되는 것이라기보다는 이러한 신경·화학적 요인으로 인해 근본적으로 발생한다는 사실을 인식하고, 하나의 병으로서 체계적으로 진단, 치료해야 한다는 사실이다.

(2) 유전적 요인

ADHD가 유전자에 의해 야기되는지에 대해서 수많은 연구가 이루어졌고, ADHD로 진단된 아동의 부모나 형제 중에도 주의력 결핍 문제가 있는 경우가 30% 정도로 나타난다는 보고(Faraone, Biederman, 1998)가 있다. 그러나 구체적으로 ADHD가 어떤 유전적인 문제로 인해 발생된다고 밝혀진 바는 없으며, 단지 가족 연관성이 있다는 것이 인정되고 있다.

(3) 환경적 요인

임신 시 태아의 상태가 주의력 결핍과 관련이 있다는 보고도 있다. 즉, 임신 시 임산부의 영양 부족, 흡연, 과도한 스트레스, 감염 등이 영향을 줄 수 있으며, 조산이나 난산으로 인한 두부 손상이 이러한 문제를 유발할 수 있다. 그러나 이런 환경적 요인이 단독적으로 ADHD를 야기한다는 것은 아니다. 또한 아동의 과다한 TV 시청, 납중독, 고압 전류 지역 노출, 형광등 노출, 비디오 게임, 알레르기 등으로 인해 ADHD가 발생할 수 있다는 과거의 주장은 근거가 없는 것으로 보고 있다. 그 외에 비타민 결핍, 식품첨가물이나 소금에 절인 식품, 많은 양의 정제설탕의 섭취 등 식품첨가물의 알레르기성 반응이 과잉행동의 원인이 될 수 있다는 주장도 있으나 역시 과학적 근거가 미약하다.

(4) 해부학적 요인

대부분의 학자들은 주의력 결핍이 선천적이며 신경·화학적 원인에 의해 생긴다고 본다. 한편 ADHD 아동의 뇌의 기본 구조는 외관상 정상적으로 보이더라도, 뇌기능에 있어서는 미세한 기능장애가 있는 경우가 많다. 정상아의 경우 임신 중, 그리고 생후 1년간 두뇌는 계속 발달하며 두뇌가 발달하는 과정에서 신경세포들이 적절히 형성되고 연결된다. 그러나 임산부의 흡연, 음주, 약물복용 등 여러 가지 요인에 의해 이와 같은 두뇌 형성과 발달이 정상적으로 이루어지지 않는 경우도 있다. 평균적으로 ADHD 아동은 전두엽(前頭葉, frontal lobe)이 정상 대조군에 비하여 10% 작고, 대뇌전상부(anterior superior)와 전하부(anterior inferior)의 용적도 10% 작다고 한다.

4) 주의력 결핍 및 과잉행동장애의 치료

ADHD의 치료로서 약물치료가 가장 널리 받아들여지고 있다. 리탈(ritalian), 덱세드린(dexedrine), 페몰린(pemoline)과 같은 중추신경계 자극제가 효과적이라고 알려져 있다(Pelham, 1987). 가장 대표적인 ADHD 치료약물인 리탈린의 경우 ADHD 아동의 60~70%에게 주의 집중력을 높여 학업성취도를 향상시키고 산만한 행동을 감소시키는 것으로 보고되었다. 그러나 이러한 약물은 식욕감퇴, 두통, 불면, 틱과 같은 부작용을 초래할 수 있을 뿐 아니라 ADHD 아동의 30~40%에서는 효과를 나타내지 못하고 오랫동안 ADHD가 있는 아동에서는 그 효과를 입증하지 못하였다.

ADHD는 심리치료와 부모교육에 의해서 현저하게 호전될 수 있다. 비약물 치료에는 개인 프로그램과 집단 프로그램 두 가지로 나누어 볼 수 있는데 개인 프로그램: 놀이치료, 인지행동치료, 보호자 상담 및 행동치료, 집중력 향상 및 사고력 향상을 위한 인지 프로그램, 분노조절훈련 프로그램, 기초학습 프로그램 등이 있다. 집단 프로그램: 사회기술훈련 프로그램 I(초등학생 집단), 사회기술훈련 프로그램 II(초등학교 고학년 고급반) 등이 있다.

ADHD는 장기간 지속되는 질환으로, 약물치료와 규칙적인 정신적, 행동적 보조치료는 ADHD 아동이 사회적인 기능을 원활하게 수행하도록 도와준다. 그런데 일부 복약 지시를 성실히 준수하지 않아 증상의 재발을 여러 번 경험하는 아동도 있다. 그런 경우 부모는 우선 집중력 강화제를 복용하고 크게 개선된 아이의 상태를 보고 스스로 아이가 다 나았다고 잘못 판단한다. 하지만 약물을 중단하면 다시 아이의 ADHD의 증상이 나타나면서 좌절하게 되고, 이러기를 반복하다가 다시 병원을 찾는다. 결국 좋은 예후를 위해서는 인내심을 갖고 약물복용을 준수해야 하며, 치료에 유리한 보조적 환경을 꾸준히 유지해 주는 것이 중요하다. 약을 중단하는 것은 전문의와 상의하기 전에 스스로 결정할 수 있는 문제가 결코 아니다.

ADHD 아동의 치료에는 부모의 역할이 매우 중요하다. Bakley(1981)는 사회학습이론에 근거하여 부모에게 ADHD 아동에 대한 치료기법을 교육시켜 시행하는 방법이 효과적이라고 제한하였다. 행동치료 또는 인지행동적 치료기법을 부모에게 교육하여 가정에서 이를 실행하도록 하는 것이 효과적이다. 이를 위해서는 부모가 ADHD 아동의 문제점을 이해하고 좀 더 긍정적인 방법으로 아동을 대할 수 있도록 효과적인 의사소통 보상을 주는 방법, 처벌하는 방법, 긍정적 감정과 부정적 감정을 표현하는 방법 등을 교육하는 것이 필요하다. 다음 표에 있는 교실 내에서 교사의 적극적인 전략은 ADHD 아동의 증상을 좀 더 효과적으로 관리할 수 있으며 아동을 도울 수 있다.

표 9-1 ADHD 아동에 대한 교사 전략

	행동특성	대응방안
과잉 행동	• 손발을 꼼지락거림 • 자리에 가만히 앉아 있지 못하고 임의로 돌아다님 • 마구 뛰어다니는 등 과도한 행동을 선호 • 쓰기, 미술 등 세밀한 동작을 요구하는 과제 수행 곤란	• 마주보는 원형보다는 직선형 좌석 배치 • 교사와 가까운 앞자리에 자리 배치 • 창가나 문 옆 등 주의력이 분산될 수 있는 곳으로부터 멀게 앉히기 • 차분한 학생과 가깝게 앉히기 • 또래와 긍정적인 교류를 위한 학습테이블 • 조용하고 정돈되어 자극이 적은 환경 조성 • 교실 내에서 돌아다니다 앉을 수 있는 빈 의자 마련 • 미세근육을 활용할 수 있는 컴퓨터실 활용
충동성	• 반응을 억제하지 못함 • 놀이 및 학습 상황에서 자기 차례를 기다리지 못함 • 다른 사람들의 대화 및 놀이에 끼어듦 • 감정적 폭발, 사실이 아닌 감정에 기반한 반응 • 시험 및 계획이 필요한 활동수행 능력 저하	• 바람직한 행동에 대해 보상체계를 활용하고, 행동발달상황을 도표화하여 관리 • 교실 내에서 바람직한 행동과 해서는 안 되는 행동을 종이에 적어서 걸어 놓고, 각각의 행동에 대한 보상책도 명시
주의력 결핍	• 불필요한 자극을 걸러 내지 못함 • 환경이 바뀌면 변화에 대해 과다하게 반응(주의력 결핍) • 뭔가 자극을 경험할 때 행동 수행이 억제됨 • 충분한 자극을 느끼지 못할 때는 뭔가 자극적인 것을 찾아 돌아다님	• 교실 내에서 다양한 활동을 할 수 있도록 이동성이 높은 집기를 사용하여 공간 확보-그룹 단위, 학급 단위로 활용할 수 있는 별도의 교실 확보 • 음악이나 녹음된 강의 등을 들을 수 있는 듣기방(listening room) 활용
생활 조직의 결핍	• 물건을 엉뚱한 곳에 두거나 잘 잃어버림 • 여러 부분으로 구성된 물건을 잘 다루지 못함 • 책상이 어지러움 • 주어진 시간 안에 과제를 끝내지 못함 • 과제 중간의 휴식 시간을 과도하게 사용함 • 필적이 알아볼 수 없고 해괴함	• 아동 개인의 우편함 마련 • 공책, 교재, 기타 개인교구를 보관할 수 있는 색깔로 구별된 수납함 활용 • 누구나 볼 수 있는 시계 비치 • 컴퓨터실 활용

2 특정학습장애

1) 주요 증상 및 특징

'학습장애'라는 용어가 사용되기 시작한 것은 1963년 Samuel Kirk가 정상적인 지능을 가졌음에도 불구하고 학습에 있어서 많은 어려움을 겪은 아동을 대두시키면서부터이다. 이러한 학습장애에 대한 정의는 여러 부분에서 이루어지고 있다. 일반적으로 널리 사용되고 있는 특정학습장애(specific learning disability)라는 용어는 미국 장애 아동 자문위원회(National Advisory Committee on Handicapped Children)에 의해 정의되었으며, 이는 1969년에 개정된 미국의 학습장애법(P. L. 91-230)에 편입되었다. 1977년에는 학습장애 아동의 정의와 판별 규칙이 미국의 관보에 게재되었는데, 이 규칙은 특정학습장애(specific learning disability)라는 용어를 사용하게 되면서 미국의 「장애아동교육법」에 규정되었다. 최근에는 다음 표와 같이 정의되고 있다.

표 9-2 **학습장애의 대표적인 정의**

장애인교육법(IDEA, 2004)	학습장애공동협회(NJCLD, 1988)
'특정학습장애(specific learning disability: SLD)'란 듣기, 생각하기, 말하기, 읽기, 쓰기, 철자법, 수학 계산의 수행이 불완전한 능력으로 나타날 수도 있는, 말이나 글로 표현된 언어를 이해하고 사용하는 데 포함되는 한 가지 이상의 기본적인 심리적 과정에 있어서의 장애를 의미한다. 이 용어는 지각장애, 뇌 손상, 미세뇌기능 이상, 난독증, 발달적 실어증과 같은 상태를 포함한다. 시각, 청각, 또는 운동 기능상의 장애, 정신지체, 정서장애, 환경적, 문화적, 경제적 불이익이 주요 원인인 학습 문제를 보이는 아동은 포함하지 않는다.	학습장애(learning disabilities)란 듣기, 말하기, 읽기, 쓰기, 추론하기 및 수학 능력의 습득과 사용에 있어서의 심각한 어려움으로 나타나는 다양한 구성의 장애 집단을 칭하는 일반적인 용어다. 이러한 장애들은 개인 내적으로 발생하며, 중추신경계의 기능장애로 인한 것으로 추정되고 있고, 일생에 걸쳐 나타날 수도 있다. 자기-조절 행동, 사회적 지각, 사회적 상호작용 등에 있어서의 문제가 학습장애와 함께 나타날 수도 있지만, 이러한 특성들만으로는 학습장애로 판별되지 않는다. 학습장애는 기타 장애(예: 감각장애, 지적장애, 심각한 정서장애)나 외부적인 영향(예: 문화적 차이, 부적절하거나 불충분한 교수)과 동시에 나타날 수도 있지만, 이러한 기타 장애나 외부적인 영향의 결과에 의해서 발생하는 것은 아니다.

출처: 이소현·박은혜(2007). 재인용.

특정학습장애는 정상적인 지능을 갖추고 있고 정서적인 문제가 없음에도 불구하고 지능 수준에 비하여 현저한 학습부진을 보이는 경우를 말한다. 이러한 장애를 지닌 아동은 흔히 읽기, 쓰기, 산술적 또는 수리적 계산과 관련된 기술을 학습하는 데 어려움이 나타난다. DSM-5에 따르면 특정학습장애는 학업적 기술을 배우고 사용하는 데에서의 어려움을 의미한다. 진단기준은 다음과 같다.

특정학습장애 진단기준(DMS-5)

A. 다음 중 한 가지 이상의 증상이 6개월 이상 나타날 때 진단한다. 학업적 기술을 배우고 사용하는 데 어려움이 있는데, 그러한 어려움에 대해 개입의 제공을 해도 그러한 경우다.

(1) 부정확하거나 느리고 노력을 요하는 단어 읽기(예: 한 마디 단어를 큰 소리로 읽는 데 있어서 부정확하거나 느리고 주저하며, 빈번하게 단어를 유추하고, 단어를 소리 내어 읽는 것에 어려움이 있음.)

(2) 읽은 것의 의미를 이해하기 어려움(예: 텍스트를 정확하게 읽지만, 내용의 순서, 관계, 추론적 의미 또는 더 깊은 의미를 이해하지 못함.)

(3) 맞춤법이 미숙함(예: 자음이나 모음을 생략하거나 잘못 사용함.)

(4) 글로 표현하는 것에 미숙함(예: 문장 내에서 문법적 또는 맞춤법의 실수를 자주 범함. 빈곤한 문구를 적용해 냄. 명료성이 부족한 개념의 표현으로 글을 씀.)

(5) 수 감각, 산술적 계산을 습득하는 데 어려움이 있음(예: 수와 양, 수와 양의 관계를 이해하는 데의 어려움, 동년배들이 하는 만큼의 산수적 사실을 기억해 내는 대신에 손가락을 사용해 한 자리 수의 숫자들을 더할 것이다.)

(6) 수학적 추론에 어려움이 있음(예: 양적인 문제를 풀기 위한 수학적인 개념, 사실 또는 과정을 적용하는 데 심각한 어려움이 있음.)

B. 나이에 기대되는 수준에 비해서 학업적 기술이 상당히 정량화된 만큼 저조한 경우다. 그리고 이러한 저조가 학업과 직업적 수행에 심각한 방해가 되거나 일상의 활동에 상당한 영향을 준다. 이러한 사실은 표준화된 성취 측정과 종합적인 임상평가를 통해서 확정할 수 있다. 17세 이상의 경우는 학습 능력의 손상에 대해서, 기록된 과거력으로 표준화된 평가를 대체할 수 있다.

C. 이러한 학습의 어려움은 학령기 동안에 시작하지만, 해당 개인의 제한된 능력을 초과하는 요구가 발생하기 전까지 완전히 나타나지 않을 수도 있다(예: 시간제한의 테스트에서나, 빠듯한 기한을 가진 길고 복잡한 리포트를 읽거나 작성해야 할 때, 과도한 학업적 부담이 있을 때).

D. 이러한 학습의 어려움은 지적장애로 더 잘 설명되지 않고, 부정확한 시각적 또는 청각적 명민함, 그리고 다른 정신 또는 신경학적장애로 더 잘 설명되지 않고, 심리사회적 역경, 학업 수강에서의 언어 숙달의 부족, 또는 부적당한 수업으로 더 잘 설명되지 않는다.

다음의 경우 명시할 것
- 읽기 곤란형
- 단어 읽기의 정확도
- 독서율 혹은 유창함
- 독해력

※ 주의
난독증은 읽기 어려움의 패턴을 나타내는 데 사용하는 대체적인 용어다. 이것은 정확성이나 유창성에서의 언어 재인의 문제, 빈약한 해독, 그리고 빈곤한 철자능력의 문제로 특징지어진다. 만약 '난독증(dyslexia)'이라는 용어가 이러한 특정 패턴의 어려움을 세분화하는 데 사용된다면, 다른 추가적인 어려움, 즉 이해적 읽기나 수학적 추론에서의 어려움이 나타나는 것에 대해서도 세분화하는 것이 중요하다.

- 쓰기 곤란형
- 산술 곤란형

※ 주의: 현재의 심각도에 따라 경도, 중등도, 중도로 세분화함.

특정학습장애의 유병률은 학력기 아동의 경우 5~15%이며 성인의 경우 약 4%로 추정되고 있다. 읽기 곤란형은 단독으로 나타나거나 또는 다른 학습장애와 동반하여 나타나는 비율이 전체 학습장애의 80%로서 가장 많으며 학령기 아동의 4% 정도가 이에 해당한다(최정윤 외, 2015). 읽기 곤란형은 남자 아동에게서 3~4배정도 더 흔하게 나타난다. 쓰기 곤란형은 다른 학습장애를 동반하지 않는 경우가 거의 없으며 독립적인 유병률에 대해서는 알려진 바가 없다. 아동의 연령이 높아질수록 학습장애를 유발하는 요인이 증가한다. 초등학교 저학년에서는 주로 읽기 기술이 부족할 때 학습장애가 나타난다. 그러나 학년이 올라갈수록 학습해야 할 내용이 늘어나면서 기억력이 중요해지고 점점 기억 방략이나 인지 방략이 학업에 중요한 영향을 미친다.

2) 학습장애의 특성

(1) 인지적 특성

학습장애 요인에 있어서는 지능, 학습의 수용성, 집중력 등의 인지적인 요인이 학습의 효율성과 매우 밀접한 관련이 있다. 이는 학습장애 아동은 주의 집중력이 약하고 주의산만한 행동이 습관화되어 있으므로 추상적인 언어 구사능력이 부족하여 언어 매개 학습이 되지 못하고 학습활동의 계속적인 실패로 인해 흥미와 상실감으로 연결된다고 해석한다(박성익, 1986).

이러한 요인은 다음과 같이 세 가지로 나누어 볼 수 있다.

첫째, 지능이다. 지능지수가 학업성취도를 설명하는 데 있어 중요한 변수를 두고 있는데, 지능을 구성하고 있는 중요 변인인 어휘력이 학업성취를 많이 포함하고 있는 것이다. 특히, 우리나라 학교 수업 형태의 대부분은 언어가 차지하고 있기 때문에 이러한 부분이 발달되지 않은 아이들의 경우 학습장애를 야기시킬 가능성이 매우 높다는 것을 알 수 있다(김병성, 1984).

둘째, 학습의 수용성(acceptibility)이다. 수용성은 새로운 신념체계, 지식체계 및 아이디어를 받아들이는 정도를 말한다. 이러한 수용성이 높은 사람의 경우 받아들인 내용을 변형적이고 창의적인 형태로 적용할 수 있으며, 어려운 내용에도 당황하거나 난감해하지 않는다. 그러나 반대로 수용성이 낮은 경우에는 매우 폐쇄적이고 독선적이므로 잘 수용하지 못함과 동시에 이해하지 못하게 된다(김우진, 2003).

셋째, 주의집중력(concentration)이다. 주의집중력은 외부의 어떤 자극의 영향에도 불구하고 그것에 굴하지 않고 주어진 과제를 지속해 나가는 능력이다.

이러한 능력이 뛰어난 아동들은 학습능력이 뛰어나며 대인관계에 있어서도 언어 매개체의 사용을 두려워하지 않는 반면, 그렇지 못한 아동의 경우 학습에 대한 기피증과 더불어 원만하지 못한 대인관계로 인해서 사회성 발달에 많은 문제를 초래한다.

(2) 사회·정서적 특성

학습장애 아동이 가지고 있는 정서적인 감정은 학업성취도에 있어 매우 중요한 변인이다. 이는 긍정적이고 관용적인 감정의 소유자일 경우에는 학업을 매진하는 데 있어 별 어려움 없이 나아갈 수 있지만, 그와는 반대로 불안과 우울 등 부정적인 성향의 감정의 소유자일 경우에는 학습에 대한 기대감과 하고자 하는 욕망의 부분들이 매우 저하되어 있는 상태라고 말할 수 있기 때문에 학습장애로 이어진다.

Koppitz(1984)가 인물화검사를 실시해 학습장애 아동의 정서적인 특징을 살펴보았는데, 그 결과 충동성, 불안감, 적응능력의 결함에서 학습장애 아동이 아주 높게 나타났다. 그리고 학습장애를 갖고 있는 아동은 정상적인 동료 아동보다 덜 수용되고 더 거부 받는다는 점에서 사회적인 어려움을 겪고 있다는 연구결과가 있으며, 대인관계 면에서도 자신이 비교적 실패하고 있다고 지각하는 것으로 조사된 바 있다. 이와 같은 연구들은 사회적 기술의 결함이 있는 학습장애 아동이 사회적 상호작용의 언어적, 비언어적 단서를 정확하게 읽거나 해석하는 데 어려움이 있고 사회적 상황의 복잡성을 이해하지 못한다고 발표하고 있다(정정진, 1997). 학습장애를 가진 아동은 학습성취 정도가 기대 이상으로 낮게 나타날 때 자신의 실패를 예민하게 받아들여 더 큰 좌절감을 느끼게 되어 학교 부적응 문제나 비행으로 이어질 확률이 높다.

(3) 환경적 특성

학습장애아의 세 번째 특성으로는 아동을 둘러싸고 있는 환경의 요소이다. 이는 아동과 매우 밀접한 관계가 있는 만큼 환경의 부정적인 원인으로 인해 학습장애가 야기된다. 아동을 둘러싸고 있는 많은 환경요인 중에 가장 대표적인 가정과 학교를 살펴보고자 한다.

① 가정

가정에서 일어날 수 있는 많은 부정적인 요소로는 부모의 갈등과 자녀에 대한 큰 기대감, 의사소통 방식 등이 있는데, 이는 자녀의 학업에 있어 많은 부분에 영향을 미친다. 부부갈등 아래에서 불안감을 가지고 사는 아동의 심리적인 상태를 보면 불안증상과 우울증상을 보이는 경우가 매우 높으며, 부부가 이혼을 할 경우 이혼 자녀 중 1/3 정도가 5년 정도의 장기 우울증 경험이 있다는 것이 보고되었다. 이러한 부분이 아동의 학습능력과 밀접한 관계가 있음은 당연한 일이다(김우진, 2003). 또한 우리 사회에 이어져 내려오는 강압적이고 폭력적인 부모의 훈육방법이 청소년의 공격성을 강화한다고 보고되고 있으며, 부모로부터 언어적 학대와 방임의 경험이 높은 아동일수록 폭력적인 행동을 할 가능성이 높다고 보고하고 있다. 이는 한쪽 또는 양쪽의 부모와 함께 살지 않는 열악한 가정환경의 아동일수록 부모의 부재에 따른 가정에서의 무관심이 학업생활에 영향을 미쳐서 그렇지 않은 가정의 아동에 비해 학습능력이 많이 떨어지고, 그 결과 학교생활 전반에 걸쳐 문제를 일으키게 된다(김은경, 1997).

② 학교

학교환경을 보면, 학교의 교사와 또래 아동들 간의 원만한 관계를 통해서는 학습능력의 촉진과 향상을 보이는 경우도 있지만, 그에 반해서 오히려 학습능력의 저조와 불안 증세 및 등교 거부증 등 다양한 증상을 통해 학습성취도와 멀어질 수도 있음을 볼 수 있다. 우리나라 외에도 많은 나라에서 학교 수업을 의무화하고 있기 때문에 아동은 집에서 보내는 시간보다도 학교생활에 더 많은 시간을 할애하고 있는 실정이다. 따라서 원만한 대인관계를 이루지 못한 아동이라면 다니고 있는 학교가 좋은 곳이 아닌 지옥과도 같은 부분이 될 것이다.

학습장애 아동은 지적, 심리적, 신체적, 사회적인 면에서 자립능력이 부족해 정상 아동에 비해 운동능력, 행동발달, 정신발달, 언어발달이 뒤떨어질 뿐 아니라, 자료를 적절히 다루고, 이야기를 들어 주고 생각을 서로 나누고 다른 사람의 감정을 존중하는 등의 사회적 상호작용도 부족하여 교사나 또래 아동들과의 원만한 상호작용이 어려우며, 주의가 산만하고, 자신감도 부족하며, 성취의욕도 낮은 편이다. 이러한 성향은 규칙과 협동, 상호적 관계를 필요로 하는 학교생활에서는 부적응적인 요소로, 학습 자체뿐 아니라 학급운영과 해당 아동 개개인의 성장에도 매우 부정적인 영향을 미친다. 또한 비학습장애 아동의 편견과 부정적인 인식, 거부 등으로 인해 학급 내 장애 아동들이 소외와 고립을 경험하고 있는 것으로 나타났다(정정진, 1997).

3) 학습장애의 발생 원인

(1) 생리적 요인

뇌 손상을 입게 되면 아동 초기의 발달 전반에 걸쳐 지체가 일어나고 나중에 학령기에 이르렀을 때 학습에 곤란을 겪게 된다. 그러나 뇌 손상과 학습장애는 동일한 것이 아니다. 뇌 손상이 항상 학습장애를 유발시키는 것은 아니며, 학습장애는 다른 여러 가지 요인에 의해 일어날 수 있다.

뇌 손상은 흔히 학습장애와 관련 지어지고 있지만, 뇌 손상의 진단이 아동을 어떻게 지도할 것인지를 결정하는 것과는 무관하다. 대신에 학습능력이 열등한 학습자의 정보처리 과정을 이해하는 것이 교수 프로그램을 개발하는 데 더 큰 도움을 준다.

(2) 유전적 요인

읽기, 쓰기 및 언어장애의 유전성을 밝힌 많은 연구들은 다음과 같다. 연구자들은 가족 중 읽기나 언어문제가 많은 가정을 대상으로 연구를 실시했다. Herman(1959) 은 읽기 학습을 할 수 있는 일란성 쌍생아 12쌍을 연구하고, 읽을 수 없는 이란성 쌍생아 33쌍과 쌍둥이 집단을 비교하였다. 일란성 쌍생아와 비교해 볼 때 이란성 쌍생아의 1/2만이 둘 다 난독증을 나타냈다. 이러한 결과는 읽기, 철자 및 쓰기 학습장애가 유전된다는 가정을 뒷받침하는 것이라고 하였다. Cirtchley(1970)는 단어맹의 유전성에 관한 연구들을 검토하였다. 그는 난독증이 가족과 관계가 있다는 결론을 내렸다. Bannatyne(1971)도 언어, 읽기 및 철자학습 장애에 관한 연구를 검토한 뒤 난독증의 유전적 근거에 대한 적절한 증거가 있다는 결론을 내렸다.

Decker와 DeFries(1980) 및 DeFries와 Decker(1982)는 콜로라도 대학교의 행동유전연구소에서 대가족을 대상으로 읽기 학습장애에 관한 연구를 실시하였다. 그들은 125명의 읽기 학습장애 아동들과 부모 및 형제, 그리고 125명의 통제군 가족들에게 대규모 심리측정검사와 읽기검사를 실시하였다. 읽기장애 아동들이 상당히 낮은 점수를 받았다. 그들은 자신들의 연구가 읽기 학습장애의 가족 특성을 나타내 준다는 결론을 내렸다. DeFries와 Decker(1982)는 또한 Smith(1978)가 염색체 15와 읽기 학습장애의 두드러진 유전형태 사이의 관계에 관한 잠정적인 증거를 발견한 점도 보고하였다. 이러한 염색체 변이의 유전적 특성과 학습장애와의 관계에 대하여 의문을 가질 필요가 있다.

이처럼 학습장애의 유전성에 대한 어떤 증거가 있다는 사실은 이런 아동이 지도를 통하여 도움을 받을 수 없음을 뜻하는 것은 아니다. 이런 아동은 그렇지 않은 아동에 비하여 정상적인 교수법으로 학습하기가 더욱 곤란하다는 것을 의미한다. 다시 말해 유전적 장애를 보상하기 위해서는 보다 더욱 계획적이고 체계적인 지도로 아동의 입장에서 더 많은 노력을 기울여야 한다.

(3) 생화학적 요인

학습장애를 지닌 많은 아동은 알려지지 않은 신경학적 문제나 어떤 유전적 요인 및 환경 실조 등의 문제점이 없는 경우도 있다. 일부 읽기 장애의 경우는 지적장애의 한 원인이 되고 있으며, 페닐케톤뇨증을 유발시킨 것과 마찬가지로 어떤 알려지지 않은 생화학적 불균형에 의하여 일어난다고 가정하고 있다. 이 가정에 근거하여 아동에게 약물을 투여하게 되었다.

이처럼 학습장애와 약물이용, 식이요법, 비타민과 관계 연구는 아직 유아기 단계에 있으며, 그런 이론과 치료에 대한 가치와 위험성을 결정하기 위하여 좀 더 과학적인 연구를 기다린 다음 최종 결론을 내려야 한다.

(4) 정보처리 과정 요인

대부분의 연구들은 읽기 성취도에 근거하여 연구 대상을 찾기 때문에 다른 학업 분야보다 읽기 분야에서 정보처리 과정에 관한 내용을 더 많이 밝혔다. 즉, 말초적인 시각 결함이 학습장애를 악화시킬 수는 있어도 유발시키는 것이 아니라는 점을 발견했다. 운동곤란은 지식의 표현을 어렵게 하므로 성공을 방해한다. 시지각 과정은 어린 연령에서는 읽기 및 수학 성취도에 매우 중요하고, 다음에는 철자법, 쓰기 및 개념적 곤란 등과 미묘한 관계를 가지는 것으로 나타났다. 그러나 그러한 것은 차원 높은 학업 진행과정에 필요한 기술에 크게 기여하지 않는 것 같다. 연구자들은 오히려 언어와 주의력 결함이 학습문제에 더 심각하며, 장기적인 영향을 미친다는 점을 발견했다.

(5) 과제 및 환경요인

생리적 차이가 학습장애의 기저에 깔려 있다고 추정하지만 우리가 아동들에게 완수하도록 요구하는 과제와 그들이 생활하고 행동하는 상황이 학습장애를 악화시킬 수도 있고, 극복하도록 도와줄 수도 있다는 점을 간과해서는 안 된다. 사실, 적절한 양육과 지도가 이루어지면 학습장애를 감소시키는 반면, 부적절한 양육과 지도는 경도 장애를 악화시켜 매우 집중적인 추가의 노력이 필요하다. 어떤 상황에서는 환경 요인이 일반 아동마저 학업성취를 지체되게 하여 결국에는 학습장애로 진단되게 하기도 한다. 학습과 발달에 영향을 미치는 과제와 상황에 주의를 기울임으로써 발달을 적절히 지원하여 아동이 위험한 상황에 놓이지 않도록 하고 이미 지니고 있는 어려움도 더 악화되지 않도록 예방해야 한다.

몇 가지 과제 중심의 요인으로 학습장애에 영향을 미친다. 학습장애 아동이 발달 불균형을 나타내어 어떤 능력에는 의미 있을 정도로 지체되고, 다른 능력에는 별 문제가 없다고 생각해 보자. 이런 아동은 흔히 독특한 인지 양식을 지니게 된다. 이러한 아동에게 대처할 수 없는 교육과정 자료와 방법을 요구하여 그들의 약점을 악화시키는 경우도 있다. 학습장애에 영향을 미치는 몇 가지 환경 요인은 아동의 가족과 학교상황에서 나타난다. 과제 요인처럼 상황요인은 아동의 문화적 혹은 언어적 다양성에 따라 적절한 학교인사를 배치하지 못함으로써 아동을 통제할 수 없는 상황을 만들기도 한다. 극단적인 경우에는 영양실조나 독소적인 환경에 노출됨으로써 환경적 요인은 발달지체와 학습장애로 이어지는 생리학적 문제를 유발시킨다.

4) 학습장애의 종류

(1) 진단기준에 따른 학습장애 종류

① 읽기장애(reading disorder)

이는 읽기 능력이 기대되는 수준에 미치지 못하는 장애로 학령기 아동의 4% 정도에서 나타난다. 남아에게서 3~4배 정도 더 많이 보이며 언어장애(의사소통)가 흔하게 동반된다. 그 원인에 대해서는 정확히 알려져 있지 않지만 가족력이 있다는 보고, 인플루엔자 감염의 영향이라는 가설, 대뇌의 기능문제, 경련성 질환, 뇌성마비 등과 같은 신경학적 질병과의 연관성도 추정되고 있다. 이를 진단하는데 있어서는 표준화된 읽기 수행 능력검사를 실시해 소리 내어 읽을 시 단어를 생략, 대치, 왜곡한다거나, 지나치게 느리거나 철자를 바꾸는 일, 읽은 내용에 대한 정리가 불가능할 경우 진단될 수 있다. 이는 쓰기장애와 동반되는 경우가 많은데, 단 또래에 비해 현저한 차이가 나타나야 한다. 경과 및 예후의 경우 지능이 좋으면 조기치료에 의해 양호한 예후를 보이지만, 초등학교 3학년 이후까지 방치되면 성인기까지 문제로 남게 된다.

② 산술장애 및 산수장애(mathematics disorder)

이는 산술능력 이외의 분야에서는 정상적인 기능을 유지하나 산수와 관련된 능력만이 뚜렷이 저하되는 장애로, 정상지능의 1~5%의 아동에서 나타나는데, 다른 학습장애나 언어장애(대화장애)도 흔히 동반되며 여아에게서 좀 더 많은 것으로 알려져 있다. 그 원인으로는 정확하지는 않지만 인지정서, 교육, 사회적으로 복합적인 요인이 작용한다고 추정할 수 있다. 산수와 관련된 언어기술, 수학적 상징에 대한 이해나 숫자 개념에 대한 이해, 사칙연산과 같은 기본적 산술 능력, 수학적인 그림을 정확하게 복사하는 능력 등 4가지 분야에서 표준화된 검사를 시행했을 경우와 연령, 지능, 교육 수준에 비해 현저히 떨어질 경우, 이에 대해 진단을 내릴 수 있다. 이 장애의 경과 및 예후의 경우 학령기에 뚜렷이 나타나게 되며, 적절한 치료가 되지 않는다면 학업을 지속하기가 어려울 수도 있으며, 우울장애, 행동장애 등이 합병되기도 한다.

③ 쓰기장애(disorder of written expression)

이는 쓰기 능력에 장애가 있는 질환을 말하며, 다른 학습장애와 동반될 수는 있으나 언어나 읽기 능력이 발달한 후에 확인하는 것이 정확하다. 그 원인을 살펴보면, 이 장애 또한 정확한 원인을 알 수 없지만, 유전적 요인, 또는 뇌의 정보 전달 부위의 문제로 보는 가설이 있다. 진단방법으로는 표준화된 쓰기능력검사를 시행하여 연령, 지능 또는 교육 수준에 비해 현저한 저하를 보일 경우 진단하게 된다. 경과 및 예후는 다른 학습장애에 비해 상대적으로 늦게 드러나므로 방치될 경우 성인기까지 영향을 미치고, 치료 시작과 연령, 질환의 심한 정도, 동반질환 유무에 따라 예후가 달라진다. 행동장애, 주의력 결핍 과잉행동장애, 우울장애 등과 동반되기도 한다. 치료방법으로는 특수교육적 접근을 하는 학습치료를 필요로 하며, 놀이치료 등을 통해 동반되는 정서적, 행동문제 등도 다뤄 주어야 한다.

(2) 뇌의 편측화(lateralization) 불균형에 의한 신경심리학적인 관점에 따른 학습장애

① 언어성 학습장애 또는 좌뇌기능 학습장애

중요한 좌뇌 인지기능으로서의 청각적 정보 전달체계가 기능의 결함으로 인하여 손상을 받았을 때, 읽기능력과 같은 기능에 장애가 나타난다. 이외에도 말로써 표현된 정보를 적절하게 이해하여 파악하는 능력이 현저하게 떨어진다. 이 경우의 학습장애는 어려서부터 언어장애가 있어 오던 아동이 학령기에 언어장애의 치료가 충분하지 못하여 학습영역의 문제를 야기하게 된다. 최근에는 언어 및 학습장애(language and learning disorder)라는 표현을 더욱 많이 사용하는데, 학령기 또래의 아동들에 비하여 기능이 떨어지는 특징을 보인다.

언어를 이용한 상호 소통능력의 부족, 어려서부터 역할놀이 등과 같은 상호적인 놀이능력의 저하 등을 보여 대인관계의 어려움, 국어 등 언어와 관련된 학습영역의 부진, 자존감의 저하나 심리적인 위축, 손의 소근육 운동기능의 저하(70~80% 정도에서 동반) 등을 동반한다.

② 비언어성 학습장애 또는 우뇌기능 학습장애

중요한 우뇌 인지기능으로서의 시지각적 또는 시공간적인 정보 전달체계가 기능의 결함으로 인하여 손상을 받았을 때를 의미하는데, 지각적 조직화 능력, 시각-공간적 지각능력, 시각-운동 협응능력, 정신-운동 속도 등의 현저한 저하를 보인다. 조직화 능력이 떨어져서 능동적으로 계획을 세워 문제에 대처하고 해결하는 능력이 떨어지는 경우가 많다. 또한 사회적 맥락에서 상황을 연결하여 파악하고 인과관계를 이해하여 결과를 예견하는 등의 상황판단력이 떨어져서 사회성이 떨어지는 경우가 대부분이다.

5) 학습장애의 치료접근 및 지도방법

(1) 학습장애의 조기발견 중요성

학습장애를 갖고 있는 아동에 대한 조기발견은 그들의 정상적인 성장과 발달을 위해 매우 중요하다. 한 개인이 사회와 적응하면서 평생을 행복하게 살아가기 위해서는 인지적 능력뿐만 아니라 정의적 및 신체·운동지각 등 여러 분야의 능력이 조화롭게 발달된 상태에서 성장하는 것이 바람직하다. 그러나 이러한 여러 영역 중 어느 한 영역에서 학습장애 요인이 발생함으로써 건전하고 건강한 성장을 하지 못한다면 개인이나 국가를 위해 커다란 불행이 아닐 수 없다. 특히 우리나라는 특수한 장애로 인하여 어려움을 겪고 있는 사람들을 대상으로 적절하게 지원하고 치료해 줄 수 있는 프로그램이 제대로 준비되어 있지 않은 상황임을 감안할 때 어느 한 분야에서 학습장애를 일으키게 되면 가정이나 학교에서 정상적인 교육을 받기가 매우 어렵다.

따라서 학습장애 아동을 조기에 발견하여 치료하는 것이 바람직하다. 왜냐하면 학습장애의 조기 발견은 학령기에 나타날 수 있는 발달상의 잠재적 학습장애의 문제를 피하기 위한 예방적 치료를 실시할 수 있기 때문이다. 더욱이 학습장애 아동을 조기에 치료하지 않고 초등학교에 입학시키는 경우 고학년으로 올라갈수록 교과목과 학습량이 증가하기 때문에 학습장애 치료를 위한 행동 수정이 그만큼 어렵게 된다. 또한 초등학교 이후 중·고등학교에는 특수교사가 거의 재직하고 있지 않는 현실에서 특수 학습장애아를 위한 행동 수정을 기대하기가 곤란하다. 따라서 학습량이 적은 초등학교 입학 이전이나 늦어도 초등학교 저학년에서 학습장애 요인을 발견하는 것이 학습장애 치료에 보다 효과적이다. 아동에 따라 발달상 개인차를 나타내지만 5~6세 전후의 유아기 자녀를 둔 부모는 아동의 언어능력, 주의집중력, 좌우를 식별할 수 있는 방향감각의 인지 여부, 멀고 가까움의 시지각 및 운동능력에서 또래 아이들보다 현저한 발달지체 현상이 나타나면 전문가를 찾아 그 원인을 조기에 진단하는 것이 좋다.

(2) 학습장애 치료의 접근

학습장애의 치료법은 다양하나 그중, 의학적 접근과 인지-행동적 접근, 특수교육적 접근을 살펴보면 다음과 같다.

① 의학적 접근

간질발작이나 천식 등의 신체질환이 학습 능력에 부정적인 영향을 준다면 원인적인 신체질환을 치료하는 것이 학습능력을 증진시킬 수 있다. 즉, 주의집중력의 결핍에 의한 경우 그에 해당되는 중추신경계에 자극제를 사용해 자극을 줌으로써 그 효과를 높인다.

② 인지·행동적인 접근

아동의 학습기술과 사회적 능력에서의 결함을 파악하여 치료자가 시범을 보이거나, 직접적인 지시, 피드백, 강화물을 사용하여 학습태도를 변화시킨다. 주의력 결핍과 수반되어 학습에 어려움을 보이는 경우에는 자기학습 교육훈련이 효과적이다.

③ 특수교육적 접근

아직까지 우리나라에서는 학습장애의 특수교육적인 치료프로그램이 상대적으로 발달이 안 되어 있는 편이다. 철저한 평가가 선행된 후, 학습장애의 종류에 따라 적절한 개별교육계획표(individualized educational plan: IEP)를 작성해 개별적으로 시행하는 관심과 교육이 큰 관건이 될 수 있다. 따라서 주위 사람에게 적극적으로 도움을 받거나, 학습장애치료사 또는 특수교육전공 교사들에게 개별적인 도움을 받아야 한다. 또한 학습에 대한 철저한 개별적 관심과 지도가 교육에 있어서 핵심이 되어야 하며, '무엇을 가르칠 것인가?'와 '어떻게 가르칠 것인가?'를 동시에 평가하고 결정한 후, 개인화된 교수법을 선정하여 접근하는 것이 필요하다.

여기에는 지각적인 결함을 치료하기 위한 지각-운동결함의 치료, 여러 가지 단서들을 다양하게 제시함으로써 학습을 촉진시키는 중다 감각기관 접근법, 문제 해결의 성공을 위해 적절한 방법을 제시해 주는 인지적 책략으로 분류한다.

(3) 효과적인 지도방법

학습의 효율성을 높이는 전략 요인으로 학습하는 방법(how to learn)에 관한 내용이다. 학습전략은 학습을 전개하는 동안 학습자가 취하는 모든 방법적 사고 또는 행동으로 최선의 학업성취를 산출하기 위한 효율성이 강조된다.

① 학습방법 개선전략

학습방법 개선전략은 수업준비를 위해 미리 교과를 읽거나 예습하기, 과제 및 보고서를 효과적으로 작성하기, 도서관 이용, 객관식 및 논술형에 따른 시험요령, 중심내용 파악 및 요약하기, 학습내용에 대해 질문을 만들어 보고 답하기, 교과별 학습전략, 조명 및 채광 등의 학습 환경 구성, 소리 내어 읽거나 작문함으로써 내용 이해를 높이기, 자신이 알고 있는 부분과 모르는 부분 분류하기, 집중력 높이기 위한 방법, 수업시간에 경청하기 위한 방법 등 구체적인 학습전략이다.

구체적인 학습전략은 학업성취에 긍정적 영향을 미치며, 교육이 가능하다. 적절한 학습전략을 사용하면 학습자의 자율성, 독립성, 자기주도성을 증진시킴으로써 그들 자신의 학습에 대해서 책임을 질 수 있게 하고 적극적인 학습태도를 형성할 수 있다.

② 기억전략

기억은 학습의 기본으로 기억전략(memory strategies)은 학습 자료를 받아들이고(reception), 파지하고(retention), 인출하는(retrieval) 과정을 원활히 하고 촉진하기 위해 사용하는 전략으로, 학습 자료를 보다 직접적으로 조작하는 방법을 의미한다. 학습자극을 받아들이는 데는 학습자의 인지적 특성을 고려해야 한다. 학습자를 선호하는 자극의 유형별로 분류하면 크게 청각형, 시각형, 촉각형의 학습자로 분류할 수 있는데, 이들은 각각 자신이 선호하는 유형의 자료가 주어졌을 때 자료를 쉽게 받아들이며 효율적으로 학습할 수 있다. 즉, 시각형은 그림이나 도표 등의 시각적인 자극에 의해서, 청각형은 목소리와 음악을 통해서, 촉각형은 실제 손과 몸으로 만져지는 촉각적인 학습 자료가 주어졌을 때 정보에 대한 집중력이 높아진다. 학습내용을 정리하는 과정에도 시각형은 심상을 이용하고 시각적으로 자료를 요약했을 때 도움이 되고 청각형은 내용을 소리 내어 말해봄으로써 정리가 잘되며 촉각형은 신체 움직임과 제작을 통해서 표현하는 방법이 도움이 된다.

③ 보충전략

보충전략(compensation strategies)은 자신이 실수한 부분을 만회하고 부족한 지식을 보완하기 위해 사용하는 전략을 의미한다. 보충전략의 첫 단계는 학습한 내용 중 자신이 알고 있는 부분과 모르는 부분을 점검하고 분류하는 과정이다.

특히, 직관력이 발달한 학생은 전체적인 윤곽을 보는 경향이 강하기 때문에 자신이 알고 있다고 쉽게 간과하기 쉬워 실제로는 세세한 부분들의 자료가 빠져 있어서 시험이나 다른 사람에게 설명을 할 때 자세히 모르는 경우가 많다. 시험 후에는 실패한 유형을 확인해 보는 것이 학습을 효과적으로 하는 데 도움이 된다. 문제를 잘못 읽거나 답지에 잘못 표기하거나 시간이 부족해서 풀지 못했는지, 자신이 모르는 문제였었는지 등의 원인을 체크해서 다음에는 그런 실수를 범하지 않도록 조치를 취하도록 하고 그 외에 자신이 모르는 내용은 사전 및 참고서에서 찾거나 주변의 사람들에게 물어보고 확인해 가는 작업을 하는 것 등이 보충전략에 해당된다.

④ 자기관리 전략

자기관리 전략(self-management strategies)은 학습자가 적극적으로 지식과 기술을 추구하면서 자신의 학습행동을 행정적으로 통제하는 행동으로 주의 집중, 의식적으로 연습 기회를 찾기, 과제를 위한 계획 세우기, 진도에 대한 자기평가, 실수를 조절하기, 시험준비, 평소 학습 시의 준비자세, 시험문제 출제경향을 과학적으로 분석하고 그 분석에 따라서 수업시간에 어떻게 집중을 하며, 어떠한 자세로 수업을 들어야 하는지 그 방법을 탐색, 기본적인 시험 준비 자세를 택하는 것 등을 포함하여 학습에 대하여 계획, 통제, 조절, 관리 및 평가하는 전략을 말한다.

자기관리 전략을 잘 사용하는 학생은 자신이 어떤 사실을 알거나 어떤 기술을 가지고 있는지에 대해 잘 파악하고 있고, 필요할 때 적극적으로 정보를 사전에 찾고, 그것을 습득하기 위해 필요한 단계를 밟는다. 또한 열악한 공부환경, 부적절한 교사, 난해한 교재와 같은 장애물에 부딪혔을 때 이것을 극복하기 위한 방법을 찾으며, 학습을 체계적이고 통제 가능한 과정으로 보고 성취결과에 자신의 책임이 크다는 것을 받아들인다(Zimmerman, 1990). 스스로 다양한 시점에서 목표를 설정하고 계획을 세우고, 구조화하고, 자기-점검하고, 자기-평가한다.

동기적인 측면에서 자기관리 전략을 잘 사용하는 학생은 자기-효능감을 가지고, 자기-귀인하며 과제에 대한 내적 흥미를 나타낸다. 행동적 측면에서 이들은 또한 학습을 활성화하기 위해 환경을 선택하고, 구조화하고 창조한다. 그들은 조언을 구하고 정보를 추구하며 자신이 공부하기 좋은 장소를 찾는다. 그리고 자기-지시적이며, 자기-강화를 준다.

아동의 자기관리 전략은 나이와 경험에 따라 결정되는데, 초등학생의 경우는 여러 학습전략이 언제, 어디에 적절한지를 스스로 점검하기 어렵기 때문에 자기관리 전략의 효율적인 사용이 어렵다.

⑤ 정서조절 전략

정서조절 전략(emotional control strategies)은 학습전략 중 정서와 관련된 사항이다. 이는 내향성, 민감성, 불안 등으로 인한 부정적인 결과를 예방하고 대처하기 위해 사용하는 전략과 학업실패를 극복하고 학업에 대한 긍정적인 태도를 지니기 위해 사용할 수 있는 전략이 있다. 일반적으로 학생들은 학습을 해 나가는데 있어 불안, 우울 등의 정서가 학업에 장애가 되는 경우가 있다. 적절한 불안은 학습 및 작업의 효율성을 향상시키지만 지나친 불안은 집중, 기억 및 사고 과정에 부정적인 영향을 미쳐서 시험에서는 답안지에 잘못 옮겨 쓰거나 밀려 쓰기 등 실수가 많거나 복통, 설사 등의 신체적 증상을 나타낼 수 있으며 불안을 심하게 경험했던 아동은 그 상황을 지속적으로 회피하게 된다.

불안을 낮추기 위해서 점진적으로 이완하기, 심호흡하기, 명상하기, 음악과 웃음을 활용하여 걱정 줄이기, 긍정적인 진술하기, 위기에 현명하게 대처한 자신에 대한 보상하는 방법 등을 통해 자신을 고취시키고 자신의 신체상태에 주시하기, 신체상태에 대한 점검표 작성하기, 정서상태에 대한 일기 쓰기, 자신의 감정을 다른 사람에게 이야기하기 등을 통해 자신의 정서를 확인하는 방법이 도움된다.

3 틱장애

1) 주요 증상 및 특성

틱(tic)장애는 DSM-5에서 운동장애(motor disorders)의 하위 유형에 속하는 것으로 운동장애는 나이나 지능 수준에 비해서 움직임 및 운동능력이 현저하게 미숙하거나 부적응적인 움직임을 반복적으로 나타내는 경우이다. 틱장애에 속하는 질환은 소아 청소년기에 나타나서 경증에서 중증까지 다양한 정도의 증상을 나타내는데, 지속적인 틱 증상을 갖고 있다. 틱이란 갑작스럽고, 빠른, 반복적, 비율동적, 상동적인 운동 또는 음성을 말한다. 급작스럽고 반복적으로 근육이 수축하는 것을 말하며 이는 불수의적이고 어떤 경우에는 정상적인 행동으로 보이기도 한다. 리듬이 없고 목적을 띠지는 않지만 마치 목적을 갖고 행하는 행동과 유사해 보이기도 하는데, 자신의 의지와는 상관없이 빠르게 반복적이며 비율동적이고 상동증적인 운동이나 음성이 나타난다(이숙 외, 2004).

표 9-3 틱의 분류

틱		형태
운동 틱	단순	• 눈 깜박이기, 코 찡그리기, 목 움직이기, 얼굴 찡그리기 등 • 수백 분의 1초 동안 나타남
	복합	• 손짓, 뛰기, 만지기, 누르기, 발 구르기, 사물 냄새 맡기, 무릎 구부리기 • 배변행동증, 반향행동증 • 수초 동안 나타남
음성 틱	단순	• 갑작스럽게 단어나 구를 말하기
	복합	• 동어반복증, 반향언어증, 외설증, 음담패설

DSM-5에서는 틱장애를 세 하위 유형, 즉 뚜렛장애, 지속성 운동 도는 음성 틱장애, 임이성 틱장애로 구분하고 있다.

(1) 뚜렛장애(Tourette's disorder)

뚜렛장애의 필수 증상은 여러 가지 운동 틱과 한 가지 이상의 음성 틱이 존재하며 18세 이전에 나타난다. 틱장애 중에서 가장 심각한 유형이다. 이 증상들은 이 병이 있을 동안에 동시에 나타나거나 또는 다른 기간에 나타난다. 틱은 하루에도 몇 차례, 1년 이상 반복적으로 나타나며 이 기간 중에 연속적으로 3개월 이상 틱이 나타나야 한다.

틱은 일반 의학적 상태(예: 헌팅턴 병 또는 바이러스성 뇌염)나 물질(예: 자극제)의 직접적인 생리적 효과로 인한 것이 아니어야 한다. 음성 틱은 여러 가지 단어나 딸각거리기, 그르렁거리기, 고함지르기, 짖기, 코 킁킁거리기, 콧바람 불기, 기침하기와 같은 소리를 포함한다. 외설증, 즉 음란한 말을 하는 복합음성 틱은 소수의 뚜렛장애에만 나타난다. 이 장애의 약 절반은 초기 증상으로 눈 깜박이기가 가장 흔하다. 초기 틱으로는 얼굴 찡그리기, 머리 흔들기, 혀 내밀기, 킁킁거리기, 한쪽 발로 뛰기, 깡충깡충 뛰기, 헛기침하기, 말더듬, 소리나 단어를 발음하기 등이 포함된다. 때때로 동시에 여러 가지 증상으로 시작되기도 한다.

뚜렛장애의 가장 흔한 동반 증상은 강박사고와 강박행동이다. 또한 과잉행동,

주의산만과 충동성이 비교적 흔하다. 사회적 불만족, 수치감, 자기의식, 부도덕성, 우울한 기분이 빈번하게 나타난다. 지속적인 운동 및 음성 틱은 다양한 정도(전혀 없음에서 아주 심함)의 고통과 손상을 일으킨다. 특히 어린 아동은 자신의 틱을 알지 못하며, 고통도 없고 어떤 기능에도 아무런 손상이 없다. 뚜렛장애를 가진 아동·청소년과 성인들의 대다수는 자신의 틱에 대해 아무런 의료적 처치를 받지 못한다. 스펙트럼상 극단의 경우에, 강제적이고 재발이 강하며 사회적으로 낙인이 찍히는 운동 및 음성 틱 때문에 고통받는 뚜렛장애를 가진 사람들이 있다. 다른 사람으로부터의 배척이나 사회적 상황에서 틱이 나타나는 것에 대한 불안 때문에, 학업 및 직업기능이 손상되며 만성 틱 증상은 큰 고통을 일으키고, 사회적 고립과 성격 변화를 가져온다.

(2) 지속성 운동 또는 음성 틱장애

지속성 운동 또는 음성 틱장애는 운동 틱 또는 음성 틱 중 어느 한 가지 장애가 1년 이상 존재하지만, 두 가지 장애가 함께 나타나지는 않는다. 이는 여러 가지의 운동 틱과 한 가지 이상의 음성 틱 모두가 존재하는 뚜렛장애와는 차이가 있다. 만성 운동 또는 만성 음성 틱장애의 다른 특징은 증상의 심도와 기능 손상이 좀 더 가볍다는 점을 제외하고는 일반적으로 뚜렛장애와 동일하다. 만성 운동 또는 음성 틱장애와 뚜렛장애는 흔히 동일 가계에서 발생되므로 유전과 연관이 있다. 1년 이상 한 가지 운동 틱과 또는 음성 틱이 존재한다. 증상, 심도 및 손상 정도가 뚜렛장애보다 가볍다.

지속성 틱장애는 틱의 심각성과 빈도에 따라 치료적 접근을 달리한다. 심한 경우에는 할로페이돌(haloperidol)과 같은 약물이 사용될 수 있지만 부작용이 심하므로 신중하게 사용해야 한다(권석만, 2014). 경미한 틱장애의 경우에는 행동치료를 비롯한 심리치료를 받을 수 있다. 특히 틱장애로 인한 불안이나 우울장애가 수반되는 경우에는 심리치료가 필요하다.

(3) 일시성 틱장애

일시성 틱장애의 필수 증상은 한 가지 또는 여러 가지의 운동 틱 혹은 음성 틱이 나타나지만 1년 이상 지속되지 않는 경우를 말한다. 틱은 적어도 4주 동안 거의 매일, 하루에 여러 번 일어나지만 연속적으로 12개월 이상 지속되지 않으며 다른 필수 증상은 뚜렛장애와 동일하다. 만약 뚜렛장애, 만성 운동 틱장애 또는 만성 음성 틱장애의 기준과 일치하면 일시성 틱장애라고 진단하지 않는다. 이 장애의 다른 특징은 증상의 심도와 기능 손상이 좀 더 가볍다는 점을 제외하고는 뚜렛장애와 일반적으로 동일하다.

일시성 틱장애는 신체적 원인, 심리적 원인 또는 복합적 원인에 의해 유발되는 것으로 알려져 있다. 심리적 원인에 의한 틱장애는 서서히 사라지는 형향이 있으며 스트레스나 불안에 의해 틱 증상이 악화된다. 가벼운 틱 증세는 저절로 사라지는 경우가 많으므로 가족이 무시하는 것이 좋다. 그러나 틱이 심해져서 아동에게 정서적 문제를 야기하면 전문가의 평가와 치료를 받아야 한다. 주변 환경에서 주어지는 긴장이나 불안감을 제거해주는 지지적 심리치료나 가족치료가 흔히 적용된다.

2) 틱장애의 원인

틱장애의 원인으로는 아직 확실하게 밝혀진 바는 없으나 여러 연구 결과들을 종합해 볼 때 틱장애는 유전적인 질환이며, 도파민이 전두엽, 기저핵, 시상을 연결하는 신경회로에서 작용하는데, 틱장애는 여기에 이상을 보이는 증거들이 보고되고 있다. 틱이 스트레스를 해소하려는 행동인 경우가 많았고, 감수성이 예민하거나 스트레스를 많이 받는 어린이에게 많이 나타나는 것으로 알려져 있다. 결막염이나 인후염으로 인한 자극이나 심리적인 불안도 장애를 일으키는 것으로 추정된다. 한편, 틱장애의 원인으로는 다음과 같이 다양하게 연구되고 있다.

- 유전적인 원인: 가족 중에 틱장애나 강박장애가 나타나는 경우가 많다. 환아

의 일란성 쌍둥이의 50%에서, 그리고 이란성 쌍둥이의 10%에서 동시에 발병한다. 이러한 점으로 보아 아동의 일부에서는 유전적인 성향이 있다고 생각된다. 우성 유전으로 보는 학자도 있다.

- 뇌의 구조적/기능적 이상: 중추신경계 중 전두엽(앞뇌: 전체적인 뇌기능의 조율을 담당)과 기저핵(운동기능을 조절하는 중추이고 감각과 운동의 조화를 담당)에 병변이 있다고 보고되고 있다. 최근 뇌파, MRI 등 뇌영상 진단의 발달에 의해 많은 연구가 이루어지고 있다.
- 뇌의 생화학적 이상: 1970년도에 할로페리돌이라는 약물이 틱증상을 억제한다고 알려지면서 뇌의 신경전달물질에 이상이 원인이 된다는 학설이 설득력 있게 제기되었다. 중추신경계의 신경전달물질 등 도파민(dopamine) 활성이 틱과 관련된 것으로 추정된다.
- 호르몬: 남자 아이에게서 많다는 점에서 남성 호르몬과 틱이 연관되었을 것으로 추정된다.
- 출산 과정에서의 뇌 손상, 뇌의 염증, 산모의 스트레스: 소수의 환아에게서는 박테리아 감염 후 일종의 면역반응의 이상이 발생해서 틱장애와 강박장애가 발생한다고 한다.
- 학습요인: 아주 경한 정도의 일시적인 틱은 주위의 관심이나 환경적 요인에 의해 강화되어 나타나거나, 특정한 사회적 상황과 연관되어 나타난다.
- 심리적 요인: 틱 증상은 스트레스에 민감하다고 알려져 있다. 가족이 틱 증상을 오해하고 창피를 주거나 벌을 주어서 증상을 억압해 보려고 하는 경우 아동은 정서적으로 불안해지기 때문에 증상이 악화된다. 이러한 악순환 결과 틱의 증상이 심해지고 우울증, 성격의 변화와 같은 바람직하지 못한 결과를 초래한다.

3) 틱장애의 치료 및 지도

틱장애의 지도 시 우선 아동과 가족에게 질병을 이해하도록 교육하는 것이 필요하다. 증상이 특별한 이유 없이 또는 치료에도 불구하고 악화되기도 하고 완화되기도 한다는 것을 이해하게 되면 틱이 어느 정도 심해지더라도 불안해하거나 좌절하지 않기 때문이다. 또 자조 모임 등에 가입하면 서로를 격려하며 조언을 얻을 수 있기 때문에 이를 소개하는 것도 좋은 방법이다.

진단기준에 부합되지 않는 아주 사소한 틱이나 경한 형태의 일시적인 틱장애는 즉각적인 치료를 필요로 하지 않는다. 일시성 틱은 증상이 몇 달 혹은 1년 정도 있다가 저절로 없어지는 일시적인 경우가 많다. 그러나 스트레스 요인이 두드러지면 증상이 악화되기 때문에 부모의 양육 태도를 완화시켜 바람직한 자녀 양육을 할 수 있도록 부모교육을 실시하는 것이 좋다. 증상이 심해지면 2차적인 정서적 문제에 대한 심리치료, 행동수정치료 등을 병행한다.

(1) 부모교육

대부분의 부모들은 틱 증상을 아동이 일부러 증상을 만들어 내는 것으로 오해하는 경우가 많다. 따라서 자녀의 틱 증상에 대해 과도한 관심을 보이고 매번 지적하려고 하는데, 이와 같은 행동은 또 다른 스트레스를 유발하여 틱 증상을 악화시킬 수 있다. 따라서 자녀가 틱 행동을 보일 때 그 행동에 대해 절대 언급하지 말고 무관심하는 것이 바람직하며, 자녀를 힘들게 하는 것이 무엇인지를 파악해서 제거해 주어야 한다. 틱 행동에서 생긴 자녀의 위축, 열등감, 학습부진, 낮은 자아개념은 자녀의 정상적인 적응에 어려움을 초래한다. 그러므로 아동의 사소한 장점이라도 찾아내어 인정해 주고 성취감을 느낄 수 있도록 격려해 주며 칭찬을 아끼지 않아야 한다. 또한 적극적인 경청이나 애정표현 등도 매우 효과적이다.

(2) 심리치료

틱장애는 증상에 대한 오해와 편견, 주위에서의 압력 때문에 심리적 문제로 확대되어 가는 경우가 많기 때문에 우울, 불안, 자신감의 결여 등에 대한 지지적 상담이 제공되어야 한다. 그러나 심리적인 요소가 명백한 주원인인 극히 소수의 틱장애 아동을 제외하고는 심리치료가 주된 치료방법이 되어서는 안 된다.

(3) 행동수정치료

일과성 틱이나 만성 운동 또는 만성 음성 틱장애의 경우 증상이 심해지면 행동수정치료를 실시한다. 일부러 틱 증상을 반복하기, 이완훈련, 인식훈련, 자기관찰, 유관 강화 등의 행동기법을 적용한다. 틱의 효과적인 지도방법은 다음과 같다.

- 틱이 있는 어린이는 지능에는 전혀 문제가 없다. 그러나 부모의 강압적 자세는 두뇌발달을 저해할 수가 있다.
- 부모의 인내심이 절대적으로 필요하다.
- 학교 선생님이나 친구들의 이해가 필요하다.

틱 자체보다는 오히려 아동의 일상적인 생활, 친구관계, 학교에서의 적응상태 등에 관심을 갖고 살펴보는 일이 중요하다. 친구들 사이에서 따돌림을 당하고 있는 것은 아닌지, 학교 선생님들과의 관계가 원만한지의 여부에 대해서도 세심하게 관심을 가져야 한다. 틱장애 아동이 자기 증상에 신경을 쓰지 않도록 해 주어야 하는데, 무의식적인 틱 행동을 문제 삼아 부모나 선생님이 지적하거나 친구들로부터 놀림을 받으면 증세가 악화되는 경우가 많다.

- 스트레스를 줄인다. 생활을 긴박하게 하지 말고 한 박자 늦추어서 여유를 가지고 하도록 한다.
- 부모가 야단치지 말아야 한다. 야단치면 강박감이 생겨 증상은 더욱 악화된다. 힘들어하면 다니는 학원 수를 줄이는 것이 좋으며, 싫어하는 것을 억지로 강요해서는 안 된다.

- 틱이 나아졌어도 부모나 의사는 틱에 대한 말을 하지 않는다. 말이 끝나자마자 나타나는 경우가 많기 때문이다.
- 아동 자신이 틱 증상 때문에 자신감을 잃지 않도록 해 주는 것이 중요하다.
- 아동 자신이 자신의 틱 증상에 대해 적절하게 주변 사람들에게 설명하여 불필요한 오해를 해소시킬 수 있는 것도 바람직한 방법이다. 또 부모님들은 선생님과의 긴밀한 관계를 유지하고 틱 증상에 대해 설명하여 아동이 틱 증상 때문에 학교생활에 어려움을 겪지 않도록 도와주는 일이 중요하다.
- 틱장애가 있는 아동은 주의력 결핍증, 학습장애가 흔히 동반되기 때문에 학습적인 면에 있어서도 주의를 기울여야 한다. 1:1의 상황에서는 집중력이 호전될 수 있기 때문에 부모들이 곁에서 지켜보는 것이 도움이 된다.
- 운동을 규칙적으로 시킨다. 수영이나 태권도 등 규칙적으로 운동을 하는 습관을 들이면 근육의 운동을 체계화시킴으로써 의미 없이 움직이는 근육의 움직임이 줄어들게 된다.
- 항상 따뜻한 마음으로 이해해 주고, 받아 주는 주변의 태도가 대단히 중요하다. 다른 사람이 우연히 지적을 하지 않도록 배려하는 것이 좋으며, 아동 자신도 대수롭지 않다는 생각을 갖도록 교육을 철저히 시킨다.
- 부모가 화를 내거나 못마땅한 표정을 지으면 오히려 자신을 무시한다고 생각하고 부모에게 적개심을 갖게 될 수도 있으므로 항상 이해하고 받아 주어 아이의 마음을 편안하게 해 주는 것이 중요하다.
- 틱장애 초기에는 틱이 있을 때 가족이 무시하는 것이 좋다. 그러나 틱이 심해져서 아동에게 지장을 주거나 정서장애가 생기면 반드시 치료를 받아야 한다.
- 틱을 없애려면 어린이를 불안하게 하고 걱정시키는 인자를 찾아 제거해 주며 학교나 가정에 잘 적응할 수 있도록 도와주고 이해해 주어야 한다.

출처: www.hospitaljhs.co.kr

생각해 봅시다

국내외 많은 ADHD 전문가들은 강의나 부모교육 시간에 다빈치에 대해 자주 언급하는 편이다. 천재 화가 레오나르도 다빈치도 ADHD를 지녔다. 다빈치가 일생 완성한 작품은 20점을 넘기지 못한다. 왜 그렇게 미완성작들이 많은 걸까? 미국의 유명 전기 작가 월터 아이작슨은 최근 저서『레오나르도 다빈치』에서 "레오나르도는 구상을 현실화하는 것보다 미래를 위한 구상 자체를 좋아해서 현재에 집중하지 못하고 쉽게 산만해졌다. 그는 인내심을 훈련받지 못한 천재였다"라고 말한다. 다빈치도 작품을 마무리하지 못하고 중도 포기가 많은 자신의 모습 때문에 상당히 괴로워했다고 한다. 새로운 펜촉을 테스트하거나 무료한 시간을 보낼 때 노트에 "무엇이라도 완성된 것이 있는지 말해 봐… 말해 봐…"라는 문장을 반복해 쓸 정도였다. 그에게 작품을 의뢰하려다가도 그가 작품을 완성하지 못할 것이라는 의구심에 후원과 의뢰를 망설인 사람이 많았다고 한다. 다빈치가 인류 역사상 다재다능한 천재임은 부인할 수 없지만, 집중력과 끈기 부족으로 주변 사람들과 동료들에게 신뢰감을 주지 못했음을 알 수 있다. 사람의 실행기능을 담당하는 전전두엽 발달이 ADHD 아동은 또래에 비해 느리다. 실행 기능은 계획 세우기, 우선순위 정하기, 작업 기억력, 자기 객관화, 자기 조절 능력 등을 포함한다. 작업 기억력은 일상생활에서 필요한 단기 기억력 같은 것이다. 작업 기억력 저하로 인한 현상은 다음과 같다. '아이가 방에서 숙제하던 중 샤프심이 없다→샤프심 찾으러 동생 방에 간다→로봇 조립하는 동생을 본다→순간 그 방에 온 이유를 까맣게 잊는다→로봇 조립하는 동생을 참견한다→숙제를 제시간에 마치지 못한다.' ADHD의 증상은 도파민이나 노르에피네프린과 같은 신경전달물질이 수용체에 제대로 전달되지 않아 전전두엽이 원활하게 작동하지 못해 발현한다. 유전적 영향을 받는 신경발달장애이므로 초기 면담 시 가족력을 꼼꼼히 점검해야 한다.

ADHD 진단을 받은 후 부모교육이 중요하며 아이에게 '사후 잔소리보다 사전 알람하기' 방법을 사용한다. 가정 내에서 아이 문제 행동 하나하나에 대응할 태도 교육, 이른바 부모와 함께하는 행동수정요법, 아이가 잘한 행동에 대해서는 아낌없이칭찬하되 남에게 피해를 주는 행동에 대해서는 미리 아이와 함께 정한 불이익 항목을 이행하게 하는 것이다. 부모의 태도와 원칙이 일관되어야 하고 또한 약물치료가 필요하다.

ADHD 아이, 끈기 없어 다빈치처럼 '마무리' 잘 못해 [중앙선데이] 2020. 07. 04.

❶ 주의력 결핍 및 과잉행동장애의 사례가 늘고 있다. 주의력 결핍 및 과잉행동장애의 최근의 치료방법에 대해 탐색해 보자.

❷ 아주변에서 본 틱장애의 사례를 이야기해 보고 치료된 사례를 통해 치료 방안에 대해 토론해 보자.

❸ 학습장애 아동의 치료 프로그램을 찾아보자.

제10장

불안장애와 외상 및 스트레스 관련장애

불안은 누구나 생활 속에서 흔히 경험하는 불쾌하고 고통스러운 감정이다. 불안은 불쾌하게 느껴지지만 우리에게 도움이 되는 감정이다. 즉, 우리 자신을 위험으로부터 안전하게 보호하도록 돕는 순기능을 지니고 있다. 그러나 어떤 이유에서든지 경계경보가 너무 민감하거나 잘못되어 수시로 경계음을 내게 된다면 불필요한 경계태세를 취하게 되고 과도하게 긴장하게 되며, 사소한 희박한 위험가능성에 대해 지나치게 강한 불안을 느낀다면 도움이 필요하게 된다. 이 장에서는 아동의 불안장애에 속하는 분리불안장애, 선택적 함묵증, 그리고 특히 DSM-5에서 외상 및 스트레스 관련 장애로 분류되어 있는 아동기에 일어나는 반응성 애착장애에 대해 알아보고자 한다.

1 분리불안장애

1) 주요증상 및 특성

DSM-4에서 유아기, 아동기 또는 청소년기의 기타 장애군에 포함되어 있던 분리불안장애(separation anxiety disorder)는 불안이 핵심이기 때문에 불안장애 범주에 포함되었다. 걸음마 시기와 학령전기 아동이 그들과 애착 관계에 있는 사람과 실제로 이별하거나 또는 이별이 예측되는 상황에서 어느 정도 불안을 보이는 것은 정상적이다. 분리불안장애란 엄마처럼 애착관계가 형성되어 있는 가까운 사람과 분리되어야 할 때에 불안이 심하게 나타나고 보통 아이들에게 나타나는 연령을 넘어서까지 비정상적으로 지속된다는 점이며 이 때문에 사회적 기능상 상당한 문제가 수반된다.

보통 유아교육기관이나 학교에 입학하면서 처음 증세를 보이는 경우가 많으며, 집안에서 누가 죽거나 사고가 있었거나 자신이 큰 병을 앓고 난 이후에는 분리불안이 더 심해진다. 분리되지 않으려는 무의식적 욕구가 아동에게 신체증세를 유발시켜 마치 꾀병처럼, 학교 갈 시간이 가까워지거나 심지어 내일 아침 학교를 가야 할 생각만 해도 갑자기 열이 난다거나 배가 아프게 된다. 그러나 꾀병과는 달리 이 경우의 아동은 정말 아프고 괴롭다는 것이다.

어느 정도의 격리불안장애는 아동의 정상적 발달단계에서 나타날 수 있는 보편적 현상이며 정상적인 반응이다. 1세 미만에서 영아는 어머니와 떨어질 때 낯선 사람에 대해 불안해하는 모습을 보이며, 처음에 학교에 등교할 때도 불안을 보이는 경우가 있는데 이들 모두는 정상적인 것이다. 그러나 불리불안장애 아동은 애착 대상과의 분리에 심하게 반응하는 특징이 있다. DSM-5 진단기준은 다음과 같다.

분리불안장애 진단기준(DSM-5)

A. 분리에 대한 불안이 발달 수준에 부적절하게 지나칠 정도로 나타나며, 다음과 같은 증상 중 3개 이상에서 나타난다.

(1) 주요 애착 대상이나 집을 떠나야 할 때마다 심한 불안과 고통을 느낀다.

(2) 주요 애착 대상을 잃거나 그들에게 질병, 부상, 재난, 혹은 사망과 같은 해로운 일이 일어나지 않을까 지속적이고 과도하게 걱정한다.

(3) 애착 대상과 분리될 수 있는 사건들(예: 길을 잃음, 납치당함, 사고를 당함, 죽음)에 대해 지속적이고 과도하게 걱정한다.

(4) 분리에 대한 불안 때문에 밖을 나가거나, 집을 떠나거나, 학교나 직장 등에 가는 것을 지속적으로 꺼리거나 거부한다.

(5) 혼자 있게 되거나 주요 애착 대상 없이 집이나 다른 장소에 있는 것에 대해 지속적으로 과도한 공포를 느끼거나 꺼린다.

(6) 집을 떠나 잠을 자거나 주요 애착 대상이 근처에 없이 잠을 자는 것을 지속적으로 꺼리거나 거부한다.

(7) 분리의 주제를 포함하는 반복적인 악몽을 꾼다.

(8) 주요 애착 대상으로부터 분리되거나, 분리가 예상될 때 반복적인 신체증상(예: 두통, 복통, 메스꺼움, 구토 등)을 호소한다.

B. 아동과 청소년에게 있어 공포, 불안과 회피는 적어도 4주 이상 지속되고 성인의 경우 6개월 이상 지속된다.

C. 장애는 사회적, 직업적 또는 다른 중요한 영역의 활동에 현저한 손상을 초래한다.

D. 이러한 장애는 다른 정신장애에 의해서 더 잘 설명되지 않는다.

분리불안장애는 대체로 어린 연령에서 발생하여 청소년기가 되면서 유병률이 감소된다. 분리불안장애는 아동 및 청소년 집단에서 약 4%의 유병률을 나타내는 것으로 알려져 있다(권석만, 2014). 분리불안장애는 남자 아이보다 여자 아이에게서 더 흔하게 나타난다. DSM-4에서는 분리불안장애가 18세 이전에 발병한다는 진단기준이 있으나 DSM-5에서 이 기준은 삭제되었다. 분리불안장애는 성인에게도 나타날 수 있으며 성인의 경우 6개월 이상, 아동, 청소년의 경우 4주

이상 증상이 지속될 때 진단 내릴 수 있다.

이별에 관여된 여러 상황에서는 또 다른 잠재적인 스트레스원이나 불안요인이 관련될 수 있다. 애착 대상과 떨어지지 않기 위해 소란을 피우고 울거나 비명을 지르며 심한 기질폭발을 보인다. 또한 분리가 예상될 때 두통, 위통, 메스꺼움, 두통과 같은 신체 증상을 보이며 자주 신체적 증상을 호소함으로써 부모의 관심을 유발하고 형제간에 어머니의 사랑을 두고 심한 경쟁을 보인다. 또한 분리불안장애 아동은 심리사회적 요인을 비롯하여 여러 발달상의 지체를 보인다. 언어발달이 늦기도 하며 감정 표현이 없거나 서툴고 늘 우울한 기분으로 위축되며 부정적인 자기 이미지를 갖고 있어 대인관계에 어려움을 겪는다. 가장 흔하게는 등교 거부와 관련되어 생겨난다.

2) 분리불안 장애의 원인

분리불안장애는 아동의 기질, 부모의 양육행동, 아동의 인지적 요인들이 복합적으로 작용하여 발생하는 심리적 장애로 여겨지고 있다.

① 기질적 요인

성격이 까다롭고 예민하거나 낯가림이 심하고 강박적이거나 미숙하고 의존성 경향이 강하고 행동 억압의 경향이 큰 아동에게 분리불안이 흔히 발생한다(Rosenbaum et al., 1992), 어머니에 대하여 의존적이고 미성숙한 어린 아동에게서 이러한 격리와 관련된 불안은 특별하다. 어린 아동은 일련의 발달단계상의 두려움(어머니를 잃는 것에 대한 두려움, 어머니의 사랑을 잃게 되는 것에 대한 두려움, 신체적 손상에 대한 두려움, 자신의 충동성에 대한 두려움, 초자아와 죄책감의 처벌 불안에 대한 두려움)을 겪게 되기 때문에 몇 개의 이러한 두려움에 근거한 격리불안을 대부분의 아동들은 일시적으로 체험하게 된다. 그러나 아동이 어머니 상실에 대하여 현실과 맞지 않는 지나친 두려움을 갖고 있을 때 생기게 된다. 특히 이러한 기질의 아동이 부모와 불안한 애착관계를 맺게 되면 역기능적 신념과 미숙한 사회적 능력을 갖게 되어 분리불안장애를 나타낼 가능성이 높아진다(Altman, Sommer, & McGoey, 2009).

② 환경적 요인

분리불안장애가 나타날 가능성이 높은 환경적 요인을 살펴보면 첫째, 부모의 불안 및 성격이다. 심리적으로 불안한 부모는 지나치게 자녀를 걱정하고 불안해하여 아동을 떼어내지 못하고 곁에 두면서 자녀가 부모에게 의존하게 만든다. 부모가 불안장애, 우울장애를 지니고 있는 경우에 자녀들에게서 분리불안장애가 많이 나타난다고 보고되고 있다.

둘째, 부모의 한 양육행동 및 부모자녀 관계는 분리불안장애를 유발하는 주요한 요인으로 알려져 있다. Bowlby(1973)의 애착 이론에 다르면 발달 초기에 주양육자와 안정적인 애착관계를 형성하지 못한 경우, 아동은 안전과 신뢰의 기초를 발달시키는 데 실패하고 새로운 세계에 자신 있게 나아가지 못하게 되면서 불안과 분리불안장애로 발전할 수 있다. 대상관계이론에서는 유아가 분리개별화 단계에 이르러 생긴 자율성, 독립성의 욕구를 성취하기 위해선 자신의 일부분인 어머니로부터 지지와 격려, 승인이 필요한 데 반해, 어머니로부터 심적 에너지 공급이 충분하지 못할 때 분리불안이 나타난다고 본다.

또한 부모의 과잉보호적인 양육태도는 아동의 독립성을 약화시키고 부모에 대한 의존성을 강화함으로써 분리불안을 증가시키게 된다(Ehrenreich, Santucci, & Weinrer, 2008). 지나치게 밀착된 가족, 과잉보호적인 양육태도의 부모, 의존적인 성향의 아이에게서 나타난다.

셋째, 환경 요인으로는 이사, 전학, 부모의 질병, 부모의 별거 및 이혼, 동생의 출생, 가정폭력 등의 생활상의 불안 유발사건이 아동의 불안을 증가시킨다.

3) 분리불안장애의 치료

분리불안장애는 행동치료, 인지행동치료, 놀이치료 등을 통해 치료될 수 있다.

행동치료에서는 체계적 둔감법을 이용하여 애착 대상과 점진적으로 분리할 수 있도록 유도하고 아동이 부모와 떨어져 혼자 있는 행동에 대해서 다양한 강화물을 제공하는 긍정적 강화요법과 함께 적용된다. 가족요법, 약물요법 다양하고 포괄적인 치료법이 요구된다. 이외에도 긴장 이완 요법, 모델링 등의 다양한 기법을 사용하여 불안을 일으키는 불안 상황에 단계적으로 접하게 하면서 불안과 공포가 근거 없는 것이라는 것을 알고 불안이 감소되도록 돕는다.

인지행동치료도 분리불안장애의 치료에 효과적인 것으로 알려져 있다. 인지행동치료는 아동의 역기능적 믿음과 생각이 분리불안 행동을 야기한다는 가정에 근거하고 있다. 인지행동 치료자는 아동과 함께 불안했던 경험을 논의하면서 불안을 유발한 상황과 그러한 상황에서 떠 올랐던 생각들을 이야기하게 한다. 불안을 유발한 생각의 증거를 찾게 하면서 그러한 생각의 비현실성을 인식시키는 동시에 불안 유발 상황을 효과적으로 대처할 수 있는 방법을 함께 모색한다. 예컨대 불안할 때 게임을 하거나 그림을 그리거나 음악을 듣는 것과 같은 주의전환 기법이나 숫자를 세며 호흡해보는 것과 같은 이완 기법을 적용한다.

언어 표현이 미숙한 아동에게는 놀이를 통해 불안을 표현하고 아동의 경험이나 정서, 복잡한 사고의 표현을 하도록 도와준다. 놀이치료를 통해 불안을 표출하고 문제를 해결하게 하는 것이 분리불안장애 치료에 효과적이다. 또한 가족놀이치료는 아동과 부모가 함께 놀이를 통해서 상호작용하며 정성껏 의사소통을 증진하고 문제 해결 과정을 학습하는 접근방법으로 아동 개인에게만 초점을 맞춘 방법보다 아동의 불안 장애를 치료하는 데 더 지속적인 효과를 나타낼 수 있다 (백지은, 2007).

아동이 등교 거부를 할 때는 포괄적인 치료계획이 필요하다. 즉, 아동, 부모, 아동의 친구, 학교를 중심으로 이루어져야 한다. 아동에게 학교를 가도록 격려하여야 하며, 만약 하루 종일 학교에 참석하는 것이 어려울 때는 시간표를 짜서 점차적으로 학교에 있는 시간을 늘려 나가도록 하는 것도 좋은 방법이다.

2 선택적 함묵증

1) 주요증상 및 특성

DSM-4에서 유아기, 아동기 또는 청소년기의 기타 장애군에 포함되어 있던 선택적 함묵증(selective mutism)은 DSM-5에서 분리불안장애와 함께 새롭게 불안장애의 하위 유형으로 분류된 장애이다. 선택적 함묵증이란 계속 말을 잘하던 아동이 특정한 상황에서 지속적으로 말을 하지 않는 장애로, 주로 아동에게서 나타난다.

DSM-5에 나타난 선택적 함묵증의 진단기준에서는 다른 상황에서는 말을 할 수 있음에도 불구하고 특정한 사회적 상황 예를 들어, 말하기가 절실한 상황이거나 학교 등에서는 지속적으로 말을 하지 못하는 것, 그리고 장애가 학업적·직업적 성취나 사회적 의사소통을 저해하는 경우를 말한다. 또한 장애의 기간이 적어도 1개월은 지속되어야 하며, 입학 후 처음 1개월은 포함하지 않고, 말을 하지 못하는 이유가 사생활에서 요구되는 언어에 대한 지식이 없거나, 그 언어에 대한 불편과 관계가 없는 것이어야 하며, 장애가 말더듬과 같은 의사소통장애로 설명되지 않아야 한다.

선택적 함묵증 진단기준(DMS-5)

A. 다른 상황에서는 말을 할 수 있음에도 불구하고 특정한 사회적 상황(예: 말하기가 요구되는 상황, 학교)에서는 지속적으로 말을 하지 못한다.

B. 장애가 학업적, 직업적 성취나 사회적 의사소통을 저해한다.

C. 장해의 기간은 적어도 1개월은 지속되어야 한다(입학 후 처음 1개월은 포함되지 않는다).

D. 말하지 못하는 이유가 사회생활에서 요구되는 언어에 대한 지식이 없거나 그 언어에 대한 불편과 관계가 없는 것이어야 한다.

E. 장애가 의사소통장애(예: 말더듬기)에 의해 잘 설명되지 않아야 하고, 광범위한 발달장애, 정신분열증, 다른 정신증적 장애의 기간 중에만 발생하는 것은 아니어야 한다.

대부분의 선택적 함묵증이 있는 아동은 자신이 함구하는 상황에서는 침묵을 지키나, 어떤 일부 아동은 휘파람을 불거나 변경된 목소리로 의사표현을 하기도 하고, 또는 단음절의 단어를 말하기도 한다. 말을 하지 않는 상황에서도 이런 아동은 시선 접촉이나 비언어적인 형식으로 의사소통한다. 또 선택적 함묵증이 있는 아동은 표준말로 의사표현하지 않고 몸짓, 고개 끄덕이기, 머리 흔들기, 몸 잡아당기기, 밀치기 등으로 표현한다. 그러다가 집이나 자신에게 익숙한 상황에서는 또다시 유창하게 말을 하기 시작한다.

선택적 함묵증의 유병률은 1% 이하이며 남아보다 여아에게서 더 많이 발견되는 경향이 있다(Havden, 1980). 선택적 함묵증 아동들 가운데 30~65%가 언어장애나 언어지체를 나타내며 이 외에도 사회불안장애나 특정 공포증과 같은 불안장애, 배설장애, 신체운동 기술의 지체 등이 함께 나타난다고 보고되고 있다.

2) 원인

선택적 함묵증의 원인은 다음과 같다.

- 심리적 요인: 심리적 상처를 받게 된 후 말을 하지 않는 경우이다. 예를 들어, 동생이 생기면서 시샘하여 어린 행동을 하게 될 때 부모가 심하게 질책을 하게 되면 밖에서 말을 하지 않는 아동이 된다.
- 유전적 요인: 유전적으로 말이 늦는 경우로, 이런 아동은 사람이 많이 있는 곳에서 말을 많이 해 보지 않아서 사회성이 길러지지 않은 아동으로, 친구와 사귀고 함께 노는 방법을 모르는 경우이다.
- 말하는 것에 대한 일종의 심리적 저지 또는 거부반응이다.
- 언어발달의 지연이나 어떤 유형의 언어장애를 가지고 있었다는 개인력도 보고되고 있다.
- 선택적 함묵증 아동의 가정은 부모들의 부조화, 어머니의 우울증, 높은 의존 욕구 등이 관찰된다.

3) 치료방법

개인 정신요법, 행동요법, 가족요법 등을 포함한 다치료적 접근법이 효과적이다. 학령전기에는 부모를 위한 정신치료나 부모면담 등이 필요하고 아동에게는 치료적 양육방식이 도움이 된다. 아동이 학령기에 이르러서는 개인 정신요법이나 행동요법이 도움이 된다.

(1) 행동요법

자극완화(stimulus fading) 행동요법 중 가장 많이 쓰이는 방법으로 효율성이 높게 평가된 방법이다. 아동이 말을 하지 않는 상황에서 혹시 가까운 사람 중에 말을 하고 있는 사람(예: 어머니 외에 말을 하지 않는다면 어머니가 됨)과

말하도록 하고 스트레스 요인을 줄이며 점차적으로 확장해 가는 것이다.

- 우발강화모형(reinforcement contingencies): 아동이 말하는 행동을 위해서 간단하게 보상하는 원리와 함묵이 일어나지 않도록 강화를 확실히 이행하는 접근법이다.
- 무시(ignoring): 선택적 함묵 행동을 무시하는 것으로 다른 행동요법과 함께 중재되고 있다.
- 기술적 이완(relaxation techniques): 말하는 것과 사회활동의 불안으로 인하여 선택적 함묵증 행동이 발생한 아동에게 사용되는 방법으로 불안에 눌려 있는 아동에게 기술적 이완을 목표로 하여 효과적으로 말할 수 있는 용기를 주는 쪽으로 접근하는 법이다.
- 모형(shaping): 모형은 말하는 행동을 목표로 해서 보상하는 것으로 보상으로는 칭찬이나 실제적 강화물을 사용한다.
- 자기 모델링(self-modeling): 가장 대표적인 행동치료 방법 중 하나인 자기 모델링은 4단계로 나누어 시행한다. 먼저 아동이 말을 하지 않는 상황(예: 학교)에서 교사가 일련의 질문을 하고 아동이 아무런 응답도 하지 않는 상황을 녹화한다. 두 번째 단계에서는 아동이 말을 하는 사람(예: 부모)이 동일한 학교 상황에 와서 아동에게 교사가 한 동일한 질문을 한다. 이때 아동이 그러한 질문에 응답하는 모습이 나타난다. 마지막 단계에서는 아동에게 이러한 녹화물을 반복적으로 보여준다. 아동이 녹화물을 보는 동안 교사의 질문에 아동이 말로 대답하는 장면이 나올 때마다 긍정적인 강화물을 제공한다. 이러한 자신의 모습을 반복적으로 보면서 교사의 질문에 자연스럽게 응답하는 행동이 증가하게 된가(권석만, 2015).

(2) 놀이 치료

우울/불안 등의 내재화되어 있는 선택적 함묵증 아동의 심리를 미술이나 놀이 매체를 이용하여 중재하는 것이다. 놀이치료는 선택적 함묵증 아동이 말에 대한 압력이나 기대가 없이 자신에 대한 느낌과 감정을 안전하고 편안하게 표현하고 의사소통을 증진시켜 준다. 놀이치료와 행동치료를 접목하여 적용한다. 예컨대, 아동이 편안함을 느끼는 상황에서 가족과 함께 게임을 하고 있을 때 슬그머니 들어와서 함께 놀이를 하며 이야기를 나눈다. 이러한 방법을 자극 약화법(stimulus fading)이라고 한다(권석만, 2015). 처음에는 아동으로 하여금 친밀한 사람과 놀이를 하며 대화를 하게 한다. 아동이 놀이에 집중하고 있을 때 새로운 사람이 슬그머니 들어와서 함께 놀이를 한다.

3 반응성 애착장애

1) 주요증상 및 특성

반응성 애착장애(reactive attachment disorder)는 DSM-5에서 외상 및 스트레스 사건관련 장애의 하위 범주에 포함시키고 있다. DSM-5는 외상 사건을 비롯한 다양한 스트레스 사건의 경험으로 인해 발생하는 심리적 문제들을 외상 및 스트레스 사건 관련 장애(trauma-and stressor-related disorders)라는 독립된 장애 범주를 제시하고 있다. 이 장애범주의 주된 특징은, 외부 세계에 주어진 환경적인 스트레스 사건과 그에 대한 개인의 부적응적 반응이다. 따라서 반응성 애착장애란 선천적인 문제가 있는 것이 아니라 양육환경의 문제로 생긴 장애이다. 즉, 부모가 아이를 학대하거나 방임하는 등 양육자와 애착형성이 제대로 되지 못해서 생기는 증상이다.

반응성 애착장애아의 주요증상은 현저한 사회적 상호작용의 결함을 보이는 것이며, 이외에도 식욕부진, 우울, 발육부진, 발달지수 저하 등 신체적인 증상 및 발달상의 문제를 보인다. 특히, 언어발달의 지체를 많이 보이며 위축되고 호기심이 적어 외부환경에 무관심하며 호명이나 지시를 잘 따르지 않는 특성을 보이며, 사람들에 대한 관심보다는 물건에 집착하는 경우가 많다. 언뜻 보기에 자폐아와 증상이 비슷하며, 눈 맞춤도 잘 안되고 말도 하지 않으며 혼자 고립된 세계에 갇혀 타인과 관계 맺는 것을 거부한다(강미현, 2009). 즉, 반응성 애착장애 아동은 전체적인 발달상의 문제를 보이며 사회성이 결여되어 있는 경우가 대부분이다. 이러한 애착장애는 생후 9개월 이상부터 만 5세 이전의 아동에게 주로 발생한다.

DSM-5 진단기준에 따르면 반응성 애착장애는 두드러진 증상은 사회성 장애인데, 대부분의 사회적 상호 작용 측면에서 연령에 상응하는 태도로 시작하거나 반응하고 지속적으로 실패하는 것 예를 들면, 영아기에 눈 추적이 어렵고 상호놀이, 발성모방, 놀이가 부족하며 냉담하고 자발성이 적거나 거의 없으며 좀 더 자라면 호기심, 사회적 흥미가 부족하거나 적게 나타난다.

반응성 애착장애 진단기준(DSM-5)

A. 아동이 양육자에 대해서 항상 정서적으로 억제되고 위축된 행동을 나타낸다.

(1) 아동은 괴로움을 느낄 때 양육자에게 위안을 구하지 않는다.
(2) 아동은 괴로움을 느낄 때 위안에도 반응하지 않는다.

B. 다음 중 적어도 두 가지의 지속적인 사회적·정서적 장애를 나타낸다.

(1) 다른 사람에 대한 최소한의 사회적·정서적 반응
(2) 제한된 긍정적인 정서
(3) 양육자와 상호작용 중에 이유 없이 갑작스럽게 짜증, 슬픔, 공포를 나타낸다.

C. 아동은 다음 중 적어도 한 가지 방식으로 극히 불충분한 양육 경험을 해야 한다.

(1) 안락함, 자극, 애정 등 아동의 기본적인 감정적 욕구에 대한 지속적인 방임이나 박탈.
(2) 주된 양육자가 자주 바뀜으로써 안정된 애착 형성 저해
(3) 특정한 사람과 선택적인 애착을 형성할 기회가 현저하게 제한된 상황(예: 고아원)에서 양육됨.

D. 이러한 양육결핍(C)이 양육자에 대한 위축된 행동(A)을 초래한 것으로 판단되어야 한다. 즉, 양육박탈의 발생에 이어서 아동의 위축행동이 나타나야 한다.

E. 자폐스펙트럼장애에 해당하지 않아야 한다.

F. 이러한 장애는 아동의 연령 5세 이전에 나타나야 한다.

G. 아동은 최소한 9개월 이상의 발달연령이어야 한다.

이 장애를 가지고 있는 영유아는 격리와 재회 시 가장 뚜렷한 행동상의 특징을 보여주는데 매우 모순되고 양가 감정적인 관계 양상을 보인다. 유아를 안아 줄 때는 시선을 피하거나 다른 곳만 쳐다보는 태도를 가지며 바닥에 엎드려서 침울한 표정으로 가만히 있는 행동을 하거나 만족에 대한 좌절이 느껴질 때는 공격적인 반응을 보이기도 한다. 또 냉소적인 경계심으로 무표정한 모습으로 있기도 하며 지속적으로 무의미한 소리를 하며 쉬지 않고 재잘거리는 특성을 보이기도 하고 또래 관계는 매우 서툴고 발달되어 있지 않다.

대체적으로 반응성 애착장애 아동은 자폐 아동과 행동 패턴이나 언어사용 패턴이 유사하게 나타난다. 혼자서 고립된 놀이를 즐기며 놀이 시 사물을 일관된 패턴으로 놀이하고, 발끝으로 걷는다든가, 손이나 사물 등을 앞뒤로 뒤엎는 등의 자기 자극적 행동을 보이고, 자폐 아동과 유사하게 반향어나 고음의 발성을 하는 등의 비정상적인 언어 양상을 보인다. 하지만 자폐증과 달리 반응성 애착장애는 환경적인 변화에 조금도 반응하지 않는 지속적이고 심한 인지능력의 결여와 관련이 없고 이러한 반복적이며 상동적인 행동과 관심은 그들의 특성이 아니다. 또 사회적인 상호관계와 반응성에 대해서 정상적인 수용능력을 가지고 있다는 점에서 자폐아들과 구별된다(이영은, 2007).

반응성 애착장애의 유병률은 잘 알려져 있지 않으나 심각한 방임을 경험한 아동에게도 10% 이하만 나타나는 매우 드문 것으로 보고되고 있다(최정윤 외, 2015).

2) 원인

반응성 애착장애는 애착 외상이라는 비교적 분명한 환경적 촉발요인을 지니고 있다. 그러나 애착 외상을 경험한 모든 아동이 반응성 애착장애를 나타내는 것은 아니기 때문에 부모의 양육행동과 아동의 기질적 특성이 어떻게 상호작용하여 이러한 장애가 발생하는지에 관심이 모아지고 있다.

대상관계이론에 따르면 아동은 부모의 학대 또는 무관심에 저항하다가 나중에는 실망과 좌절 상태에 빠지고 그 후로는 애착의 노력을 중단하는 경향이 나타나는데 이를 탈애착이라고 한다. 어머니에 대한 분노와 두려움(양가감정)을 갖게 되고 낯선 사람을 대하듯이 무관심하거나 회피적 반응이 나타난다. 아동은 접근 욕구와 회피 욕구 간의 갈등에서 벗어나기 위해 관심을 다른 것으로 돌리게 된다.

Bowlby(1969)에 의하면 내적 작동모델, 즉 어머니와의 애착실험에 근거하여 자기와 타인에 대한 정신적 표상으로 구성되는 모델을 형성한다. 이러한 내적 작동모델은 타인의 행동을 예측하고 자신의 행동을 결정하는 대인관계의 기초가 되어 아동의 사회적 행동에 강력한 영향을 미치게 된다. 일관성이 없거나 학대적인 양육을 받은 유아는 어머니와 초기 애착에서 극도의 불안을 경험하면서 자신은 사랑스럽지 못하거나 무가치한 존재이며 타인은 예측하기 어렵거나 적대적인 존재라는 모델을 형성한다. 반응성 애착장애는 초기 애착의 문제로 인해 부정적으로 형성된 아동의 내적 작동모델이 부모나 타인에 대한 회피적인 행동을 유발하게 된 결과이다(Main, Kapla, & Cassidy, 1985).

이에 따라 예견되는 반응성 애착장애를 일으키는 가족적 특성이나 요인을 크게 부모의 요인과 부모외적인 요인으로 나누어 살펴보면 다음과 같다.

(1) 부모의 요인

① 어머니의 성격

일반적으로 냉담하고 이지적이며 말수가 적고 내성적인 성격의 어머니는 아이에 대한 놀이나 자극을 제공하는 데 소극적이고, 자기표현이 적으며, 깔끔하고 완벽한 성격의 어머니는 아이가 다양한 장난감이나 놀잇감을 경험하는 것 자체를 늘어놓는 것으로 여겨 깨끗하게 치우는 것에 급급해 아이가 마음껏 자유롭게 탐색을 통해 놀잇감을 선택해 놀 수 있는 기회 자체를 박탈하는 경우가 많아 아이가 놀면서도 만족감을 얻기보다는 오히려 불안한 정서를 형성하며, 어머니와의 놀이를 귀찮게 여겨 피하고 혼자놀이를 즐길 가능성이 있다. 보통 이러한 성격의 어머니는 아동과의 적극적이며 직접적인 감정 교류나 상호작용하는 데 어려움이 있으며, 따라서 아이와의 안정적인 애착을 형성하는 데 한계가 있다. 또한 어머니가 성장기에 부모로부터 정서적 지시를 받지 못했다거나 방치 및 학대 당하는 등의 원가족(family of origin)과의 문제로 인해 정신적인 어려움이 있을 경우 아이 양육보다는 자신의 문제에 집착하여 아이를 돌볼 수 없게 되는 경우도 반응성 애착장애 발생과 관계있다.

② 양육태도

원하지 않은 결혼이나 조혼 등의 준비되지 않은 결혼으로 아이에 대한 애정이나 관심이 부족한 경우 아이를 학대 및 방임하거나 거부하게 되고, 아이 양육에 대한 지식이 부족하거나 잘못된 육아지식을 가진 경우 아이를 처벌이나 잔소리, 간섭 및 야단 등으로 지나치게 통제하거나, 일관성 없이 대하게 되며, 아이의 정서적 욕구를 무시한 채 신체적 양육 위주의 과잉보호를 하게 되어 어머니와의 애착의 문제를 야기시킨다.

③ 가족 내 갈등

시댁이나 남편과의 갈등으로 인해 생활에 즐거움이 없는 경우에 어머니는 아이와 함께 즐거운 시간을 갖는 것이 어려워져 아이는 어머니와 애착을 형성하기가 어려워진다.

(2) 부모 외적인 요인

① 물리적 환경

주택가가 아닌 곳, 외지거나 도로변에 집이 위치해 있어서 놀이터 등의 놀 수 있는 공간이나 놀이기구의 부족으로 아이가 자유롭게 바깥놀이를 즐길 수 없는 경우에 아이가 집에 혼자 지내게 되어 다양한 사물에 대한 자발적인 탐색을 통한 관심영역의 확대를 방해하고, 이것은 어머니가 아이와 놀 수 있는 환경 자체도 불리하게 만든다. 또한 잦은 이사로 인한 환경변화로 안정된 환경이 제공되지 못한 경우에도 어머니와 아이와의 놀이를 통한 안정적인 애착 형성에 불리한 조건이 된다. 이러한 물리적 주거환경 요인은 어머니와 아이와의 애착을 형성하는 데 직접적인 영향을 준다고 보기는 어려울지라도 애착 형성의 중요한 매개물이거나 바탕이라는 점에서 그 중요성이 간과될 수 없으며, 아이의 발달상의 문제와도 많은 관련이 있다고 본다.

② 형제관계

형제간의 터울이 지나치게 짧거나 형제 수가 많아서 어머니가 아이 기르는 데 신체적, 정신적으로 여력이 없어서 상대적으로 관심을 기울이지 못하거나 아이끼리 어머니를 차지하려고 경쟁하는 경우에도 문제가 생긴다. 형제간의 터울이 길어 두 아이의 양육에 있어서 개별적으로 적절한 반응을 보이지 못하고 한 아이에 맞추어서 기르는 경우에는 아이의 애정 욕구가 좌절된다.

③ 불안정한 양육자

어머니의 경제적인 이유나 자기 성취를 위한 목적으로 직장에 나가게 되어 양육자가 자주 바뀌거나, 어머니나 아이의 질병 등으로 어머니와 한동안 떨어져 있게 되는 경우에 아이가 한 사람과의 안정된 애착을 형성하는 것이 힘들어진다.

3) 반응성 애착장애 치료

반응성 애착장애는 부모나 대리 부모에게서 아동이 제대로 보살핌을 받지 못하여 생긴 것이기 때문에 치료하고 예방하는 주된 방법은 주로 애착이론에 근거하고 있으며 아동과 양육자의 애착관계를 개선하는 데 초점을 맞추고 있다(Newman & Mares, 2007). 따라서 아동이 일상생활에서 자연스럽게 경험하게 되는 놀이를 치료의 매개로 사용하는 것이 반응성 애착장애 치료에 효과적이라고 보고되고 있다. 애착장애의 치료를 위해서는 아동에게 정서적으로 애정과 관심을 줄 수 있는 한 명의 양육자를 제공하는 것이 필수적이다.

따라서 근본적인 목적인 애착 행동 증진을 위해서는 부모와 치료자가 같이 나누면서 문제들을 해결해야 한다. '무조건 관계 개선이 필요하다'고 부모에게 노력하라고 권한다고 해서 치료적으로 좋은 결과를 가져오지는 않는다. 왜냐하면 아이와 놀아주고 싶은데 마음이 동하지 않을 경우도 있고, 아이에게 감정적으로 대하지 않으려 해도 부모에게 오는 지속적인 스트레스 때문에 감정적이 되기도 한다. 놀아 주려 해도 아이 특성을 몰라 놀아주지 못하고 반응 없는 아이에게 어떻게 놀아줘야 하는지 모르는 부모가 많다. 이러한 것들을 알아야만 부모가 아동과의 관계 개선을 위한 노력을 합리적으로 할 수 있다. 이런 모든 부분을 다루는 부모교육이 필요하다.

(1) 라포

아이에게 문제가 있다고 진단을 들을 경우, 부모들은 죄책감과 좌절감을 많이 맛보게 된다. 더욱이 반응성 애착장애라는 진단이 환경적인 요인, 즉 제대로 키우지 못해서 그렇다는데 다른 부모들보다 뭔가 모자라는 사람 같고, 자격 없는 부모로 여겨 좌절감을 느끼게 된다. 때로는 진단을 듣고 부모가 서로에게 책임 전가하느라 갈등이 생기기도 한다. 부모를 '가정에서의 치료자'로 잘 활용하기 위해서는 부모의 이러한 감정을 치료자가 잘 이해하고 동감해 주며 라포를 형성해 나가는 것이 성공적인 치료를 이끄는 데 큰 역할을 한다고 본다.

(2) 요인 제거를 위한 적극적인 개입

① 평가에서 나온 요인들 중 가족 간의 갈등이 심하여 아동과 부모와의 애착 형성에 방해가 될 경우는 부부치료나 가족치료를 병행할 수도 있고, 개별면담에서 가족 간의 갈등을 다루기도 한다.

② 원가족의 갈등 때문에 부모가 문제가 있는 경우는 부모 개인 문제를 다루기도 한다.

③ 양육태도가 부적절한 경우 부적절하게 된 이유를 파악하여 이에 맞는 치료적인 접근을 한다. 예를 들면, 양육기술이 미숙한 경우는 구체적인 놀이 기술을 다루고 때로는 놀이 치료 팀에 의뢰하기도 한다.

④ 양육자의 안정화를 위해 부모가 주 양육자의 역할을 할 수 있도록 도우며 조부모가 양육에 지나치게 개입되어 있을 경우, 부모의 역할을 할 수 있도록 강화시키기도 한다.

⑤ 치료를 하다 보면(두 아이를 키우는 경우) 부모가 치료받는 아동에게 관심을 쏟게 되어 치료받지 않는 아이의 시샘 행동이 증가되어 결국은 치료에 방해가 된다. 그래서 형제 관계 순위 조정을 위한 노력을 하게 된다.

⑥ 반응성 애착장애 진행과정에 대한 설명이 필요하다. 환경적인 요인이 변화하기 시작하면서 아동에게 고집스럽고, 떼쓰는 행동이나 산만하거나 과격한 행동이 나오게 되는데, 이러한 행동에 대한 대처 방법을 다룬다.

⑦ 아동의 욕구에 필요한 자극을 제공한다.

생각해 봅시다

〈아기 돼지 삼형제〉의 막내 돼지는 왜 형들과 달리 애써 벽돌집을 지었을까? 왜 순무와 사과를 따러 가자는 늑대의 제안을 수락한 뒤 약속 시간보다 일찍 나가 순무와 사과를 따 왔을까? 물론 막내 돼지는 지혜롭고 부지런하기 때문이다. 그러나 실상을 들여다 보면 머리에서 나온 지혜를 부지런히 행동으로 옮기게 만든 동력은 바로 '불안'에 있다. 막내 돼지는 폭풍우와 호시탐탐 먹이를 노리는 늑대를 염려하며 무거운 벽돌을 옮기고, 순무밭에서 늑대 밥이 될까 두려워 졸린 눈을 비비면서도 다른 형제들보다 더 일찍 일어났을 것이다. 불안은 게으름의 대명사 돼지까지도 움직이게 만든다. 아이나 부모가 불안할 때 대부분은 그 불안을 빨리 없앨 방법을 찾는다. 특히 불안이 심할수록 불안이 전혀 없는 평온한 상태를 꿈꾸기도 한다. 그러나 불안을 완전히 없앨 방법은 없을 뿐더러 이는 생존에 반드시 필요한 요소다. 아이가 낯가림이나 분리불안을 보이는 것도 자신을 보호할 양육자와 믿을 수 없는 타인을 구분하고 자기를 보호하기 위해서다. 오랜 시간 인류가 진화하며 타고난 보호 장치인 셈이다. 아이의 불안을 잘 다루고 적당한 불안과 문제가 될 만한 불안을 구분하기 위해서는 부모 스스로 아이의 불안이 자연스러운 정서라는 점을 이해해야 한다. 아이가 불안해한다고 성급하게 달래다가 오히려 의존성만 키울 수 있기 때문이다. 게다가 자칫 진짜 문제가 될 만한 불안을 인지하지 못한 채 아이를 방치할 수 있어 주의해야 한다.

출처: "'괜찮아'로 부족한 아이의 불안 이해하기" 베스트베이비 2015년 2월호

❶ 분리불안을 겪는 아동이 있다. 이러한 아동을 지도하는 방법을 생각해 보자.

❷ 선택적 함묵증의 사례를 찾아보고 이러한 아동을 위한 치료 방법을 토론해 보자.

❸ 아동에게 있어서 심리적 불안을 일으킬 수 있는 요인 중 부모 특성과 환경 요인에 대해 알아보자.

제11장

급식 및 섭식장애와 배설장애

우리는 육체적 건강을 유지하고 활동 에너지를 보충하기 위해서는 매일 적당한 양의 음식을 섭취해야 하고 배설하는 기능을 통해 몸의 순환과 건강을 유지한다. 이런 과정은 자기조절 능력과 연관되어 있어 심리적, 신체적인 문제가 나타난다. 이 장에서는 급식 및 섭식장애와 배설장애를 살펴보고자 한다.

1 급식 및 섭식장애

DSM-5에서는 급식 및 섭식장애(feeding and eating disorder)는 급식 및 섭식 관련 행동의 지속적인 장애로 음식섭취나 식사와 관련하여 생기는 심각한 행동 장애를 일컫는다. 올바른 식사습관의 습득은 아동의 행동발달의 기초를 이루게 되고 자립기능의 제일 첫 단계로서 독립심을 고양시켜 줄 뿐만 아니라 한 아동의 전반적 발달상황을 알아볼 수 있는 표준이 된다. 하지만 섭식행동으로 표출되는 식사습관이 정상발달을 저해하는 경우에는 섭식장애로 전환된다.

국제 질병 분류 제10판은 식사습관에 따른 영·유아기 섭식장애를 신경성 식욕부진증 및 식욕항진증과 구분·분류함으로써 발생시기에 따른 관심을 증가시키고 있다. 또한 미국정신장애 진단 편람에도 이식증 및 반추장애가 영·유아기에 시작되는 섭식장애임을 지적함으로써 섭식행동발달에 따른 관련 전문인들의 주의를 요하고 있다. 따라서 식사습관은 훈련에 시간이 요구될 뿐만 아니라 유아가 섭식에 필요한 기능을 적절히 발달·운용할 수 있을 때 원만한 영양관리가 가능하게 된다.

섭식장애는 현저하게 신체 혹은 심리사회적 기능을 해치는 변형된 음식의 섭취를 보이는 일련의 행동으로 특징지어진다. 급식 및 섭식장애의 하위유형으로는 이식증, 반추장애, 회피적/제한적 음식섭취장애, 거식증, 폭식증 및 폭식장애가 있으며 여기에서는 이식증과 반추장애를 살펴보고자 한다.

1) 이식증

(1) 이식증의 주요증상 및 특성

이식증(pica)은 영·유아기에 발생하는 대표적인 섭식장애이며, 이식증의 주요 증상은 영양가가 전혀 없는 물질을 지속적으로 먹는 행동을 말한다. 영·유아기의 이식증은 영양분이 없는 물질이나 먹지 못할 것(예: 종이, 천, 흙, 머리카락 등)을 섭취한다는 문제로 인하여 다른 심각한 영양장애 현상을 야기한다. 이미 삼켜버린 머리털이 아동기의 위 속에서 공처럼 뭉쳐져 위장장애를 일으키는 현상이 발생한다. 또한 위장으로 내려간 오물이나 유분 등으로 인한 혈관기생충독소증에 감염된다.

Mott에 의하면 이식증이 있는 경우의 유아는 이물질을 단순히 입에 넣는 정도가 아니라 그대로 삼켜 버리기 때문에 납 성분 중독이나 기생충 독소증에 감염될 확률이 높다.

특히, 오늘날은 주변 환경 자체가 납 성분이 포함된 구조물들이 많기 때문에 유아들이 납 성분 중독현상에 노출될 위협이 과거 어느 때보다도 높다. 예를 들면, 납이 함유된 페인트로 칠해진 각종 장난감이나 납 성분을 포함한 가솔린 냄새, 심지어는 음식물을 저장해 두는 각종 용기에도 납 성분이 포함된 상태이다. 주변 환경 어디에서든 쉽게 찾아볼 수 있는 납 성분은 이식증 유아에게는 더욱 문제가 되지만, 납 성분으로 인한 중독현상이 초기에는 특정 증상이 나타나지 않기 때문에 더욱 세심한 주의가 필요하다. 진단기준은 다음과 같다.

이식증 진단기준(DSM-5)

A. 최소 1개월 동안 비영양성, 비식품성 물질을 지속적으로 섭취한다.

B. 비영양성, 비식품성 물질 섭취가 해당인의 발달 수준에 부적절하다.

C. 섭취행동이 사회적으로 허용되지 않으며, 문화적으로 규범적이지 않다.

D. 만약 섭취행동이 다른 정신장애[예: 지적장애(지적발달장애), 자폐스펙트럼장애, 정신분열증] 및 의료적 질환(임신 포함) 기간 중에만 나타난다면, 이 행동이 별도의 임상적 관심을 요할 만큼 심각한 것이어야 한다.

다음의 경우 명시할 것
관해 진행(In remission): 이전에 이식증의 진단기준을 모두 충족하였으나, 현재까지 상당 기간 해당 기준을 충족하고 있지 않은 경우.

이식증의 유병률은 명확히 알려져 있지 않다. 지적장애에서는 심각도가 증가할수록 이식증의 유병률 또한 증가하는 것으로 보인다. 이식증 발병은 아동기, 청소년기, 혹은 성인기 그 어느 때나 시작될 수 있으나 아동기의 발병이 가장 흔하게 보고된 바 있다. 이식증은 정상발달 중인 아동 및 성인에게서도 나타날 수 있으나 지적장애 혹은 기타 정신장애의 맥락에서 나타날 가능성이 더 높다.

(2) 이식증의 원인

이식증의 특별한 원인은 밝혀지지 않았지만, 연구자들은 유용한 임상적 연구에 바탕을 두고 세 가지로 구별되는 몇 가지 원인을 밝혀냈다.

첫째, 부모의 무관심과 지도감독이 소홀할 경우에 이식증은 정상적으로 발달하는 유아와 걸음마기의 아동에게도 나타난다. 이러한 아동들의 공통점은 전형적으로 장난감을 비롯한 놀이도구가 거의 없거나 부모님의 무관심으로 지도감독이 소홀한 가정환경에서 양육되었다는 것이다. 즉, 이식증은 이물질을 먹음으로써 미각, 후각, 온도각, 통각 등의 자기 자극을 주므로 장난감 놀이나 어른과 놀지 못할 때, 즉 아무것도 하지 않을 때 자기 자극을 불러일으키기 위한 행위이다. 따라서 부모의 무지, 가난, 양육자의 보호 부족과 아동의 발달 지체가 이러한 위험의 원인이 된다.

둘째, 미신에 의한 경우이다. 어떤 집단의 청소년이나 임신 중인 젊은 여성은 흙이나 접착용 풀과 같은 다양한 물질을 자발적으로 먹는 것으로 알려져 있다. 예를 들어, 18세기와 19세기 어린 소녀들은 라임이나 숯, 식초, 분필 등을 먹으면 그 당시 유행하는 창백한 안색이 될 수 있다고 믿었기 때문에 그런 것들을 먹었다. 임신 중인 젊은 여성들은 해악을 방지하고 임신의 부작용을 줄이거나 매독 가능성을 없애는 등의 미신에 의해 이상한 것을 먹는 것이 조장되기도 하였다.

셋째, 심각한 지적장애가 있는 사람들일수록 이식증의 전조를 보이는 경우가 많다. 지적장애가 있는 사람들의 경우, 독성 물질을 먹는 것이 건강에 더욱 심각한 위험을 초래할 수 있으므로 대부분의 경우 병원에 입원해서 감독을 받을 필요성이 있다.

(3) 이식증 치료 및 지도

모든 아동에게 마찬가지이겠으나, 특히 이식증과 같은 섭식장애 행동을 수반하는 아동에게 필요한 선행조치는 중독 증상을 가져올 위험환경을 가까이 두지 않는 일이다. 이식증 경험이 있는 아동이 페인트칠이 벗겨지는 오래된 집에 살거나, 부모가 혈중 납 성분 증가에 대한 위험도를 모르고 있다면 문제가 되므로 부모를 위한 사전교육이 필요하다. 집안에서도 페인트칠을 하지 않은 창틀이 적합하고, 행동수정기법을 통한 이식증의 교정이 필요하다.

이식증의 치료에는 부모와 아동에 대한 교육이 중요하다. 어머니가 아동이 먹는 것에 대해서 세심한 관심을 가지고 적절하게 양육하도록 교육하는 것이 필요하다. 영양분 결핍에 의해 이식증이 초래된 경우라면 결핍된 영양분을 보충해야 한다. 이와 같은 방법이 효과적이지 않을 때는 행동치료적 기법이 사용되기도 한다.

2) 반추장애

(1) 반추장애의 주요증상 및 특성

반추장애(rumination disorder)는 음식물을 반복적으로 토하거나 되씹는 행동이 1개월 이상 나타나는 경우를 말한다. 반추장애의 핵심 증상은 반복적인 음식 역류이며, 반추장애를 지닌 사람들은 작은 노력으로도 부분적으로 소화된 음식을 쉽게 역류시킨다.

아동은 대부분 처음에 역류되는 음식물을 구토하지만 점차 영아는 다시 씹어 삼키기 위해 음식을 입안에 오래 담아두는 것을 배우게 된다. 반추 증상의 시작은 역류를 일으키기 위해 율동적인 몸 또는 목의 움직임과 함께 입에 손가락이나 옷을 넣거나 시작하는 행동이 분명하게 없을 수도 있다. 경험이 많은 반추 영아는 반복적인 혀의 운동을 통해서도 음식물을 올린다. 반추행동을 하는 동안에 영아는 몸통과 머리를 구부린 특징적인 자세를 하고 있고 구역질이나 불편함이 나타나지 않는다. 혼자 남겨졌을 때 또는 대인관계에서 스트레스를 받을 때만 반추하기도 하고, 반추행동에 중독이 되어서 먹은 후에는 계속 반추하기도 한다. 이를 못하게 하면 힘들어하며, 누군가가 관찰하면 영아는 대개 이를 멈추고 방해자에게 시선을 고정시키고 쳐다보지만, 더 이상 관찰당하지 않게 되면 빨기와 혀의 운동이 곧 다시 시작된다. 체중감소, 탈수, 전해질 불균형, 성장지연, 영양부족, 충치 등이 생기며, 반추와 연관되어서 손가락 빨기, 헝겊 빨기, 머리 부딪치기, 몸 흔들기 등의 자기자극 행동이 나타난다.

DSM-5 반추장애 진단 준거

A. 정상적으로 기능하는 기간 이후에 나타나고 적어도 1개월 동안 음식물의 반복적인 역류와 되씹기 행동이 있다.

B. 이 행동은 동반되는 위장 상태 또는 일반적인 의학적 상태(예: 식도 역류)로 인한 것이 아니다.

C. 이 행동은 신경성 식욕부진증 또는 신경성 폭식증의 경과 중에만 발생하지는 않는다. 만약 증상이 지적장애 또는 광범위성발달장애의 경과 중에만 발생한다면, 이 증상은 별도로 임상적 관심을 받아야 할 만큼 심각한 것이어야 한다.

반추장애가 있는 아동은 평소에 안절부절못하고 배고픔을 느낀다. 많은 양의 음식을 섭취하지만 먹은 후에는 즉시 토하므로 체중감소와 영양실조가 일어나고 심한 경우에는 사망에 이른다. 이 장애의 사망률이 25%에 달한다는 보고도 있다(권석만, 2014).

(2) 반추장애의 원인

반추장애가 어떻게 생겨나고 유지되는지를 정확히 알 수는 없다. 현재 가능한 세 가지 설명은 의학적 관점과 심리적 관점 둘 다를 반영하며, 생물학적 행동과 학습된 행동 간의 상호작용이 중요하다고 강조한다.

첫째, 의학적 관점은 반추가 해부학적 이상과 관계가 있다는 관점이다. 아동이 관심을 끌려고 하거나 다른 형태의 보상을 찾을 때, 어떤 아동은 위 식도반사(gastoesophageal reflex: GER)를 부분적으로 자발적인 통제를 하기도 하는데, GER는 일반적으로 구토를 일으키고 불쾌한 기분을 유발한다. 그러한 통제는 결국 비정상적인 GER로 이끌게 된다. 이러한 의학적 질환이 있는 경우는 반추장애의 진단에서 제외된다. 반추장애 영아의 약 25%는 지적장애, 전반적 발달장애와 같은 발달장애를 보인다(Woolston, 1989).

둘째, 심리적 관점에서 보면, 다른 섭식장애와 같이 반추도 자극의 부족이나 방임당한 아동에게 나타나는 특징으로, 부모 아동 간의 불만족스러운 관계를 반영한다. 보살핌을 받을 수 없거나 어머니로부터 긴장을 해소하는 반응을 얻지 못하는 상황에서 아동은 자기 자극, 자기 위안, 긴장해소의 방법으로 반추를 한다고 한다.

셋째, 사회 학습 과정을 강조하는 관점이다. 아동이 음식을 토할 때마다 부모가 달래 주는 것과 같은 부모의 태도는 강화의 형태가 될 수 있으며 이러한 행동을 증가시킨다. 마찬가지로 부모는 특정 음식물과 같이 아동이 불쾌해하거나 싫어하는 것을 치워 줌으로써 음식을 토하는 것에 대해 자기도 모르게 부적 강화를 준다.

(3) 반추장애 치료 및 지도

반추장애는 아동의 생명을 위협하는 장애이므로 영양학적 개입과 행동치료를 통해 신속하게 치료하는 것이 중요하다. 아동에게 음식을 먹이고 정서적인 관계를 맺는 어머니의 태도를 변화시키는 교육이 필요하다.

포만이나 혐오감 기법을 적용한다. 포만 기법은 정상적인 식사량의 3~6배에 달하는 음식을 먹게 하는 것이며, 혐오감 기법은 불쾌한 맛을 내는 물질을 먹게 하거나 반추 증세로 이어지는 행동을 시작하려고 할 때 불쾌한 자극을 가하는 것이다(약한 자기 자극, 암모니아 냄새 등). 영아의 경우는 조건과 결부되지 않은 자극과 관심도 효과가 있다.

2 배설장애

배변 훈련은 어린 자녀를 둔 부모의 가장 큰 관심사이다. 부모들은 배변 통제를 아동발달의 한 이정표로 생각한다. 아동의 입장에서는 부모를 기쁘게 하고 성취감을 느끼며, 더 이상 '아기'가 아니라는 느낌을 갖게 되는 것 등 때문에 배변에 대한 통제력을 갖추는 것이 중요해진다(Wicks-Nelson & Israel, 2003). 아동기 발달과정에서 배설의 문제는 아동이 성취해야 할 가장 필수적인 과업 중의 하나이다. 이것이 성공적으로 이루어지지 못할 경우 아동은 심리적, 사회적 적응과정에서 많은 문제를 동반하게 된다. 어린 아동은 대소변을 가리는 자기조절능력을 배우는 것은 중요하다. 대부분의 아동은 4~5세가 되면 대소변을 스스로 가릴 수 있게 되나 대소변을 가릴 충분한 나이가 되었음에도 이를 가리지 못하고 옷이나 적절치 못한 장소에서 배설하는 경우를 배설장애(elimination disorders)라고 하며 유분증과 유뇨증으로 구분된다.

1) 유뇨증

(1) 주요증상 및 특성

유뇨증(enuresis)이란 발달상 배뇨의 조절이 가능한 나이인 4~5세가 지난 이후에도 아동이 신체적인 이상이 없음에도 옷이나 침구에 반복적으로 소변을 보는 경우를 말한다. 임상적인 증상 가운데 야간 유뇨증이 가장 흔하지만 빈뇨증, 급뇨증, 주간 유뇨증 등의 증상들이 동반되기도 한다.

일반적으로 유뇨증은 선행하는 기질적 원인이 없는 기능성 장애를 말하며, DSM-5에 의하면, 5세 이상의 소아에서 3개월 이상의 연속적인 기간 동안 적어도 주 2회 이상의 유뇨증상을 보이고, 사회생활, 학업 및 기타 주요한 생활영역에서 위축되거나 기능장애를 보이는 상태로서, 약물이나 신체질환에 의하지 않는 경우가 해당된다.

유뇨증 진단기준(DMS-5)

A. 불수의적이든 고의적이든 침구나 옷에 반복적으로 소변을 본다.

B. 이 행동이 적어도 3개월 동안 연속으로 주 2회의 빈도로 일어나고, 사회적, 학업적(직업적) 또는 다른 중요한 기능영역에서 임상적으로 심각한 고통이나 장애를 일으킨다는 점에서 임상적으로 중요하다.

C. 생활 연령이 적어도 5세(또는 이에 해당하는 발달 수준)이다.

D. 이런 행동이 전적으로 물질(예: 하제)이나 일반적인 의학적 상태(예: 당뇨병, 척수이분증, 경련질환)의 직접적인 생리적 효과로 인한 것이 아니어야 한다.

다음 중 하나를 명시할 것
- 야간형: 밤에 잠을 잘 때만 소변을 봄.
- 주간형: 깨어 있는 시간 동안에만 소변을 봄.
- 주야간형: 위의 두 가지 하위 유형이 혼재됨.

(2) 유뇨증의 원인

유뇨증에 대하여 많은 연구가 있어 왔지만, 아직 그 원인은 명확히 밝혀지지 않고 있다. 현재까지 알려진 원인으로는 유전적 요인, 중추신경계의 미성숙, 사회 정신적 스트레스 또는 심리적 갈등, 부적절한 대소변 가리기 훈련 등 그 결과가 다양하다. 최근에는 대체로 중추신경계의 미성숙, 비뇨기계의 기능장애, 환경으로부터의 스트레스 등 세 가지 요인으로 크게 나누어 연구되고 있으며, 야간의 항이뇨 호르몬 분비 저하, 기능성 방광 용적 저하 등이 대두되고 있다(Pierce, 1980).

최근 연구 결과에 의하면, 성숙성 또는 발달성 요인이 유뇨증의 중요한 요인으로 간주되고 있다. 즉, 유뇨증은 일반적 발달장애의 한 형태로서 이 아동은 다른 여러 가지 발달 지연이 2배나 많이 나타난다고 한다. 일차성 유뇨증은 발달상의 미성숙이나 유전적, 생물학적인 원인에 주로 기인하는 반면, 이차성 유뇨증은 심리학적인 요인에 의해 더 많은 영향을 받는 것으로 알려져 있다. 예를 들어, 동생이 태어나거나 부모와의 이별 또는 상실, 큰 병에 걸리는 등의 스트레스가 있을 때, 퇴행의 기제에 의해 퇴행성 유뇨증이 나타난다. 또한 부모에 대한 불만, 두려움, 분노에 대한 억압된 감정이 유뇨증이라는 수동·공격적인 복수의 형태로서 나타나는 것이 복수성 유뇨증이다(전창무 외, 2000).

유뇨증의 빈도는 대략 5세 남아의 7%, 여아의 3%이며, 전반적으로 남아가 여아보다 조금 더 많다. 유뇨증으로 인한 정서적 스트레스는 이차성 유뇨증의 원인이 될 뿐 아니라, 유뇨증 아동의 경우 그 증상에 의해 다른 아이들의 놀림감이 되거나 부모들의 처벌이 잦아지게 되고, 여러 정서적인 면에 영향을 주게 된다. 또한 유뇨증은 대부분 연령이 높아짐에 따라 자연적으로 치유되는 경향을 보이지만 일부 아동에서는 심각한 정신적·심리적 문제를 야기하며, 이는 나중에 이 아동의 학업 및 대인관계상의 적응에 영향을 미칠 수도 있게 된다. 유뇨증에 동반되는 정서적 장애의 정도는 아동의 사회활동의 제한(예: 야영에 적합하지 못함, 친척이나 친구 집에서 잠을 자지 못함 등), 아동의 자존심에 미치는 영향, 친구 사이에 존재하는 대인관계적 사회적 배척, 돌보는 사람의 분노, 처벌 등에 의해 영향을 받는다. 대부분의 유뇨증 아동은 일반적으로 동반되는 정신장애가 적은 편이지만, 일반 집단보다 다른 정신질환이나 발달장애가 같이 나타나는 확률은 더 높다고 보고된다.

유뇨증 아동에게서 유분증, 수면 중 보행장애, 수면 중 경악장애가 나타나기도 하며, 지적장애, 주의력 결핍증, 자폐증, 행동 및 지각문제가 있는 아동에게서 좀 더 흔하게 나타난다(이규광, 1997).

(3) 유뇨증 치료

유뇨증은 복합적인 요인에 의해 나타나므로 적절한 평가를 통해 다양한 치료방법이 적용되어야 한다. 대부분의 유뇨증은 결국 스스로 해결된다. 그러나 그 증상은 대인관계를 손상시킬 수 있고, 부모와 아동의 만성적 갈등의 근원이 될 수도 있다. 일반적으로 아동이 유뇨증과 유분증을 모두 가지고 있을 때, 대변 가리는 것이 우선되어야 한다. 단순한 규칙이 대변 가리기 훈련에 적용될 수는 없지만, 다음 물음에 의해 치료적인 접근을 해야 할 것이다.

- 기질적인 원인이 있는가?
- 아동이 만성 대변보유자인가?
- 아동이 잘못된 대변훈련을 받았는가?
- 부모나 양육자의 태도가 아동의 증상에 기여하는가?
- 아동은 스트레스를 받거나 정서적으로 혼란스러운가?

① 부모의 지도 방법(Essa, 1998)

- 일상생활 속에서 재촉하는 일이 없도록 한다.
- 부모는 긴장하거나 조급해하지 말고 끈기 있게 실천하도록 한다.
- 바지나 이불에 실수하는 빈도를 점검·기록한다.
- 주로 착용하는 바지는 내리고 올릴 때 불편하지 않은 것을 입히도록 한다.
- 섭취하는 수분의 양을 조절하고 일정 시간 간격으로 화장실에 가도록 한다.
- 바지나 이불에 소변을 적셨을 경우 야단치지 말고 다른 사람이 알지 못하도록 한다.
- 아동 주변 환경의 변화를 최소화하며, 변화란 일상적인 것임을 인식하도록 한다.
- 대소변은 우리 몸속에서 필요 없는 것이 몸 밖으로 나오는 것이며, 누구나 배변처리는 혼자 한다는 것을 알도록 한다.
- 밤에 일어나 배뇨하도록 격려한다.

- 화장실을 쉽게 갈 수 있게 개선한다.
- 저녁 시간에는 음료수 섭취를 제한하되, 낮에 음료수를 많이 마셔 소변 양이 늘어 방광이 커지도록 한다.
- 잠자리에 들기 전에 방광을 비운다.
- 젖은 이부자리를 치우는 데 아이를 참여시킨다.
- 일반 기저귀나 팬티형 기저귀를 채우지 않는다.
- 옷을 빨리 벗을 수 없기 때문에 사고가 발생할 수 있는데, 옷의 다른 부속품 등은 옷을 벗지 못하게 하는 방해물이 된다. 따라서 간단한 옷을 입게 하거나 복잡한 옷은 개조하도록 한다.

② 교사의 지도방법(Essa, 1998)

- 기관에서의 긴장이나 흥분이 그 원인이 되는 경우가 있으므로 그런 문제가 있는 아동은 꾸짖거나 창피를 주거나 무섭게 대하는 일이 없도록 한다.
- 지리기, 빈뇨, 야뇨 등은 아이의 의지에 의해 조절되는 증상이 아니므로 이것을 의식에 의해 이성으로 통제하려고 서둘지 말아야 한다.
- 관심을 끌기 위한 목적으로 행하는 행동을 기억하고, 만약 오줌 싸는 행동을 멈추었을 때 다른 아동들에게 주는 것만큼 그 아동의 적절한 행동을 칭찬하고 강화시킨다.
- 교사는 아동의 호소에 예민해야 하며, 부모와 이 증상에 관해 상의하고 전문적으로 세밀한 검사를 받게 한다.
- 사려 깊은 일과표로 교사는 낮잠 자기 전이나 밖에 나가기 전, 또는 야외로 견학 가기 전에 화장실에 다녀올 것을 상기시키고 화장실에 다녀올 시간을 준다.
- 배변훈련을 학습과정이라고 생각하고 아동이 자주 용변 보는 시간을 체크하여 신호에 민감하도록 한다.
- 아동의 심리적인 부담이나 정서적인 문제의 원인을 먼저 밝히고 나서 행동수정의 방법으로 치료한다.

2) 유분증

(1) 주요증상 및 특성

유분증(encopresis)은 Weisenberg가 1926년 유뇨증에 대응되는 용어로 사용하였으며, 유뇨증에 비해 그 발생 빈도가 매우 적은 편이지만 아동과 그 가족에 미치는 영향은 훨씬 심각하다고 본다. 증상에 따라 변비 및 대변 실금이 있는 것과 없는 것으로 구분하고, 경과에 따라 일차적 유분증(primary encopresis)과 이차적 유분증(secondary encopresis)으로 구별한다. 일차적 유분증은 대변 가리기가 이전에 성취되지 않았던 경우이며, 이차적 유분증은 일정 기간 대변을 가린 후에 발생하는 경우이다(Fritz & Armbrust, 1982).

유분증에 대한 DSM-5 기준에 따르면 유분증은 생활 연령 4세 이상의 아동이 적절치 않은 곳에 반복적으로 대변을 보는 것으로 이러한 행동이 적어도 3개월 동안 최소한 1회 발생해야 하며, 이 행동이 약물(예: 설사약)이나 변비를 포함하는 기제를 제외한 일반 의학적 상태의 직접적인 생리적 영향 탓이 아닐 때 유분증이라고 진단한다.

유분증 진단기준(DMS-5)

A. 불수의적이든 의도적이든 적절치 않은 곳(예: 옷 또는 마루)에 반복적으로 대변을 본다.

B. 이러한 사건이 적어도 3개월 동안 최소한 매달 1회 발생한다.

C. 생활 연령이 적어도 4세(또는 이에 해당하는 발달 수준)이다.

D. 이런 행동이 전적으로 물질(예: 하제)이나 일반적인 의학적 상태(변비를 일으키는 기전을 제외한)의 직접적인 생리적 효과로 인한 것이 아니어야 한다.

다음 중 하나를 명시할 것
- 변비 및 대변 실금이 있는 것: 생리적 검사에 의해 밝혀진 변비 병력이 있음
- 변비 및 대변 실금이 없는 것: 생리적 검사에 의해 밝혀진 변비 병력이 없음

(2) 원인

현재까지 연구된 유분증의 원인으로는 신경발달상의 지연, 대소변 가리기에 있어서의 갈등, 입학이나 학교에서의 적응장애, 어머니와의 별거 등으로 인한 갈등, 기타 사회 정신적 요인 등이 논의되고 있다(Bellman, 1966; Fritz & Armbrust, 1982). 즉, 아동이 발달하는 과정에서 선천적인 성향과 환경 및 중요한 생활사건 등이 유분증을 유발하는 잠재요인이 된다.

유분증 경우 배변 시 발생하는 직장 벽 긴장도 증가 및 수축 활성화 수준이 비정상적임이 발견되었다. 또한 또래 아동에 비해 항문과 직장 충만감의 역치수준 또한 증가되어 배변을 하고 싶다는 것을 잘 느끼지 못하여 원활한 배변을 저해하는 것으로 보고되고 있다(최정윤 외, 2015). 또한 유분증은 적절한 시기에 대소변 훈련을 시키지 않았거나, 대소변 훈련과정에서 일관성이 없었거나, 지나치게 강압적이거나 발달단계에 맞지 않게 너무 일찍 대소변 훈련을 시키면 대소변 가리기에 문제가 발생하기 쉽다. 이러한 대소변 훈련과정에서 부모와 아동은 통제와 자율의 갈등을 경험하게 되고 이러한 갈등이 유분증을 약화시키고 다른 행동적 문제를 초래한다.

(3) 치료

유분증은 치료방법을 결정하기 위해 몇 가지 종류의 유분증을 구별해야 한다. 유분증은 크게 두 가지 범주로 나누어지는데, 일차성과 이차성이 있다. 일차성 유분증은 영아기 이후 계속되는 것인 반면에, 이차성 유분증은 배변조절이 적어도 6개월간은 가능한 경우를 말한다. 유분증에서는 기질적인 원인에 의해 대변을 실수하는 경우는 배제되지만 임상적으로 기질적인 것과 비기질적인 대변은 잘 구별되지 않는다. 이차성 유분증에는 보통 정서적인 원인이 있다. 공격적인 유분증의 경우 아동은 부정적인 표현의 수단으로 무의식적으로 대변을 실수하는 일이 종종 있다.

유분증의 치료에는 대변 가리기 훈련, 행동치료, 심리치료가 적용된다. 규칙적인 시간에 대변을 보게 하는 습관을 기르는 훈련을 시키거나 대변을 잘 가리는 행동에 대해서 보상을 주는 행동치료기법이 효과적이다. 아울러 가족 내의 긴장을 줄이고 아동을 수용하는 분위기를 유도하는 동시에 유분증으로 인해 낮아진 아동의 자존감을 높여주고 자신감을 길러주는 것이 중요하다.

생각해 봅시다

엄마 사랑이 아이 식습관 좌우

아이가 있는 집은 늘 아침부터 전쟁이다. 학교 갈 시간이 다 되었는데도 밥상 앞에서 뭉그적거리기만 하는 아이를 달래고 화도 내보지만 답답하기만 하다. 결국 엄마들은 자리를 잡고 앉아 떠먹이거나 하나하나 지적하며 아이의 숟가락질이 빨라지길 재촉한다. 도대체 요즘 우리 아이들은 왜 이렇게 식습관이 안 좋아진 것일까? 식생활 교육 강사 김수현 약사는 "아이들은 영양과 훈련에 의해 성장합니다. 어렸을 때 먹은 음식을 평생 동안 먹게 되며 그 음식이 앞으로의 성장 발육에 큰 영향을 줍니다. 아이가 편식을 하거나 밥을 좋아하지 않고 가공식품을 찾는다면 그것은 아이들만의 문제가 아닙니다."라고 설명한다. 특히, 맞벌이 부부가 늘어나면서 아이에게 정성을 들인 밥상을 차려주지 못하는 엄마들이 많은 것이 현실이다. 그런 환경에서 아이들은 어쩔 수 없이 인스턴트 식품을 접하게 되고 더 많은 식습관 문제를 보이게 된다.

아이들은 엄마가 차려주는 정성스러운 밥상을 원한다. 자신이 사랑 받는 존재라는 것을 엄마가 해준 밥을 통해 느끼는 것이다. 조금만 시간을 내어 노력하는 밥상을 차린다면 아이의 잘못된 식습관을 고치고 마음도 열 수 있을 것이다.

건강다이제스트 인터넷판 2017. 05. 20

❶ 아동의 건강한 식습관을 조성하기 위한 지침을 다양한 면에서 조사해 보자.

❷ 늦게까지 기저귀를 떼지 못하고 있는 아동의 배변훈련을 지도하기 위한 부모역할을 조사해 보고 토론해 보자.

❸ 아동의 배변훈련에 도움이 되는 도구에는 무엇이 있는지 다양한 면에서 찾아보자.

아동
정신
건강

제4부

아동정신건강을 위한 예방교육과 치료

제12장

아동정신건강을 위한 예방교육

아동정신건강을 위한 가장 바람직한 것은 문제의 발생을 미연에 방지하는 것이다. 실제로 "치료의 1파운드보다 예방의 1온스가 더 효과적이다."라는 격언은 이 분야에서 더욱 의미 있게 적용된다. 특히 아동발달은 영유아기에 가장 급격한 발달이 이루어지는데, 이 시기에 입은 손상은 일생을 두고 영향을 미치기 때문에 예방 교육은 더욱 의미 있는 일이라 하겠다. 이 장에서는 놀이를 통한 예방교육, 유머를 통한 예방교육, 코칭을 통한 예방교육을 살펴보고자 한다.

1 놀이를 통한 아동정신건강 교육

1) 놀이의 개념

놀이는 학습의 과정 없이 이루어지는 본능적 행동이다. 또한 놀이는 인간의 기본적 욕구 중 하나다. 아동의 생활은 대부분 놀이를 통해 이루어지며, 놀이는 아동들이 자신을 성장시키는 데 있어서 없어서는 안 될 중요한 활동이다. 놀이가 중요한 것은 그 자체가 자발적이고 즐거움이 따르는 활동인 동시에 아동의 신체적, 정서적, 인지적, 사회적 성장발달과 밀접한 관계를 가지며, 아동의 발달을 조장하는 수단이기 때문이다. 먼저 신체적 발달 면에서 아동기는 신체적 놀이와 운동을 통해서 발달적으로 좀 더 진보되는 시기이며, 아동은 걷기, 균형 잡기, 자전거 타기 등의 놀이를 통해 즐거움을 얻고 운동기술을 습득하게 된다.

인지적 발달의 측면에서, 아동은 놀이에 참여하면서 많은 문제점에 직면하게 되고 탐구하는 과정에서 문제 해결과 사고의 힘을 기르게 된다. Bruner(1972)는 놀이가 아동의 문제 해결력에 도움을 준다는 것을 발견하였다. 정서적 발달의 측면에서 놀이는 아동의 억제된 정서적 에너지를 방출시키며 다른 방법으로 만족스럽게 해결될 수 없는 욕구를 놀이를 통해서 해결한다고 하였다. 사회적 발달 측면에서의 놀이는 아동이 다른 사람의 관점을 이해하는 능력을 증진시키며, 협동과 같은 사회적 기술에 도움을 준다(Johnson, Christie & Yawkey, 1987).

아동교육에서 놀이를 중요시하는 이유는 놀이가 아동들의 생활의 중요한 부분을 차지하기도 하지만 아동에게 놀이는 그 자체가 곧 교육이기 때문이다. 놀이는 아동들의 자발적인 활동일 뿐만 아니라 그로 말미암은 성취를 통해 다른 학습을 하는 데 자극을 주고 동기를 유발시킨다는 측면에서 아동교육의 원리와 유사성을 가진다고 볼 수 있다. 아동은 놀이를 통해 자신과 환경과의 관계를 이해하며 또한 환경을 선택하고 변형하여 자기 자신에게 맞는 환경을 창조하고 발달을 도모한다. 그러므로 아동에게 있어서 놀이는 중요한 활동이며, 아동교육방법으로서의 가치도 지닌다. 유아교육기관에서는 효과적인 교육과정의 운영 및 아동의 발달을 촉진시키는 최적의 환경을 조성해 주고자 아동의 발달특성을 고려하여 놀이를 통한 여러 가지 활동을 구성하고 있다.

아동이 성장함에 따라 사회적 상호작용 놀이가 증가한다. 또한 상호작용 기술은 연령에 따라 변화되는 것으로서 사회적 상황 내의 수많은 사회적 기술과 더불어 발달하게 된다. 이와 같은 아동의 사회성은 가정이나 학교에서 직접 가르쳐서 발달되는 것이 아니라 아동의 경험과 발달의 정도에 따른 단계적인 놀이의 경험을 통해 이루어지게 된다. 특히 아동기에는 자기중심적이고 타인에 대한 조망수용력이 부족하기 때문에 또래 간의 상호작용을 통해서 사회적 기술 및 조망수용능력, 탈중심화를 진전시킬 수 있게 된다. 2세 아동은 사회적 놀이 상황에서 또래와의 상호작용이 증가하며, 또래와의 놀잇감 사용을 통해서 좀 더 진보된 사회적 놀이 형태를 발달시키게 된다(Jacobson, 1981). 3, 4세가 되면 집단놀이가 상당히 증가하며 상호작용적 기술이 발달한다. 이 시기에는 주의 깊은 자료의 선택과 또래의 근접성을 통해 사회적 반응이 촉진된다. 인간은 출생과 동시에 사회의 구성원이 되어 사회와 끊임없는 상호작용을 하며 그 속에서 생활하고 성장한다. 이러한 성장 과정에 있어 인간은 놀이를 통하여 학습하고 놀이를 통하여 그들의 삶을 구성해 간다. 또한 놀이행동은 아동에게 즐거움과 기쁨을 주는 것으로 아동의 신체, 인지, 사회, 정서발달을 도모하는 수단이 된다.

놀이와 놀이 행동에 관하여 살펴보면, 놀이 행동은 놀이를 통하여 표출되는 행동이며, 역으로 놀이를 통하여 놀이 행동은 변화, 발전된다. 또한 놀이는 인간발달에 필수불가결한 것으로 놀이가 인간발달에 미치는 영향을 다음과 같이 요약해 볼 수 있다.

첫째, 놀이는 신체적 성장을 증진시킨다. 아동들은 신체적 놀이를 통해 몸을 조절하는 것을 배우고, 공을 던지고 받는 동작, 달리고 오르고 미끄러지는 동작 등의 신체놀이는 아동들의 대·소근육의 발달을 증진시킨다.

둘째, 놀이는 인지발달에 영향을 준다. 아동들은 다양한 놀잇감을 가지고 놀면서 사물에 대한 개념이 형성되며, 언어 및 추리력, 사고력, 이해력, 문제 해결력, 탐구력, 집중력이 발달한다.

셋째, 놀이는 사회적 발달을 돕는다. 아동들은 혼자서가 아닌 둘 이상의 대상자와 함께 놀이를 하면서 놀이에서의 규칙을 깨닫고 상대방을 이해하고 존중할 수 있게 된다.

넷째, 놀이는 정서적 발달을 돕는다. 놀이를 하면서 정서적 안정감을 가지게 되고 일탈의 경험을 통해 생활에서의 스트레스를 해소할 수 있다.

2) 놀이의 특성

(1) 내적으로 보상받는 것

놀이는 '그 자체가 목적'인 비교적 자기 충족적인 활동이다. 놀이행위자는 외적 보상에 의해 행동을 수행하는 것이 아니라 스스로 동기화되어 놀게 된다. 왜냐하면 선택된 놀이활동에 참가하는 행동이 즉각적인 보상이기 때문이다. 한 사람에게 일인 것이 다른 사람에게는 놀이로 간주될 수 있으며, 그 반대도 마찬가지다. 즐거운 상태에서 생각할 수 있는 활동은 어느 것이나 그 활동에 참여하고 있는 사람들에게는 놀이가 될 수 있다.

(2) 자발성

놀이가 자발적이라는 것은 하나의 필수적인 특징이다. 왜냐하면 개인에게 놀이를 강요하거나 강제로 시킬 수는 없기 때문이다. 마찬가지로 놀이 행동은 사람이 놀고 싶을 때를 사전에 알거나 계획하기가 어렵기 때문에 자발성을 요구한다. 자유롭고 자발적이며 그 자체를 위해 추구된 활동들이 놀이라고 정의된다. 놀이는 그 놀이행위자가 외부환경, 즉 평상시 규칙에 의해 속박되지 않는다는 점에서 선택의 자유를 나타낸다.

(3) 즐거운 것

놀이는 강제적이지 않고 외적 보상이 없기 때문에 즐거운 것이어야만 한다. 그렇지 않으면 놀이자는 계속 참여하지 않을 것이며, 즐겁지 않은 것은 더 이상 놀이가 아니라 일이 되는 것이다. 즉, 놀이는 선택된 활동에서 비롯된 즉각적 만족을 가질 수 있어야 한다. Piaget는 한마디로 놀이는 즐거움의 추구라고 말하였다(Piaget, 1962).

(4) 몰입하는 것

동기부여되어 자발적으로 즐겁게 선택된 놀이는 몰입될 수 있다. 몰입은 놀이를 지속할 수 있도록 만드는 힘이다. 아동은 놀이를 통해 몰입할 수 있고 몰입된 놀이를 통해 스트레스를 해소하거나 더 즐거워질 수 있는 것이다. 고전문학작품 『놀이하는 인간』의 저자인 Huizinga는 "놀이는 우리에게 마법을 건다. 그것은 행위자를 맹렬하게, 철저하게 열중시키는 매혹적인 것이며 매력적인 것이다"라고 하였다(Huizinga, 1955).

(5) 자기표현적인 것

아동은 놀이로 자신을 표현한다. 같은 장난감, 환경에서도 다르게 놀거나 다른 작품을 만들어 낸다. 아이들은 어제와 오늘의 놀이가 다르고 같은 블록이라도 창을 만드는 아이, 의자를 만드는 아이 모두 다르다. 이런 다름이야말로 가장 아이다운, 자신다운 표현인 것이다. 놀이를 설명하는 데 필요한 것은 동기와 욕구를 소유하는 개인은 자기표현을 추구한다는 것이다.

(6) 현실 너머적인 것

놀이를 할 때 아동은 물리적 세계나 사회적 세계의 규칙적인 규범과 법칙에 더 이상 동요되지 않는다. 어떤 아이는 가수가 되거나, 올림픽 선수가 되거나, 우주인이 되어 달을 여행할 수 있다. 현실세계의 한계가 아동의 마음을 통하여 제거되는 것이다.

3) 놀이의 효과

아동의 자발적 활동으로서의 놀이는 주변세계와 관련된 지식, 기능, 태도 등을 학습하게 할 뿐 아니라 지적, 사회적, 정서적 발달에 큰 영향을 미친다. 아동으로 하여금 새로운 능력을 얻게 하는 종류의 놀이는 모두 교육적 가치가 있다. 이런 측면에서 놀이와 아동의 능력 개발과의 관계를 살펴보기로 한다.

첫째, 놀이와 지적 성장과의 관계이다. 아동은 놀이를 통해서 지적발달을 위한 기초를 다지게 된다. 아동들은 어느 누구에게서도 배울 수 없는 것들을 놀이를 통해 학습하게 된다. 보통 우리는 놀이를 지적 성장과는 무관하며 비생산적일 것으로 생각하는 경향이 있다. 그러나 아동에게 있어서 놀이는 곧 학습이다. Piaget는 아동의 놀이와 지적 성장을 밀접히 연관시켰다. 그는 놀이가 아동에게 그가 알고 있는 모든 것들을 실천해 보고 강화시키는 수단들을 제공한다고 본다. 그는 놀이가 아동으로 하여금 현실적 개념들을 의식하게 한다고 믿었으며, 그것들을 사고하게 하는 놀이는 아동으로 하여금 어떻게 학습하는가 하는 학습패턴을 확립하게 해 주기 때문에 인지구조 개발에 필수적인 것이라고 보았다.

둘째, 놀이와 사회성의 발달과의 관계이다. Ruth는 아동의 놀이생활만큼 그들의 사회적 성숙과 사람됨의 방향을 명확하게 밝혀 주는 것이 없다고 하였다. Issac은 “놀이가 아동의 정서적 균형을 잡아 줄 뿐 아니라 원시적인 환상을 점차적으로 질서 있는 현실세계와 연결하게끔 해 준다”고 하면서 놀이의 사회적 발달 촉진성을 역설하였다.

셋째, 놀이는 신체발달 및 언어발달을 촉진한다. 아동이 성장하게 됨에 따라 다른 아동들과의 의사소통은 필수적이 된다. 다른 아동과 함께 놀면서 아동은 그들의 의사를 전달하는 방법, 다른 아동들의 협조를 얻는 방법, 다른 아동의 의사에 반응하는 방법 등을 발견한다.

2 유머를 통한 아동정신건강 교육

1) 유머의 개념

유머(humor)는 체액(moisture)을 의미하는 라틴어에서 유래되었다. 고대 생리학에서는 인간의 기본적 체질을 구성하는 4가지의 체액으로 혈액, 점액, 담즙, 흑담즙이 있으며, 4가지 체액이 균형을 잡고 조화를 이룰 때 좋은 유머 상태에 있고, 반면에 불균형일 때는 유머결여 상태에 있다고 믿었다. 이후 유머라는 단어는 차츰 일반적인 의미에서 인간의 기분 또는 정신상태를 묘사하는 단어로 사용하게 되었다(McGhee, 1979).

유머는 다양하게 규정되고 있는데 먼저 사전에 나타나 있는 유머의 정의를 살펴보면 『옥스퍼드사전』(1995)에서는 유머란 즐거움과 코믹의 특질을 이해하는 것; 유머러스한 상황을 인지하는 것, 사물, 상황 또는 사람들의 코믹한 면을 감지하는 능력으로 정의되어 있다. 『웹스터사전』(1984)에서는 유머를 첫째, 우연한 사건, 행동, 상황 혹은 아이디어의 표현에 있어서 나타나는 특질로서 웃음이나 부조화 혹은 어색함을 유발시키는 것이다. 둘째, 아이디어, 상황, 우연한 사건 혹은 행동에서 우스움이나 부조화적인 요소를 발견, 표현하고 평가하는 정신적 능력(우스꽝스러운 모방 혹은 표현)이다. 셋째, 우습게 하려는 행동이나 노력으로 정의하고 있다.

또한, 학자마다 다른 관점에서 유머의 정의를 규정짓고 있는데, Kennedy(1972)는 유머란 언어적으로 의사를 전달하는 것으로서, 상황의 부조화를 순간적으로 지각하며 즐거움 또는 웃음을 자극하는 내용이라고 정의하였다. McGhee(1979)는 유머는 웃음을 자아내거나 익살맞게 부적절한 생각이나 사건, 상황을 발견하고 인식하는 정신적 경험이며, 놀이는 유머의 필수적 구성요소라고 하였다.

Gallaway(1990)는 유머란 우스운 것을 표현하거나 감지하는 능력, 또는 그러한 것을 말하거나 쓰는 능력이라고 정의 내렸다.

학자들의 의견을 종합해 보자면 유머는 사건, 상황 속에서 재미있는 것을 표현하거나 느낄 수 있는 것으로, 새로움, 복잡성, 부조화, 과장법 등의 기대하지 못했던 특성들을 말, 행동 등을 통해 재미있게 산출하는 것이거나 자신의 감정과 사고를 통해 사건이나 상황 속에서 우스운 면을 발견하고 인식하여 유쾌한 감정적 반응이나 웃음, 미소 등과 같은 행위로 반응하는 것이라고 할 수 있다.

2) 유머이론

여러 연구자들이 유머와 웃음현상에 관심을 갖고 연구하였지만, 이들 이론들은 유머의 복잡성과 모호성 때문에 현상의 모든 측면을 함축하지 못한다. Holland (1982)는 유머를 인지적, 정서적, 생리적 측면의 어느 부분에 초점을 두는지의 정도에 따라 유머이론이 다르며, 웃음 간의 관계를 설명하고자 하는 방식에 따라 유머이론이 다르다고 하였다. 즉, 유머는 지각적 인지 및 정서적 과정이라고 하는 반면에, 웃음은 생리적이고 행동적인 부속물로 간주하고, 유머는 웃음보다 더 복잡하고 상위에 있는 인지적·정서적 과정이며, 웃음은 일종의 반사작용과 같은 생리적·행동적 반응이라고 보았다(Lefcourt & Martin, 1986).

다양한 유머이론을 살펴보면 다음과 같다.

첫째, 정신분석이론이다. 이것은 Freud의 기지와 무의식과의 관계(1928)에서부터 발전된 것이다. Freud는 유머를 고통을 극복하는 가장 중요한 기제로 보고, 유머에 대해 "수용될 수 없는 감정, 특히 화남과 분노가 뒤얽힌 감정 등을 사회적으로 수용될 수 있는 모습으로 표현하는 것이다"라고 하였다. 이것은 삶을 통하여 사실적이고 구체적으로 자신에게 필요한 주제 속에서 유머러스한 것을 찾아 이를 통해 정신적인 문제를 극복한다는 사실을 시사하였다.

둘째, 사회·기능적 이론이다. 유머를 개인이 그의 억압된 감정을 행동으로 나타내도록 허용해 주는 일종의 사회적 규제로 보았다. 동시에 대인관계에서 긴장완화와 자아방어의 수단이 되기도 하며 의사소통과 사회적 상호작용의 촉진제 역할을 한다고 보았다. Levine(1961)에 의하면 원시사회에서의 유머의 역할은 억압된 충동을 제거시키는 수단으로 사용되었다고 보고했다. 즉, 유머의 사회적 가치는 집단적

카타르시스의 촉진제로서 주로 성적이고 공격적인 충동을 억제하고 제한하는 수단으로서 사용되었다고 할 수 있다. 이와 같이 유머는 사회적 상황, 특히 대인관계에서 의사소통과 사회적 상호작용의 촉진제로서의 역할을 한다는 것이다.

셋째, 우월감 이론(superiority theories)이다. 유머를 개인의 숙달감이나 우월감을 보이는 수단으로 보았고, 웃음을 승리의 음성적 표현이라고 간주하고 있다. 타인을 비판하거나 꼬집어서 웃음을 유발하는 경우를 TV 코미디 프로그램에서 자주 볼 수 있는데, 이런 것들이 우월감 이론에 속하는 유머의 종류라 할 수 있다(Kennedy, 1972).

넷째, 부조화 이론(incongruity theories)이다. Piaget의 인지적 요소를 바탕으로 시작하였다. 이 이론에 따르면 유머의 본질은 놀랍거나 예기치 않은 방식에서 정상적으로 두 개의 전혀 다른 아이디어, 개념 혹은 상황이 함께 일어나는 데 있으며, 부조화는 유머경험을 위한 필수적인 조건이라고 하였다. 특히 아동들은 부조화스러운 그림을 보여줄 때 더 신기해하고 더 많은 웃음이나 미소를 보여 준다고 하였다. 아동은 인지발달을 통하여 새로운 유머 형태를 이해할 수 있게 되는데, 7세경이 되면 유머적 모호함에 대한 이해력이 생겨나고 아동은 이중적인 의미를 내포하고 있는 좀 더 우스운 농담도 알아듣게 되며, 이를 놀이에 반영하게 된다. 즉, 유머의 의미는 아동기에서 성인에 이르기까지 계속 변화를 가져오며, 이런 변화는 인지적인 경험의 재구성에 반영된다(Sheppard, 1976).

다섯째, 개념이론이다. 유머가 논리적인 문제를 해결하고 대화하고자 할 때 가장 효과적이라고 생각한다. 즉, 어떤 상황에 대하여 논리적으로 문제를 해결하는 데 유머를 사용함으로써, 쉽게 해결하는 것을 말한다(Wallinger, 1997).

이와 같이 유머의 역할에 따라, 아동의 어느 측면에 초점을 두는지에 따라 유머에 대한 이론가들의 입장이 다름을 알 수 있다. 즉, 정신적인 문제를 극복하고, 사회적 상호작용을 촉진하며, 개인의 우월감을 보이는 수단으로 사용되고, 문제해결을 하는 등의 각기 다른 역할에 따라 유머에 대한 이론적 설명을 달리하고 있다. 또한 아동의 정서적, 인지적, 사회적 능력의 어느 특정 요인에 초점을 두고 유머와의 관련성을 보았는지에 따라 각기 다른 이론을 제시하였음을 알 수 있다.

3) 유머발달 단계

아동과 성인의 유머는 많은 차이점이 있기 때문에 아동의 유머발달 단계를 명확히 이해하는 것은 매우 중요하다고 할 수 있다.

Honig(1988)은 아동의 유머는 단계를 거치며 아주 어린 영아기부터 놀이성향과 더불어 발달한다고 하였다. 즉, 아동은 각각의 발달단계를 통해 유머를 인식하고, 인지부조화를 겪으면서 유머발달이 일어나게 된다. 유머발달의 단계는 다음과 같다.

첫 단계는 영아기에 발견되며, Piaget의 감각운동기 단계와 일치한다. 웃음과 미소는 신체접촉, 간지럼, 청각적 게임, 과장된 소리에 대한 반응이다. 아기가 예기치 않은 즐거움을 만나게 되었을 때 보여주는 관찰적인 행위들이 유머라고 하였다. 약 12개월이 되면 영아들은 '까꿍놀이' 같은 이상한 행동을 하는 성인들을 보고 웃기 시작한다(McGhee, 1979). 그리고 영아들이 기대하는 것과 실제 일어나는 일 사이에 차이가 있을 때에도 웃음의 반응을 보인다.

두 번째 단계는 18~24개월 영아들로 상상적 행위가 가능하게 되었을 때 시작된다. 즉, 상상과 역할놀이는 영아들의 유머의 특징이다. McGhee(1979)는 이것을 진실된 유머이해의 시작이라고 간주하였는데, 이 단계의 영아들은 종종 또 다른 유머에서 유머의 대상을 대체할 수 있다는 것을 알게 된다.

세 번째 단계는 24~36개월 아동기로 2단계와 밀접하게 연관되어 있고, 사물 또는 사건에 부적절한 이름 붙이기와 이름 바꾸기의 유머 형태는 계속 확장되어 진행되며, 언어와 언어적 수단을 좀 더 포함하게 된다. 사람을 동물 이름으로 부르거나, 코를 귀라 부르고, 여자아이를 남자아이라고 하는 것이 아동들에게는 유머적인 것이다. 아동들은 사물이나 사람에게 알고 있는 것과 다른 이름을 지어 준다. 또한 이 시기의 유머는 자기 자신, 특히 신체에 관련된 금기사항에 대한 집착과 연관되기도 하는데 몸에서 나는 소리들, 일그러진 얼굴, 서투른 행동은 이 단계의 아동에게 웃음을 자아낸다.

네 번째 단계는 3세에서 5세경의 아동들에게서 발견되며, 반복적인 리듬, 논리에 맞지 않는 생각, 사물의 왜곡된 묘사를 사용하는 것이 특징이다(Honig, 1988; McGhee, 1979). 언어기술이 좀 더 발달되면 다양한 단어놀이뿐 아니라 놀이를 만들어 내는 것이 가능해진다. 아동은 말도 안 되는 단어 만들기를 좋아하고, 음성학적 형태의 게임이나 음성의 패턴을 바꾸는 게임을 한다. 이는 단어의 뜻을 변형시키는 것이 아니라 소리를 바꾸는 것에 재미있어하는 것이다. 따라서 아동이 말소리를 변형시켜서 되풀이하고 그것을 노래로 부르기도 하는 것은 새로운 형태의 유머를 만드는 것이다.

또한 네모난 바퀴를 가진 자전거를 그려 놓고 재미있어하거나, 나뭇가지 위에 앉아 있는 코끼리 그림을 보고 우스워하는 것과 같은 부적절하고 부조화스러운 것에 아동들은 재미있어 한다.

다섯 번째 단계는 5~11세경 아동들이 한 단어가 여러 가지 의미를 가지고 있는 것을 이해하게 되었을 때 생겨난다. 익살, 수수께끼, 다른 단어놀이, 말소리의 음률, 앞뒤가 안 맞는 말, 대화에서의 진지한 말투와 어리석은 상황을 설명하는 말투의 단어 놀이들이 이 단계의 아동이 이해하는 유머들이다. 이 단계는 Piaget의 구체적 조작기의 발달단계와 일치하는 것이다. 아동들은 사건과 사물 간의 관계를 생각할 수 있고, 사고의 전환과 반전을 시도한다. 이러한 지적인 기술은 익살과 수수께끼의 유머 속에 담긴 부조화를 이해하는 데 중요한 것이다.

마지막 여섯 번째 단계의 유머는 좀 더 독창적이고, 자발적이며, 대부분 자연스러우며, 세련되고, 성인들의 유머와 비슷하다. 독창적인 유머가 이 단계의 아동에 의해 만들어지고 이해되어지는 것이다. 이 단계의 아동들은 유머이해에 대한 논리적 규칙을 제공한다.

이와 같이 유머는 아동의 발달에 따라 놀이 속에서 확장, 진행되어 나타나는 것을 알 수 있다. 즉, 부조화와 단어의 다중적 의미, 상상력과 같은 개념들을 인지적 발달과 함께 타인과의 상호작용 중에 습득해 나가면서 유머발달이 일어나는 것이다. 이러한 유머발달을 통해 아동은 자신의 스트레스 상황을 극복하고 타인과의 유연한 관계를 지속해 나갈 수 있다.

3 코칭을 통한 아동정신건강 교육

1) 아동 코칭의 개념

코치의 어원은 헝가리의 도시 코치(Kocs)에서 개발된 네 마리의 말이 끄는 마차에서 유래한다. 전 유럽으로 퍼진 이 마차는 코치(kocsi) 또는 코트드지(kotdzi)라는 명칭으로 불렸으며, 영국에서는 코치(coach)라고 했다. 지금도 영국에서는 택시를 코치라고 부르는데 이는 집체교육(training)의 어원인 기차(train)와 대비하여 코칭의 특성을 잘 설명해 주고 있다. 마차(코치)는 현재 승객이 있는 지점에서 출발하여 원하는 목적지까지 데려다주는 개별서비스인 것에 반해, 기차(집체교육)는 승객이 역까지 가서 승차한 후 다른 사람들과 함께 같은 속도와 경로로 정해진 종착지에서 하차해야 하는 집단서비스인 것이다. 즉, 코칭은 코치가 목표를 정하고 아동을 이끌어 가는 것이 아니라 아동 스스로 목표를 정하고 그 목표를 성취할 수 있도록 지지하는 과정이다.

1840년대에 영국에서는 개인교사의 별명으로서 코치라는 말을 사용했다. 승객이 마차를 타고 목적지에 가듯이, 교사의 지도로 앞으로 나아간다는 뜻이었다. 1880년경에는 운동에 적용되어 코치는 운동선수를 훈련하는 사람을 가리키게 되었다. 초창기에는 코쳐(coacher)라고 불렀으나 1990년대에 'r'이 떨어져 나갔다. 지금도 메이저리그에서는 1루와 3루 뒤에서 코치하는 사람을 코쳐라고 부르며, 그들이 서는 자리를 코쳐스 박스(coacher's box)라고 부른다.

현재의 코칭은 1980년대 Leonard로부터 시작되었다. 그는 재무 플래너였으며 고객들은 레너드와 대화함으로써 좀 더 나은 미래를 계획할 수 있었다. 고객은 레너드를 통해 그들의 인생에서 진정으로 원하는 게 무엇이고 언제 그것을 원하는지에 대해 스스로 정의할 수 있었다. 그 후 레너드는 고객과의 신뢰를 바탕으로 그들이 인생에서 소망하는 것을 이룰 수 있도록 도와주었다. 그의 고객 중 한 명은 레너드와 자신의 관계가 마치 코치와 운동선수의 파트너십과 유사하다고 생각하고 레너드와 같은 일을 하는 사람을 코치라고 부르기를 제안하였다. 코치란 이렇게 신뢰적인 관계를 바탕으로 아동이 원하는 것을 이룰 수 있도록 실행 계획을 함께 세워 가고 실천할 수 있도록 지지하고 격려하는 파트너인 것이다.

코칭의 정의는 어떠한 관점으로 보느냐에 따라 조금씩 달라질 수 있으나, 코칭이란 한 개인에게 있는 잠재 능력을 이끌어 내어 그 사람의 현 상태에서 원하는 상태에 스스로 도달할 수 있도록 지지하고 격려하는 과정이라 할 수 있다. Collins(2004)는 코칭이 사람들에게 자신감을 가지고 자기 자신의 비전을 키우며 잠재력을 발휘하도록 돕고 스스로의 기술을 증진시키며 목표를 이루기 위해 실제적인 조치를 취하도록 돕는다고 언급하며, 코칭이 인간의 능력을 최대한 발휘하여 자아실현을 이룰 수 있는 기술이 될 수 있음을 시사하고 있다.

표 12-1 코칭의 세 가지 철학

제1철학	모든 사람에게는 무한한 가능성이 있다. ⇒ 모든 아동은 무한한 가능성이 있다.
제2철학	그 사람에게 필요한 해답은 모두 그 사람 내부에 있다. ⇒ 아동: 자기가 스스로 성장하고, 직면한 문제를 해결할 수 있도록 교육이 가능하다.
제3철학	해답을 찾기 위해서는 파트너가 필요하다. ⇒ 코칭 훈련을 받은 부모와 교사, 기관장은 아동을 위한 좋은 코치가 될 수 있다.

출처: 이소희(2006).

모든 사람에게 무한한 가능성이 있다는 철학은 코칭의 핵심 가치이다. 코칭은 이러한 무한한 가능성을 이끌어 내어 코치가 자신의 최대 능력과 가능성을 발휘해 자아실현을 이룰 수 있도록 지지하는 것이다. 코치는 그가 해결하기 원하는 문제에 대한 해답을 가지고 있지 않다. 코치의 내부에 필요한 해답이 있기 때문에 코칭 과정 속에서 코치는 지시적이지 않고 단지 코치의 말을 수용하고 격려함으로써 코치의 내부에 있는 답을 스스로 발견하도록 돕는다. 이렇게 인간은 무한한 가능성과 문제에 대한 해답을 가지고 있지만, 닫힌 사고방식의 영향으로 해답을 발견해 내는 것이 어렵기 때문에 코치가 필요한 것이다.

2) 아동 코칭 기술

코칭에는 여러 가지 기술이 있다. 그중에서 가장 핵심이 되는 것은 경청과 질문, 메시징, 인정하기 기술이다. 이러한 코칭 기술이 어떤 것인지 살펴보고, 아동기 발달 특성을 고려하여 적용하는 방법을 살펴보면 다음과 같다.

(1) 경청

경청은 코칭 대화의 시작으로서 코치가 자신의 이야기를 잘 듣고 있다는 것을 알게 되면 코치와 라포(rapport)를 형성하게 되므로 상호 간 신뢰적인 관계를 만들 수 있다. 신뢰적인 관계는 코칭의 핵심이기 때문에 경청은 코칭 전 과정의 성공 여부를 결정하는 중요한 요소가 된다.

아동은 그 대상이 성인이든 아동이든 모든 의사소통과정에서 별 어려움을 느끼지 않으며, 단어, 문장, 문법을 완전히 습득해 감에 따라 더 효율적으로 의사소통할 수 있게 된다. 그러나 이 시기에 사용하는 단어의 의미는 성인의 것과 다른데, 성인의 말에 이 시기 아동들이 엉뚱한 대답을 하는 것은 아동의 인지수준과 분류능력, 이해력의 발달과 관련이 있으며, 아동이 평소에 그 단어와 관련된 어떤 경험을 하느냐에 따라 달라진다(성영혜 외, 1999). 따라서 아동의 말을 경청할 때 코치가 이미 규정하고 있는 개념에 따라 단어의 의미를 파악하기보다는 아동이 표현하려는 본질적인 의도를 이해하며 경청할 수 있도록 주의해야 한다. 아동이 이야기하는 것이 존중받고 있다는 분위기를 조성하여 아동이 편안히 이야기할 수 있도록 해야 하는데 이를 위해서 아동과 빠른 라포를 형성하는 것이 좋다. 이를 위해서는 NLP(neuro linguistic programming) 기술을 적용할 수 있다. 아동과 보조를 맞춘다는 측면에서 아동의 시각적, 청각적, 체각적 반응을 맞추는 페이싱(pacing), 아동의 거울이 되어 아동의 특징적인 행동을 자연스럽게 따라 하는 미러링(mirroring), 아동이 하는 말의 표현을 그대로 따라 말해 주는 백트래킹(backtracking), 아동의 비언어적 표현을 관찰하여 숨겨진 메시지를 듣는 캘리브레이션(calibration) 기술들은 아동과 빠른 라포를 형성할 수 있는 기술이므로 아동의 말을 경청할 때 적용해 볼 수 있다.

(2) 질문

질문은 코치가 자신의 문제에 대해 고찰하고 해결방법을 스스로 찾을 수 있도록 도와주어 문제 해결력을 높이는 데 도움이 되는 것으로 코치의 생각을 여는 기술이다. 질문은 답변을 요구하고 코치는 답변하기 위해 생각해야 하고 적어도 답변과 관련된 이야기를 해야 한다. 이러한 과정을 통해 코치는 자신의 문제를 여러 각도에서 접근하여 다른 시각으로 조명할 수 있게 된다. 이것은 코치의 변화와 성장을 위한 결정적인 요소이다(이희경, 2005). 목표를 가지고 잘 구조화된 질문은 코치를 변화시킬 수 있는 강력한 도구인 것이다.

코치가 질문을 하는 이유는 코치가 더 많은 사고를 할 수 있도록 하기 위해서다. 그렇기 때문에 코치는 코치의 사고단계를 이해하여 그 수준을 높일 수 있도록 질문을 던져야 한다. 교육 심리학자인 블룸의 대상분류학에 따르면 질문은 크게 낮은 수준의 질문과 높은 수준의 질문으로 구분되며 이는 다시 여섯 단계로 분류된다. 질문의 여섯 단계는 [그림 12-1]과 같다.

첫째, 지식 단계의 질문은 단순하게 상대방이 특정 사실을 알고 있는지를 묻는 것이다. 이는 가장 기초적인 질문이지만 코치의 현 상태와 지적수준을 파악하는 데 도움이 된다.

둘째, 이해 단계의 질문은 이해의 정도를 묻는 것이다. 이 수준의 질문은 코치가 특정 사실에 대해 요약하고 설명하도록 한다.

셋째, 응용 단계의 질문은 응용의 정도를 묻는 것이다. 이 수준의 질문은 알고 있는 사실들을 조합하여 문제를 해결할 수 있도록 도와준다.

넷째, 분석 단계의 질문은 비교와 추론을 요구하는 것이다. 이때부터는 객관적인 사실보다는 코치의 주관적인 생각에 더 무게를 실어 사실에 기반을 두고 나름대로의 견해를 이끌어 낸다.

다섯째, 종합 단계의 질문은 좀 더 총체적인 사실들을 조합하여 새로운 것을 조직하거나 결과를 예측하도록 돕는다.

여섯째, 평가 단계의 질문은 가장 높은 수준으로 스스로가 판단을 내릴 수 있도록 하는 질문이다. 이는 코치의 가치관으로까지 이어지는 질문이 된다. 코치는 이러한 질문의 여러 가지 수준을 파악하여 코치의 사고의 틀을 깰 수 있는 강력한 질문들을 통해 코치가 자신의 문제에 대한 새로운 변화가능성을 발견할 수 있도록 한다(최효진 외, 2006).

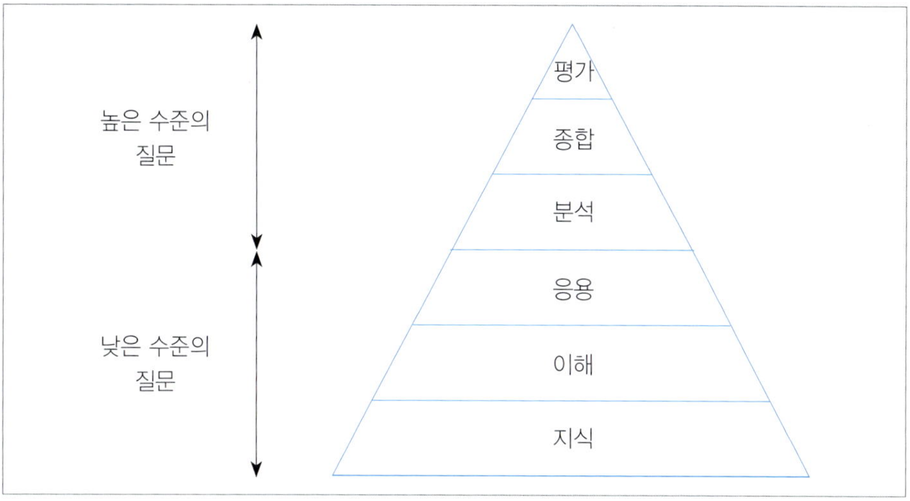

그림 12-1 **질문의 여섯 단계**

출처: 최효진 외(2006).

질문을 많이 하는 것은 아동의 발달특성이기도 하다. 아동의 질문은 지적인 독창성의 노력이고, 어른과의 상호작용에 있어 사회적 독창성의 시도이다. 이러한 아동의 질문에 적절하게 반응해 주는 것은 아동에게 지적, 사회적 독창성을 시도해 볼 만한 가치가 있음을 알게 하며, 훗날 성인이 되었을 때 독창성을 발휘할 수 있는 기초를 제공해 준다. 세상에 대한 호기심으로 질문하고 대답하는 과정을 통해 아동은 사고능력을 자극받고, 창의적이며 더 나은 수준의 사고를 하게 된다. 아동의 이러한 사고능력의 발달을 효율적으로 하기 위해서는 질문하는 사람과 아동 간의 언어적인 상호작용이 중요한데, 가장 효과적인 방법은 아동 스스로 그들 자신의 답변을 생각해 내도록 도와주는 질문들이다(조부경, 1986; Hendrick,

1988; Williams & Kamii, 1986). 긍정형, 개방형, 미래지향적 질문을 사용하는 것이 효과적이며, 상황에 따라 두 가지 대안을 제시하고 선택하는 질문도 효과적이다. 그리고 이 시기 아동은 전조작기 단계로서 감각운동적 사고에서 개념적 사고로 바뀌어 가는 전환기이기 때문에 사고가 자기중심적이며 눈에 보이는 지각적 속성에 의해서만 판단한다. 따라서 질문은 추상적인 내용보다는 구체적인 예를 들어 주는 것이 더 효과적이다. 또한 아동은 상상놀이와 같은 상징체계가 급속히 발달하며 상상의 이야기를 실제라고 믿기 때문에 상상력을 동원할 수 있는 질문들을 시도해 보는 것도 효과적이다.

(3) 메시징

메시징이란 코치가 말하고자 하는 것을 적절한 시기에 간결하고 중립적인 언어로 바꾸는 것을 말한다(한국코치협회, 2004).

아동기는 스스로 기본적인 생활습관을 습득하는 시기인 만큼 아동이 스스로 자신의 생활에 대한 일정한 규칙이나 방법을 획득하고 사회적인 행동규칙을 습득하도록 알려 주는 데 메시징을 이용할 수 있다. 메시징은 조언(advising)과 도전(challenging)을 포괄하는 것으로 아동이 사회적인 행동규칙을 습득해 가면서 아동을 낙담시켰던 잘못된 생각과 믿음을 바꾸어 아동이 앞으로 나아갈 수 있는 새로운 힘을 갖게 한다. 즉, 아동이 사회적 행동들을 배워 가면서 부딪히는 문제를 해결해 갈 수 있도록 메시징을 통해 정보를 제공해 주고 문제에 도전할 수 있도록 기존의 패러다임을 바꿀 수 있도록 한다. 메시징은 아동의 마음에 직접적으로 와 닿는 형태로 사용하며, 자신의 생각을 빠르고 쉽지만 깊이 있게 할 수 있도록 돕는다. 메시징은 긍정적이고 중립적인 언어로 간결하고 정확하게 표현하며, 아동이 메시징을 듣고 충분히 이해할 수 있도록 시간을 주는 것이 필요하다. 즉각적인 반응을 기대하기보다는 침묵하며 반응을 기다려야 한다.

(4) 인정하기

코칭에서 말하는 인정하기란 코치가 이미 알고 있는 코치의 무한한 에너지와 힘을 스스로 깨닫게 하는 과정이다(Coach, 2005).

아동기는 주변 사람들로부터의 애정과 인정에 대한 욕구가 강하며, 감정적으로 예민하고 다치기 쉬우며, 누군가에게 의존하고 싶어 하는 시기이다. 불안과 두려움을 쉽게 느끼며 주변 환경이나 인물의 변화, 상상 속의 인물에 대한 공포심을 자주 갖는다. 따라서 인정하기 기술은 아동이 문제를 스스로 해결하고 자신의 무한한 가능성을 발견해 가는 데 무엇보다도 중요한 기술이라고 할 수 있다.

인정하기는 구체적인 기여, 행동을 들어 이야기하며 결과보다 과정에 초점을 두고 그 결과를 얻는 데 아동이 노력하고 행동한 것을 명확하게 칭찬하는 것이 효과적이다. 또한 칭찬하는 사람의 진심이 느껴지도록 말하며, 인정하기 기술을 사용할 적절한 순간을 놓치지 않는 것이 중요하다.

생각해 봅시다

영화 〈홀랜드 오퍼스〉의 위대한 코치·홀랜드

1964년, 글렌 홀랜드는 자신의 궁극적인 길은 위대한 곡을 쓰는 것이라 믿고 항상 작곡만을 염두에 두고 살아가는 음악가다. 그러나 현실 때문에 어쩔 수 없이 음악 교사의 길을 택한다. 곧 그만두고 나오리라고 생각했던 그의 교사 생활은 아내의 임신으로 어쩔 수 없이 학교에 있게 되는데, 시간이 지나면서 그는 차츰 아이들의 심리를 이해하게 되고 그러한 홀랜드 선생님에게 학생들은 조금씩 호기심과 친밀감을 보인다. 어느 날 스스로 재능이 없다고 생각하고 클라리넷 연주자를 포기하려는 연주자 게르트루드 랭이 그를 찾아온다.

홀랜드: 연주를 잘하고 싶다고 했지?
랭: 그런데 이젠 아니에요.
홀랜드: 선생님과 연주를 해 볼래?
랭: 아니요, 맨날 틀리고 저 때문에 아이들 진도에 방해가 되는 걸요.
홀랜드: 거울을 볼 때 어디가 가장 마음에 들지?
랭: 머리요.
홀랜드: 왜?
랭: 아버지가 제 머리가 붉은 노을 같다고 하셨거든요.
홀랜드: 붉은 노을을 상상하고 불어 보자.

이 일로 랭은 결국 클라리넷 연주자로서 자신감을 회복하고 1965년도 졸업식에서 그녀의 빛나는 클라리넷 연주를 선보인다.

코칭은 모든 아동에게 무한한 가치가 있으며 이러한 무한한 가능성을 이끌어 내어 개개인이 자신의 최대 능력과 가능성을 발휘해 자아실현을 이룰 수 있도록 지지하는 것이다.

영화 〈홀랜드 오퍼스〉의 위대한 코치·홀랜드

❶ 아동정신건강에서 예방이 치료보다 중요하다는 점에 대해 논의해 보자.

❷ 아동의 놀이의 중요성을 알아보고 토론해 보자.

❸ 경청하는 것이 코칭에서 중요한 과제이다. 다른 사람이 자신의 이야기를 잘 들어 주지 않았던 때를 이야기해 보고 그때 기분이 어떠했는지 이야기 나누어 보자.

제13장

아동정신 건강을 위한 치료

아동에게 발견, 진단된 문제는 최대한 조기치료가 필요하다. 아동의 문제는 주변의 관찰과 관심으로 조기 발견할 수 있고, 조기 발견된 문제는 꾸준한 인내와 치료로 향후 그 문제를 완치 혹은 진행을 멈출 수 있다. 이러한 조기 발견과 치료가 중요한 만큼 여기에서는 다양한 치료방법에 대해 알아보고자 한다. 아동은 성인과 달리 언어능력이 충분히 발달하지 않았을 뿐 아니라, 직접 표현하기보다는 비언어적인 의사소통 방법을 많이 사용하기 때문에 이장에서는 아동을 대상으로 하는 치료에서 놀이나 미술, 음악 등의 다양한 매개를 통한 치료를 살펴보고자 한다.

1 놀이치료

1) 놀이치료의 개념

아동은 성인과 달리 언어능력이 충분히 발달하지 않았을 뿐 아니라, 직접 표현하기보다는 비언어적인 의사소통 방법을 많이 사용하기 때문에, 유아와 아동을 대상으로 하는 상담에서는 놀이나 다양한 매개를 통한 접근이 필요하다. 이러한 이유로 실제 현장에서는 아동상담을 시행하는 데에 있어 놀이를 활용하는 놀이치료가 주로 활용되고 있다.

Landreth(1983)는 놀이치료 과정에서 훈련된 치료자는 놀이라는 아동의 자연적인 의사소통 매개체를 통해 아동의 감정, 사고, 경험, 행동을 탐색하고, 아동이 충분히 표현하도록 하는 안전한 관계의 발달을 촉진하는 놀이도구를 선택하여 제공하게 되는데, 이러한 치료자와 아동 간의 역동적인 대인관계를 놀이치료라고 정의하였다. 한국놀이치료학회(2003)에서는 놀이치료란 심리적 문제의 해결을 돕기 위하여 치료자와 유아 간의 상호작용 속에서 놀이자가 놀이가 가지고 있는 치료적 힘을 활용하여 문제를 치유해 가는 대인관계 과정이라고 하였다. 이처럼 놀이치료의 정의는 아동들이 일반적으로 가장 좋아하고 놀고 싶어 하는 다양한 놀이도구를 사용하여 치료자와 아동 간의 치료적 관계를 성립하는 것이다(Axline, 1947).

놀이치료의 목표와 관련하여, Landreth(1991)는 자기실현을 향한 아동의 내적인 자발적 노력에 초점을 두었다. 구체적으로 살펴보면, 놀이치료의 목표는 아동이 더욱 긍정적인 자기 개념을 발견하게 하는 것, 자기책임을 더 크게 지도록 하는 것, 자발적이고 자기 수용적이 되도록 하는 것, 자존적이고 스스로 의사결정을 하는 것, 조절감을 경험하는 것, 대처 과정에 민감해지도록 하는 것, 평가의 내적 기준을 발달시키도록 하는 것, 자신을 더욱 신뢰하도록 하는 것으로 아동의 발달을 자유롭게 촉진하는 것이다. Axline(1947)은 놀이치료의 목적은 놀이를 통해 환경과의 부조화 문제를 해결함으로써 자아실현을 촉진하는 것이라고 했다.

아동은 놀이라는 자연스러운 매개체를 이용하여 자신을 솔직하게 표현하고 자신에 대해 더 잘 알게 되어 자기능력을 이용할 수 있게 되기 때문이다. 이를 종합해 볼 때, 놀이치료의 목적은 아동과 놀이치료자의 치료적 관계를 통해 아동이 가진 심리적, 정서적 문제를 해결해 준다.

2) 놀이치료의 역사

아동들을 대상으로 하는 놀이치료는 그 역사가 Little Hans의 공포반응을 감소시키기 위해서 Freud(1909)가 처음 시작하였다. Hans의 놀이에 대한 Hans 아버지의 기록을 근거로 정신분석적 치료를 시도했었다.

그 후 많은 학자들은 놀이치료에 대한 효과를 지속적으로 강조하여 왔다. Hug-Hellmuth(1921)는 놀이가 7세 이하의 아동을 분석하고 치료하는 데 중요하다고 하였다. 또한 Anna Freud와 Klein(1932)은 아동이 놀이를 통해 어른의 자유연상과 같이 자신의 무의식을 표현할 수 있는 것을 발견하고 놀이로써 치료를 시작하였다. Levy(1938)는 특별한 스트레스를 경험했던 아동을 위한 구조화된 놀이치료접근인 '발산요법(release therapy)'을 발달시켰다. 발산요법(release therapy)이란 아동이 과거에 경험했던 비참한 경험을 놀이상황을 그대로 재연함으로써 놀이의 정화작용으로 치료된다는 방법이다. 이 접근에서는 아동이 겪었던 외상적 경험을 재연하기 위해서는 놀이 환경도 의도적으로 구조화하여야 하며 치료자가 아동의 부정적인 생각이나 느낌을 해소하도록 도와준다.

Solomon(1938)의 '적극적인 놀이치료(active play therapy)'도 구조화된 놀이치료 방법으로 제시되었으나, 비참한 경험의 재생보다는 긍정적인 방향으로 놀이를 적용한 것이다. 그는 과거의 상처받은 경험을 그대로 재연하지 않더라도 놀이를 통해 공포나 분노를 발산할 수 있으며 놀이방에서 치료자와 새로운 인간관계를 맺음으로써 사회적으로 용납될 수 있는 방향으로 행동하는 것을 배우게 된다는 적극적이고 능동적인 의미의 놀이치료를 강조하고 있다. 즉, 1940년대 Carl Rogers (1942)는 성인 치료에서 내담자 중심의 접근을 발전시켰는데, Axline(1947)은 그것을 놀이치료 기법으로 수정하였다.

아동이 성장을 위해 자연스럽게 노력한다는 것과 정서장애 아동들의 경우 그러한 자연스러운 노력이 파괴되었다는 철학에 기초를 두고 있는 비지시적 또는 내담자 중심의 놀이치료는 자연스러운 자아증진의 성장을 육성하기 위하여 아동과 환경 사이의 불균형을 해결하는 목적을 둔다. 따라서 아동이 놀이치료 과정을 주도해 나가며 치료자는 오직 놀이치료 환경을 준비하고 아동의 행동을 관찰·반응·분석함으로써 아동은 자발적으로 자신을 변화시키려고 노력하게 된다는 입장에서 인간 중심·아동 중심 놀이치료(client-centered play therapy)라 불린다.

1964년에 Guemey에 의해서 부모놀이치료(filial play therapy)라는 기법이 처음 적용되었고 이 기법은 감정 문제를 가진 3~10세의 아동들을 위한 구조화된 프로그램으로 Axline의 아동 중심 놀이치료에 기초를 두고 발전하였다(김광웅 외, 2004). 1960년대 Brody(1962)는 발달 놀이치료 기법(developmental play therapy)을 개발하였다. 이 치료에서 신체적인 접촉의 사용과 다소 구조화된 세션을 강조했다. Jemberg(1979)는 발달 지향의 치료놀이(theraplay)를 발전시켰다. 치료놀이는 단기간에 아동에게 깊은 효과를 가져다 주는 구조화된 놀이치료 형태로 부모가 치료자와 아동 간의 활동적인 상호작용을 관찰한 다음, 직접 아동과 함께 실행해 보는 것을 강조한다. 부모-자녀 간의 정상적인 상호작용을 기초로 한 개입적이고 신체적이며 재미있는 활동과 게임을 포함한다. 치료놀이의 주요 목표는 부모-자녀 간의 애착 및 관계를 강화시키고 아동과 부모 모두의 자존감을 높여 주며 신뢰를 증대시키는 것이다. 아동의 긍정적인 자질을 강조함으로써 부모가 자신의 아이를 새로운 시선으로 바라보고 고통이 아닌 환희의 원천으로 경험하도록 이끌어 가족 관계를 치유하고자 한다.

한국에서 놀이치료가 시작된 것은 주정일 교수에서부터 비롯된다. 숙명여대 아동복지학과를 창설했던 그는 교수직에서 물러나면서 정서적인 어려움을 겪는 어린이들을 대상으로 놀이치료를 시작하였다. 1987년 작은 상담실로부터 시작하여, 1992년 놀이치료사들을 주축으로 놀이치료 연구회가 발기되었으며, 1997년에는 한국 놀이치료학회가 창립되었다. 2000년 6월까지 한국 놀이치료학회는 등록회원만 400여 명에 이르고, 개인상담소, 시립상담소, 사회복지관, 및 소아정신과 병동을 가진 많은 병원 등이 이러한 운동에 참여하고 있다.

3) 놀이 치료실과 놀이도구

놀이 치료를 하는데 필요한 것이 놀이치료실과 놀이도구이다.

(1) 놀이 치료실

놀이치료실은 아동에게 안전하고 편안할 뿐 아니라 아동이 자신을 표현하기에 쉽고 적절한 곳이라는 인상을 주어야 한다.

이를 위하여 다음과 같은 점에 유의해야 한다.

① 방은 환하고 밝은 분위기를 제공할 수 있게끔 방의 위치, 벽지 색깔 등을 고려하고 방음이 되면 더욱 좋다. 바닥과 벽은 쉽게 청소할 수 있는 재료를 사용한다. 조명과 환기가 잘되어야 한다.

② 수돗물이 나오는 싱크대를 구비하면 좋다.

③ 놀잇감은 쉽게 볼 수 있고 손에 잘 닿는 선반에 두어 원하는 도구는 서슴지 않고 선택하게 할 수 있어야 한다.

④ 관찰이나 교육용으로 일방경(one way mirror), 녹음시설, 비디오 카메라를 설치한다.

⑤ 상담에 들어가기 전에 방을 깨끗이 정리해 둔다. 또한 마치고 나올 때에도

잘 정리하여 다음 상담에 영향이 가지 않도록 주의한다.

⑥ 아동이 편안한 옷을 입고 오도록 하여 옷에 신경을 쓰지 않고 자유롭게 마음대로 놀 수 있도록 한다. 상담자 자신도 활동에 지장을 받지 않는 옷차림을 하도록 한다.

(2) 놀이도구

놀이도구는 아동이 자신의 감정을 잘 표출하면서 긴장, 불만을 해소시키고 자신의 문제를 해결해 나가는 데 도움을 준다. 아동은 그들의 발달 수준에 맞는 놀잇감을 제공받아야 한다. 그리고 좀 더 큰 아동들을 위해 몇 가지 게임들(예: 장기, 카드 게임)을 준비해 두는 것이 좋다.

놀이 치료가 효과적이려면 아동에게 합당한 표현과 의사소통의 수단이 될 설비가 마련되어 있어야 한다. 상담자의 상담실 또는 사무실에 놀이기구를 진열해 놓거나 놀이방을 따로 만든다. 놀이기구는 치료의 목표에 따라 다르게 준비되어야 한다. 가령 '퇴행적 놀이'가 요구될 경우에는 진흙, 물감 등을 준비하는 것이 좋다. 다시 말해서 놀이방을 꾸밀 때 마치 축소판 장난감 가게처럼 꾸밀 것이 아니라 아동에게 맞는 독특한 놀이 기구를 미리 선정해서 갖다 놓는다.

Landerth(1991)는 놀이치료에 유용한 놀잇감에 대해서 실생활을 탐색할 수 있는 놀잇감, 공격성이나 감정 표출을 도와줄 수 있는 놀잇감, 정서적 표현이나 창의적 표현을 도와주는 놀잇감의 세 가지로 분류하였다. 이외에 학령기 아동의 놀이치료에서 사용되는 게임 놀이 도구를 함께 살펴보면 다음과 같다.

① 실생활 관련 놀이도구

실생활과 관련된 다양한 놀이도구가 있다. 놀이도구 종류별로 아동이 할 수 있는 심리적 내용이 제시되어 있다.

표 13-1 실생활 관련 놀이도구 종류 및 내용

놀이 도구 종류	심리적 내용
인형집, 가족인형, 사람 퍼펫	가족관계에서 경험하는 분노, 두려움, 수치심, 경쟁심, 질투 등과 같은 욕구
유치원, 학교, 사람 인형	유치원이나 학교에서 경험하는 다양한 감정과 욕구
소꿉도구, 아기 인형, 양육도구	양육경험과 관련되는 감정과 욕구
병원 놀이 도구	병원에서의 부적절한 경험으로 인한 불안감 완화, 숙달감과 통제감을 경험
슈퍼마켓 도구, 금전출납기	가게 주인이 되어 상황에 대한 통제감과 조절감
탈것들	방 탐색을 위한 구실, 치료자에게 접근을 용이하게 함. 탈것들의 경험과 관련된 답답함, 좌절, 혼란스러움, 움직임의 욕구와 힘

출처: 정문자 외 4인(2012).

② 부정적 감정과 공격성 표출을 위한 놀이도구

놀이치료에서 아동은 자신이 말로 표현할 수 없을 정도의 강한 감정을 행동으로 표출하는 경우가 많다. 치료자는 수용적인 환경을 제공함으로써 아동이 공격적인 감정을 자유롭게 발산하도록 돕는다. 다음은 감정 표현에 유용한 놀이도구와 표현되는 심리적 내용이다.

표 13-2 부정적 감정과 공격성 표출을 위한 놀이도구 및 내용

놀이 도구	심리적 내용
공룡, 맹수, 악당, 괴물, 용사, 군인, 총, 칼, 수갑, 펀치미, 퍼펫, 점토(두드리고 던지고 뭉치고 찢기)	부정적 감정과 공격적 욕구

출처: 정문자 외 4인(2012).

공격 표출을 위한 놀잇감에 대해서는 일부 논쟁이 있는데, 그 중 총을 예로 들면, Axline(1941)은 아동의 공격성을 표출해 내기 위해서 총의 사용을 권장했지만 일부 학자들은 총이 아동의 공격성을 조장한다고 보고 있다. Guerney는 놀이실 안에 총이 구비되어 있지 않으면 아이들이 다른 장난감이나 손가락을 총으로 사용하기 때문에 장난감 무기를 제공하는 것이 좋다고 하고 있다.

③ 창의적인 표현과 정서적 해소를 위한 놀이도구

창의적 표현과 정서 해소를 위해서도 놀이도구가 필요하다.

표 13-3 창의적인 표현과 정서적 해소를 위한 놀이도구 및 내용

놀이 도구 종류	심리적 내용
모래, 물	창조적으로 자기만의 세계 표현
블록	• 탑을 쌓고 부수면서 감정 해소 • 집이나 원하는 건물이나 보호벽 건설
이젤과 물감, 그림도구	창의적으로 표현
점토(주무르고 만들기)	정서 해소

출처: 정문자 외 4인(2012).

④ 게임놀이도구

게임은 즐거울 뿐 아니라 아동의 정서, 인지, 신체, 사회성 등 다양한 측면의 발달을 도울 수 있다. 게임은 경쟁이라는 요소를 포함하고 있기 때문에 경쟁상황에 직면하고 그 상황을 잘 해결해 나가는 것을 배우게 된다. 이를 통해 유능감과 도전정신과 성취감을 경험할 수 있을 뿐 아니라 좌절과 부정적 감정을 조절하는 연습을 해보는 것이다. 게임유형에 따른 게임종류와 기대되는 심리적 내용을 정리하면 다음과 같다.

표 13-4 게임놀이 도구 및 내용

게임 유형	게임 종류	심리적 내용
자아 향상 게임	주사위 게임, 카드게임, 젠가, 윷놀이, 할리갈리 등	자기 통제력, 좌절 인내심, 규칙지키기, 기억력, 계획적이고 논리적인 사고력
대화 게임	말하기 행동하기 느끼기 게임, 이웃 사귀기 게임, 집안에서 일어나는 일들, 언게임 등	• 가족이나 또래와의 관계 문제, 부모의 이혼, 상실, 왕따 등과 관련된 경험을 이야기 함. • 이를 통하여 감정표현뿐 아니라 상황에 대한 이해와 대처 방식에 관하여 대화하고 새로운 관점과 대처법을 배움.

출처: 정문자 외 4인(2012).

4) 치료자의 역할

놀이실에서 치료자는 중요한 존재이다. 치료자는 치료실 내에서 아동에게 반응하는 치료적 태도와 함께 놀이치료실 이외의 환경에서 아동이 적절한 경험을 하도록 환경에 개입하여 방향을 안내하는 두 가지의 역할을 수행해야 한다. 치료실 내에서는 상담이 효과적이 되도록 치료상황을 잘 만들어 가야 하는데, 치료자는 될 수 있는 한 자기감정을 개입시키지 않고 중립적 입장에서 놀이를 지켜보아야 한다. 또한 최소한의 도움을 주는 역할을 하며 긍정적 시선과 부드러운 미소로 아동을 대해야 한다. O'connor(2001)는 놀이치료자의 역할에 대해 다음과 같이 말하고 있다.

① 치료자는 아동과 따뜻하고 친근한 치료적 관계를 가능한 빨리 맺어야 한다.
② 아동을 있는 그대로 수용해야 한다.
③ 아동의 감정 표현이 자유롭도록 허용적인 느낌을 전달해야 한다.
④ 반응적이고 공감적이어야 한다.
⑤ 아동에게만 집중해야 한다.
⑥ 아동의 단서에 반응해야 한다.
⑦ 자발적이고 융통성 있는 행복한 치료 시간을 유지해야 한다.
⑧ 시간, 장소, 놀이치료자 등에 대해 분명히 구조화해야 한다.
⑨ 즐겁고 낙천적이고 긍정적인 건강한 치료시간으로 유지해야 한다.
⑩ 아동이 치료자를 좋아하는지 상관없이 치료를 유지해야 한다.
⑪ 지나친 분노와 과잉행동은 끊어 주고 보호해 주어야 한다.
⑫ 신체적 상처를 돌보아 주어야 한다.

5) 놀이치료의 절차

(1) 횟수와 시간

놀이 시간은 보통 20~60분으로 일주일에 1회 내지 2회가 원칙이다. 보통 주 1회 50분을 기본으로 하고 있다. 치료 종결까지의 횟수는 일반적으로 20회를 기본으로 하며, 그 시점에서 치료목표를 검토하여 다시 그 횟수를 연장하게 된다.

(2) 실시단계

① 접수 면담

치료계획을 세우기 위해 부모와 아동을 면담하여 아동의 발달사, 가족력, 기타 아동과 관련된 주변 사항에 대한 정보를 수집하고, 문제를 보다 명료화한다.

② 평가, 진단 및 치료계획

구조화된 검사나 투사검사, 발달평가, 진단적 놀이평가 등으로 아동의 현재 기능 수준을 파악한 뒤, 어떤 맥락하에서 어디서부터 개입할 것인지 구체적인 치료계획을 세운다.

③ 치료 초기

치료 초기는 탐색 단계이다. 즉, 아동은 치료자와 친한 관계가 아직 이루어지지 않은 불안전한 시기이므로 치료자와 치료실을 탐색하게 된다. 따라서 치료 초기에는 아동과 라포형성이 되는 것에 중점을 두어 안전감을 느끼게 수용적인 자세를 취한다. 우선 관계의 중요성을 인식할 수 있도록 감정을 반영해 주고 동기부여를 해주며, 깊은 해석은 하지 않는 게 좋다. 또한 치료실에서의 한계를 알려주고 필요에 따라 약간의 통제를 하나 드라마틱한 장면이 연출되게 유도해서는 안된다.

또한, 이 시기에 아동은 불안이나 긴장을 보이는 경우가 많다. 이러한 상황에서 치료자는 어떻게 해서든 아이와 관계를 맺으려고 시도하기가 쉽다. 하지만 치료자는 아동의 불안을 자연스러운 것으로 받아들여 서두르지 말고 서서히 기다리는 마음가짐이 필요하다.

초기에 치료자가 해야 할 일은 치료자는 아동에게 놀이실의 특성에 대해서 설명해 주고 놀이가 끝나는 시간을 알려 준다. 이것은 매회 반드시 해야 한다. 화장실이나 엄마가 있는지 확인하러 가는 것 이외에는 놀이실 밖으로 나가는 것을 제한한다. 초기에는 제한을 받을 만한 행동이 잘 나타나지 않지만, 이와 같은 행동이 보일 때에는 최대한 허용하도록 한다. 놀잇감을 방 밖으로 가지고 나가는 것을 제한한다.

④ 치료 중기

치료자와 동맹관계가 이루어져 안전감을 느끼면 아동은 일시적으로 수용하여 치료자와 친한 관계를 유지한다. 반대로 부정적인 반응을 보이는 시기를 거치기도 한다. 또한, 이 시기에 아이들은 놀이실에 어느 정도 적응이 되어 행동이 활발해지고 치료자와 라포가 형성되어 놀이실을 편안한 장소로 느끼면서 자신의 내재되어 있는 또한 억압된 부분들을 표출하기 시작한다.

마지막으로 치료의 대부분을 차지하는 가장 긴 시간으로 성장과 신뢰, 훈습의 단계를 거친다. 이 단계에서 아동은 현재 보호자와의 관계에서 결핍된 부분을 보충하는 교정적 경험을 하고 해석을 통해 자신의 과거에 일어났던 충격적인 사건들을 통합하고 견디어 내며 성장하게 된다.

※ 치료적 제한 설정하기

상담과정에서 치료자의 수용성을 많이 강조하다 보면 어려운 경우가 치료적 제한을 설정하는 것이다. 그러나 아동이 현실적인 책임감을 기르도록 하기 위해서 아동의 부적절한 행동에 대해서 필요한 제한은 해야 한다. 제한의 목적은 아동의 부적절한 충동적 행동을 금지하는 것보다는 아동이 자기 마음을 인식하고 수용하며 욕구와 충동을 현실적으로 수용 가능한 행동으로 돌리는 것을 배우는 데 있다. 일반적으로 제한 설정을 하는 내용으로는 치료자에 대한 신체적 공격, 물건

파손, 위험한 행동, 놀이실 자체의 규칙에 관한 것, 시간제한, 놀이실에 먹을 것 또는 자기 장난감을 가지고 들어오는 행동, 허락 없이 친구나 동생을 데리고 들어오는 행동, 놀이실의 물건들을 가지고 나가는 행동 등이다.

제한을 설정할 때에는 먼저 아동이 자신의 동기가 무엇인지를 보다 분명하게 인식할 수 있도록 아동의 감정에 대해 수용적이어야 하지만 침착하면서도 단호하고 엄격하게 해야 한다.

⑤ 치료 종결기

현실 생활에서의 적응이 촉진되고 문제행동이 사라지기 시작하며 놀이실에 대한 매력을 잃어가는 시기이다. 치료 종결 3~4주 전쯤 반드시 종결 시기를 알려준다.

6) 놀이치료의 효과

놀이의 치료적 가치와 효과를 강조한 Amster(1943)는 놀이가 진단의 기능, 관계 형성의 기능, 방어수단의 기능, 언어촉진의 기능, 긴장해소의 기능 등의 치료적 기능을 가지고 있다고 설명하면서, 아동의 모든 놀이는 아동이 자신에 대해 알고, 행동하고 회상하고 해소하게 함으로써 치료적 기능을 갖는다고 하였다. 놀이의 진단 기능과 관련하여, Hug(1921)는 아동분석에서 본질적 요소로서 놀이를 강조하면서 놀이가 7세 이하의 아동을 분석하고 치료하는 데 중요하다고 하였다. Klein(1932) 또한 6세 이하의 아동 분석 수단으로 놀이 기술을 사용하였으며, 아동이 놀이를 통해 어른의 자유연상과 같은 무의식을 표현할 수 있다고 하였다.

또한, 놀이는 아동이 자신의 생각과 감정을 잘 표현하게 하여 놀이치료자가 아동을 이해하는 데에도 중요한 도구가 된다. Ginott(1959)는 놀잇감은 아동들의 단어이고 언어이기 때문에 아동은 언어보다 장난감을 통해서 자신의 삶에 있어서 중요한 사람, 사건, 그리고 자신에 대해 어떻게 느끼는지를 더 적절하게 보여준다고 말했다. Anna Freud(1950)는 아동과의 친밀감 형성에서 놀이의 가치를 부각시켰으며, 놀이가 아동의 다양한 반응이나 공격성, 공감 받으려는 욕구 등을 잘 표현해 준다고 했다. Landreth(1991)는 놀이는 구체적인 형태와 아동의 내적 세계를 표현하게끔 하며, 놀이를 통해 정서적으로 중요한 경험이 의미 있게 표현된다고 하였다. 아동이 직접 표현하기에 지나치게 위협적인 감정이나 태도는 스스로 선택한 놀잇감을 통해 표현함으로써 안전하게 투사된다. 즉, 놀이는 현실세계에서 다룰 수 없는 것을 상징적 표현을 통해 다루는 상황으로 변화시키고, 자기 지시적인 탐구에 몰두하면서 모방을 학습하는 기회를 얻게 한다.

여러 학자들의 놀이치료의 효과에 대해 정리해 보면 다음과 같다(이영아, 2004).

첫째, 아동은 스스로 깨닫지 못하는 자신의 감정 상태를 알게 된다. 아동은 놀이를 통하여 자신의 감정을 표현할 기회를 가지고, 놀이치료가 진행되는 동안 아동의 감정을 성인이 수용해 줌으로써 아동이 자신의 감정을 어떻게 다루어야 할지에 대하여 더 이해하도록 돕기 때문이다.

둘째, 교사와 부모를 포함한 치료자로서의 성인과 아동 간의 신뢰감이 증진된다. 놀이 치료실에서 치료자와 아동 간에 진실한 관계가 이루어지면 아동은 치료자에게 신뢰감을 갖게 된다. 그런 신뢰감 속에서 자신의 부정적인 감정과 경험을 솔직하게 발산하여 해소시켜 긍정적인 감정을 갖게 된다.

셋째, 아동 자신의 자율성을 형성시켜 준다. 아동은 놀이치료실 안에서 준비된 놀잇감과 놀이도구를 가지고 안전감과 안정감을 가지고 자유롭게 놀이하면서 자신의 선택에 따라 결과가 달라짐을 배운다. 이런 경험을 통하여 자신의 선택에 대하여 책임지는 것을 배움으로써 건강한 아동으로 발달할 수 있도록 도움을 받는다.

놀이치료의 경험은 유독 정서상의 어려움을 가진 아동에게만 국한되는 것은 아니다. 발달상의 어려움을 겪고 있는 아동은 놀이치료 상황에서 여러 가지 자극을 통해 발달을 촉진하여 전반적인 기능이 향상되는 경험을 하게 된다. 행동상의 어려움으로 학교에서의 적응이 어려운 아동의 경우에는 자신의 충동을 적절하게 조절할 수 있는 기술을 놀이과정에서 배우면서 자신감을 형성하게 된다.

2 미술치료

1) 미술치료의 개념

미술치료는 시각매체를 사용하여 인간 내면의 심상을 표현하게 함으로써 무의식을 활성화하고, 그 속에 묻힌 창조적 기능을 자극하여 인간의 무의식에 잠자는 자가 치료 능력을 발휘하게 하는 치료적 활동이다. 이를 통하여 인간은 그의 내면에 왜곡, 상실, 억제되었던 부분을 재발견하고 통합시킴으로써 인격의 발전을 가져올 수 있게 된다. 그러므로 미술치료는 작품의 예술성보다는 작품활동을 통한 카타르시스, 승화과정, 그리고 의사소통에 관심을 두고 충동과 통제, 사랑과 증오 등 무의식과 의식 사이의 필연적인 갈등요소들을 미술의 전체성과 상징성을 통하여 통합시킴으로써 인격의 발전을 더욱 촉진시켜 줄 수 있다(Schafer, 1973).

'아이들은 그림으로 말한다'라고 한다. 아동이 자신은 무엇을 그리는지 모른 채 끄적거린다고 해도 아동의 감정은 드러난다. 그것은 언어표현이 성숙하지 못한 아동에게는 미술이 내면감정을 표현해 내는 데 훨씬 쉽기 때문이다. 하지만 아동의 미술활동 결과물만을 가지고 쉽사리 단정하는 것은 옳지 않다.

미술치료는 시각매체를 통해 내면의 손상된 부분에 올바른 변화를 주는 것이다. 이것은 '이해—수용—관계'의 과정 중에 일어난다. 치료자는 작품, 즉 마음을 이해하고 아동의 시각적인 표현을 언어나 행동으로 읽어 줄 수 있다. 이러한 수용을 통해 치료자와 아동 사이에 신뢰적 관계가 형성되는데, 이것은 아동에게 심리적 안정과 함께 비로소 자아개념을 이루는 데 도움을 주게 되는 것이다.

미술이 치료적 도움을 줄 수 있는 이유는 다음과 같다.

첫째, 아동에게 미술은 친숙하고 편안한 표현방법이기 때문이다. 아동들은 미술에 대한 흥미도가 높기 때문에 거부감 없이 치료가 이루어지고, 언어로 다 할 수 없는 내면의 미묘한 표현까지도 한다. 그래서 미술표현은 편안하게 아동의 감정, 생각 등을 전달하는 도구가 된다.

둘째, 미술 자체가 가진 정화 기능이 아동의 손상된 감정을 완화시키는 데 도움을 주기 때문이다.

셋째, 결과물이 있어서 변화를 관찰하고 진단하는 데 도움이 된다. 아동이 만들어 낸 작품들은 그들의 분신들이다. 아동의 모든 작품들은 소중히 다루어야 하고, 작품의 변화 과정을 보면서 아동의 변화 과정을 이해하고 치료자는 적절한 치료적 중재를 한다. 또한, 아동 스스로도 자신의 달라진 모습들을 느끼면서 자존감을 높인다.

넷째, 아동이 다양한 재료를 경험하고 조절하면서 성취감을 느끼고 자신감을 갖게 된다.

위와 같은 치료적 장점으로 미술치료는 현재까지 계속 연구되고 활용되어 왔다. 미술을 진단과 치료의 도구로 처음 사용한 곳은 20세기 초 정신병원이었다. 이곳에서는 자유화 속에 나타난 상징성을 통하여 아동 내면의 갈등을 이해함으로써 무의식의 갈등을 의식화시키는 미술치료법을 주로 사용하였으나, 최근에는 아동에게 외계와의 접촉을 증가시키고 현실검증력을 높이는 여러 가지 미술치료법도 함께 활용하고 있다.

미술치료는 일반학교에 다니고 있는 정상 아동에게도 자아를 충분히 느끼고 표현하게 하여 부모로부터 심리적 분리를 촉진시키고 훌륭한 독립된 개체로서 활동하도록 돕고 아동의 스트레스 해소에도 도움이 된다.

또한, 특수교육 분야에서도 여러 발달이론을 배경으로 한 '발달미술치료'가 Wood와 Williams를 중심으로 개발되어 각 발달 단계에 적합한 미술치료 프로그램을 적용함으로써 특수 아동의 운동, 인지, 정서능력을 신장시키는 데 도움을 주었다. 언어장애가 있는 아동에게 시각매체를 사용하여 공간, 분류, 순서 등의 기본 인지개념을 학습시킬 수 있는 인지적 미술치료도 개발되어 효과적으로 사용되고 있다.

미술치료라고 해서 거창하게 생각할 필요는 없다. 그림을 못 그려서 자신감을 잃은 아동에게 미술지도를 잘하여 성취감과 함께 자신감을 주었다면 그 또한 미술치료의 기능을 한 것으로 볼 수 있다. 미술치료를 통해서 아동이 스스로를 더 잘 이해하고 바람직한 자아를 형성하도록 도울 수 있다.

2) 미술치료의 역사

미술의 기원을 구석기 시대 동굴벽화에서부터 찾듯이 미술치료의 기원도 이와 같은데, 이는 벽화에 나타난 그림들의 상징에서 그들의 종교적, 정신적 의식을 읽을 수 있기 때문이다. 샤머니즘에서 그림을 이용한 부적 등으로 질병을 치료하는 것도 같은 맥락이다.

이러한 미술행위가 치료적인 측면에서 관심을 보이기 시작한 것은 19세기에 아동과 정신질환자의 그림에 관심을 갖기 시작한 때부터이다. 1887년 이탈리아 아동의 그림에 대한 해석을 출판한 Ricci를 비롯해서 Barnes와 Herrick 등이 발표한 논문들로부터 비롯된다. 그 후 많은 정신과 의사들이 환자의 그림과 증상과의 연관성을 찾으려 시도하였고, 이것은 유명한 화가들의 작품에 대한 해석으로까지 확산되었다. Freud는 미켈란젤로나 다빈치의 작품이 아동기 경험의 영향을 받았다고 주장하였다. 이후로도 꿈이나 상징이 시각적 이미지를 통하여 표출된다고 보는 Freud와 무의식의 상징적 이미지를 중요시한 Jung의 연구가 계속되었다. 융은 무의식이 하나의 상을 만들고 그것은 상징적인 이미지를 갖는다고 하여 그림 분석을 중요시하고 그리는 행위를 통해 창조적인 측면을 강조하였다.

이러한 연구들을 배경으로 본격적인 심리학적 연구가 시작된 것은 1950년대 이후이다. 치료를 위한 미술행위가 전문적 분야로 자리 잡게 되는데 가장 중요한 개척자는 Naumburg이다. 정신분석학적인 배경을 가진 Naumburg가 환자로 하여금 즉흥적이고 자유 연상적인 그림을 그리도록 하여 회화를 매체로 정신분열병환자를 진단하고 치료한 임상경험을 발표함으로써 미술치료라는 독자적인 치료영역을 발전시키는 전기를 마련한 것이다. 그녀는 그림의 상징성을 중요시하여 치료자로서 해석하고 환자와 서로 토론하는 방법을 사용해 왔다.

그녀의 뒤를 이어 그녀의 접근법과는 다른 입장을 취하는, 즉 창작과정에서 언어적 굴절 없이 통합적인 치료과정을 강조하는 Kramer가 나타났다(1971). 그녀는 창조적 행위 자체에 치료적 가치를 두고 미술치료자의 역할은 해석이 아니고 승화와 통합과정을 돕는 것이라고 하였다. 이 두 사람의 차이점은 미술활동에 강조를 두느냐, 정신치료에 강조를 두느냐로 이러한 문제는 현재까지도 그 대립이 계속되고 있다. 이후 Ulman은 미술치료의 확립과 발전에 주도적인 역할을 하면서 나움버그와 크래머의 두 가지 접근법을 통합하려 하였다(Ulman, 1965).

이러한 연구들은 현재까지 이어져 그림에 나타난 심리를 분석하여 아동의 상태를 파악하고자 하는 측면과 미술활동과정에 나타나는 심리적 변화와 정화를 중요시하는 측면으로 연구되고 있다. 이 양자 간의 미술치료 연구는 무의식과 상징이 중요시되는 정신역동적 미술치료로 활용되며, 또 발달적 분야에서는 미술의 인지적·정서적 과정을 중요시한 발달적 미술치료로 쓰이고 있다.

미술치료는 미술교육과 차이가 있는데, 미술교육이 아동에게 미술에 대한 이론과 실기를 가르치며 그의 활동에 대해 객관적이며 미적인 가치를 평가하고 미술의 발전적 기능을 단계적으로 지도하는 것이라면, 미술치료는 개인이 가지고 있는 심리적, 정신적 문제를 미술로 표현하는 것과 그러한 과정이 중요시 되는 것이다.

3) 미술치료실과 치료도구

(1) 미술치료실의 물리적 환경

적당한 공간과 충분한 채광 그리고 다양한 미술도구가 필요하며 물(온수 포함) 사용이 편리하여야 한다. 미술활동은 책상이나 이젤에서도 이루어지지만 바닥이나 벽에서도 할 수 있다. 따라서 바닥과 벽은 청소하기 편한 것이 좋다. 또한 아동의 미완성 작품과 완성된 작품을 보관하거나 전시할 수 있는 수납장, 선반 등의 시설도 필요하다.

(2) 미술 재료

재료는 간단하고, 적절하고, 쉽게 제작할 수 있는 것, 다루기가 쉬워야 한다. 매체에서 고려할 점은 촉진과 통제인데 촉진은 충분한 공간, 여러 가지 재료, 다양한 색상으로 촉진시키고, 통제는 케이스에 따라 다르겠지만 적절한 통제가 필요하다.

미술재료는 치료시간, 공간, 내담자의 성향 등에 따라 다르게 적용할 수 있다. 미술치료는 다른 심리치료와 달리 작품을 완성하지 못하였을 때 느껴지는 미해결된 느낌이 있어 주어진 시간에 완성할 수 있는 재료가 제공되어야 하며, 바닥과 벽의 상태에 따라 청소가 용이하지 않을 수 있으므로 이런 점도 고려하여 재료를 선택한다. 특히, 내담자의 성격은 재료를 선택할 때 주의 깊게 고려해야 할 부분이다. 미술재료 중 물감, 핑거 페인트, 물기가 많은 점토 등은 퇴행을 촉진시킬 수 있는 재료로 성격이 경직된 내담자에게는 매우 유용하지만 충동적이고 자아경계가 불분명한 내담자에게는 충동적 성향을 더욱 심화시킨다. 반면 색연필, 사인펜과 같은 딱딱한 재료는 높은 통제력을 지닌 재료로서 충동적 성향을 통제하기 용이하다. 이렇게 내담자의 성격과 반대 성향의 재료를 제공하는 것은 그의 내면 세계의 억압된 부분을 재통합하는 기회를 주기 때문이다. 또한, 내담자의 자아 기능이 미성숙한 경우에는 동시에 너무 많은 재료를 제공하면 혼란을 초래하기 때문에 내담자의 인지 수준에 따라 재료를 제한해 주어야 한다.

미술치료는 다양한 매체가 사용되지만 일반적으로 사용되는 것은 다음과 같다.

① 회화재료: 연필, 색연필, 마커펜, 볼펜, 목탄, 사인펜, 크레용, 파스텔, 그림물감, 아크릴 물감, 먹, 포스터컬러, 수성과 유성페인트 등
② 조소재료: 찰흙, 색찰흙, 지점토, 밀가루 반죽, 석고, 종이죽 등
③ 공예재료: 신문, 잡지, 천, 리본, 곡식 알갱이, 색 노끈, 조개, 돌, 스티로폼, 재활용품 등
④ 종이: 도화지, 켄트지, 스케치북, 색종이, 한지, 화장지, 하드보드지, 셀로판지,

사포지, 아트지, 포장지 등

⑤ 작업 도구: 다양한 크기의 서양화 붓, 동양화 붓, 팔레트, 이젤, 화판, 가위, 점토용 도구, 칼, 스펀지, 플라스틱 통 등

4) 치료자 역할

미술치료자는 정신적 지지자이면서 동시에 기술적 보조자의 역할을 해야 하며 유능한 치료자란 아동의 자아를 향상시킬 뿐만 아니라 치료자의 자아를 통제할 수 있어야 한다. 다른 말로 하면, 치료자의 기본적 역할은 아동을 따뜻하게 대하고 아동에 대해 공감하는 역할로서 적절한 미술재료를 제공하고 내담 아동의 미술 표현을 격려하고 촉진해야 하는 한편 미술작품에 대한 해석 능력을 갖춘 치료자는 내담 아동이 상징적으로 표현하는 것 뒤에 숨어 있는 내적 욕구를 읽어 내고 내담 아동과 민감한 의사소통을 해야 한다.

치료자의 역할을 효율적으로 하기 위해서는 미술, 심리치료, 그리고 이 둘 간의 상호작용에 대해서 여러 가지 전문적 지식과 자질을 증진시켜야 한다. 즉, 인간의 발달적 특징과 발달이론에 관한 지식, 미술치료의 여러 가지 이론에 대한 이해와 지식, 미술활동에 대한 진단 및 해석 능력, 미술치료의 매체에 대한 이해 및 활용 능력, 정신병리, 심리학, 교육학 등에 관한 지식과 미술치료의 계획, 진행 및 평가 능력이 있어야 한다.

5) 미술치료의 과정

(1) 초기단계

치료상황에 들어가기 전에 규칙 정하기, 시간지키기, 상대방을 다치지 않게 하기, 오게 된 이유, 당면문제 등에 대해 치료자와 아동이 함께 이야기하며, 또한 초기에 아동을 이해하고 수용하고 관계 맺는 것이 중요하다.

아동의 이해는 미술검사에서 아동의 작품을 보고 이해한다. 즉, 처음 단계에서

사정이 필요하며 진단[가족력, 문제력 부모상담을 통한 초기 면접+관찰+검사(지능, 인성-미술검사), 행동평가]을 통해 평가하여야 한다. 검사는 여러 가지 종류가 있으며 목록식 검사나 투사검사를 사용하는데 미술검사는 투사검사에 해당된다.

라포의 형성은 치료의 80~90%이며 가면을 벗고 통찰한다. 즉, 충동적인 아동은 통제가 생기며 위축된 아동은 의욕이 생긴다. 반영적 경청(미술치료는 시각적 표현을 언어화시키는 것으로 칭찬을 금지하고 격려를 해준다. 칭찬은 자칫 결과에 집착하는 태도를 보인다)을 통하여 아동 내부의 여러 가지 감정을 안전한 가운데 표현할 수 있게끔 하기 위해 이 단계에서는 아동과 치료자 간에 신뢰할 수 있는 관계를 형성한다. 아동은 이 시기에 흥분과 긴장을 하고, 또한 실수에 대한 걱정을 하게 되는데, 치료자는 아동이 재료를 자유롭게 선택·사용하게끔 하고 무언가를 꼭 만들거나 그리지 않아도 됨을 인식시킬 필요가 있다.

(2) 중기 단계

이 단계에서는 아동 내부의 감정이 표현되면서 양가감정과의 투쟁, 전이, 역전이 등의 감정이 표현된다. 치료자는 이런 감정을 충분히 고려해야 한다. 또한 아동은 치료자를 신뢰하게 되면서 점차 깊은 문제들이 노출된다. 중기는 치료자와 아동 간의 신뢰 관계를 바탕으로 구체적인 미술활동에 들어가는 시기이다.

아동 스스로 자신의 사고, 정서, 가치관, 관점, 강점과 약점, 생활양식을 이해하는 시기이므로 치료자는 아동의 생활과 내면에서 아동의 잘못된 목표나 부적절한 행동을 인식하도록 도와줄 뿐 아니라 긍정적인 면을 가능한 한 많이 찾을 수 있도록 도와주어야 한다.

(3) 말기 및 종결 단계

이 단계에서는 긍정적인 자기 이미지, 자기 통제, 유머 등을 표현하며 치료 초기에 가져온 주 호소 문제가 해결되면 아동과 함께 종결을 준비한다. 아동이 치료의 종결로 인해 불안을 보일 수 있기 때문에 종료 기간이 얼마나 남았는지 아동에게 상기시키고 지속 여부에 대해 논의를 한다.

6) 미술치료의 효과

장난감의 사용이나 놀이치료와 마찬가지로 미술치료도 아동에게 매력적이고 재미있는 치료적 분위기를 제공해 준다. 아동에 따라서는 미술활동에 참여하는 것을 두렵게 여길 수도 있으나, 자기의 작품이 평가의 대상이 아니라 오히려 인정받는 대상인 것을 이해하게 되면, 또 자신이 자기의 미술활동에 대해 전적으로 통제권을 가지며 마음대로 폐기할 수 있음을 알게 되면 기꺼이 미술활동에 참여하게 된다.

미술은 아동으로 하여금 그들의 정신과 감각을 사용하도록 하며, 과거와 현재의 사건과 관계되는 생각이나 감정, 미래에 대한 생각까지도 나타내게 한다. 또한, 미술을 통하여 분노, 적대감 등을 해소시킬 수 있으며, 아동의 자아를 고양시켜 준다.

대부분의 아동은 미술을 통해 자신을 표현하고, 정서적으로 만족한 경험을 하므로 미술을 좋아한다. 미술은 특히 장애로 인해 놀이활동에 잘 참여하지 못하는 아동에게 특별한 의미가 있다.

미술치료는 아동으로 하여금 선택과 표현의 자유를 주며 환상 및 상상놀이와 밀접한 관계를 가진다. 미술을 통해 아동은 감추어 둔 소망을 상징적으로 표현하고, 고통스러운 경험을 동화시키고 통합시키며, 적개심이나 공격심을 안전하게 나타낸다. 아동은 남의 보복에 대한 두려움이나 일상생활에 대한 파급을 우려할 필요 없이 자신의 부정적인 충동과 긍정적인 충동을 표현하고 경험한다. 미술치료사는 이러한 표현의 자유를 주면서, 아동이 자기 자신을 신뢰하고 자신을 스스로 통제할 수 있도록, 미술활동을 방해하지 않고 '자유로운 표현' 및 그 표현에 대한 설명을 북돋아 주어야 한다.

미술치료의 효과는 다음과 같다(Wadson, 1990).

첫째, 미술활동은 정신과 감각을 사용하도록 하여 인지적 능력을 활성화시킨다.

둘째, 그림을 통하여 아동의 과거, 현재 및 미래에 대한 생각과 관찰하기 어려운 자기 행동에 대한 인지를 한다.

셋째, 사회적으로 수용되는 방식으로 분노나 적대감 등을 해소시킬 수 있는 정서적인 기능을 한다.

넷째, 미술활동을 통하여 아동이 한 활동의 결과로 아동의 자아를 고양시켜 준다.

다섯째, 미술재료를 선택하고 미술활동을 하는 과정과 활동의 결과를 통해 성장과 성취감 및 만족감을 느낀다.

여섯째, 아동의 방어기제를 건드리지 않고 아동의 무의식의 세계를 알아본다.

일곱째, 말이 없는 아동과 친밀감을 형성하고 치료한다.

3 음악치료

1) 음악치료의 개념

음악치료란 음악과 치료라는 서로 다른 분야가 결합된 형태로 2차대전 후 미국을 중심으로 발전한 치료의 한 분야이다. 일반적으로 음악은 기쁘고 즐거운 활동 분야이며 치료적 용도에서 보상작용이 가장 쉽게 이루어진다. 특히, 인간관계의 원만화를 위해 광범위하게 활용된다(김관일, 1985). 이러한 음악의 특성을 과학적이고 체계적으로 활용하는 것이 바로 음악치료의 기본 요건이라 하겠다. 이러한 음악치료에 대한 정의는 음악치료사 개개인이 갖는 가치관, 교육과정, 임상환경 그리고 문화적 배경에 따라 조금씩 다르게 내려지고 있다(Davis & Gfeller & Thaut, 1992). Bruscia(1998)는 음악치료를 치료사가 환자를 도와 그의 건강을 회복시키기 위해 음악적 경험과 관계를 통해 역동적인 변화를 이끌어 내는 체계적 과정이라고 정의하고 있다.

Boxil(1994)은 음악치료란 일정한 훈련을 받은 사람이 현재 나타나는 증상을 제거, 수정, 감소시키고 장애 행동 패턴을 조정하여 긍정적인 성격의 성장 발달을 촉진시킬 목적으로 전문적인 관계를 신중하게 확립하는 것으로 음악이 변화의 매개물로 치료적인 관계를 형성하도록 해 주고 인간의 성장 발달을 도모하여 자아실현을 도와 줄 때 그 과정이 바로 음악치료라고 정의하고 있다. 결론적으로 그는 음악치료가 아동과 치료사의 관계 속에서 심리적, 정신적, 생리적인 건강을 회복, 유지, 증진토록 하고 행동적 발달적 신체적, 사회적 기술을 습득, 재활, 유지하기 위해 치료적 도구로 음악을 사용하는 것을 말한다.

미국음악치료협회(National Association for Music Therapy)에서는 음악치료를 치료적인 목적, 즉 정신과 신체건강을 복원·유지시키며 향상시키기 위하여 음악을 사용하는 것으로 정의하고 있다. 또한 이러한 치료가 이루어지기 위해서는 치료적인 환경에서 치료대상자의 행동을 바람직한 방향으로 변화시키기 위한 목적으로 치료사가 음악을 단계적으로 사용하여야 하며 그러한 치료의 결과로 아동 자신이 자신의 주변의 세계를 깊이 있게 이해하게 하여 사회에 좀 더 잘 적응할 수 있도록 도와주며 치료를 맡은 팀의 한 멤버로서 전문음악치료사는 자신의 치료계획을 세우거나 특정한 음악활동을 시행하기 전에 치료팀이 아동의 문제를 우선 분석하여 일반적인 치료목적을 설정하는 데 먼저 참여하며 시행되는 치료과정이 효율적인지 알기 위하여 정기적인 평가를 하게 된다고 설명했다.

음악치료는 이렇게 음악자체를 설명하는 것이 쉽지 않고 음악의 기능 또한 다양하며, 더구나 대상자의 집단이나 연령까지 다양하기 때문에 음악치료를 한 마디로 정의 내린다는 것은 쉽지 않다. 그러나 일반적으로 여러 학자들의 보편적인 정의로서의 음악치료(music therapy)란, 음악에 의한 심리치료방법의 일환으로, 심신의 건강이 심리적 원인에 의해서 지배되는 것을 이해하고 심리적 영향에 의해서 잃은 심신의 건강을 음악의 기능을 통하여 회복, 수정, 증진 및 개선시키는 일종의 응용심리학적 방법과 이론을 말한다. 그리고 인간행동에 정적 변화를 가져오기 위한 수단으로 음악을 사용하는 행동과학이며 심미적 경험이다. 이러한 변화는 재활적, 사회적, 정서적 및 교육적 변화 등을 포함한다(문장원, 1985).

임상예술의 한 분야로서의 음악치료는 음악이 갖고 있는 몇 가지 특성, 즉 욕구 충족과 감정의 순화 및 자아기능의 증진 효과 등과 더불어 비언어적 의사소통 수단이라는 특수한 기능을 이용하여 대상자의 퇴행성 회복과 의사소통의 개선 및 사회성 증진 혹은 열악한 기능의 향상을 목적으로 하고 있다.

학자들에 따라 음악치료에 대한 정의는 약간씩 다르지만, 일단 '음악치료'로 간주되기 위해서는 다음의 다섯 가지 요소가 갖추어져야 한다. 먼저, 치료계획이 설정되어야 하고, 둘째로 어떤 형태든 음악이나 음악활동이 있어야 하며, 셋째는 훈련된 음악치료사에 의해 실시되어야 하고, 넷째는 치료를 받는 환자가 있어야 하며, 마지막으로 치료적인 목적이 분명하게 규명되고 설정되어야 한다.

그러므로 음악치료는 한 가지 분야에 국한된 치료방법이라기보다는 여러 가지 인접학문의 광범위한 분야를 포함하는 영역이라 할 수 있다.

그림 13-1 음악치료와 관련된 분야

출처: 최병철(2002).

2) 음악치료의 역사

음악이 과학적인 접근 방식에 의한 치료적 위치로 자리 잡게 된 것은 20세기에 이루어진 일이지만 음악이 치료의 도구로 사용된 역사는 원시시대까지 거슬러 올라가 그 기원을 찾아 볼 수 있다. 음악은 인류역사 이래로 인간의 병과 권태에 위안을 주며 말로 표현할 수 없는 감정을 표현해 주는 힘을 가지고 있다(Stevenson, 1967). 고대 주술사들이 소리와 음률 및 주술을 사용하여 환자들을 치료하고자 했던 것이 그 예라 할 수 있다. 음악치료에 관한 가장 오래된 문헌적 기록은 성서에 있다. 구약의 목동 다윗이 사울 왕의 질병을 위해 하프를 연주할 때 악신이 떠나고 제정신이 들었다는 것이다. 이런 예들은 당시 사람들의 음악을 이용한 치료에 관한 인식을 어느 정도 반영한다고 볼 수 있다. 그러나 음악이 오랜 기간 치료적 목적으로 사용되어 왔다 하더라도 과학적 연구와 관찰을 통해 전문적 영역으로 자리 잡게 된 것은 불과 수십 년 전의 일이다.

세계 제2차 대전의 발발로 인해 많은 사람들이 전쟁을 통한 심신의 상처를 입게 되었다. 미국의 경우 많은 부상군인이 정신적 충격을 경험하게 되었는데, 이 환자들을 돕기 위해 음악인들이 병원에서 음악을 연주하게 되었다. 환자들의 음악적 경험은 의료진이 예상치 못했던 긍정적 결과를 양산하게 되어 음악의 치료적 효과가 새롭게 인식되기 시작했다. 그 후 음악을 치료적 목적으로 체계적으로 사용할 수 있는 전문인력에 대한 사회적 필요가 대두되면서 음악치료사를 양성하는 학교가 대학의 학부와 대학원에 생기게 되었다.

1950년에는 미국음악치료협회(National Association for Music Therapy: NAMT)가 결성되어 학위취득을 위한 기본교육과정과 훈련과정에 관한 기준을 제정하고 인정하는 소정의 교육을 받은 음악치료사는 RMT로 칭했고, 이후 1971년에 두 번째 음악치료협회인 미국인음악치료협회 AAMT(Americal Association for Music Therapy)가 결성되어 인정하는 훈련을 받은 음악치료사는 CMT라 불렀다. 하지만 1998년에 이 두 협회가 미국음악치료협회(AMTM)로 통합되면서 음악치료사 명칭을 MT로 통일하고 1985년부터 시행해 온 공인자격시험(board certification)과 함께 공인음악치료사(MT-BC)로 자리 잡아 오고 있다. 미국에는 현재 3,000여 명의 음악치료사들이 많은 보건 관련 기관에서 일하고 있고, 그 영역은 점차 확장되고 있다.

우리나라는 90년대에 들어와서 뒤늦게 인식되기 시작했지만 숙명여자대학교 음악치료대학원과 한국음악치료학회가 생긴 후 점차 확대되어 가고 있다(최병철, 2002).

3) 음악 치료실과 치료도구

(1) 음악치료실의 물리적 환경

가능한 한 외부 소음의 영향을 받지 않도록 방음시설이 되어 있어서 상담을 받는 아동들이 음악을 경청하는데 지장을 받지 않게 한다.

(2) 치료도구

① 악기: 음악적인 또는 소리를 내는 모든 악기가 포함된다. 그 악기는 다루기가 쉬워야 하고 움직이기 쉬워야 하며 소리가 멀리 퍼져야 한다. 또한 안으로 향하지 않고, 밖으로 확산되어야 한다. 모양과 재료가 원시적일 수 록 이상적이며, 소리가 날 가능성이 확실하고 리듬과 멜로디의 구조를 이해할 수 있어야 한다. 또한 매개체로서의 자극은 하나이어야 한다.

② 음악치료에 영향을 주는 음악적 요소로는 리듬, 멜로디, 화성, 음색, 강도 등이며 그 요소들의 영향 내용을 다음과 같다.

표 13-5 음악적 요소의 내용

음악적 요소	내 용
리 듬	주요 기능은 순서 또는 질서를 주는 것
멜로디	음의 높낮이는 멜로디의 기본이 되는 세부적인 요소의 하나
화 성	둘 또는 그 이상의 음이 동시에 소리 나는 것
음 색	소리의 독특한 음질에 의한 소리의 차이점
강 도	음악의 역동성 중에서 가장 먼저 발달시키는 것

③ 아동이 부르는 노래 또한 중요한 치료도구이다. 노래 부르기의 장점은 아동이 자기 신체의 일부분을 소리의 도구로 사용함으로써 누구나 아무 준비 없이도 노래를 부를 수 있다. 노래는 언어적 의사소통의 통로가 되므로 서로에게 감정과 생각을 구체적으로 전달할 수 있게 돕는다. 또한 집단으로 노래를 부를 경우 집단 구성원에게 공동의 목표를 제시해 주고 공동의 경험을 갖게 함으로써 집단의 결속력을 높여 준다.

4) 음악치료사 역할

음악치료에서는 음악이 치료의 주요 매체이다. 음악은 치료적인 잠재성이 무수하며 이를 최대한 이용하기 위해서는 다른 분야에서 설정된 전통적인 음악의 정의와 바운더리를 초월해야 한다. 그래서 음악치료에서 주된 우선순위는 음악을 통해 대상의 필요와 문제들을 직면케 하는 것이다. 음악을 만드는 이는 개인이다. 그래서 그 의미는 각 개인에게서 비롯되고 언제나 독특한 새로운 발견이다. 또한 음악은 적극적이면서 수용적이다. 작곡, 즉흥, 연주, 감상 등이 중요한 역할을 한다. 따라서 음악의 의미와 미는 작곡가, 즉흥연주가, 또는 연주가가 실제로 만들어 내는 소리의 실세계와 감상자의 상상적 세계에 모두 존재한다. 그러므로 음악은 생산물이자 과정, 재료이자 경험이고, 실제이자 상상이며, 개인적이자 대인적이다. 그러므로 음악치료는 모든 문제를 치료하기 위함이 아니다. 다른 임상치료와 함께 유용하게 쓰이며 또 다른 치료로 얻을 수 없었던 결과를 얻기도 한다.

음악이 치료과정에서 적절히 사용되었을 때 환자의 정신적, 신체적, 정서적, 사회적인 필요성이 충족되며 문제가 개선된다. 음악치료는 음악이라는 예술과 치료라는 과학적 과정의 결합으로 예술적, 창조적, 과학적 과정을 갖는다. 예술적 과정으로 악기를 연주하거나 노래하고 감상하는 등의 음악활동으로 나타난다. 대상에게는 이것이 즐거운 활동을 하며 자신의 필요를 채우게 되고, 치료사에게는 대상의 장애나 필요에 따라 접근할 수 있는 도구가 된다. 또 창조적 과정은 활동에서 어떤 것이나 독특한 것으로, 받아들여지도록 하는 것으로 창조성은 대상으로 하여금 자신의 문제를 새로운 관점에서 해결하도록 하는 기회를 제공한다. 이러한 창조성은 내면으로부터 나오며 문제에 대한 통찰력을 제공하고 변화를 위한 에너지가 된다. 치료사에게는 대상에게 접근할 수 있는 융통성과 다양함을 지원한다. 또한 음악치료는 과학적 과정을 갖는데, 대상을 사정하고 치료를 계획하고 평가하는 일련의 체계적인 과정을 갖는다. 이것은 대상에게 신뢰감을 주며 치료사에게는 치료에 대한 타당성과 효율을 높이는 과정이 된다. 음악을 이용한 모든 경험은 환자의 능력과 기호에 맞게 이루어진다. 그러므로 음악치료사는 음악치료에서의 음악을 개개인의 수준에 맞추어 모든 인간의 천부적, 자연적인 반응을 이끌어내는 데 초점을 맞춘다. 그래서 음악치료사는 전문적 교육과정을 바탕으로 임상경험을 통해 배출된다. 음악치료사가 되기 위해서는 다른 의료인과 마찬가지로 건강한 신체와 정신이 필수적이다. 음악치료사는 대상을 인격적으로 존중하고 그들의 인권을 보호해야 하며 대상들과 전문인으로서의 윤리에 맞는 대인관계를 유지하여야 한다.

음악치료사는 정상적, 비정상적인 인간 성장단계를 이해하고 다양한 신체적 심리적 장애에서 오는 이상증상과 행동의 문제점을 인식하며 여러 유형의 치료방법을 터득해야 한다. 아울러 음악치료에 관한 이론적 지식과 실제경험을 바탕으로 효과적인 개인, 그룹치료를 이끌어 갈 수 있는 기술을 필요로 한다. 또한 음악치료사가 치료상황에 따라 다양한 스타일의 음악을 노래할 수 있고 피아노와 기타를 포함한 여러 악기들을 적용하고 연주할 수 있는 음악적 자질을 갖추고 있어야 한다.

5) 음악치료의 효과

음악치료의 대상은 신체적, 정신적, 감정적, 행동적, 사회적인 문제에 대해 어려움을 겪고 있는 아동, 청소년 성인, 노인에 이르기까지 모두에게 있어 적용된다. 음악치료의 목표로는 기본적인 인식능력(촉각자극에 대한 반응, 시각적 자극에 대한 반응 등) 향상, 대소근육 기능 향상, 사회적 기술 획득, 의사소통 능력 향상, 인지능력 향상을 들 수 있다(Madsen, 1968). 여러 학자들의 아동을 대상으로 한 음악치료의 효과를 요약하면 다음과 같다.

첫째, 자신감 향상이다. 음악은 성공적인 경험을 통해 자기 속의 긍지를 높일 수 있는 기회를 마련해 준다. 음악치료에서 노래를 부르거나 악기를 연주하거나 또한 음악을 만드는 것은 비록 성취감이 낮을지라도 학생들에게 자신감을 주며 성격 발달에 도움을 준다. 즉각적이고 기초적인 성공에 바탕을 둔 이런 자신감은 자기 존중을 하는 데 도움을 준다(Kadushin, 1980).

둘째, 아동의 자기 인식이다. 음악은 사회적으로 인정을 받으며 보상을 받을 수 있는 기회를 마련해 준다. 즉, 연주 그 자체에 기쁨과 보람을 느끼게 하며 칭찬과 비평을 긍정적으로 받아들이게 한다(Hibben, 1984). 이러한 음악활동에서는 성공이나 실수에 대한 건전한 태도를 향상시키거나, 비평이라든가 일시적인 좌절을 긍정적으로 수용할 수 있는 준비태세와 인내성을 증가시키도록 하는 데 도움이 된다. 자신의 음악적 성취에 대한 자기 스스로의 평가를 통해 많은 자기 인식을 얻을 수 있다.

셋째, 사회성 향상이다. 음악치료 활동에서는 개인이 음악을 하는 동안 집단에 참여하면서 사회적 경험을 가지게 된다. 또한 다른 사람과 협동해야 하며 집단에서의 자기의 임무와 책임, 역할을 담당해 내야 함을 알게 된다. 이를 통하여 집단에의 소속감과 동일감을 느끼게 되며, 자기와 타인과의 유사점과 차이점을 있는 그대로 수용함으로써 자기 성장의 기회를 가지게 된다(Siepker, 1985). 또한 자기가 집단에서 필요한 존재임을 알게 되면서 자기 가치감을 가지고 사회활동에 참여하고 적응할 수 있는 힘이 생기게 된다. 사회성 발달의 영향에 있어서 음악은 사람들을 참여시키고 동기를 유발시키며 유대감을 갖도록 하는 것 외에 소속감을 느끼게 해 주고 다른 사람들과 더 친밀감을 갖도록 유도하기도 한다. 이렇게 다른 사람들과 함께 공유하는 음악적 경험은 역동력을 가지고 바람직한 행동의 변화를 가져오도록 유도한다(Bruscia, 1987).

넷째, 집중력 향상이다. Grinnel(1970)은 주의집중 행동과 음악활동을 연관시켜 학습능력의 향상에 효과적으로 사용할 수 있음을 강조하였다. 음악활동은 아동에게 과제에 대한 흥미를 주어 활동에 지속시킬 수 있도록 하기에 충분한 힘을 가지고 있으며, 아동이 가지고 있는 공격성이나 주의력 결핍과 같은 문제행동을 음악을 통하여 조절함으로써 과제에 좀 더 집중하도록 한다. 이는 몇몇 연구들을 통해 나타나는데, 자리 이탈 행위를 감소시키거나 과잉행동과 산만한 행동을 감소시키기 위해 음악을 사용하여 과제에 대한 집중력을 향상시킬 수 있다.

4 모래놀이치료

1) 모래놀이치료 개념

모래놀이는 정신 내적 경험이 정서적, 정신적 동화과정을 거쳐 표현되는 극적이고 개별화된 놀이형태이다. 아동은 모래상자에 표현되는 요소에 직면하면서 치료자와 친밀한 경험을 나눈다. 치료자와 아동이 공유하는 경험의 내용과 형식은 또 다른 경험을 창조하게 한다.

모래놀이의 전제는 적절한 조건이 주어질 때 인간은 무의식의 깊은 곳에 스스로를 치유하려는 힘을 갖고 있다. 아동은 정해진 규격의 모래상자에서 모래, 물, 여러 가지 소품으로 삼차원의 구상, 추상적 디자인의 창의적이고 자발적인 모래그림을 만든다. 이러한 과정을 통해 아동은 한 번도 이야기한 적이 없는 내부 세계와 접하며, 자신의 판타지 세계를 표현할 기회를 가지게 된다. 이때 경험이 많고 신뢰할 수 있는 치료자의 도움으로 아동은 자신의 감정과 삶의 양식을 잘 이해하게 되고, 치유되기 시작한다.

모래놀이치료는 개인의 심리적, 생리적 경험과 탐구적 통합기능을 함께 자극한다. 그러므로 아동의 치유사실이나 몇 명의 아동을 치료했는가에 그 중요성이 있는 것은 아니다. 치료자의 상담시간이나 동료치료자와 함께 하는 모래놀이 경험의 축적과 이를 통한 깊은 자기 탐색이야말로 큰 의의를 가진다.

그러므로 경험이 부족한 모래놀이치료자는 아동의 묘사를 통해 부과되는 극도의 부정적 혹은 긍정적인 심리적 에너지를 견디기 어렵다. 치료자는 정서적 위험을 감수해야 한다.

치료자가 자기 정신의 성장해야 할 부분을 제한된 모래상자 안에 투사할 수 있는가, 혼자서나 타인 앞에서 자신이 만든 세계에 직면할 수 있는가에 따라 아동 역시 완전히 자유로울 수 있다. 치료자 스스로가 모래상자 안에서 자유롭게 느낄 때 아동으로 하여금 자신의 창의적인 치유 가능성을 존중하고 자부심을 느낄 수 있도록 이끌 수 있다. 또 아동의 문제 해결 여정에 함께할 수 있다.

모래놀이는 자아의 깊고 영적인 면까지 터치할 수 있는 것이며 긍정적이고 부정적인 모든 면을 상기시킨다. 모래놀이는 그 안에 진실로 '영혼작업'이라 할 수 있는 소중한 것을 담고 있기 때문에 치료자는 놀이가 내면적 깊이에 도달하고 함정에 빠져 버린다는 이 두 가지 가능성 모두를 이해해야 한다.

치료자의 절제력, 아동에 대한 깊은 공감, 인간성 존중이야말로 아동의 치료 여정에서 정신적 요소, 개인적인 힘, 슬픔, 잔인함 등을 포함하는 심리적 에너지를 이해하고 존중하는 것이다. 따라서 치료자 자신이 오랜 기간 모래그림을 만들고 훈련하는 것이 필수적이다. 스스로 모래놀이의 즐거움과 정신에 작용하는 모래의 힘을 느껴 보아야 하며, 모래놀이를 통해 자신과 대면해야 한다. 모래놀이를 통한 즐거움, 분노, 고통을 느끼고 깊이 이해해야 한다.

모래상자 안에서 이루어지는 작업은 아동에게 내면의 느낌을 지각할 수 있게 하며 개인의 독특한 정신 내적 현실과 외부세계의 현실을 이어 주는 역할을 한다. 나아가 평행인 심리층(parallel psychological planes)에서 정신의 무의식적이고 비언어적 측면과 의식적이며 언어적인 측면을 연결해 준다.

모래상자라는 매체는 놀이를 이끌어 내는 특성이 있어서 모래놀이는 존재의 통합된 부분의 놀이, 상상력, 공상의 욕구를 일깨운다. 언어 이전의 사고양식인 심상사고를 활성화하여 창의성과 자발성을 길러 준다.

창의적인 힘은 아동이 치료시간 동안 떠오르는 생각과 느낌을 표현하고 언어화하도록 도와준다는 점에서 정신분석 과정의 자유연상과 닮았다.

인간의 생각과 느낌은 현실에서 언어에 의한 의사소통을 거치면서 압축, 왜곡되며, 총체성을 잃고 단일차원의 단편으로 분열된다. 치료에 있어서도 언어적 표현은 심리 내적 현실의 엄청난 양과 복잡성을 온전하게 담아내지 못한다. 정서적으로 왜곡된 아동의 경우, 심각한 의사소통의 장벽이 치료과정의 큰 장애가 된다. 더욱이 정서와 인지, 언어발달상 미숙한 아동은 자신의 복잡 미묘한 심리적 경험을 적절하게 표현하지 못한다.

모래놀이는 모래상자 안에 창조된 세계를 통해 만지고 보고 생각하고 토의하고 경험하고 사진 찍을 수 있는 물리적 창조물이 되어 줌으로써 치료에 새로운 차원을 열어 준다. 불일치하는 생각과 느낌, 상상 또는 명확하지 않은 이미지와 의식의 흐름을 물리적으로 창조하며 변형시킨다. 인간의 영혼, 마음, 지적능력, 신체를 함께 표현함으로써 아동의 전 존재(total beingness)가 온전하게 드러난다.

2) 모래놀이치료의 역사

모래놀이는 1929년 영국의 소아과 의사인 Lowenfeld에 의해 시작되었다. Lowenfeld는 인간관계의 결손이 주 문제인 아동이 언어를 대신해 조그만 물체를 가지고 할 수 있는 놀이를 생각했다. 심리분석의 대상으로 해석되어 온 종래의 장난감과 달리 아동의 정서와 정신상태를 직접 표출할 수 있는 도구를 만들고자 한 것이다. 이것은 치료자가 아동의 표현내용을 기록할 수 있고 연구를 위해 요약할 수 있는 장치이기도 했다.

심리치료의 중심 과제는 직관뿐 아니라 사고양식에 대한 지식과 이해로 아동의 마음과 접촉하는 것이다. 그러나 어른과 달리 아동의 사고는 생각, 감각, 기억,

개념이 모두 뒤엉켜 짜여 있으며 유동적이고, 여러 층에서 동시에 일어나므로 이러한 접촉이 매우 힘들다.

아동의 정서는 어떤 감정이든 일단 나타나면 전체를 차지하며 아동이 가진 개념 또한 어른의 관점에 의한 외적 현실과는 관계가 없다. 아동에게는 생각과 감정을 표현할 힘을 주고, 경험의 여러 층에서 일어나는 생각을 표현하며 움직임의 표현이 가능한 장치가 필요하다.

Wells의 저서 『*Floorgames*』(1911)에서 영감을 받은 Lowenfeld는 아동이 현실적이건 공상적이건 자신의 세계를 꾸미는 데 사용하는 모형을 수집하게 되었다. Floorgames란 마룻바닥에서 작은 모형들로 장면을 구성하는 놀이로, Wells가 자신의 아들이 즐겨했던 극적인 공상놀이를 보고 착안한 것이다. Floorgames의 가능성에서 영감을 받은 Lowenfeld는 자신의 상담실에 다양한 작은 모형을 모았으며, 아동을 위해 허리 높이의 탁자 위에 방수가 되는 모래상자를 만들었다.

이 장치는 1929년에 만들어져, 아동의 반응에 따라 '세계(the world)'라 불렸으며 런던의 아동심리연구소(the Institute of Child Psychology)와 Lowenfeld 상담실에서 계속 사용하고 있다.

연구자들과 임상가들은 이 기법을 모래놀이(sand play), 모래상자놀이(sandtray play), 모래상자 만들기(sandbox building), 모래게임(sand game), 모래그림(sand picture), 모래놀이기법(sand play technique), 모래상자세계(sand tray worlds), 세계기법(the world technique), 세계(the world)라 부르고 있다.

심리학자, 아동정신치료자, 아동교육자 역시 오랫동안 모래놀이에 대해 연구했다. 1934년 Lowenfeld의 모래놀이치료를 본 Buehler는 이를 표준화하여 세계테스트(World Test)라는 심리학적 평가도구를 만들었다.

1950년대 Lowenfeld로부터 배운 Kalff는 Jung의 분석심리학 이론을 응용하여 모래놀이치료를 더욱 발전시켰다. Kalff는 이 방법을 치료적으로만 이용하였으며, Lowenfeld와 달리 치료자와 환자와의 관계를 중요시하고, 환자의 자기치유의 힘을 최대한 이용하려고 했다. 또한 모래 그림에 표현된 것을 Jung이 연구한 상징이나 이미지의 관점에서 관찰함으로써 모래놀이의 본질을 규명하였다. 즉, 치료자와 내담자의 '모자일체성'과 같은 관계가 성립되면 내담자의 자기실현 과정이 촉진되며, 내담자가 자신의 힘에 의해서 스스로 치유되어 간다고 하였다(김보애, 2008). 일본에서는 1965년부터 스위스의 Jung 연구소에서 교육받은 심리학자들에 의해 모래놀이치료가 시작되었다.

한국의 경우 실제 임상에 적용되기 시작한 것은 1990년 원광아동상담센터 내에 모래놀이치료실이 만들어진 다음부터라 할 수 있다. 그후 화원교육연구소에서는 모래놀이치료 대상을 청소년과 성인에게로 확대하여 활용하고 있다.

3) 모래놀이 치료실과 치료도구

(1) 치료실

조용하고 깨끗한 공간이어야 하며 벽면에 선반을 나란히 붙여 놓고 선반에 소품들을 영역별로 배치해 놓는다. 치료실 가운데 모래상자를 놓고 치료자와 아동의 의자를 놓는다.

(2) 모래상자와 모래상자 테이블

모래상자는 직사각형(72.39×49.53×7.62cm): 모래상자를 한눈에 내려다 볼 수 있는 넓이와 높이이다. 모래상자의 크기를 제한하는 것은 모래 영역이 너무 크면 아동이 집중하고 형상화하는 것이 어렵기 때문이다. 모래상자를 두 개(방수 가능) 준비하는 것이 좋은데, 만일 아동이 모래에 물을 부을 경우 마른 모래 상자 하나 더 필요할 수 있기 때문이다. 상자 안쪽은 푸른색으로 하며 모래를 치우면

푸른색이 드러나서 연못, 강, 바다, 하늘의 이미지가 표현될 수 있도록 하기 위함이다.

모래상자 테이블은 내담자가 의자에 앉았을 때 편안하게 사용할 수 있는 높이로 하며 바퀴가 있으면 이동하면서 사용하기 편리하다.

(3) 모래

모래상자에 넣을 모래는 기본적으로 고운 모래와 젖은 모래가 있으며 그 외 굵은 모래와 흰 모래, 검은 모래 등을 준비하기도 한다.

(4) 모래놀이 소품

모래놀이치료실에는 아동이 내면의 이미지를 자유롭게 표현하고 선택할 수 있도록 다양한 소품(피겨)을 갖추고 있는 것이 바람직하다. 실제로 아동이 표현하려고 하는 세계는 실제적이고 구체적인 것에서 추상적인 것까지 폭이 넓기 때문에 내담자가 충분히 표현할 수 있도록 다양한 소품을 갖추고 있는 것이 좋다. 모래놀이 치료에서 소품은 어느 정도 갖추고 있어야 하는지에 대한 특별한 기준치가 있는 것은 아니다. 소품은 다양한 시대의 다양한 역할의 인간 형상, 동물, 나무, 식물, 집과 실내 가구, 건축물 및 종교적 상징, 다리, 교통기관, 돌, 바위, 유리구슬, 조개 등으로 친숙하고 예쁜 형상을 갖추고 있는 것도 있고 거슬릴 정도로 추하고 악하며 두려움을 자극하는 모형도 있어야 한다. 모래놀이치료에 구비할 수 있는 소품에는 다음과 같은 것들이 있다(정문자 외, 2012).

표 13-6 **모래놀이 소품**

구분	소품
인간	• 가족(아기, 소년, 소녀, 학생, 할머니, 할아버지, 아줌, 아저씨 등) • 여러 직업인 (의사, 간호사, 요리사, 회사원, 경찰, 소방관, 농부, 우체부 등) • 운동선수 • 군인 (육군, 공군, 공군), 투사, 무사 • 다양한 인종의 사람 • 원시인, 우주인, 과거 시대의 사람들 • 신랑, 신부 등
특별한 캐릭터	• 마녀, 요정, 피터팬, 백설공주, 인어공주, 왕자, 케로로, 슈퍼맨 등 • 민화, 동화, TV 속의 인물 • 천사, 그리스도, 부처, 마리아 상 등
동물	• 개, 고양이, 사자, 호랑이, 코끼리, 원숭이, 말, 하마, 악어, 거미, 뱀, 쥐, 양, 돼지, • 각종 물고기, 개구리, 기린, 펭귄, 두꺼비, 공룡 등
식물	• 크고 작은 나무들, 다양한 색깔의 꽃, 나뭇가지, 풀, 잔디 등
광물	• 크고 작은 돌, 조개껍데기 등
교통기관	• 자동차, 기차, 배, 소방차, 구급차, 경찰차, 소방차, 비행기, 전투기, 구명보트, 로켓, 유모차, 잠수함 등
집	• 한옥, 양옥, 아파트, 오두막, 이글루 등
건축물	• 등대, 울타리, 담, 다리, 터널, 소방서, 주유소, 교회, 탑, 우체통, 공중전화박스, 우물, 각종 가게, 성, 여러 가지 표시판 등
무기	• 총, 칼, 탱크, 대포, 전투기, 활 등
실내가구	• 침대, 스탠드, 소파, 긴 의자, 책상, 부엌 도구, 옷장, 변기 등
음식	• 피자, 각종 과일, 햄버거, 빵, 술,
기타	• 양초, 구슬, 성경책, 십자가, 놀이기구 등

출처: 정문자 외 4인(2012).

(5) 선반

모래놀이치료실에서는 모래놀이치료에 사용되는 위에 언급된 다양한 소품을 배치하기 위해 여러 개의 선반이 필요하다. 폭이 좁은 선반이 폭이 넓은 선반보다 사용하기가 훨씬 더 용이하다.

한편 치료자 개인적인 취향에 따라 선반에 소장품을 배치할 수 있으나Tunner (2009)는 발달과 원형적 단계를 고려할 것을 제안하고 있다. 발달적인 측면으로는 내담자의 일반적인 체격과 신장을 고려하여 어린 아동이 선호하는 소품들인 동물, 사람, 가구, 만화 및 동화 캐릭터 등은 아래 선반에 배치한다. 군인, 군대, 교통수단 및 말은 중간 선반에 두어 초등학생 연령의 아동이 쉽게 접근할 수 있도록 한다. 또한, 원형적인 측면을 고려해서 바위, 나무, 조개껍데기와 같은 자연환경에서 취득한 물건들은 바닥 쪽에 두고 영적, 종교적 소품은 위쪽 선반에 둔다(정문자 외, 2012).

(6) 기타

내담자가 원할 때는 물을 붓거나 뿌릴 수 있도록 물을 담은 물 그릇 혹은 모래를 쓸고 묻고 파헤치기 위한 도구로 작은 삽, 혹은 작은 빗자루와 쓰레받기 그리고 모래 담을 통 등이 필요하다.

4) 치료사의 역할

모래놀이 치료사 역시 치료사로서 기본적인 자질인 내담자가 신뢰할 수 있도록 자유롭고 보호된 공간을 제공해야 하고 특별히 모래놀이 치료사로서 자질을 갖추기 위해 교육과 훈련이 필요하다. 먼저는 치료사로서 내담자를 존중하고 내담자의 자기 치유력에 대해 신뢰하며 치료사 자신을 사랑하는 사람이어야 한다. 그리고 치료사 자신이 모래상자를 만들어 보는 작업을 통해 정신과 감정의 모든 움직임을 경험해 보아야 하며, 교육 분석을 통해 자신을 이해하고 인식함으로써 인격발달을 가져오고 내담자를 보다 개방적이고 수용적으로 대해야 한다(김보애, 2008). 또한, 기본적으로 인간의 발달과 정신 병리에 대한 지식과 함께 내담자가 선택한 소품의 특징과 배치의 의미 등을 이해하기 위해 심리학, 문화인류학, 신화, 민담, 꿈, 상징에 대한 지식이 있어야 한다.

5) 모래놀이치료의 효과

모래놀이치료의 대상은 초기에는 아동에게 많이 적용하였지만, 현재에는 아동에서부터 노인에 이르기까지 그 대상이 폭넓게 적용되고 있다. 적용범위도 발달지체, 유사자폐, 성학대 피해, 환각제 흡입, 폭력문제, 알코올 중독 등의 치료까지 매우 다양하고 폭넓다.

모래놀이치료는 모래치료 과정에서 자신을 돌아볼 수 있는 통찰력이 생기고 왜곡된 부분들이 풀리며, 치료과정 속에서 자신의 나쁜 감정을 모두 발산하여 긍정적인 면들이 부각되며, 문제행동이 감소하며 현실 생활에서의 적응력이 생기고, 자신의 무의식 세계의 부정적인 내면을 표출함으로써 정서적인 안정을 꾀할 수 있으며, 주의산만한 아동이 모래놀이시간을 통하여 집중력이 향상된다는 등의 효과가 있다.

모래놀이 치료는 아동에게 다음과 같은 효과가 있다.

첫째, 모래놀이치료는 아동이 가진 심리적 문제점을 비언어적으로 표현하게 하며, 빈약한 언어능력을 가진 아동에게 필요하고 효과적이다.

둘째, 모래놀이치료는 독특한 운동감각적 성질을 가지고 있다. 모래놀이치료는 외상으로 인해 병리적인 애착을 가지고 있는 아동에게 감각기관에 대한 경험을 제공하고 신뢰적 관계와 인간이 갖고 있는 운동감각적 경험의 욕구를 충족시켜 준다. 모래를 만지고 노는 촉감과 그 행위 자체로 치료경험을 할 수 있다.

셋째, 아동을 위한 치료적 거리를 제공해 준다. 이 치료적 거리는 아동이 해방감을 느끼는 안전한 장소이며, 위기에 처해 있는 아동이 고통을 언어로 적절히 표현하지 못하는 경우, 매개물을 통하여 고통을 자연스럽게 표현하게 한다. 아동은 상징과 승화를 통해 감정적 표출을 경험하며, 감정의 표출을 통해 카타르시스를 느낀다.

넷째, 모래놀이치료는 아동에게 자연스럽게 경계선과 제한을 제공하며 통제력을 경험하게 하며 안정성을 장려한다. 자신감을 일깨워 주고, 책임감을 회피하려는 아동에게 책임과 통제력을 갖게 해 준다.

다섯째, 아동의 저항을 극복하는 데 있어서 효과적이다. 즉, 아동으로 하여금 놀이를 통해 자신을 표현하도록 해 주기 때문에 치료에 순응한다. 또한 갈등을 언어화하는 데 느끼는 두려움을 전환시켜 주는 의사소통의 수단이 될 수 있다.

여섯째, 모래놀이치료는 방어수단으로서 이용되는 언어화를 꿰뚫어 볼 수 있으며 깊은 정신내면에 철저하게 그리고 좀 더 빠르게 접근한다. 즉, 인간 상호 간에 그리고 인간내면에 대해 생각할 수 있는 능력을 증대시켜 준다.

일곱째, 모래놀이치료를 통해 전이의 문제를 효과적으로 제거할 수 있다. 표현할 수 있는 매개물이 있다는 것은 대안적으로 어떤 대상의 전이를 만들어 낼 수 있다는 뜻이다. 모래상자의 소품은 아동의 문제를 안전하게 제거하기 위한 전이의 대상이나 수단의 대상이 될 수 있다.

생각해 봅시다

한국의 딥스 – 영수 이야기
책으로 보는 놀이치료

주정일 교수는 우리나라에 처음으로 아동상담센터를 개설하였던 분으로, 이 상담 센터에서 만나게 된 영수라는 아이의 치료를 통해 버지니아 액슬린의 놀이치료를 실감하게 되고 영수가 자아를 찾아가기까지의 감회와 치료 과정을 책으로 담아낸 것이 바로 이 『한국의 딥스』이다.

영수의 형은 다운증후군을 지니고 태어났고 이로 인해 영수를 임신했을 때 영수의 부모는 둘째인 영수를 정상아로 태어나게 하고 싶은 마음으로 양수검사를 하였다. 그러나 정상이라는 병원의 이야기와는 달리 영수는 언청이라고 불리는 선천성 구개파열을 지닌 채 태어났다. 언청이로 태어났다는 이유로 다른 아이들과는 다른 아픈 경험을 해야만 했던 영수는 커 가면서도 자기만의 세계에 갇혀 지냈고, 여섯 살이 되어서도 '엄마'라는 말밖에 하지 못했다. 영수는 놀이치료를 하는 과정에서 아빠에 대한 적개심을 행동으로 표출하였다. 아빠의 인형에다 찰흙을 덕지덕지 붙이고는 그 찰흙 위를 나무망치로 때리면서 만족스러운 표정을 짓는 것을 볼 수 있었는데, 이것 또한 무의식 속에서 받았던 상처를 표출한 행동일 것이다. 이 행동은 영수가 태어났을 때 정상이 아니라는 사실을 안 아빠가 영수를 병원에 놔두고 데려가지 않았던 일이 있었는데 이것을 영수가 직감적으로 눈치를 챈 것이다. 놀이치료 활동을 통해 영수와 영수의 가족은 점점 마음으로 서로를 이해하고 받아들이게 되는데….

❶ 버지니아 액슬린이 지은 『딥스』를 읽고 놀이치료 과정을 논의해 보자.

❷ 미술치료의 실제 중 구체적인 치료 방안을 찾아보자.

❸ 음악치료 프로그램을 탐색해 보자.

참고 문헌

강옥려 외(2009). 장애아동의 이해와 교육. 한국방송통신대학교 종합교육연수원. 신성.

강위영·권명옥(2004). 정서 및 행동장애아동의 적응훈련 프로그램. 도서출판 특수교육.

고성종(1998). 자폐성 아동의 부적응행동 교정을 위한 Premack 원리 적용 효과. 특수교육총연합회.

고영미(1996). 유아의 스트레스 행동과 어머니의 양육태도 및 가족변인과 성별과의 관계. 이화여자대학교 대학원 석사학위논문.

곽영숙·홍강의(1987). 아동학대의 개념과 원인. 정신건강연구. 6. 37–52.

구광현 외(2002). 부모역할과 자녀교육中 '유아기 스트레스 대처 방안'. 교육과학사.

구대희(1996). 섭식과 영양장애현상이 유아행동 발달에 미치는 영향. 경북실업전문대학논문집.

김경회·민성길(1985). 유뇨증(Enuresis)과 누분증(Encopresis)에 대한 임상적 연구. 大韓神經精神醫學會. 124–132.

김경희(1999). 발달심리학 –생애발달–. 학문사.

김경희(2001). 발달심리학. 학문사.

김경희(2003). 아동심리학. 박영사.

김계자(2003). 영유아 영양 및 건강교육. 동문사.

김광웅(2001). 유아교육심리학. 창지사.

김광웅(2001). 유아의 성에 따른 스트레스 대처유형과 놀이성에 관한 연구. 숙명여자대학교 아동연구소.

김기덕(2005). 코칭으로서 교회학교 교사 역할에 대한 연구. 나사렛신학 대학원 석사학위논문.

김나림(1996). 유아의 또래간 인기도에 따른 스트레스행동 연구. 이화여자대학교 대학원 석사학위논문.

김남순(2005). 정신지체아동 교육의 이론과 실제. 교육과학사.

김동일·이대식·신종호(2005). 학습장애아동의 이해와 교육. 학지사.

김명혜(2002). 언어장애의 이해. 한국기독교영유아교육.

김미경(1996). 학습문제를 동반한 주의력 결핍 과잉행동장애 아동의 특성분석. 성균관대학교 대학원 석사학위논문.

김민정(1999). 자폐아동의 상동행동 변화를 위한 무용치료프로그램의 효과. 한양대학교 교육대학원 석사학위논문.

김병성(1984). 학습부진아의 교육가능성. 한국교육개발원. 6(3). 17-22.

김보애(2008). 모래놀이여행. 가톨릭출판사.

김성희·허혜경(1998). 유아발달. 교육과학사.

김소영(1992). 아동의 스트레스와 효과적인 대처방안에 관한 연구. 학생지도 연구. 제13집. 원광대학교 학생생활연구소.

김영교(1995). 부모와 아동의 스트레스 대처양식과 아동의 우울 및 불안과의 관계. 연세대학교 교육대학원 석사학위논문.

김우진(2003). 학습장애 아동의 학습효율성 및 학습방법 특성. 공주대학교 특수교육대학원 석사학위논문.

김윤옥(1995). 학습장애를 가진 아동들을 위한 학습전략개발의 지침 및 실제. 특수교육학회지. 16(1). 189-204.

김윤옥(2000). 학습장애 아동을 위한 교수-학습전략. 교육과학사.

김은경(1997). 학교폭력과 폭력의 사회화. 교육개발. 105. 42-45.

김종순(1995). 학습전략과 상위 인지와의 관계분석 연구. 교육학 연구. 33(3).

김종현 외(2003). 특수아동교육. 형설출판사.

김주아 외(2006). 보육학개론. 대왕사.

김주아 외(2012). 아동복지론. 동문사.

김창대(1985). 우울과 스트레스 대처양식. 서울대학교 대학원 석사학위논문.

나동진(1999). 교육심리학 -인지적접근-. 학지사.

남명자(1995). 어린이와 텔레비전 환경(나남신서425). 나남.

노안영 외(2004). 성격 심리학. 학지사.

도미향·채경선(2006). 부모·자녀 관계 코칭. 한국가족복지학회 춘계학술대회 자료집.

류정수(1995). 유아의 유치원에서의 스트레스 및 이에 대한 대처 방식. 계명대학교 교육대학원 석사학위논문.

마가렛 S.말러 외(1997). 이재훈 옮김. 유아의 심리적 탄생. 한국심리치료연구소.

박상희·윤복희·정윤자(2006). 유치원 교사를 위한 특수아동교육. 동문사.

박성익(1986). 협동학습전략과 경쟁학습전략의 효과 비교. 교육학연구, 23(2). 한국교육학회.

박순경(1996). 교육과정 이해에 있어서의 '텍스트 일기'의 의미: 교육학 연구. 제34권(1).

박순이(2004). 부모와 교사의 유아발달 기대수준과 유아의 일상스트레스에 관한 연구. 원광대학교 대학원 박사학위논문.

박은영(2000). 프로젝트 접근법이 초등학교 저학년 학생의 자기 주도적 학습력 및 과제수행능력과의 관계. 서울대학교 대학원 석사학위논문.

방명애(2004). 정서 및 행동장애 학생의 교수·학습 지도 방법. 국립특수교육원.

배선희(2005). 몬테소리 교육이 유아의 자기 주도성과 대인관계 형성 능력에 미치는 영향. 충남대학교 대학원 석사학위논문.

배장은(1998). 프로젝트 접근법과 몬테소리 프로그램의 비교연구. 성균관대학교 대학원 석사학위논문.

배지연(1998). 유아의 일상적 스트레스 유형과 대처 방식. 계명대학교 교육대학원 석사학위논문.

백남원(1991). 학교환경. 한국학교보건학회지. Vol.4 No.2.: 31-38.

백은희(2005). 정신지체. 교육과학사.

백지은(2007). 분리불안장애 아동의 특성과 부모-자녀 놀이치료 프로그램의 효과. 한양대학교 박사학위청구논문.

브레인 폴스트(1988). 태아의 편지. 샘터. 유아교육신서. 제28집.

성영혜 외(2003). 아동복지의 이론과 실제. 동문사.

성태제(1996). 타당도와 신뢰도. 양서원.

송동호·전지용·이홍식(1995). 유뇨증에서 벨알람 행동요법과 Oxybutynin 치료의 비교. 大韓神經精神醫學會. 1721-1729.

송명자(2004). 발달심리학. 학지사.

신동희(2003). SWOT analysis의 친환경 제품설계 적용방법 연구. 아주대학교 대학원 석사학위논문.

신현기 외(2001). 특수교육의 이해. 교육과학사.

심영진(2005). 현대인의 전인건강. 은혜출판사.

안라리(1994). 유아교육기관의 질에 따른 유아의 스트레스 행동: 종일제 유아교육기관을 중심으로, 이화여자대학교 대학원 석사학위논문.

안영진(1995). 유아발달심리학. 문음사.

안정덕(2002). 정신지체 장애인에 대한 심리학적 이해. 경남 체육연구.

에노모토 히데타케(2003). 코칭의 기술. 황소연(역). 새로운 제안.

여광응 외(2003). 특수아동 부모교육의 이론과 실제. 양서원.

여광응 외(2003). 특수아동의 심리학적 이해. 학지사.

위영희(2002). 유아의 스트레스 행동에 관한 일 연구. 서원대학교 교육연구소.

유광철(2003). 리더십으로서의 TLC 코칭이 슈바르츠의 자연적 교회성장(NCD)과 셀 교회에 있어서 질적 증가에 끼치는 영향에 대한 연구. 총신대학교 대학원 석사학위논문.

유미숙(1997). 놀이치료의 이론과 실제. 상조사.

유미숙(2003). 놀이치료 이론과 실제. 상조사.

유안진 외(1997). 유아교육총서 부모교육. 동문사.

윤석구(2001). 행동계약을 이용한 중재전략이 정서장애 아동의 공격행동과 주의집중에 미치는 영향. 특수교육총연합회.

윤유경(1989). 아동의 스트레스 대응양상의 발달. 이화여자대학교 대학원 석사학위논문.

윤치연(2003). 발달장애의 이해. 형설출판사.

이규광·신윤오·이태용(1997). 유뇨증 소아의 공존질병 및 정서상태. 소아·청소년정신의학. 제8권 제1호.

이미진(2004). 아동의 스트레스 대처행동과 통제소재 및 우울의 관계. 성신여자대학교 대학원 석사학위논문.

이병권(2000). 음악치료를 통한 틱장애 아동의 반응연구. 한세대학교 대학원 석사학위논문.

이부영(2006). 분석심리학. 서울: 일조각.

이상우, 정종진 역 (1984). 인간 성격의 이해: 건강한 성격에 관한 제 접근. 서울: 중앙적성출판사.

이상훈(1997). 학습장애 아동과 학습부진 아동. 정상성취아동의 귀인양식과 인지적 동기특성. 대구대학교 대학원 박사학위논문.

이소은(1990). 스트레스 상황에 대한 아동 및 청소년의 대처 방식. 서울대학교 대학원 석사학위논문.

이소현·박은혜(1998). 특수아동교육. 학지사.

이소현(2003). 특수유아교육. 학지사.

이소희 외(2004). 영유아복지론. 현학사.

이소희(2006). 제1회 Fresh Kids In NLPia 신입원아의 쉽고도 빠른 적응을 돕는 탁월한 방법: NLPia Coaching 접근 워크숍 자료.

이숙 외(2004). 아동상담. 양서원.

이숙재·이봉선(2003). 영유아의 발달과 교육. 창지사.

이승환 외(2001). 의사소통장애개론. 하나출판사.

이승환(1992). 말-언어장애. 국립국어연구원.

이양희·조영숙·구미향(2001). 유분증 아동을 위한 배변훈련 프로그램의 효과연구. 소아·청소년정신의학. 제12권 제2호.

이연섭 외(2001). 흔들리는 가정과 교육. 교육과학사.

이영·조연순 공저(2002). 영유아발달. 양서원.

이영아(2004). 놀이치료에 관한 유치원 교사의 인식. 한국교원대학교 교육대학원 석사학위논문.

이영애(2005). 전기문 지도 방안 연구. 부산대학교 대학원 석사학위논문.

이영은(2007). 반응성 애착장애 아동의 단일 미술치료 사례연구. 동국대학교 대학원 석사학위 논문.

이영호(2005). 정신건강론. 학현사.

이영희(2001). 탐구 능력 계발을 위한 발문법 및 토론수업의 운영과 심화 보충 과정 운영을 통한 성취도 향상 방안. 경희대학교 대학원 석사학위논문.

이옥형(1997). 아동발달. 집문당.

이옥형(1999). 아동발달. 집문당.

이용승·이정희(2000). 엄마 아빠에게 무관심한 아이 자폐증. 학지사.

이윤상·오윤선(2000). 교육의 심리학적 이해. 다락방서원.

이은화 외(2003). 유아교육개론. 이화여자대학교 출판부.

이은화 외(2004). 유아를 위한 부모교육. 동문사.

이인영(2004). 집단미술치료가 섭식장애 입원환자의 자아존중감과 신체상에 미치는 효과. 원광대학교 보건환경대학원.

이재연(1992). 아동발달. 문음사.

이정균(1990). 정신의학. 일조각.

이정순(1988). 고등학생의 스트레스 요인과 그에 따른 대응행동. 영남대학교 교육대학원 석사학위논문.

이정원(2004). 교육심리학. 책과 사람들.

이정은(1991). 유치원과 국민학교 저학년 어린이의 일상적 스트레스. 이화여자대학교 교육대학원 석사학위논문.

이춘재 외(1998). 발달정신병리학. 중앙적성출판사.

이화자(1994). 아동 간호학. 정담.

이효자 외(2000). 특수아동교육. 정일.

이희경(2005). 코칭입문. 교보문고.

임갑빈(1993). 유아 스트레스 해소방법에 관한 기초연구. 교육연구(2). 숙명여자대학교 교육문제연구소.

임상도(2001). 프로젝트 접근법과 레지오에밀리아 접근법의 교육적 효과 비교. 계명대학교 대학원 박사학위논문.

임승권(2002). 인간발달과 행동이해를 위한 정신위생. 양서원.

임영숙(2001). 동화를 통한 감정이입적 접근 방법이 유아의 사회적 기술에 미치는 효과. 전남대학교 석사학위논문.

임창재(2001). 정신위생심리. 형설출판사.

장선철(1997). 장애유아 발달과 교육을 위한 특수교육. 동문사.

장연집(2001). 아동기의 스트레스. 다음세대.

장태관(2005). 코칭을 통한 리더십 향상 방안에 관한 연구: 자동차 부품업체 중심. 중앙대학교 산업경영대학원 석사학위논문.

장휘숙(2000). 전 생애 발달심리학 인간발달. 박영사.

장휘숙(2004). 아동심리학. 박영사.

전경원(2002). 특수유아교육. 양지.

전경원(2004). 통합교육과 창의성 치료를 중심으로 한 특수유아교육. 창지사.

전창무·이영식·김은영·나철(2000). 야뇨증을 보이는 일반아동에서의 정서·행동 문제소아. 청소년정신의학. 제11권 제1호.

정대영 외(1994). 사회적 기술훈련 프로그램. 경기도 안산 국립특수교육원.

정대영(1997). 학습장애아동 교육의 이론과 실제. 교육과학사.

정명숙 외(2003). 아동기 행동장애. 시그마프레스.

정문자, 제경숙, 이혜란, 신숙재, 박진아 (2012). 아동심리상담. 양서원.

정옥분(2004). 아동발달이론. 학지사.

정정진(1997). 특수아동의 학교 생활지도 방안(제12회). 특수교육학회.

정진우(2004). 21세기 리더십은 코칭이다. 도서출판 NCD.

정희정(2005). 부모 코칭 기법. 제13회 한국가족복지학회 워크샵 자료.

조광순(2004). 정서·행동장애학생의 이해와 교수방법. 국립특수교육원.

조복희(2001). 인간발달. 교문사.

조부경(1986). 유치원 교사의 질문 행동에 관한 연구. 이화여자대학교 대학원 석사학위논문.

조수철(2005). 틱장애. 서울대학교출판부.

조희숙 외(2001). 유아의 성별에 따른 일상적 스트레스 대처 방식에 관한 연구. 부산대학교 영유아보육연구소.

주디트 루빈(2001). 이구동성 미술치료. 주리애(역). 학지사.

최민자(1989). 성격차원과 스트레스 대처양식과의 관계. 한양대학교 교육대학원 석사학위논문.

최병철(2002). 음악치료학. 학지사.

최성윤(1992). 아동기 스트레스에 관한 연구. 한국교원대학교 대학원 석사학위논문.

최은정(2005). 코칭 리더십이 동기부여적 자아개념과 직무 만족에 미치는 영향에 관한 연구: 개발 및 관계 코칭 리더십 중심으로. 중앙대학교 산업경영대학원 석사학위논문.

최정윤, 박경, 서혜희(2015). 이상심리학. 학지사

최중옥 외(2000). 특수아동의 이해와 교육. 교육과학사.

최중옥 외(2002). 정신지체아교육. 양서원.

최치영(2003). 상사의 코칭이 직원 및 고객만족에 미치는 영향에 관한 연구. 수원대학교 대학원 박사학위논문.

최효진·황소영·유용미(2006). 삶을 움직이는 힘 코칭 핵심 70. 새로운 사람들.

쿠키뉴스(2006.08.03.). 초등학생 4명 중 1명, 우울증 난폭성 등의 정서·행동문제.

한겨레 뉴스(2009.08.23.) 초·중·고생 13%, 정신 정밀검진 필요. http: //www.hani.co.kr/arti/society/society_general/372664.html

한국 어린이 육성회(1992). 장애아의 행동 문제에 관한 세미나.

한국레트증후군협회(2001). 레트증후군 핸드북. 한국레트증후군협회.

한국인지과학연구소(2000). 자폐아동의 이해와 프로그램 적용. 양지.

한재순(1992). 언어장애 어린이를 위한 가정 지도. 국립국어연구원.

한홍석(2004). 정서·행동장애학생의 교수-학습지도 방법. 국립특수교육원.

한홍석(2004). 특수교육진흥법상의 정서장애교육대상자에 대한 명칭과 정의의 대안적 고찰. 특수교육학회.

홍강의(1987). 소아정신장애의 개념과 분류. 대한의학협회지. 제30권 제4호.

Achenpach, T. M. (1982). *Developmental Psychopathology* (2nd Ed). Wiley.

Ainsworth, M. D. S. (1983). Patterns of infant-mother attachment as realated to maternal care: Their early history and their contribution to continuity. In D. Magnusson & V. L. Allen (Eds.), *Human Development* (pp. 26-45). New York: Academic Press.

Albano, A. M., & Chorpita, B. F., & Barlow, D. H. (1996). *Childhood anxiety disorders*. In E. J. Mash & R. A. Barkley (Eds.) Child psychopathology(pp. 196-241). New York : Guilford Press.

Algozzine. R. F. (1999). *Teaching students with mild disabilities*. Boston: Allyn and Bacon.

Altman, C., Sommer, J. L., & McGoey, K. E. (2009). Anxiety in early childhood: What do we know? *Journal of Early Childhood & Infant Psychology*, 5, 157–175.

American Psychiatric Association. (1994). *Diagnostic and Statistical Manual*. Washington. DC: Author.

American Psychiatric Association. (2013). *Diagnostic and Statistical Manual* (5th ed). Washington. DC: APA press.

Avis Brenner (1984). *Helping Children Cope with Stress*. Lexington books.

Axline, V. M. (1947). *Play therapy*. Boston: Houghton Mifflin.

Bandura, A. (1964). The stormy decade: Fact of fiction? *Psychology in the schools, 1*, 31–224.

Bandura, A. (1971). Vicarious and self–reinforcement. in R. Glaser (Ed.), *The nature of reinforcement*. New York: Academic press.

Barbara Kuczen (1987). *Childhood Stress*.

Barkley, R. A.,(1981). *Hyperactive children: A handbook for diagnosis and treatment*. New York: Guilford.

Becker. W. D. (1964). Conesquences of different kind of parental discipline. In M. L. Hoffman, L. W. Hoffman(Eds.). *Review of child development research*. Vol.1: Reussel Sage Foundation.

Bell, N. J., Duffey, N. S.,& McGhee, P.E. (1986). Interpersonal competence, social assertiveness and the development of humor. *British Journal of Developmental Psychology*, 4, 51–55.

Berk, L. E. (2000). *Child Development* (5th ed.). Boston: Allyn & Bacon.

Berkson. G. (1987). *Three approaches to an understanding of abnormal stereotypes behaviours*. Presented at the American Psychological Association.

Bernard, H. W. (1970). *Mental health in the classroom*. McGrawhill Book Company.

Betsy. Morris. (2000). So You're Player. Do you Need a Coach? *Fortune. 141*(4). 144–145.

Bettelheim. B. (1985). *The uses enchantment: The meaning and important of fairy tales*. New York: Alfred A. Knof.

Bettlheim. B . (1967). *The Empty Fortress*. Free Press.

Bigner, J. (1979). *Parent-child relations: An introduction to parenting*. New York: Macmillan.

Block. J., & Block. J. (1980). *The role of ego-control and ego-resiliency in the organization of behavior*. In W. A. Collins (Ed.). *Minnesota Symposia on Child psychology*: Vol. 13.

Development of cognition, affect, and social relations (39–101). Hillsdale. NJ: Erlbaum.

Blum, N. J. & Mercugliano, M. (1997). Attention Deficit Hyperactivity Disorder. In, M.L. Batshaw (Ed.), *Children with Disabilities* (449–470). Baltimore: Paul H. Brookes Publishing Co.

Bower. E. M. (1969). *Early Dientification of Emotionally Handicapped Chilldren in School*. 2nd ed. Springfield. Ill.: Charles C. Thomas.

Bowlby, J. (1969). *Attachment and loss* (Vol. 1). *Attachment*. New York: Basic Books.

Bowlby, J. (1973). *Attachment and loss* (Vol. 2). *Separation, anxiety and anger*. New York: Basic Books.

Bowlby, J. (1988). *A secure base: Clinical applications of attachment theory*. London: Routledge.

Bretherton. I. & Waters. E. (1985). Growing points of attachment theory and research. *Monographs of the Society for Research in Child Development*. 50 (1. 2. Serial No. 209).

Brian Ray (1997). Home School Legal Defense Association Bulletin. Home Schooling Achievement. What About the Gender Gap in Academics? *National Home Education Research Institute* (NHERI).

Brockett, R. G. & Hiemstra. R. (1991). *Self directed learning: Perspective on thery, reserch and practice*. New York: Routledge.

Buber, M. (1952). Good and Evil. Wordwide.

Burke. I. & Eileen. M. (1990). *Literature for the young child Needham*. Allyn and Bacon.

Burts. D. C. (1990). *Teacher Beliefs Scale*. Chicago, IL: OER Associates

Charles Wenar (1998). 발달정신병리학. 중앙적성.

Chin, K. (1984). In the schoolroom, "A" for access.Info World, 6(8), 26-27.

Coach U. Inc. (2005). *The Coach U Personal and Corporate Coach Training Handbook*. John Wiley & Sons. Inc. Hoboken. New Jersey.

Coach U. Inc. (2005). *The Coach U Personal and Corporate Coach Training Handbook*. John Wiley & Sons. Inc. Hoboken. New Jersey.

Compas, B. E. (1987). Stress and life events during childhood and adolescence. *Clinical Psychology Review*, 7, 275–302.

Corey, J. (2001). 상담 및 심리치료의 통합적 접근. (현명호, 유제호 공역. 원제: *The art of integrative counseling*). 서울: 시그마프레스. (원저 1991년 출판)

Cruickshank. W. & Hallahan. D. (1973). *Psychoeducational foundations of learning disabilities.*

Englewood Cliffs. Prentice-Hall.

Csapo. M. (1983). Effectiveness of coaching socially with drawn/isolated children in specific social skills. *Educationl Psychology*. 3. 31-42.

Davia H. Montross, Theresa E. Kane & Robert J. Ginn. Jr. (2004). *Career coach your kids*. Davies-Black Publishing.

David Elkind (1987). 어린이의 스트레스. 이레서원.

Davison, G. C., & Neale, J. M. (2001). *Abnormal psychology* (8th ed). New York: John Wiley & Sons.

DSM-Ⅳ. (1994). 미국정신의학회 진단기준편람 제4판.

Elkind. D. (1994). *Ties that stress*. Harvard University Press.

Elkind. D. (1984). *All grown up and no place to go*. Addison-wesley publishing Co.

Ellway. C., Buchholz. T., Smith. A., Leonard. H., & Christodoulou. J. (1998). Rett syndrome: Significant clinical overlap with Angelman syndrome but not with methylation status. *Journal of Child Neurology. 13*. 448-451.

Ehrenreich, J. T., Santucci, L. C., & Weinrer, C. L. (2008). Separation anxiety disorder in youth: Phenomenology, assessment, and treatment, *Psicologia Conductual, 16*(3), 389-412.

Eric J. Mash & David A. Wolfe(2003) *Abnormal child psychology*, CENGAGE Learning.

Erikson, E. H. (1950). *Childhood and society*. New York: Norton.

Erikson, E. H. (1968). *Identity: Youth and crisis*. New York: Norton.

Essa, E. L. (1998). *Guiding children's behavior: Practical solutions*. Invited keynote at the Tri-County Task Force of Early Education, Corning, NY.

Essa, E. L. (1998). *Who's minding the children? Qualitative results of a study of teachers' discipline strategies in child care*. National Association for the Education of Young Children, Toronto.

Eva L. Essa (1998). 유아행동지도. 양서원.

Evans. I. M., & Meyer. L. H. (1985). *An educative approach to behavior problems*. Paul H. Brookes.

Faraone SV, Biederman J, Mennin D, Russell RL (1998). Bipolar and antisocial disorders among relatives of ADHD children: parsing familial subtypes of illness. *Neuropsychiatr Genet 81*, 108-116.

Freud, S. (1909). *Analysis of aphobia in a five-years-old boy*. In collected papers, 10. London:

Hogarth Press.

Freud, S. (1920). *A general introduction to psychoanalysis* (J. Riviere, trans.). New York: Washington Square Press, 1965.

Freud, S. (1923). *The ego and the Id. in Stanford edition*, Vol. 19. Londn: Hogarth.

Freud, S. (1925). Three contributions to the sexual theory. *Nervous and mental Disease Monograph Series, No. 7.* New York: Nervous and Mental Disease Publishing Co.

Freud, S. (1928). Humour. *International Journal of Psychoanalysis*, 9, 1–6.

Freud, S. (1933). *New introductory lectures in psychoanalysis*. New York: Norton.

Fritz, G.K., Armbrust (1982). Encopresis and encopresis. *Psychiatric Clinics of North America, 5*, 283–296.

Frueh, T. & McGhee, P.E. (1975). Traditional sex role development and amount of time spent watching television. *Developmental Psychology*, 11(1), 109.

Glasser. W. (1965). *Reality Therapy*. Harper Row.

Goodwin, L.D. & Garel, M.B. (1986). Use of microcomputers with reschoolers: a review of literature. *Early Childhood Research Quarterly*, 1,269–286.

Graubard. P. S. (ed.) (1969). *Children against schools*. Follett.

Hallahn. D. P. & Kauffman. J. M. (1978). *Exceptional children: Introduction to special education*. Englewood Cliffs. Prentice–Hall. Inc.

Hanks. S. B. (1990). Motor disabilities in the Rett syndrome and physical therapy strategies. *Brain and Development*. 12. 157–161.

Harris. S. L., Handleman. J. S., & Alessandri. M. (1990). Teaching youths with autism to offer assistance. *Journal of Applied Behavior Analysis. 23*. 297–305.

Havden, T. L. (1980). Classification of elective mutism. *I Am Acad Child Adolesc Psychiatry, 19*, 118–133.

Heinrich Hoffmann (1885). *The English Struwwelpeter, or Pretty stories and funny pictures for little children*.

Hendrick. J. (1988). *The Whole Child, Columbus*. Merrill Publishing Co.

Henley. M. Ramsey. R. S., & Algozzine. R. F. (1999). *Characteristics of and strategies for teaching students with mild diabilities*. Allyn & Bacon.

Hermann, K. (1959), *Reading disability; A medical study of word-blindness and related bandicaps*. Springfield, IL: Charles C. Thomas.

Hewett. F. M. (1968). *The Emotional Disturbed Child in the Classroom*. Allyn & Bacon.

Hewett. F. M., & Taylor. F. D. (1980). *The Emotionally Disturbed Child in the Classroom: The orchestration of success*. Allyn & Bacon.

Honig, B. and Jortner, J. (1967). Theoretical Studies of Two Photon Absorption: II. Model Calculations. J. Chem. Phys. 47: 3698–3703.

Hug-Hellmuth, H. (1921). On the technique of child-analysis. *International Journal of Psycho-Analysis*, 2, 287–305.

Huizinga, J. (1955, originally published in 1938). *Homo Ludens: A Study of the Play Element in Culture*. Beacon Press, Boston.

Hurlock, E.B. (1956). *Child development*. McGraw-Hill.

Isabella. R. A., & Belsky. J. (1991). Interactional synchrony and the orgins of infant-mother attachment: A replication study. *Child Development*. 62(2). 373–384.

Jean Piaget, C. Gattegno, F. M. Hodgson (1962). *Play, Dreams and Imitation in Childhood*. W. W. Norton.

Johnson, J., Christie, J., & Yawkey, T. (1987). *Play and early childhood development*. Illinois: Scott, Foresman & Company.

Johoda (1950). *Anti-Semitism and Emotional Disorder: A Psychoanalytic Interpretation*. Harper & Brothers.

Kagan, J. (1984). *The nature of the child. New York: Basic Books*.

Kail, R. (1992). Processing speed, speech rate, and memory. *Developmental Psychology, 28*, 899–904.

Kanner, L. (1943). Autistic disturbances of affective contact. *Nervous Child, 2*, 217–250.

Kauffman. J. M. (1997). *Characteristics of emotional and behavioral disorders of children and youth*. Upper Saddle River. Merrill.

Kellerman, J. (1981). *Helping the Fearful Child*. Norton & Company, Incorporated, W. W.

Kilander (1962). *School health education: a study of content, methods and material*. The Macmillan Company.

Klein, W.M., Kunda, Z. (1992). Motivated person perception: Constructing justifications for desired beliefs, *Journal of Experimental Social Psychology*, 28, 145–160.

Koppitz, E. M. (1984) *Psychological evaluation of human figure drawings by middle school pupils*. Orlando, Fla: Grune & Stratton.

Kuczen, B. B. (1997). *Childhood stress: How to raise a healthier, happier child*. NY: Dell

Landreth, G. L. (1991). *Play therapy: The art of relationship*. Bristol: PA: Accelerated

Development.

Lefcourt, H. M., & Martin, R. A. (1986). *Humor and life stress*: Antidote to adversity. New York: Springer-Verlag.

Levine, R. A. (1961). Anthropology and the strategy of conflict: An introduction. *Journal of Conflict Resolution*, 5, 3-15.

Levy, J. (1938). Play therapy in young children. *Psychiatry*, 1, 387-389.

Lombana. J. H. (1992). *Guidance for students with disabilities*. Springfield, Illinois: Charles C. Thomas Publisher.

Long. N. I. & Newman. R. C. (1976). The Teacher and His Mental Health. In N. J. Long. W. C., Mores. and R. C. *Newman. eds. Conflict in the Classroom*. 3rd ed. Wadsworth Pubilshing Co. 281-292.

Lorenz, K. Z. (1952). *King Solomon's ring*. New York: Crowell.

Lorenz, K. Z. (1965). *Evolution and the modification of behavior*. Chicago: University of Chicago Press.

Luckasson, R., Borthwick-Duffy, S., Buntinx, W. H. E., Coulter, D. L., Craig, E. M., Reeve, A., Schalock, R. L., Snell, M. E., Spitalnick, D. M., Spreat, S., & Tasse, M. J. (2002). *Mental retardation: Definition, classification, and systems of supports* (10th Ed.). Washington DC: American Association on Mental Retardation

Luckasson, R., Coulter, D. L., Polloway, E. A., Reiss, S., Schalock, R. L., Snell, M. E., Spitalnick, D. M., & Stark, J. A. (1992). *Mental retardation: Definition, classification, and systems of supports* (9th Edition). Washington, DC: American Association on Mental Retardation.

Main, M., Kaplan, N., & Cassidy, J. (1985). Security in Infancy, Childhood, and Adulthood: A move to the Level of Representation. *Monographs of the Society for Research in child Development, 50*, 66-104.

Mash, Eric J., and David A. Wolfe. (2010). *Abnormal child psychology*. Belmont, CA: CENGAGE Learning.

McCracken, G. (1986). Culture and Consumption: A Theoretical Account of the Structure and Movement of the Cultural Meaning of Consumer Goods, *Journal of Consumer Research, 13* (June), 71-84.

McGhee, Paul E. (1979). Humor, its origin and development. W. H. Freeman (San Francisco)

Murphy, L.B., and A. E. Moriarty. (1976). *Vulnerability, coping and growth: From Infancy to adolescence*. New Haven: Yale University Press.

Myklebust. H. (1968). *Progress in Learning Disabilities* (Vol. 1). Grune & Stratton.

Newcomer. P. L. (1980). *Understanding and Teaching Emotionally Disturbed Children*. Allyn & Bacon.

Newmen, L., & Mares, S. (2007). Recent advances in the theories of and interventions with attachment disorders. *Current opinion in Psychiatry, 20*(4), 343–348.

Oden. S., & Asher. S. R. (1977). Coaching children in social skills for friendship making. *Child Development. 48*. 495–506.

O' Conner, K. (2001). 놀이치료입문. (송영혜, 윤지현 역. 원제: *The play therapy primer*). 서울: 시그마프레스. (원저 1991년 출판)

Pelham, W. E. (1987). What do we know about the use and effects of CNS stimulants in the treatment of ADD, In J. Loney (Ed.), *The young hyperactive child: Answers to questions about diagnosis, prognosis, and treatment*. New York: Haworth.

Owens, K. (1993). *Spatial thinking employed by primary school students engaged in mathematical problemsolving*. Unpublished PhD thesis, Deakin University, Geelong, VIC.

Palincsar. A. David. Y. Winn. J & Stevens. D. (1991). Examining the context of strategy instruction. *Remedial and Special Education. 12*(3). 41–53.

Papalia, D. E. (2013). *A Chid's world*. McGraw–Hill Book.

Patel, V., Flisher, A. J., Nikapota, A., & Malhotra, S. (2008). Promoting child and adolescent mental health in low and middle income countries. *Journal of Child Psychiatry and Psychology, 49*, 313–334

Patel, V., Flisher, A.J., Nikapota, A., & Malhotra, S. (2008). Promoting child and adolescent mental health in low and middle income countries. *Journal of Child Psychology and Psychiatry, 49*, 313-334.

Pavlov, I. P. (1927). *Conditioned reflexes*. London: Oxford University Press.

Pearlin, L. I., & Schooler, C. (1978). The structure of coping. *Journal of Health and Social Behavior*, 19, 2–21.

Pervin, L. A. (1996). *The Science of Personality*. NY: Wiley.

Piaget, J. (1936). *The origins of intelligence in children* (M. Cook, trans.). New York: International University Press.

Piaget, J. (1954). *The construction of reality in the child*. New York: Basic Books.

Pierce S. (1982). Invertebrate cell volume control mechanisms: a coordinated use of intracellular amino acids and inorganicions as osmotic solute. *Biol Bull. 163*, 405-19.

Polloway. E. A., Patton. J. R., Payne. J. S. & Payne. R. A. (1989). *Strategies for teaching learners with special need*. Columbus. Merril Publishing Company. A Bell & Howell Information Company.

Rathus, S.A., & Neid, J.S.(1995). *Adjustment and growth: The challenges of life*. Harcort Brace College Publishers.

Rita Wicks-Nelson, Allen C. Israel (2003). *Behavior disorders of childhood*. Prentice Hall.

Rosenbaum, J. F., Biederman, J., Bolduc, E. A., Hirshfeld, D. R., Faraone, S. V., & Kagan, J. (1992). Comorbidity of parental anxiety disorders as risk for childhood-onset anxiety in inhibited children. *American Journal of psychiatry, 149*, 475-481.

Rosen-field, P. & Lambert, N. and Black, A. (1985). Desk Arrangement Effects on Pupil Classroom Behavior. *Journal of Educational Psychology, 72*.

Rutter, M., Silberg, J., O'Connor, T. G, and Simonoff, E. (1999) Genetics and child psychiatry: I. Advances in quantitative and molecular genetics. *Journal of Child Psychology and Psychiatry, 40*, 3-18

Saarni, C., Mumme, D., & Campos, J. (1998). Emotional development: Action, communication, and understanding. In N. Eisenberg (Vol. Ed.), Social, emotional, and personality development (pp. 237-311). Vol. 3 of W. Damon (Series Ed.), *Handbook of child psychology*. New York: John Wiley.

Selye, H. (1956). *The stress of life*. New York: McGraw-Hill.

Shaffer, D. R. (1999). *Developmental psychology: Childhood and adolescence* (5th ed.). Brooks/Cole.

Skinner, B. F. (1953). *Science and human behavior*. New York: Macmillan.

Skinner, B. F. (1957). *Verbal behavior*. New York: Appleton-Century-Crofts.

Smith, J. David (2003). *In Search of Better Angels: Stories of Disability in the Human Family*. Thousand Oaks, CA: Corwin Press.

Solomon, J. (1938). Active play therapy. *American Journal of Orthopsychiatry, 8*(3), 479-498.

Spensley(1995). *Frances Tustin*. London: Routledge.

Stone. F. & Powley. V. N. (1964). Educational disability emotionally disturbed children. *Exceptiomal Children. 30*. 423-426.

Stowell, Stephen (1986). *Leadership and Coaching*. University of Utah. Ph. D. Dissertation.

Suderland et al. (1971). *Children and books*. Glenview, Illinois: Scott Foresman and Company.

Taylor, S. E. (1989). *Positive illusions: Creative self-deception and the healthy mind*. New York: Basic Books.

Taylor. G. (1978). *A child gose forth: A curriculum guide for teachers of preschool children*. Young University Press.

Taylor. S. (1979). *Negotiation. A tool for change*. Rights Center of the Mental Health Law Project.

Terman, L. (1921). In synopsian: intelligence and its measurement. *Journal of Educational Psychology*.

Thomas, Chess & Birch (1968). *Temperament and Behavior Disorders in Children*. New York, New York University Press.

Thomas, L. T. & Ganster, D. C. (1995). Impact of family-supportive work variables on work-family conflict and strain: A control perspective. *Journal of Applied Psychology, Vol. 80*(1), Feb 1995, 6-15.

Tomporowski, P.D., & Tinsley, V. (1994). Effects of target probability and memory demands on the vigilance of adults with and without mental retardation. *American Journal on Mental Retardation, 98*(6), 688-703.

Ullmann. L. & Krasner. L. (1965). *Case Studies in behavior Modification*. Holt, Rineheart, and Winston.

Vaughn. S. Moody. S. W. & Schumm. J. (1998). Broken promises. Reading instruction in the resource room. *Excepitional Children*. 64(2). 211~225.

Volkmar, F.R., Klin, A., & Pauls, D. (1998). Nosological and genetic aspects of Asperger Syndrome. *Journal of Autism and Developmental Disorders, 28*, 457 -463.

Vygotsky, L. S. (1962). *Thought and language*. Cambridge, MA: MIT Press.

Watson, J. B. (1924). *Behaviorism*. New York: W. W. Norton & Co., 1970.

Wakefield, J. C. (1999). Evolutionary versus prototype analysis of the concept of disorder. *Journal of Abnormal Psychology*, 108(3), 374-399.

Wicks-Nelson, R., Israel, A.C. (2000). *Behavior Disorders In Childhood*. (4th ed.). Upper Saddle River, NJ: Prentice Hall.

William L. Heward (2003). *Exceptional children: an introduction to special education*. Upper Saddle River, N.J.: Merrill.

Williams. C. K. & Kamii. C. (1986). How do children learn by handling objects. *Young children. 4*(1). 23–26.

Wing. L. (1972) Autistic Children: A guide for parents and professionals. Brunner / Mazel. Inc.

Zelazo PR, Zelazo NA, Kolb S. (1972). *Walking in Newborn. Science*. 176: 314-315.

Ziegler, P. A. (1999). Petroleum systems of Alpine–Mediterranean foldbelts and basins. In B. Durand, L. Jolivet, F. Horvath and M. Séranne. "The Mediterranean Basins – Tertiary extension within the Alpine Orogen". Geol. Soc., London, Spec. Publ. 156: 517–540.

Zimmerman, B. J. (1990). Self–regulated learning and academic achievement: An overview. *Educational Psychologist*, 25, 3–17.

저자 소개

채경선

숙명여자대학교 대학원 아동복지 전공(문학 박사)
현 한국상담심리학회 상담전문가 및 슈퍼바이저
현 한국 임상모래놀이치료학회 모래놀이치료전문가 및 슈퍼바이저
현 성산효대학원대학교 상담학과 교수

저서

충분히 좋은 엄마 교육(2007)
여성학의 이해(2008)
BCM 부모에센스(2010)
융의 분석심리학과 신화(2012) 공역

아동정신건강

초판 1쇄 발행 2020년 9월 16일
초판 1쇄 발행 2025년 8월 4일

지 은 이 | 채경선
펴 낸 이 | 김기섭
편 집 인 | 이현남
펴 낸 곳 | 창지사 www.changjisa.com
08589 서울시 금천구 가산디지털 1로 83 파트너스타워 1차 9층
전화 (02)719-2211~3
팩스 (02)701-9386
등 록 | 1977년 4월 28일 · 제1-421호

ISBN 978-89-426-1367-0 (93330)

값 24,000원